2023년 개정판

재건축·재개발
현금청산금
아는 만큼 더 받는다

법무법인 강산 **임승택·김태원·김은유** 변호사 지음

〈매도청구소송, 강제수용에 따른 현금청산 대응법〉

모르면 손해 보고, 알면 더 받는,
현금청산의 특별 노하우!

법무법인 강산과 함께 하면
현금청산금이 달라진다.

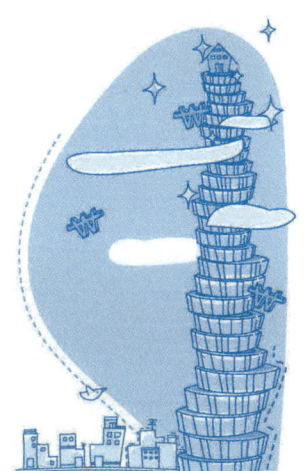

▶ E-mail : 114gs@naver.com
▶ 주　　소 : 서울시 서초구 서초중앙로 119, 3층(서초동 1574-14 세연타워)
▶ 전화번호 : 02-592-6390 팩스 : 02-592-6309

파워에셋

머리말

"현금청산이 뭐죠?", "보상과 다르나요?" 참으로 많이 받는 질문입니다. 현금청산이란, 쉽게 말하면 재개발·재건축사업에서 '아파트'가 아니라 '돈'으로 받는 것을 말합니다.

재개발·재건축사업은 「도시 및 주거환경정비법」에 의하여 시행됩니다. 「도시 및 주거환경정비법」에서 규율하였던 가로주택정비사업은 2018. 2. 9.부터 「도시 및 주거환경정비법」이 전부 개정 시행되면서 「빈집 및 소규모주택 정비에 관한 특례법」으로 이관되어 있고, 여기에는 소규모재개발사업, 소규모재건축사업도 규정되어 있습니다.

(소규모)재개발·주거환경개선사업(수용방식)은 토지보상법에 따라 강제수용권을 행사하여 현금청산대상자의 소유권을 강제 취득하고, 재건축·가로주택정비사업(단 관리지역에서 공공시행자는 토지수용)·소규모재건축사업은 법원에 매도청구소송을 제기하여 소유권을 강제로 취득할 수 있습니다.

이러한 상황 하에서 조합에 비하여 현금청산대상자로서는 나약한 존재일 수밖에 없으며, 이때 전문변호사의 도움은 필연적일 수밖에 없습니다. 하지만 현금청산대상자가 지식이 있어야 분양신청 여부 등 여러 가지 사안에서 합리적인 결단을 내릴 수 있으므로, <u>이 책은 국내 최초로 재개발·재건축사업에서 현금청산 문제를 종합적으로 해설한 책입니다.</u>

머리말

 이 책은 먼저 기초지식에 대해 설명하고, 재개발사업, 재건축사업, 분양계약미체결자 현금청산노하우, 각종 서식 순으로 설명하고 있습니다. 집필 방법은 철저히 판례 위주로 하였고, 필요한 경우 사견도 피력하였습니다. 판례는 2022. 11. 15.까지는 거의 모두 반영하였습니다. 필요한 서식도 제시하여 현금청산대상자의 편리를 추구 하였습니다. 서식은 "법무법인 강산" 홈페이지(www.114gs.kr)에서 다운로드를 받을 수 있도록 하였습니다.

 조합입장에서도 현금청산대상자를 적으로 볼 것이 아니라 정비사업을 위해 자신의 집이 강제로 수용 또는 매도청구를 당하는 처지에 있다는 점을 이해하고, 상생의 마음으로 법이 정한 절차를 준수하여야 할 것입니다.

 도시정비법은 2018. 2. 9.부터 전면개정되어 시행되고 있습니다. 전부개정법에 따르면 현금청산에 있어서 기존과 다른 여러 가지 변화가 있습니다. 따라서 2018. 2. 9.이후에 현금청산을 받는 분들은 전부개정법에 의한 변화내용을 숙지하여야 할 것입니다.

 간략하게 2018. 2. 9.부터 시행되는 전부개정법에 의한 변화 내용을 설명하면, ① 매도청구는 도시정비법에 의해 직접 하고, 사업시행계획인가 고시가 있은 날로부터 30일 이내에 촉구를 하고, 이로부터 2개월 이내에 회답하고, 동의를 하지 않으면 회답기간 만료일로부터 2개월 이내에 소송을 제기하여야 합니다(법 제64조). ② 분양공고전에 종전자산가격을 평가하여 통지하여야 합니다. 즉, 사업시행인가 후 120일 이내 종전자산 평가결과, 분양대상자별 분담금 추산액 등을 토지등소유자에게 통지하고 분양공고 하여야 합니다(법 제72조). ③ 사업시행계획 변경으로 세대수나 주택규모가 달라진 경우에는 현금청산대상자에 대한 재분양이 허용됩니다(법 제72조제4항). ④ 관리처분계획이 인가·고시된 다음 날부터 90일 이내에 손실보상에 관한 협의를 하여야 합니다(법 제73조). ⑤ 지연이자 지급을 도시정비법에 직접 규정하였습니다. 즉, 관리처분계획이 인가·고시된 다음 날부터 90일 이내에 협의하여야 하고, 위 기간동안 협의가 되지 않으면 60일 이내에 수용재결을 신청하거나 매도청구소송을 제기하여야 하고, 그 기간을 넘겨서 수용재결을 신청하거나 매도청구소송을 제기한 경우에는 해당 토지등소유자에게 지연일수(遲延日數)에 따른 이자를 지급하여야 하는데, 이 경우 이자는 100분의 15 이하의 범위에서 대통령령으로 정하는 이율을 적용합니다. 즉, 이제는 재개발에서 조속재결신청제도는 사라진 것입니다. ⑥ <u>재개발에서 현금청산을 위한 감정평가사를 선정함에 있어서 현금청산대상자들이 추천권을 행사할 수 있습니다.</u> 즉, 대법원 2015. 11. 27. 선고 2015두48877 판결(이 판결은 법 개정으로 인하여 폐기되었다고 보아야 합니다)에 의하여 감정평가사 추천권이 사라졌지만, 도시정비법시행령 제60조제1항에 의하여 2018. 2. 9.부터는 반드시 주민추천 감정평가사를 선정하도록 기회를 부여하여야 합니다. 이 개정으로 인하여 재개발에서 강제수용을 하려면 사실상 토지보상법상 협의절차를 모두 거쳐야 할 것입니다. 한편 대법원은 재개발 현금청산과 관련하여 중대한 사업시행계획의 변경이 있어도 시행면적과 대지면적은 거의 차이가 없는 경우 보상금 산정 기준일을 최초의 사업

머리말

시행인가 고시일로 보고 있음을 유의하여야 합니다(대법원 2018. 7. 26. 선고 2017두33978 판결).

재개발사업에서 현금청산을 받는다면, 가장 중요한 것은 **사업시행계획인가 전에 실시하는 이해관계인 의견청취 절차와 중앙토지수용위원회 협의 절차**에서 제대로 대응하는 것과 **1차 협의보상금액이 제대로 평가**되도록 하여야 합니다. 1차 협의보상금액이 나오면 그 이후 수용재결, 이의재결, 행정소송을 진행해도 10%를 증액시키기 어렵습니다. 1차 협의보상금액이 제대로 평가되도록 하려면, 현금청산대상자 과반수(숫자&면적) 이상이 반드시 감정평가사를 추천하여야 하고, 추천하는 감정평가사를 신중하게 선택하여야 합니다. 그리고 당해 사업구역 또는 인근의 실제 거래사례, 경매감정가격, 선(先)평가를 받았다면 그 평가서, 자신의 건물에 대한 대수선 자료 등 특이사항, 고가의 임대료를 받는다면 그 임대료 등을 수집하여 감정평가사에게 제공하고, 간단하게 요약하여 자신의 부동산이 어떤 이유로 최소 얼마를 받아야 하는지를 개진하는 것이 좋습니다. 특히 영업보상대상자라고 한다면, 반드시 법무법인강산으로부터 상담을 받고, 그에 따라 대응을 하여야 합니다.

재건축사업에서 현금청산을 받는다면, 가장 중요한 것은, 현금청산대상자가 되면 즉시 전문변호사를 선임하여야 하고, 그것이 가장 중요합니다. 재개발사업과는 달리 현금청산금이 법원에서 진행하는 소송에서 결정되기 때문에 전문변호사 선임이 가장 중요한 대응책인 것입니다.

    법무법인강산은 1995년부터 보상전문변호사로 활동을 하여, 현재까지 「**실무토지수용보상**」, 「**토지보상금 아는 만큼 더 받는다**」, 「**재건축·재개발 총회진행, 임원 선임·해임, 시공자 선정 실무**」를 출간한 재건축·재개발 분야 전문 로펌입니다. 동료 변호사, 감정평가사, 법조인들이 추천하는 법무법인, 브로커 배제에 앞장서고, 과장 없는 정직한 상담을 하는 법무법인입니다.

    모쪼록 이 책이 현금청산을 받는 분들에게 길잡이가 되기를 기원합니다. 잘 읽어보면 큰 도움이 될 것으로 확신합니다. 책 제목 그대로 현금청산금은 아는 만큼 더 받는 것입니다.

2022. 12.

법무법인 강산
변호사 임승택, 김태원, 김은유 드림

일러두기

1. 법령 등의 약어

「도시 및 주거환경정비법」 : '법' 또는 '도시정비법'이라고 한다.
「도시 및 주거환경정비법 시행령」 : '령'이라고 한다.
「도시 및 주거환경정비법 시행규칙」 : '규칙'이라고 한다.
「공익사업을 위한 토지 등의 취득 및 보상에 관한 법률」 : '토지보상법'이라 한다.

2. 서술방법

○ 정비사업 중 "(소규모)재개발·주거환경개선사업(수용방식)"은 토지보상법에 의한 강제수용을 하므로 "재개발등"이라고 표현하고, "재건축·가로주택정비사업·소규모재건축사업·지역주택조합사업·리모델링사업"등은 조합이 매도청구소송을 제기하므로 "재건축등"이라고 표현합니다.

○ 이하에서는 먼저 정비사업에 공통적으로 해당하는 사항을 서술하고, 다음에 "재개발등"에 고유한 사항, 그 다음으로 "재건축등"에 고유한 사항을 서술합니다.

○ 법 원문은 네모 박스 안에 그대로 기재하였고, 법과 시행령을 같이 기재할 때에는 네모 박스 안에 네모 박스를 하나 더 그려 시행령을 기재하였습니다.

○ 판례도 박스 안에 원문 그대로 게재하였습니다.

3. 내용 문의

○ 전 화 : 02-592-6390
○ 이메일 : 114gs@naver.com

차 례

PART 1 　　　현금청산 첫걸음

1. 정비사업 의의 및 종류 ·· 3
2. 정비사업 진행 절차 ··· 7
3. 현금청산방법 이해하기 ··· 9
4. 변호사 선임 정보 ··· 10
5. 역지사지[易地思之] ··· 13
6. 버려야 할 고정관념 ··· 15
7. 어떻게 준비하여야 하는가? ·· 16
8. 처음에 산정되는 협의금액이 가장 중요 ······················ 17
9. 분양신청을 한 조합원에 대한 청산환급금 지급 시기 ······ 19
10. 아파트를 받을지, 현금청산금을 받을지, 선택 방법 ········· 21
11. 교회, 절 등 종교시설 현금청산 대응방안 ····················· 25

PART 2 　　　현금청산 기본지식

12-1. 현금청산대상자 ·· 35
12-2. 재당첨 제한으로 인한 현금청산대상자 ·················· 46
12-3. 투기과열지구 양수인으로서 현금청산대상자 ·········· 49
13. 현금청산 협의 시작일, 종료일 ··································· 75
14. 지연가산금(이자, 조속재결신청 여부), 지연 시 대응법 ····· 82
15. 사업시행계획이 변경된 경우 대응 방법 ····················· 93
16. 추가 분양신청 가능 여부 ··· 117
17. 현금청산대상자 조합원 자격 상실 ··························· 120
18. 현금청산대상자 관리처분계획 취소 소송 가능 여부 ······· 122

차 례

19. 사업비 분담 의무 ·· 124
20. 기 지급 이주비 이자 반환 여부 ··· 130
21. 집 명도 시점 ··· 132
22. 임차인(세입자) ·· 142
23. 이주정착금·주거이전비·이사비 ·· 148
24. 현금청산대상자 정보공개청구 가능 ··· 172
25. 현금청산금 증액 여부 ·· 173
26. 조합해산 매몰비용 부담 여부 ·· 174
27. 대응방법 종합정리 ··· 178

PART 3 재개발등 강제수용 현금청산 특별노하우

제1장 서론

28. 강제수용을 못하게 하는 방법은? ·· 185
29. 토지보상법상 수용절차 ··· 188
30. 개략적인 현금청산방법 ··· 191

제2장 감정평가사 추천 및 대응

31. 감정평가사 현황 ·· 204
32. 감정평가사 선정권자 ·· 207
33. 감정평가사 추천권 ··· 210
34. 감정평가 시 현지조사 원칙 ·· 213
35. 감정평가사 기피 신청 ··· 216
36. 재평가를 하는 경우 ··· 217
37. 감정평가서 공개 ·· 219

38. 감정평가에 응할 경우 대응책 ·· 220

39. 감정평가 거부 시 대응책 ··· 224

제3장 보상금 산정방법

40. 개발이익 배제 ·· 230

41. 토지보상금 ·· 234

42. 도로 보상금 ·· 244

43. 건물 보상금 ·· 247

44. 영업 보상금 ·· 251

제4장 협의절차에서의 대응방안

45. 토지보상법상 협의절차 준수 의무 ································· 265

46. 수용대상 확정 ·· 268

47. 토지조서 및 물건조서의 작성 및 서명·날인 ··················· 269

48. 적법한 출입 방법 ··· 271

49. 보상계획 공고 및 통지 ··· 278

50. 보상협의회 ·· 279

51. 서울시 현금청산협의체 ··· 286

52. 손실보상 협의 통지 ··· 289

53. 손실보상 협의 통지에 대한 이의신청 여부 ····················· 291

54. 조합의 컨설팅 업체 선정 문제 ······································ 292

제5장 수용재결에서의 대응방안

55. 현금청산금 증액절차 ·· 296

56. 토지수용위원회의 위원 구성 ··· 298

차 례

57. 수용재결이 신청되면 현금청산대상자가 할 일 ········· 299
58. 기준시점 등 수용재결 방법 ········· 300
59. 수용재결 이후 명도의무 ········· 302
60. 행정대집행 문제 ········· 305
61. 공탁금 수령 ········· 307

제6장 이의재결에서의 대응방안

62. 이의신청 절차 ········· 308
63. 이의재결에서 할 일 ········· 309

제7장 행정소송 특별노하우

64. 현금청산금 증액소송의 전문성 ········· 310
65. 현금청산금 증액 가능성 ········· 312
66. 행정소송 제기기간 및 재판 준비서류 ········· 313

제8장 재개발등 현금청산전략 요약

67. 재개발등 현금청산전략 요약 ········· 314

PART 4   재건축등 매도청구 현금청산 특별노하우

68. 재건축 현금청산방법(매도청구소송) ········· 323
69. 주택재건축사업, 소규모재건축사업, 가로주택정비사업 매도청구 요건 ········· 325
70. 지역주택조합 및 주택조합이 아닌 사업주체 매도청구 요건 ········· 345
71. 리모델링조합 매도청구 요건 ········· 353

72. 재건축 상가소유자 대응방법 ··· 364
73. 매도청구소송 대응방안 ··· 367
74. 매도청구소송 확정 전 철거 및 공사착공 문제 ······················ 392
75. 매도청구소송 확정 전 일반분양가능 여부 ·························· 396
76. 매도청구소송 후 계약해제, 경·공매 문제 ·························· 398

PART 5 분양계약 미체결자 현금청산 특별노하우

77. 분양계약미체결로 현금청산 가능 ·································· 405
78. 분양계약체결기간을 설정하지 않은 경우 대처법 ···················· 407
79. 분양계약체결기간 만료 후 대응방법 ································ 417

PART 6 각종 서식

80. 정보공개청구서(감정평가서) ······································· 421
81. 정보공개청구서(현금청산대상자 명단) ······························ 422
82. 정보공개청구서(법 제124조에 정한 서류) ·························· 423
83. 감정평가사 추천서(연명방식) ······································ 424
84. 감정평가사 추천서(각자 방식) ······································ 425
85. 수용재결의견서 ··· 426
86. 이의신청서 ··· 427

PART 1
현금청산 첫걸음

PART 1 현금청산 첫걸음

1. 정비사업 의의 및 종류

가. 정비사업의 의의

정비사업은 「도시 및 주거환경정비법」에 의한 사업을 말한다.

> **법 제2조(정의)** 이 법에서 사용하는 용어의 뜻은 다음과 같다. 〈개정 2017. 8. 9., 2021. 1. 5., 2021. 1. 12., 2021. 4. 13.〉
>
> 1. "정비구역"이란 정비사업을 계획적으로 시행하기 위하여 제16조에 따라 지정·고시된 구역을 말한다.
> 2. "<u>정비사업</u>"이란 이 법에서 정한 절차에 따라 도시기능을 회복하기 위하여 정비구역에서 정비기반시설을 정비하거나 주택 등 건축물을 개량 또는 건설하는 다음 각 목의 사업을 말한다.
>
> **가. 주거환경개선사업:** 도시저소득 주민이 집단거주하는 지역으로서 정비기반시설이 극히 열악하고 노후·불량건축물이 과도하게 밀집한 지역의 주거환경을 개선하거나 단독주택 및 다세대주택이 밀집한 지역에서 정비기반시설과 공동이용시설 확충을 통하여 주거환경을 보전·정비·개량하기 위한 사업
>
> **나. 재개발사업:** 정비기반시설이 열악하고 노후·불량건축물이 밀집한 지역에서 주거환경을 개선하거나 상업지역·공업지역 등에서 도시기능의 회복 및 상권활성화 등을 위하여 도시환경을 개선하기 위한 사업. 이 경우 다음 요건을 모두 갖추어 시행하는 재개발사업을 **"공공재개발사업"** 이라 한다.
>
> 1) 특별자치시장, 특별자치도지사, 시장, 군수, 자치구의 구청장(이하 "시장·군수 등"이라 한다) 또는 제10호에 따른 토지주택공사등(조합과 공동으로 시행하는 경우를 포함한다)이 제24조에 따른 주거환경개선사업의 시행자, 제25조제1항 또는 제26조제1항에 따른 재개발사업의 시행자나 제28조에 따른 재개발사업의 대행자(이하 "공공재개발사업 시행자"라 한다)일 것
> 2) 건설·공급되는 주택의 전체 세대수 또는 전체 연면적 중 토지등소유자

> 대상 분양분(제80조에 따른 지분형주택은 제외한다)을 제외한 나머지 주택의 세대수 또는 연면적의 100분의 50 이상을 제80조에 따른 지분형주택, 「공공주택 특별법」에 따른 공공임대주택(이하 "공공임대주택"이라 한다) 또는 「민간임대주택에 관한 특별법」 제2조제4호에 따른 공공지원민간임대주택(이하 "공공지원민간임대주택"이라 한다)으로 건설·공급할 것. 이 경우 주택 수 산정방법 및 주택 유형별 건설비율은 대통령령으로 정한다.
>
> **다. 재건축사업:** 정비기반시설은 양호하나 노후·불량건축물에 해당하는 공동주택이 밀집한 지역에서 주거환경을 개선하기 위한 사업. 이 경우 다음 요건을 모두 갖추어 시행하는 재건축사업을 **"공공재건축사업"**이라 한다.
>
> 1) 시장·군수등 또는 토지주택공사등(조합과 공동으로 시행하는 경우를 포함한다)이 제25조제2항 또는 제26조제1항에 따른 재건축사업의 시행자나 제28조제1항에 따른 재건축사업의 대행자(이하 "공공재건축사업 시행자"라 한다)일 것
>
> 2) 종전의 용적률, 토지면적, 기반시설 현황 등을 고려하여 대통령령으로 정하는 세대수 이상을 건설·공급할 것. 다만, 제8조제1항에 따른 정비구역의 지정권자가 「국토의 계획 및 이용에 관한 법률」 제18조에 따른 도시·군기본계획, 토지이용 현황 등 대통령령으로 정하는 불가피한 사유로 해당하는 세대수를 충족할 수 없다고 인정하는 경우에는 그러하지 아니하다.

<u>공공재개발, 재건축은 공공이 공적지원을 받아 정체된 정비사업을 정상화하고, 사업 속도도 높여 도심 내 주택공급을 확대하는 사업이다.</u>

참고로 「빈집 및 소규모주택 정비에 관한 특례법」(이하 "소규모주택정비법"이라 한다) 제2조제1항제3호에 의한 소규모주택정비사업은 다음과 같다.

"소규모주택정비사업"이란 이 법에서 정한 절차에 따라 노후·불량건축물의 밀집 등 대통령령으로 정하는 요건에 해당하는 지역 또는 가로구역(街路區域)에서 시행하는 다음 각 목의 사업을 말한다.

가. **자율주택정비사업**: 단독주택, 다세대주택 및 연립주택을 스스로 개량 또는 건설하기 위한 사업

나. **가로주택정비사업**: 가로구역에서 종전의 가로를 유지하면서 소규모로 주거환경을 개선하기 위한 사업

다. **소규모재건축사업**: 정비기반시설이 양호한 지역에서 소규모로 공동주택을 재건축하기 위한 사업. 이 경우 도심 내 주택공급을 활성화하기 위하여 다음 요건을 모두 갖추어 시행하는 소규모재건축사업을 **"공공참여 소규모재건축 활성화사업"(이하 "공공소규모재건축사업"**이라 한다)이라 한다.

1) 제10조제1항제1호에 따른 토지주택공사등이 제17조제3항에 따른 공동시행자, 제18조제1항에 따른 공공시행자 또는 제56조에 따른 사업대행자(이하 "공공시행자등"이라 한다)일 것

2) 건설·공급되는 주택이 종전 세대수의 대통령령으로 정하는 비율 이상일 것. 다만, 제27조에 따른 통합심의를 거쳐 「국토의 계획 및 이용에 관한 법률」 제18조에 따른 도시·군기본계획 또는 정비기반시설 등 토지이용 현황 등을 고려하여 대통령령으로 정하는 비율 이상 건축할 수 없는 불가피한 사정이 있다고 인정하는 경우에는 그러하지 아니하다.

라. **소규모재개발사업**: 역세권 또는 준공업지역에서 소규모로 주거환경 또는 도시환경을 개선하기 위한 사업

나. 정비사업의 시행방법

(1) 주거환경정비사업

주거환경개선사업은 다음 각 호의 어느 하나에 해당하는 방법 또는 이를 혼용하는 방법으로 한다(법 제23조제1항).

1. 제24조에 따른 사업시행자가 정비구역에서 정비기반시설 및 공동이용시설을 새로 설치하거나 확대하고 토지등소유자가 스스로 주택을 보전·정비하거나 개량하는 방법

2. 제24조에 따른 사업시행자가 제63조에 따라 정비구역의 전부 또는 일부를 수용하여 주택을 건설한 후 토지등소유자에게 우선 공급하거나 대지를 토지등소유자 또는 토지등소유자 외의 자에게 공급하는 방법
3. 제24조에 따른 사업시행자가 제69조제2항에 따라 환지로 공급하는 방법
4. 제24조에 따른 사업시행자가 정비구역에서 제74조에 따라 인가받은 관리처분계획에 따라 주택 및 부대시설·복리시설을 건설하여 공급하는 방법

(2) 재개발사업

재개발사업은 정비구역에서 법 제74조에 따라 인가받은 관리처분계획에 따라 건축물을 건설하여 공급하거나 법 제69조제2항에 따라 환지로 공급하는 방법으로 한다.

(3) 재건축사업

재건축사업은 정비구역에서 법 제74조에 따라 인가받은 관리처분계획에 따라 주택, 부대시설·복리시설 및 오피스텔(「건축법」 제2조제2항에 따른 오피스텔을 말한다. 이하 같다)을 건설하여 공급하는 방법으로 한다. 다만, 주택단지에 있지 아니하는 건축물의 경우에는 지형여건·주변의 환경으로 보아 사업 시행상 불가피한 경우로서 정비구역으로 보는 사업에 한정한다.

2. 정비사업 진행 절차

정비사업은 정비기본계획수립 → 정비계획수립 및 정비구역 지정 → 조합설립추진위원회 구성 → 조합설립 → 사업시행계획인가 → **분양신청** → 관리처분계획인가 → 이주, 철거, 착공 → 준공, 이전고시 → 해산, 청산 순서로 진행된다.

우선 현금청산대상자들은 이러한 정비사업의 진행절차를 이해하여야 한다. 이중 사업시행계획인가 절차가 매우 중요하다. 사업시행계획은 일반 건축물로 비교하면 건축허가를 받는 것을 의미한다. 조합은 사업시행계획으로 구체적인 아파트 건축계획을 수립하고 그에 대해 행정청에서 인가를 받는 것을 말한다.

이렇게 사업시행계획에 대한 행정청의 인가를 받으면, 조합은 사업시행인가의 고시가 있은 날(사업시행인가 이후 시공자를 선정한 경우에는 시공자와 계약을 체결한 날)부터 120일 이내[1]에 다음 각 호의 사항을 토지등소유자에게 통지하고, 분양의 대상이 되는 대지 또는 건축물의 내역 등 대통령령으로 정하는 사항을 해당 지역에서 발간되는 일간신문에 공고하여야 한다. 다만, 토지등소유자 1인이 시행하는 재개발사업의 경우에는 그러하지 아니하다(법 제72조제1항).

1. 분양대상자별 종전의 토지 또는 건축물의 명세 및 사업시행계획 인가의 고시가 있은 날을 기준으로 한 가격(사업시행계획인가 전에 제81조제3항에 따라 철거된 건축물은 시장·군수등에게 허가를 받은 날을 기준으로 한 가격)

---

1) 2018. 2. 9. 전부개정법이 시행되기 전에는 60일 이었으며, 개략적인 부담금 내역을 통지하였지만, 구체적인 종전자산가격과 분담금의 추산액은 통지를 하지 않아, 깜깜이 분양신청이라는 비판이 많아서, 법을 개정한 것이다.

2. 분양대상자별 분담금의 추산액
3. 분양신청기간
4. 그 밖에 대통령령으로 정하는 사항

분양신청기간은 통지한 날부터 30일 이상 60일 이내로 하여야 한다. 다만, 사업시행자는 관리처분계획의 수립에 지장이 없다고 판단하는 경우에는 분양신청기간을 20일의 범위에서 한 차례만 연장할 수 있다(법 제72조제2항).

현금청산은 ①분양신청기간에 분양신청을 하지 않은 자, ②분양신청을 하였다고 하더라도 분양신청기간 내에 분양신청을 철회한 자, ③인가받은 관리처분계획에서 현금청산대상자로 된 자, ④분양신청을 하였으나, 분양계약체결기간에 분양계약을 체결하지 않은 자(이는 조합 정관으로만 인정되므로, 반드시 정관을 살펴보아야 함) 등에 대해, 부동산이 아닌 돈으로 청산하는 것을 말한다.

공공재개발사업 시행자는 제39조제2항제6호에 따라 건축물 또는 토지를 양수하려는 경우 무분별한 분양신청을 방지하기 위하여 제1항 또는 제4항에 따른 분양공고 시 양수대상이 되는 건축물 또는 토지의 조건을 함께 공고하여야 한다(법 제72조제7항).〈신설 2021. 4. 13.〉

3. 현금청산방법 이해하기

재개발·주거환경개선사업(수용방식일 경우)은 사업에 반대하는 사람들의 부동산을 신도시개발사업처럼 「공익사업을 위한 토지 등의 취득 및 보상에 관한 법률」(이하 '토지보상법'이라고 한다. 이하 같다)에 따라 강제수용을 한다. 그런데 현금청산대상자들은 정비사업에서 강제수용권이 발동된다는 것이 믿기지 않으므로, 다른 방법이 있다고 생각한다. 이것에 대해 수많은 위헌소송이 있었지만 다 패소하였다. 강제수용에 대비하여야 한다.

재건축이나 소규모주택정비사업은 법원에 매도청구 소송[2]을 제기하여 현금청산대상자의 부동산을 강제로 취득한다. 따라서 매도청구소송에서 시가감정을 어떻게 받느냐가 가장 중요한 대응방법이다. 시가감정은 법원이 선정한 감정평가사가 한다. 이때도 전략적으로 대응하면, 큰 효과가 있다.

| 강제수용과 매도청구 비교 |

	강제수용(재개발)	매도청구소송(재건축)
대상	재개발·주거환경(수용방식)	재건축·소규모주택정비사업[3]
법률	토지보상법, 도시정비법	도시정비법, 소규모주택정비법
절차	수용재결로 취득	독촉하고, 법원에 소송 제기하여 판결로 취득
취득권리	전부 취득 가능	일부 불가함
개발이익	개발이익 배제	개발이익 포함(대법원 판례)
시기	분양신청기간 종료일부터 관리처분인가 후 90일 이내 손실보상 협의	- 사업시행인가 고시 후 30일 이내 촉구 - 동의자는 분양신청기간 만료 후 매도청구
세입자대책	있음(영업보상, 이주정착금, 주거이전비, 이사비)	없음

---

2) 이 책에서 대부분은 행정소송이나 매도청구소송은 민사소송이다. 단, 2018. 2. 9.부터 시행되는 전부개정법에 의하면 매도청구소송도 행정소송에 의하여야 한다는 견해가 있다.
3) 단, 관리지역에서 공공이 시행하는 가로주택정비사업은 강제수용이다. 이하 같다.

4. 변호사 선임 정보

가. 전문변호사 선임

현금청산금을 제대로 받고 싶다면 전문변호사를 선임하여야 한다. 현금청산은 복잡하고, 잘못 대응하면 손해를 본다. 본인이 직접 공부하여 대응을 하거나, 상식적으로 대응을 하는 것보다는, 전문변호사를 선임하여 대응을 하는 것이 좋다.

그냥 주변에 아는 변호사나 현금청산을 모르는 변호사를 선임하면 낭패를 볼 수도 있다. 만일 변호사를 선임하지 않고 본인이 직접 대응을 하거나, 변호사가 아닌 자를 선임하면, 직접 법정에 나가야 하고, 재판서류를 작성하여야 하고, 감정평가사, 사업시행자를 직접 상대하여야 한다. 따라서 전문변호사를 선임하는 것이 유리하다.

나. 단체소송의 감춰진 비밀

대책위원회를 구성하여 공동으로 대처하는 것은 현명하다. 특히 각 토지 및 건물에 대한 정보를 공유하여 형평을 꾀할 수 있기 때문이다.

그러나 대책위원회가 법조브로커들의 놀이터가 되는 것은 경계하여야 한다.

재개발에서 보상금증액소송을 단체로 진행하는 것에 대해서는 신중하게 생각을 해 보아야 한다(재건축은 조합이 단체로 소송을 할지 개별적으로 소송을 할지 선택함으로 현금청산대상자는 선택권이 없다). <u>진정한 전문변호사는 의뢰인들을 찾아다니지 않을 뿐만 아니라, 과도한 기대감을 부추기는 일이 없음을 명심하여야 한다.</u> 명의는 환자를 찾지 않는다. 마찬가지이다. <u>명변호사도 고객을 찾아다니지 않는다.</u>

단체소송의 장점은 감정평가수수료와 변호사 보수가 절약될 가능성이 있다는 점이다[4]. 단체로 선임하므로 규모의 경제가 발생할 여지가 있기 때문이다.

반대로 단점은 단체로 소송을 할 경우 27년 소송수행 경험으로 보면 50% 정도는 전혀 증액이 되지 않을 가능성이 있다. 통상 보상금 증액 소송은 80% 이상은 증액된다. 다만 증액 폭[5]이 문제인 것이다. 그런데 단체로 한꺼번에 소송을 제기하면 여러 가지 사정상 상당수는 전혀 증액 되지 않을 가능성이 있다는 점을 유의하자. 싼 게 비지떡이라는 속담이 괜히 있는 것이 아니다.

다. 브로커 구별법, 달콤한 유혹의 끝

"우리에게 맡기면 15% 지연이자를 받아드립니다.", "최소한 20% 정도는 증액시켜 드립니다.", "착수금도 받지 않고 성공보수로만 진행합니다."라는 문구로 유혹한다면, 이는 의심하여야 한다.

이 세상에 공짜는 없다. 일단 선임을 하기 위해 무슨 말이든 못하랴! <u>진정한 전문변호사는 현금청산대상자를 찾아다니지 않는다.</u> 찾아오는 법조브로커에게 물어보라. 그렇게 전문가라고 하는데 그렇다면 책 한권 낸 적이 있는지! 있다면 언제 출간을 하였는지!

법조브로커들은 현금청산대상자에게 손해가 가는 일을 하기도 한다. 그래도 현금청산대상자가 당하는 이유는 지식이 없기 때문이고, 자신의 상식대로 행동을 하면 망하는데, 법조브로커들의 말이 자신의 상식과 일치하기 때문이다.

---

4) 물론 승소하면 이 돈은 조합으로부터 법이 정한만큼은 돌려받으므로 냉정하게 보면 장점도 아니다.
5) 최근 경향을 분석하면 10% 미만이다.

라. 변호사 선임 시기

변호사 상담은 빠를수록 좋다. 즉, 재개발, 재건축사업에서 현금청산을 받기로 마음을 먹는 순간 즉시 전문변호사를 찾아가 조언을 받아야 한다.

대책위원회는 조합이 설립되면, 즉시 전문변호사를 선임하여 조력을 받는 것이 좋다. 다만 대책위원회가 아닌 개인들은 재개발사업에서는 수용재결 이후에 변호사를 선임하는 경우도 많으나, 최소한 협의보상금액이 통지되면 전문변호사를 즉시 선임하기를 권한다. 수용재결절차에서 전문변호사가 대응을 할 사안들이 있다.

마. 개인별 선임도 고려

재개발에서는 감정평가사 추천권 행사를 위해 대책위원회를 구성하여 활동하는 것이 타당하다.

그러나 변호사 선임은 반드시 단체로 하여야 하는 것은 아니다. 앞에서 본 것처럼 장·단점이 있다.

재산이 많거나, 쟁점이 있는 경우, 특별한 대응을 하고 싶은 경우에는 개인별로 직접 선임하는 것이 좋다.

바. 변호사 보수

변호사 보수는 당연히 협의로 결정된다.[6]
현금청산에서 변호사 역할은 감정평가사 설득과 청산과정에서의 조언, 재결절차나 재판절차 진행이다.

승소 시에는 인지대·송달료는 전액, 변호사 보수는 법원에서 정해주는 금액에 대해 사업시행자(조합)로부터 돌려받는다.

---

[6] 실무사례를 보면, 건당 착수금 약 400만원(부가세 별도), 성공보수금은 증액된 금원의 10% 내외(부가세별도)에서 협의로 결정되는 것 같다. 물론 단체 위임 시는 협상에 의한다.

5. 역지사지[易地思之]

내가 조합(사업시행자, 이하 같다) 입장이라면 어떻게 할 것인지를 생각해보면 답이 나온다.

조합은 총회의 의결을 거쳐야 한다. 즉, 조합장이나 총무이사 등 임원들이 마음대로 현금청산가격을 책정할 수도 없고, 또한 마음대로 올려줄 수도 없다.

조합에게 있어서 토지·건물에 대한 현금청산은 고민이 없다. 어차피 현금청산금액은 감정평가사가 결정하는 것이고, 재개발에서는 수용재결에서 정해 준 금액을 <u>공탁하면 그만이고</u>, 공탁을 하면 소유권은 자동으로 조합으로 이전되는 것이고, <u>재건축에서는 판결로 소유권을 이전한다.</u>

실무상 조합이 고민하는 것은, 보상대상 토지·물건의 누락 여부, 건물이나 수목 인도 문제, 절차상 하자 문제, 영업보상 문제, 제한물권 처리 문제, 감정 진행 문제, 공사 정상 착수 여부, 일반분양 가능 여부 등이다.

또한 조합의 현재 사업진행상태를 제대로 파악하여야 한다. 예를 들어 조합원들이 이주를 하고 있는지 여부 등을 파악하여야 맞춤대응을 할 수 있다.

아래 보도 내용을 잘 보면 답이 나온다. 여기서 해답을 찾아야 한다. 이 책을 다 읽으면 해답이 보일 것이다.[7]

---

[7] 그래도 해답을 모르겠다면, 메일로 질문하면 된다. 다만, 성명과 전화번호는 밝혀야 답변을 한다(lawmain@hanmail.net 책의 내용에 대해서도 마찬가지이다).

○○신도시 조성 사업 차질 우려

파이낸셜뉴스 2015. 11. 16

6개월 걸리는 토지수용 절차 2년 10개월 진행

○○신도시 조성 사업이 국토해양부 소속 중앙토지수용위원회의 수용절차 지연으로 차질이 우려되고 있다. 통상 6개월 밖에 걸리지 않는 토지수용 재결 결정을 2년 10개월동안 진행하면서 향후 입주시기 지연으로 인한 주민 불편이 예상된다.

(중략)현재 보상작업은 99% 완료됐고, 부지공사 공정률이 33% 진행 중이다. 그러나 99%에 달하는 토지수용에도 불구하고 일부 토지에 대한 수용 작업이 늦어지면서 공사 차질이 발생하고 있다.

토지보상이 늦어지는 부지로는 종교시설(교회)로 운영되는 ○○동 59-15 일원 774㎡, ○○동 190-3 908㎡ 등으로 이들은 지난 2012년 6월 ○○공사의 토지보상 협의 요구에 대해 현재까지 거부 입장을 밝히고 있다. 이에 따라 ○○공사는 지난 2013년 1월 28일 중앙토지수용위원회에 토지수용 재결을 신청했지만, 2년 10개월이 지난 현재까지 수용 절차가 진행되지 않고 있다.

현행 규정에 따르면 공익사업을 위한 개발사업 과정에서 협의가 이루어지지 않을 경우 원활한 진행을 위해 중토위가 직접 감정평가를 실시해 6개월 이내 사업시행자와 주민들간에 분쟁을 해결해 수용절차를 완료해야 한다. (중략)

이후 중토위는 지난 10월 해당 종교시설에 대한 감정평가까지 진행했지만, 며칠 후인 11월 3일 해당 시설이 평가무효를 주장하고 평가를 거부하면서 재결 진행이 어렵다는 의견을 전달해 왔다. 특히 중토위는 오는 19일 예정된 재결진행에서 이번 재결건은 아예 상정조차 하지 않는 등 공사 차질이 불가피한 실정이다. 토지수용을 위해 구성된 중토위가 본연의 임무를 수행하지 않으면서 사업지구내 기존도로 폐쇄와 계획도로의 개설 등 기반시설을 설치하는 공정이 지연되고 있다.

이에 대해 중토위 관계자는 "협의가 진행되지 않는 부지는 종교시설이라는 특수성 있고, **중토위에서는 물리력을 동원해 감정평가를 할 수 없다"며,** "오히려 사업시행자인 경기도나 도시공사가 감정평가를 할 수 있도록 물리력을 동원해 줘야 수용재결 절차가 마무리 될 수 있다"고 말했다.

6. 버려야 할 고정관념

| 오해와 진실 |

버려야 할 고정관념	진실
조합에게 잘 보여야 현금청산금이 잘 나온다.	그렇지 않다. 조합은 총회 의결을 거쳐야 하므로, 특별한 이유 없이 잘 보인다고 보상금이 잘 나올 수는 없는 것이다.
자료를 잘 준비해서 제출하여야 한다.	경우에 따라서는 자료를 제출하지 않는 것이 더 강력하다. 영업보상은 특히 그렇다.
나만 잘 받으면 된다.	나만 잘 받기는 쉽지 않다. 같은 평수 아파트인데, 나만 잘 받을 수는 없는 것이다. 재개발에서도 같은 지역인데 내 토지만 무턱대고 잘 받을 수는 없는 것이다.
누락되면 보상을 받지 못하여 손해다.	누락되면 돈을 받지 못하고, 그렇게 되면 소유권도 넘어가지 않고, 사업시행도 불가하다.
내 현금청산금을 공개하면 손해 본다.	절대로 손해 없다. 오히려 공개를 해서 형평에 어긋나지 않는지를 봐야 이익이 된다. 공개하자!
어차피 해 봐야 소용없다.	故 정주영 회장님, "임자 해보기는 한 거야?" 본격적으로 현금청산금을 다투기 전까지는 누가 그 가격 결정에 관여를 많이 하였을까를 생각해보자. 그렇다 해 보자. 혼자서 힘들면 제대로 된 전문변호사를 선임해 보자!

7. 어떻게 준비하여야 하는가?

　재개발사업에서는 대책위원회를 구성하여 대응을 하는 것이 효과적이다. 그래야 가장 중요한 감정평가사 추천권을 행사할 수 있다. 그러나 잘못된 대책위원회는 말로만 듣던 '법조브로커'의 놀이터 내지 먹잇감이 될 뿐이라는 점을 명심하여야 한다.

　대책위원회는 현금청산대상자들이 권익보호를 위해 자발적으로 모인 비법인단체이다. 등산모임, 동창회 등과 같다고 보면 된다. 비법인단체이므로 뜻이 있는 사람들은 언제든지 사람들을 규합하여 설립이 가능한 것이다. 설립방법도 동창회나 등산모임과 같이 하면 된다. 대책위원회는 법적 단체가 아니다. 관할지방자치단체가 구성하는 '보상협의회'나 서울시의 경우 구청장이 구성하는 '협의체'와도 구별되는 것이다.

　개인적인 준비사항은 현금청산관련 지식을 철저히 공부하여야 한다. 내가 모르면 잘못된 선택을 하는 경우가 많다. 아무리 바빠도 공부하고, 행동하여야 한다. 또한 경우에 따라서는 현금청산을 받을 것이므로 조합 운영에 전혀 관심을 기울이지 않는데, 이는 잘못이다. 조합 사정을 알아야 한다. 조합으로부터 온 서류는 절대로 버리지 말고 잘 갖고 있어야 하고, 읽어 보고 전문변호사와 협의하여 대응을 하는 것이 좋다.

8. 처음에 산정되는 협의금액이 가장 중요

　재개발사업의 현금청산금은 처음에 산정되는 협의보상금액이 제대로 산정되어야 한다. 최초 감정 금액이 제대로 산정되지 않으면, 그 이후에 수용재결, 이의재결, 행정소송에서는 더 높게 나오는 게 쉽지 않다. 대법원까지 재판을 진행해 봐야 처음 산정금액에서 10%를 증액하기가 어렵다.

　재건축사업에서는 1차 협의가 없이 법원에서 선정한 감정평가사가 산정하므로, 2번의 기회는 거의 없다. 물론 법원 감정이 잘못되었다는 점을 밝혀내면 새롭게 재감정을 실시하기도 하나, 이런 경우는 거의 없고, 가사 재감정을 실시해도 처음 감정과 큰 차이가 나지 않는다.

　재건축사업에서 분양신청을 하지 아니한 자 등에 대해서는 법 제73조 제1항은 '사업시행자는 관리처분계획이 인가·고시된 다음 날부터 90일 이내에 분양신청을 하지 않은 자등과 토지, 건축물 또는 그 밖의 권리의 손실보상에 관한 협의를 하여야 한다. 다만, 사업시행자는 분양신청기간 종료일의 다음 날부터 협의를 시작할 수 있다.'라고 규정하고 있다.

　즉, 2018. 2. 9. 이후 시행되는 도시정비법 전부개정법은 이전과는 달리 재건축사업에서 먼저 분양신청을 하지 아니한 자등에 대해서 손실보상 협의의무를 규정하고, 협의기간 만료 후 60일 내에 매도청구소송을 제기하고, 그 기간을 지키지 아니하면 지연이자를 지급하도록 하고 있다. 그리고 동법 시행령 제60조제1항은 '사업시행자가 법 제73조제1항에 따라 토지등소유자의 토지, 건축물 또는 그 밖의 권리에 대하여 현금으로 청산하는 경우 청산금액은 사업시행자와 토지등소유자가 협의하여 산정한다.'라고 규정하고 있다. 따라서 현금청산대상자로서는 대책위를 구성하여 재건축에서 손실보상협의 의무를 다하기 위한 청산금액 산정을 위한 감정평가사 선정에 있어서 1명의 추천권을 줄 것을 사업시행자에게 요구하여야 할 것이다. 이를 위해서 서울시의 경우 조례에 의한 현금청산협의체 구성이나 도시정비법 제116조, 제117조에 의한 조정위원회를 활용할 필요가 있다.

따라서 현금청산대상자들은 처음 협의금액이 제대로 산정되도록 최선을 다하여야 한다. 즉, 감정평가사를 추천하여야 하고, 거래사례를 제공하여야 할 것이다. 재건축 등에서는 감정인 선정, 감정평가 과정 등에 특별히 더 노력을 기울여야 한다(이 부분이 진정한 노하우이다). 물론 이러한 노력은 전문변호사가 하여야 한다. 개인이 직접 소송을 하면서는 거의 불가하다. 버스가 떠난 후에 손들어야 소용없다. 이 점을 명심하여야 한다.

사정이 이런데도 현금청산대상자들은 1차 협의보상금이 산정되고 난 이후나 수용재결이 난 이후에서야 변호사를 찾는다.

따라서 재개발 현금청산대상자들은 1차 협의보상금을 제대로 받기 위한 노력, 즉, 대책위를 구성하여 사업시행계획인가 전에 실시하는 이해관계인 의견청취와 중앙토지수용위원회 협의 절차에서 제대로 대응하여야 하고, 감정평가사 추천권 행사, 거래사례 제시 등을 하여야 한다. 재건축 현금청산대상자들은 현금청산대상자가 되면 즉시 전문변호사를 선임하여야 한다.

9. 분양신청을 한 조합원에 대한 청산환급금 지급 시기

이 책은 조합원의 청산환급금을 다루는 것은 아니지만, 조합원이 분양신청을 한 경우 종전가격과 종후가격을 비교하여 남는 금액, 즉 청산환급금의 지급 시기를 알아보고자 한다. **이는 재산이 많은 조합원들이 숙지하여야 한다.**

예를 들어 갑의 종전가격은 100억원인데, 갑이 받을 아파트 가격은 10억원이라고 가정하자. 그러면 갑은 90억원을 조합으로부터 환급받아야 하는데, 그 시기가 언제인지가 중요한 것이다.

도시정비법 제89조제1항은 "대지 또는 건축물을 분양받은 자가 종전에 소유하고 있던 토지 또는 건축물의 가격과 분양받은 대지 또는 건축물의 가격 사이에 차이가 있는 경우 사업시행자는 제86조제2항에 따른 <u>이전고시가 있은 후에 그 차액에 상당하는 금액을 분양받은 자로부터 징수하거나 분양받은 자에게 지급하여야 한다.</u>"라고 규정하고 있다.

서울고등법원은 <u>청산환급금 지급시기에 대해 이전고시 후이고, 그 이후 년 5% 지연이자를 지급하여야 한다고 한다</u>(서울고등법원 2013. 8. 23. 선고 2012나105132 판결, 대법원 2015. 11. 26. 선고 2013다70668 판결로 확정). 물론 <u>사업시행자는 정관등에서 분할징수 및 분할지급을 정하고 있거나 총회의 의결을 거쳐 따로 정한 경우에는 관리처분계획인가 후부터 법 제86조제2항에 따른 이전고시가 있는 날까지 일정 기간별로 분할징수하거나 분할지급할 수 있다</u>(법 제89조제2항).

<u>이러한 청산금에 관한 소송은 공법상 법률관계에 관한 분쟁으로서 행정소송으로 봄이 타당하다.</u>

대법원은 "분양계약서에서 수분양자인 甲의 분양대금 납입 지체에 따른 지연손해금의 납부책임과 금액만을 규정하고 분양자이자 매도인인 乙 주식회사 등의 이행지체에 따른 지체상금에 관하여는 아무런 규정을 두지 않은 사안에서, 수분양자의 분양대금 납입 지체에 적용되는 지연손해금 조항이 당연히 매도인에게도 적용되어 동일한 내용의 지체상금 조항이 있는 것으로 간주될 수는 없으므로, 甲은 乙 회사에 대하여 손해배상액의 예정으로서 지체상금의 지급을 구할 수는 없고 乙 회사의 채무불이행으로 인하여 실제로 입은 손해만을 민법 제393조 등에서 정한 바에 따라 배상받을 수 있을 뿐이라는 이유로, 이와 달리 본 원심판결에 법리오해의 위법이 있다."라고 판시하고 있다(대법원 2012. 3. 29. 선고 2010다590 판결).

따라서 이를 청산환급금에 적용하면 지연손해금 비율은 매수인인 조합원에게 적용되는 것이고, 이를 조합이 조합원에게 지급할 청산금에도 당연히 적용된다고 볼 수 없다. 따라서 5%가 타당하다는 것이다.

그런데 이전고시 후에는 조합재산이 없을 수도 있는 점을 고려하여, 이전고시 전에 조합재산에 대한 가압류 등을 검토하여야 한다.

따라서 조합에서는 이러한 점을 고려하여, 징수와 지급이 균형 있게 되도록 관리처분계획을 수립하는 것이 타당하다고 본다. 청산금지급채무의 이행기는 정관이나 관리처분계획에서 달리 정할 수 있는 것이다.

10. 아파트를 받을지, 현금청산금을 받을지, 선택 방법

가. 머리글

최근 부쩍 법무법인강산에게 재개발·재건축사업에서 현금청산을 하여 돈으로 받을지, 아니면 분양신청을 하여 아파트나 상가를 받을지 여부를 판단하여 달라는 문의가 많다.

이 문제는 참으로 어려운 질문이다. 분양신청을 하였다고 하더라도 추가 부담금이 생길 가능성, 향후 아파트 경기 등 변수가 많다.

나. 판단기준

이 문제는 전적으로 본인이 판단하여야 한다. 다만 다음과 같은 상황을 잘 이해하고 결정하여야 할 것이다.

분양신청을 하면 유리한 점은 일반분양자들보다 우선하여 아파트를 배정받게 되고, 분양가가 일반분양분보다 저렴하다. 불리한 점은 추가부담금이 생길 위험성이 크다는 점이다. 물론 향후 입주 시점에서의 아파트 경기도 고려하여야 한다. 분양신청을 하여 아파트나 상가를 받을 때 가치가 있는지는 어찌 보면 그곳에 살고 있는 본인이 가장 잘 아는 것이다. <u>분양신청을 할 때 가장 큰 고려사항은 부담금이다.</u> 즉 일반분양분이 많아 사업성이 좋은 조합, 분쟁이 적은 조합, 공사비가 적게 소요되는 조합(토지 경사도 등 공사조건이 양호한 곳), 조합운영을 투명하게 하는 조합의 조합원은 분양신청을 하는 것도 좋은 방법이다. 특히 2018. 2. 9.부터는 법 개정으로 인하여 분양신청을 통지할 때 종전자산가격과 분양대상자별 분담금의 추산액을 알려주도록 제도가 개선되었으므로, 이를 보고 결정하면 된다.

현금청산금을 받으면 유리한 점은 현금청산시점에서 모든 불확실성이 제거된다는 점이다. 불리한 점은 통상 현금청산금이 시세보다 적다는 것이다(아파트 재건축은 거의 시세대로 받지만 단독주택재건축(과거 사업만 진행되고, 앞으로는 단독주택재건축사업은 불가하다)이나 재개발은 시세보다 현금청산금이 적은 경향이 많다.

그럼 대략이나마 현금청산금액을 예측할 수만 있다면 의사결정이 쉬워질 것이다.

먼저 아파트재건축사업에서 현금청산금액은 한국부동산원이나 국민은행 시세에 근접하여 나온다. 따라서 이것을 참작하여 의사결정을 하면 된다.

문제는 단독주택재건축사업과 재개발사업이다. 이 경우는 아파트와는 달리 시세가 얼마라고 하기가 참으로 어렵다. 결국 그나마 예측할 수 있는 수단은 현금청산금액을 산정하는 방법을 이해하면 될 것이다. 재건축은 개발이익을 포함하여 시세대로 감정을 하여 결정한다. 이때 건물가격은 20년 이상 경과된 것이라면 통상 평당 200만원이면 매우 후하게 나오는 것이다. 이는 재개발도 거의 마찬가지이다.

토지가격은 비교표준지를 찾아서 살펴보면 된다. 즉, 국토교통부 사이트에 들어가 '동'이나 '리'를 검색하면 표준지가 나오고, 이때 자신의 토지가 나오면 그것이 표준지이므로, 이때는 1.3 내지 1.8을 곱하면 되고, 만일 자신의 토지지번이 안나오면 나오는 표준지 중 용도지역, 현실이용상황, 지목, 거리 순으로 찾으면 자신의 토지와 유사한 토지가 나오고, 그 유사토지 가격에 1.3 내지 1.8을 곱하면 된다(이는 전적으로 법무법인강산 사견이다. 실제는 감정평가사가 결정하는 것임을 유의하여야 한다). 이는 재개발도 마찬가지이다. 다만 재개발은 개발이익을 배제하므로 1.3 쪽에 가까울 것이다.

따라서 이렇게 현금청산금액을 예측하여 그 가격에 팔고 나오려면 현금청산을 선택하면 된다. 더 정확한 것은 미리 감정평가사들의 도움을 받아 사전평가를 받아보면 된다.

토지 지분이 적은 자는 분양신청을 하는 것이 유리하다. 왜냐하면 최소한 전매를 하더라도 일반분양분과 조합원 분양분과의 차액을 수익으로 누릴 수 있기 때문이다.

반대로 토지 지분이 많은 자 또는 여러 채가 있어 종전자산가격이 매우 높은 자는 현금청산이 유리한 경우도 있을 수 있다. 물론 최근에는 1+1 분양도 있어서 분양신청이 유리한 경우도 있다. 예를 들어 갑이라는 사람의 종전자산가격이 50억원이고, 갑이 5억원짜리 아파트를 분양받는다고 한다면, 갑은 차액 45억원에 대해 청산금으로서 조합으로부터 돌려받을 수가 있다. 그런데 이때 45억원의 청산금은 바로 받는 것이 아니라 아파트를 준공 후 실시하는 이전고시 후에나 지급받을 수 있다(법 제89조제1항). 물론 법 제89조제2항에 의하면 미리 분할지급도 가능하다.[8] 따라서 쉽게 설명하여 종전자산가격이 매우 많은 자는 조합원 청산금을 이전고시 후에나 받을 확률이 높으므로(법 제89조제2항에 의한 미리 분할지급여부 필히 확인 요망), 현금청산이 유리할 수도 있으니, 이점 유의하여 판단하여야 할 것이다. 그러나 아파트 가격이 지속적으로 상승한다는 확신이 있다면 분양신청을 하는 것이 유리하다고 본다.

다. 결론

결국 현금청산이냐 분양신청이냐의 문제는 자신이 최종적으로 결정하여야 한다.

---

[8] 상세내용은 바로 앞 설명 내용인 "9. 분양신청을 한 조합원에 대한 청산환급금 지급시기" 참고

다만 현금청산이 유리한 경우는 조합에 분쟁이 많은 경우, 일반분양분이 적은 조합, 급하게 자금이 필요한 경우, 불확실성을 제거하고 싶은 경우 등이지만, 이 경우도 개별적으로 잘 살펴 고민하여야 한다.

반대로 분양신청이 유리할 경우는 소형 지분 소유자, 일반분양분이 많은 경우, 분쟁이 없는 조합 등이다.

가장 확실한 선택방법은 미리 현금청산금액을 예측해 보는 것이고, 이 방법은 제시한 바와 같다.

11. 교회, 절 등 종교시설 현금청산 대응방안

가. 머리글

교회나 절 등 종교시설이라고 해서 정비사업에 특권이 있는 것이 아니다. 즉, 일반 사람들과 똑같다. 그러나 그 대응방법에 따라 결과는 많이 달라진다. 어느 종교시설은 합의로 이전하거나 존치되고, 어느 종교시설은 법대로 수용되거나 매도청구소송을 당한다.

따라서 종교시설 일수록 초기 대응이 중요하다. 정비예정구역 지정 당시나 정비구역이 지정되기 전에 존치나 이전부지 마련을 주장하여야 하고, 그 주장이 받아들여지지 않으면 강력한 대응을 하여야 한다. 법적인 효력을 갖지는 못하지만, 서울시가 발표한 "뉴타운지구 종교시설 처리방안"은 매우 훌륭하므로, 이것이 관철되도록 노력하여야 한다. 실제로 법무법인강산은 이것을 관철시킨 사례가 있다. 나아가 이전계획이 수립되지 않고 현금청산을 받는다고 하더라도 종교시설의 대응강도에 따라 현저한 차이가 난다. 참으로 어려운 것이 종교시설 현금청산이다. 예를 들어 사업시행계획의 인가 후에 조합설립에 동의를 할 것인지, 분양신청을 할 것인지 여부 등 어려운 선택을 하여야 한다. 또한 조합입장에서도 종교시설이 대대적으로 정비사업을 반대하거나 이전하지 않으면 큰 장애요소가 되므로, 법조문만 내세울 것이 아니다. 솔로몬의 지혜가 필요하다.

한편 분양신청을 한 자는 조합원이므로 사업시행자에 준하여 보상을 받을 자가 아니라 보상을 하는 자의 지위에 있는 것이다. 대법원은 "정비사업에 동의하여 분양신청을 함으로써 정비사업에 참여한 '토지 등 소유자'는 자신의 토지 또는 건축물을 정비사업에 제공하는 대신 정비사업의 시행으로 완공되는 건축물을 분양받고 종전에 소유하고 있던 토지 또는 건축물의 가격과 분양받은 토지 또는 건축물의 가격 사이에 차이가 있는 경우 이를 청산할 의무가 있는 사람으로서 사업시행자에 준하는 지위를 가지고 있다고 할 것이다. 따라서 이러한 토지 등 소유자에게는 공익사업법에 규정된 주거이전비 청구권이 발생하지 아니한다고 봄이 상당하다."라고 판시하고 있다(대법원 2011. 11. 24. 선고 2009다28394 판결). 그런데도 일부 종교시설은 분양신청을 하고 나서 보상을 요구하는 경우가 있으나, 이는 법적으로는 불가한 것이다. 따라서 분양신청을 한 종교시설은 관리처분취소소송(서울고등법원 2017. 2. 24. 선고 2016누46856 판결)을 제기하여야 한다.

종교시설이 정비구역 내에 있을 경우 사업시행자와 협의가 이루어지지 않으면 많은 사회적 갈등이 초래되고, 이로 인하여 불필요한 비용이 발생한다. 따라서 종교시설에 대해서만큼은 조합이 전향적인 자세를 가지고 사전 협상으로 문제를 해결하고자 하는 자세를 가지는 것이 타당하다. 그저 "법"으로만 해결하려고 하다가 더 많은 비용을 지불할 수도 있는 것이다.

나. 서울시 뉴타운 지구 등 종교시설 처리방안

서울시는 2009. 9. 27. "서울시 뉴타운 지구 등 종교시설 처리방안"을 제시하였는데(문서번호 : 뉴타운사업2담당관-8497 / 2009.9.27.), 종교시설은 우선적으로 "존치"가 되도록 검토하고, "이전"이 불가피한 경우 "존치"에 준하는 이전계획을 수립하라는 것이다.

구체적인 이전계획수립 기준을 살펴보면, ① 이전계획 수립시 관련 종교단체와 협의, ② 기존 부지와 이전 예정부지는 "대토" 원칙, ③ 현 종교시설 실제 건물 연면적에 상당하는 건축비용 조합 부담(성물 등 가치가 큰 종교물품에 대한 제작설치비 고려), ④ 사업기간 동안 종교활동에 지장이 없도록 임시장소 마련, 이전비용 등 조합 부담 등이다.

| 서울시 뉴타운 지구 등 종교시설 처리방안 |

□ 문서번호 : 뉴타운사업 2담당관-8497 / 2009. 9. 27.
  - 종교시설은 우선적으로 "존치"가 되도록 검토
  - "이전"이 불가피한 경우 "존치"에 준하는 이전계획 수립
□ 이전계획수립 기준

> - 이전계획 수립시 관련 종교단체와 협의
> - 기존 부지와 이전 예정부지는 "대토" 원칙
> - 현 종교시설 실제 건물 연면적에 상당하는 건축비용 조합 부담
>   (성물 등 가치가 큰 종교물품에 대한 제작설치비 고려)
> - 사업기간 동안 종교활동에 지장이 없도록 임시장소 마련, 이전비용 등 조합 부담

서울시가 다른 소유자들과 달리 이러한 방안을 수립·발표한 배경은 당연히 종교시설의 특수성 때문일 것이다. 즉, 종교시설은 단순하게 그 소유자의 재산문제로 보는 것이 아니라 그 지역에 오랫동안 신앙의 본거지 역할을 수행하며 조합원들의 삶에 많은 영향을 끼쳤고, 나아가 그 종교시설이 계속 존속하려면, 결국은 조합원들이 다시 돈을 부담하여 종교시설을 건축하여야 하고, 이는 결국 조합원들의 신앙권에 직결되어 있기도 한 것이기 때문이다. 나아가 종교시설은 그 자체가 비영리조직이므로, 영리를 추구하는 소유자들과는 다른 차별이 필요하기도 하다. 따라서 조합은 원만한 타협이 최선의 대책인 것이다.

다. 교회나 절 등 대응방안

(1) 정비계획 수립 시 사업계획에 반영하는 것이 최선

자신의 교회나 절이 정비예정구역에 포함되면, 이때부터 교회나 절은 정비계획에 자신의 주장이 반영되도록 행정청을 설득하여야 할 것이다.

그것이 가장 좋은 방안인 것이다. 즉, 존치나 대토는 이때 계획이 잡히지 않으면 불가한 것이다. 한편 존치나 구역 내 대체 부지를 마련해 주는 경우 행정청에 녹지 비율 축소 등 인센티브를 건의하는 것도 생각해 볼 일이고, 이에 대해서는 교회나 절도 당연히 최선을 다하여 조합을 도와야 할 것이다. 실제로 행정청이 인센티브를 준 사례(수원시)도 있다.

이렇게 노력하여 존치나 대체부지가 마련되면, 추가문제에 대해서는 합의가 쉽다. 즉, 이전문제와 건축문제만 합의하면 되는데, 이에 대해서는 서울시 방안을 따르면 무난하다고 본다.

그런데 존치나 대토가 계획되지 않으면, 현금청산을 하여야 하므로, 이 경우가 가장 어렵다. 물론 경우에 따라서는 분양신청을 하여 상가를 받는 경우도 있기는 하지만 많지는 않다. 이 문제는 항을 바꾸어 살펴보고자 한다.

(2) 현금청산 시 대응방안
종교시설에 대한 현금청산은 일반 소유자와는 다른 각도로 바라보아야 한다. 즉, 협의가 이루어지지 않을 경우 용산참사에서 보듯이 많은 비용이 발생할 우려가 크기 때문이다. 따라서 현금청산을 한다고 하더라도, 조합에서는 단순히 기존 건축물에 대해 수용보상을 하면 그만이라는 안이한 사고방식은 버릴 필요가 있다. 또한 종교시설 입장에서도 경우에 따라서는 조합이 수용보상을 하고 명도소송을 하면 그만이라는 것을 명확히 인지하고 철저한 대응을 하여야 하는 것이다.

(3) 공동주택 단지 내 복리시설 등으로 이전하는 경우
종교시설 건축물은 일반 상가 및 부대복리시설 동과 별개의 동으로 구분하여 건축 하고, 진·출입동선을 계획하는 것이 좋다. 다만, 소유자가 상가 내에 배치를 원하는 경우 협의 결정하면 된다.

가급적 종교시설 연면적은 기존시설면적 이상으로 하고 부지면적은 전체 단지 면적에서 연면적 비율만큼 지분으로 소유하면 그만이다. 기존 부지 면적이 지분 소유 면적보다 클 경우 감정평가 금액으로 정산하면 된다. 이전에 따른 인테리어비용 등은 많은 비용이 소요되지 않으므로 협의 결정 하면 된다.

(4) 정비구역 밖으로 이전하는 경우

기존건축물은 감정가로 보상하는 것이 타당하고, 나머지는 서울시 안처럼 협의하면 될 것이다. 즉, 이전에 따른 비용을 지급하고, 신축비용은 기존 건축물의 연면적, 구조 및 마감재 등과 동등하거나 그 이상의 건축물로 신축할 수 있도록 사업시행자가 지원하면 될 것이다.

(5) 기타 협의가 되지 않을 경우

교회나 절은 조합과 협의가 되지 않을 경우에는 나름대로 자구책을 강구 하여야 할 것이다. 조합이 가장 힘들어 하는 부분을 가지고 대응을 하면 된다.

통상 사업시행인가나 관리처분에 대해서 소송을 통해 다투고, 명도소송 및 그 집행에 대비하고, 석면문제, 전기·가스·상하수도 문제, 비대위 문제, 철거신고, 일반분양 문제, 사업시행인가 기간문제, 관리처분 타당성 검증 문제 등을 가지고 대응을 하며, 사회연결망을 통해 대응을 하기도 한다. 불교시설물 중 법당 내부에 있는 미륵불상과 연화좌대, 삼존불상과 각 좌대, 탱화 4화, 천왕 벽화 등은 법당 및 산신각에 맞추어 특별히 주문 제작되어 그 장소를 떠나서는 더 이상 성보로서의 기능을 수행할 수 없는 것이므로 이전비가 아닌 취득비용으로 보상하여야 한다는 점을 명심하여야 한다. 교회시설물도 마찬가지일 것이다.

> 서울고등법원 2017. 4. 7. 선고 2016누46856 판결
> 대법원 2017두43388 2018. 06. 19 소취하로 종결
> 원고의 최종적인 분양의사나 원고에 대한 보상내역이 어떻게 결정되는지에 따라 새로이 관리처분계획을 수립할 경우 작성될 공동주택 및 상가 분양대상조합원들에 대한 부담금을 결정하는 비례율, 권리가액비율 및 그 분담금액도 함께 변경되어야 할 것이므로, 결국 이 사건 관리처분계획의 하자는 이 사건 관리처분계획전체에 영향을 미친다고 할 것이다. 따라서 이 사건 관리처분계획은 그 전부가 취소되어야 할 것이다.

라. 결론

종교시설 소유자나 사업시행자는 정비기본계획수립단계부터 성실히 협의하는 것이 가장 타당하고, 이때 서로간의 입장을 존중하여야 할 것이다. 특히 사업시행자는 미리 합의가 되지 않을 경우 민원제기에 따른 명도지연 문제가 발생하거나, 사업시행계획인가나 관리처분인가가 지연될 소지가 있고, 종교시설 소유자는 교인들이 조합원이라는 점을 고려하여 서로 양보의 미덕을 발휘하는 것이 타당하다. 특히 합의가 성사된 경우에는 그 합의안이 조합 총회를 통과하여야 하므로, 이에 대비하여 조합원에 대한 설득 노력도 게을리 하여서는 아니될 것이다.

마. 교회부속시설은 일괄평가 대상 아니다.

대법원 2020. 12. 10. 선고 2020다226490 판결

[1] 감정평가 및 감정평가사에 관한 법률 제3조 제3항은 "감정평가의 공정성과 합리성을 보장하기 위하여 감정평가법인 등이 준수하여야 할 세부적인 원칙과 기준은 국토교통부령으로 정한다."라고 규정하고 있다. 그 위임에 따른 감정평가에 관한 규칙 제7조 제1항은 "감정평가는 대상물건마다 개별로 하여야한다."라고, 제2항은 "둘 이상의 대상물건이 일체로 거래되거나 대상물건 상호 간에 용도상 불가분의 관계가 있는 경우에는 일괄하여 감정평가할 수 있다."라고 규정하고 있다. 따라서 둘 이상의 대상물건에 대한 감정평가는 개별평가를 원칙으로 하되, 예외적으로 둘 이상의 대상물건에 거래상 일체성 또는 용도상 불가분의 관계가 인정되는 경우에 일괄평가가 허용된다.

[2] 甲 아파트 재건축정비사업조합의 매도청구권 행사에 따라 감정인이 甲 아파트 단지 내 상가에 있는 乙 교회 소유 부동산들에 관한 매매대금을 산정하면서 위 부동산들을 일괄하여 감정평가한 사안에서, 위 상가는 집합건물의 소유 및 관리에 관한 법률이 시행되기 전에 소유권이전등기가 마쳐진 것으로 현재까지 위 법률에 따른 집합건물등기가 되어 있지 않고 각 호수별로 건물등기가 되어 있는데, 乙 교회가 위 부동산들을 교회의 부속시설인 소예배실, 성경공부방, 휴게실로 각 이용하고 있으나 위 부동산들은 실질적인 구분건물로서 구조상 독립성과 이용상 독립성이 유지되고 있을 뿐 아니라 개별적으로 거래대상이 된다고 보이고, 나아가 개별적으로 평가할 경우의 가치가 일괄적으로 평가한 경우의 가치보다 높을 수 있으므로, 乙 교회가 위 부동산들을 교회의 부속시설로 이용하고 있다는 등의 사정만으로 위 부동산들이 일체로 거래되거나 용도상 불가분의 관계에 있다고 단정하기 어려운데도, 이와 같이 단정하여 위 부동산들을 일괄평가한 감정인의 감정 결과에 잘못이 없다고 본 원심판단에는 일괄평가 요건에 관한 법리오해 등의 잘못이 있다고 한 사례.

PART 2

현금청산 기본지식

PART 2 현금청산 기본지식

> ※ **일러두기**
>
> ▶ '(소규모)재개발·주거환경개선사업, 관리지역에서 공공이 시행하는 가로주택정비사업(수용방식)'은 토지보상법에 의한 강제수용을 하므로 **"재개발등"**이라고 표현하고,
>
> ▶ '재건축사업, 가로주택정비사업·소규모재건축사업, 주택법에 의한 지역주택조합사업·리모델링사업'은 조합이 매도청구소송을 제기하므로 **"재건축등"**이라고 표현한다.

12-1. 현금청산대상자

가. 개설

재개발등은 사업에 반대를 하여도 일단 법에 의해 강제로 조합원이 되는 것이다. 그 후 사업시행계획인가 후에 이루어지는 분양신청기간 중에 스스로의 선택에 의하여 분양신청을 하지 않아 현금청산대상자로서 조합에서 빠져 나오거나, 관리처분계획인가에서 배제된 경우, 조합정관 규정에 의하여 분양계약을 체결하지 않는 경우에 현금청산대상자가 되는 것이다.

재건축등은 조합설립에 동의를 하지 않으면 매도청구소송을 통하여 현금청산을 하고, 조합설립에 동의를 하고나서 분양신청등을 하지 않으면 재개발등과 같다.

아래 8가지 경우가 있다. 그중 ⑤, ⑧은 정관에, 나머지는 법(법 제73조 제1항)에 근거가 있다.

나. 현금청산대상자

(1) 분양신청을 하지 아니한 자(법 제73조제1항제1호)

(2) 분양신청기간 종료 이전에 분양신청을 철회한 자(법 제73조제1항 제2호)

<u>분양신청기간 종료 후에 분양철회는 인정되지 아니한다.</u> 이 점 명심하여야 한다. 따라서 일단 분양신청을 한 자는 분양신청기간 내에만 철회를 함으로써 현금청산대상자가 된다.

(3) 법 제72조제6항 본문에 따라 분양신청을 할 수 없는 자(법 제73조 제1항제3호)

2017. 10. 24. 이후에 투기과열지구의 정비사업에서 법 제74조에 따른 관리처분계획에 따라 조합원 분양을 받은 자 또는 일반분양을 받은 자 및 그 세대에 속한 자는 최초 관리처분계획인가일부터 5년 이내에는 투기과열지구에서 분양신청을 할 수 없다. 즉 현금청산이 된다[9].

> **법 제72조(분양공고 및 분양신청)** ⑥ 제3항부터 제5항까지의 규정에도 불구하고 투기과열지구의 정비사업에서 제74조에 따른 관리처분계획에 따라 같은 조 제1항제2호 또는 제1항제4호가목의 분양대상자 및 그 세대에 속한 자는 분양대상자 선정일(조합원 분양분의 분양대상자는 최초 관리처분계획 인가일을 말한다)부터 5년 이내에는 투기과열지구에서 제3항부터 제5항까지의 규정에 따른 분양신청을 할 수 없다. 다만, 상속, 결혼, 이혼으로 조합원 자격을 취득한 경우에는 분양신청을 할 수 있다. 〈신설 2017.10.24〉

(4) 인가된 관리처분계획에 의하여 분양대상자에서 제외된 자

---

[9] 이 부분은 매우 중요한 내용이므로 가지번호(12-2)를 붙여 상세하게 서술한다.

(5) 분양계약체결기간 동안 분양계약을 체결하지 아니한 자

> **재개발 표준정관 제44조** ⑤조합원은 관리처분계획인가 후 ○일 이내에 분양계약 체결을 하여야 하며 <u>분양계약체결을 하지 않는 경우 제4항의 규정을 준용한다.</u>

일단 분양신청을 한 자가 분양신청기간 내에 철회를 하지 못하고 다시 현금청산을 받기 위해서는 분양계약체결기간 동안 분양계약을 체결하지 아니하고 현금청산대상자로 되어야 하나, <u>이 경우에는 조합정관에 반드시 근거 조항이 있어야 한다. 즉, 만일 정관에 근거 조항이 없으면 불가하다.</u>

재개발 표준정관(재건축도 같다)을 보면, 위와 같이 "분양계약체결을 하지 않는 경우 제4항의 규정을 준용한다."라고 표현되어 있다. 여기서 제4항을 준용한다는 뜻은 제4항이 현금청산규정이므로 결국 분양계약을 체결하지 않으면 현금으로 청산한다는 뜻이다.

즉, 도시정비법은 이러한 규정을 두고 있지 아니하나 정관에서 추가로 분양신청을 하였지만 분양신청기간에 분양신청을 철회하지 못한 자들에 대해 다시 분양계약 체결을 하지 않음으로써 현금청산을 받을 수 있는 기회를 제공한 것이다.

이러한 정관이 유효한 것인지에 관하여 하급심판결이 유효·무효로 엇갈리다가 대법원 판결로 유효한 것으로 정리되었다. 즉 대법원은 "조합원은 관리처분계획이 인가된 후라도 위와 같이 정관에서 정한 분양계약 체결기간 이내에 분양계약을 체결하지 아니함으로써 특별한 사정이 없는 한 현금청산대상자가 될 수 있다. 이러한 정관 규정은 조합원으로 하여금 관리처분계획이 인가된 이후라도 조합원의 지위에서 이탈하여 현금청산을 받을 기회를 추가적으로 부여하기 위한 데 그 취지가 있으므로 그 내용이 구 도시정비법에 위배되어 무효라고 볼 수 없다."라고 판시하였다

(대법원 2011. 7. 28. 선고 2008다91364 판결). 이와 같이 분양신청을 한 후에 분양계약을 체결하지 않음으로서 다시 비조합원이 되는 것은 도시정비법에 근거한 것이 아니라 조합의 정관에 의하여 인정된 것인데, 이는 과거 정비사업이 활발하게 진행될 경우에는 조합에게 이로운 것이었으나, 현재와 같이 일반분양이 어려운 시기에서는 오히려 조합에게 불리할 수도 있는 내용이므로, 최근에 설립되는 조합은 이러한 정관 조항을 아예 삭제하고 있는 경우도 있다는 점을 유의하여야 한다.

따라서 현금청산을 받으려면 아예 분양신청을 하지 않는 것이 좋다. 실무적으로 분양신청기간 동안 토지등소유자들은 별로 고민을 하지 않고 분양신청을 하거나, 조합이 나중에 분양계약 체결을 하지 않아도 현금청산을 받을 수 있으므로 일단 분양신청을 하라는 말에 분양신청을 하는 경우가 많으나, 분양신청 여부는 매우 중요하므로, 신중한 판단을 하여야 한다.

한편 조합이 최초로 정한 분양계약체결기간을 계속하여 연장할 경우에 언제 현금청산대상자가 되는지에 대해, 하급심 법원은 "피고가 분양계약 체결기간을 연장하여 본 분양계약체결기간이 종료되지 않았다고 본다면 분양계약 체결기간 내에 분양계약을 체결하지 않은 조합원들의 지위가 피고의 일방적인 의사에 따라 수시로 변동하게 되어 법률관계의 안정을 해할 가능성이 큰 점 등을 종합하면, 비록 분양계약체결기간을 연장하였다고 하더라도 최초 분양계약체결기간 종료일 다음날에 현금청산자 지위를 취득한다."라고 판시하고 있다(서울행정법원 2014. 8. 14. 선고 2013구합60040 판결).

(6) 현금청산대상자로부터 토지 또는 건축물을 양수한 자

구법 시행령 제30조제2항은 "법 제16조제1항 내지 제3항의 규정에 의한 조합의 설립인가 후 양도·증여·판결 등으로 인하여 조합원의 권리가 이전된 때에는 조합원의 권리를 취득한 자를 조합원으로 본다."라고 규정하고 있었다.

2018. 2. 9.부터 시행되는 전부개정법은 이를 시행령이 아닌 도시정비법에 직접 규정하고 있다. 즉, 법 제129조는 "사업시행자와 정비사업과 관련하여 권리를 갖는 자(이하 "권리자"라 한다)의 변동이 있은 때에는 종전의 사업시행자와 권리자의 권리·의무는 새로 사업시행자와 권리자로 된 자가 승계한다."라고 규정하고 있다.

위 규정에 따라 이전고시 이전까지 조합원은 투기과열지구가 아닌 한 종전 토지나 멸실 이전의 건축물에 관한 소유권을 가지고 이를 자유롭게 양도할 수 있고, 그에 따라 조합원으로서의 지위 내지 권리의무도 당연히 이전·승계된다할 것이다.

따라서 현금청산대상자로부터 토지 또는 건축물을 양수한 자는 그 현금청산대상자의 지위(권리와 의무)를 승계한다.

▶ 수용재결 이후 수용개시일 전에 소유권의 변동이 있는 경우

가. 문제의 제기
수용재결 이후 수용개시일 전에 소유권의 변동이 있는 경우에는 그 승계인이 소유권을 취득하는지가 문제된다.

나. 판례
서울남부지방법원은 제3채무자 갑 조합이 채무자 을 소유의 부동산에 대한 손실보상금 1억 원을 2016. 12. 5. 공탁한 후 2016. 12. 7. 공탁사유신고를 하였는데, 채무자 을 소유의 부동산은 2016. 12. 1. 임의경매로 인한 매각을 원인으로 2016. 12. 7. 병 주식회사에게 소유권이전 되었고, 서울시지방토지수용위원회는

위 부동산에 대한 수용개시일을 2016. 12. 16.로 하는 수용재결을 2016. 10. 28. 하였다. 그러나 수용재결 이후 수용개시일 전에 소유권의 변동이 있는 경우에는 그 승계인을 피공탁자로 하여야 하고, 기존 소유자에게는 손실보상금 채권은 부존재하다(공탁 선례 제2-163호). 이 사건 집행채무자에게 수용보상금이 있음을 전제로 한 배당을 집행채권자에게 할 수 없으므로, 이 사건 공탁사유신고는 수리하지 아니한다고 결정하였다(2016. 12. 22. 2016타배840 결정)

다. 공탁 선례

(1) 갑 소유 토지의 수용보상금에 대해 을의 채권가압류가 있었고 그 후 수용시기 이전에 병이 갑의 소유권을 승계한 경우 피공탁자 여하

제정 1992. 10. 21. [공탁선례 제2-163호, 시행]

갑 소유의 토지에 대한 수용재결이 있은 후 수용시기 이전에 병이 갑으로부터 위 토지의 소유권을 승계한 경우에는 수용 당시의 소유자인 병이 토지수용에 의한 손실보상금이나 기업자가 이를 공탁한 경우 그 공탁금의 수령권자가 되며, 비록 병이 소유권을 취득하기 전에 을이 갑의 손실보상금 채권을 가압류하였다고 하더라도 그것만으로는 갑의 위 토지처분행위를 저지하거나 병의 소유권취득에 우선할 수 있는 효력이 없으며, 수용 당시에 갑은 위 토지의 소유권자가 아님으로써 손실보상금 채권자가 될 수 없게 되었으므로 위 가압류명령은 수용 당시에 이르러 피가압류채권인 손실보상금 채권이 부존재하게 되어 무효가 되는 것이므로, 위 보상금을 공탁하는 경우의 피공탁자는 병이 되는 것이다.[1992. 10. 21. 법정 제1826호(공탁선례 1-22)]

(2) 토지수용보상금의 공탁에 관한 사무처리지침(제정 1990. 12. 19. 행정예규 제149호, 시행)

> **3. 수용토지의 소유자가 변경된 경우 등의 출급절차**
>
> **가.** 수용시기 전에 수용토지의 소유자가 변경되었음에도 불구하고 수용보상금이 승계전의 소유자에게 공탁되어 있는 경우에 그 승계인(사업인정고시 전의 승계인이 자진하여 출급청구하는 경우를 포함한다)은 피공탁자의 정정없이도 승계사실을 증명하는 서면(등기부 등본 또는 수용재결경정서 등)을 첨부하여 출급청구할 수 있다(토지수용법시행령 제18조의 2).

라. 법률

> **토지보상법**
>
> 제40조(보상금의 지급 또는 공탁)
>
> ③ 사업인정고시가 된 후 권리의 변동이 있을 때에는 그 권리를 승계한 자가 제1항에 따른 보상금 또는 제2항에 따른 공탁금을 받는다.
>
> 제45조(권리의 취득·소멸 및 제한) ① 사업시행자는 수용의 개시일에 토지나 물건의 소유권을 취득하며, 그 토지나 물건에 관한 다른 권리는 이와 동시에 소멸한다.

마. 결론

수용재결 이후 수용개시일 전에 소유권의 변동이 있는 경우에는 그 승계인이 소유권을 취득하므로, 승계인을 피공탁자로 하여야 한다.

▶ 대법원 1995. 12. 22. 선고 94다40765 판결{손해배상}

[1] 수용 대상 부동산에 강제경매 신청이 등재되어 있는 것만 가지고는 부동산에 대한 처분이 제한된 것이 아니므로 <u>기업자에게 경매절차까지 알아보아 경락자를 파악하고 그를 상대로 수용절차를 밟아야 할 의무가 있다고 보여지지 아니하므로</u>, 그러한 확인절차를 거치지 아니하였다 하여 기업자에게 어떠한 과실이 있다고 할 수 없다고 한 원심판결을 수긍한 사례.

[2] <u>기업자가 과실 없이 진정한 토지소유자를 알지 못하여 형식상의 권리자인 등기부상 소유명의자를 그 피수용자로 확정하더라도 적법하고, 그 수용의 효과로서 수용 목적물의 소유자가 누구임을 막론하고 이미 가졌던 소유권이 소멸함과 동시에 기업자는 완전하고 확실하게 그 권리를 원시취득한다.</u>

▶ 재건축사업에서 조합 앞으로 신탁된 부동산이 경매에 나오는 경우 승계 여부

아직 판례는 찾을 수 없으나, 사견은 이 경우는 낙찰자는 조합 앞으로 신탁을 한 자의 지위에 따라 조합원이 신탁한 것이라면 조합원의 지위를 승계하고, 현금청산자가 신탁한 것이라면 현금청산자의 지위를 승계한다고 본다.

대법원은 "도시환경정비사업 시행을 위하여 또는 그 사업 시행과 관련하여 부동산에

> 관하여 담보신탁 또는 처분신탁 등이 이루어진 경우에 도시 및 주거환경정비법 제28조 제7항에서 정한 사업시행자로서 사업시행인가를 신청하는 '토지 등 소유자' 및 그 신청에 필요한 동의를 얻어야 하는 '토지 등 소유자'를 위탁자로 볼 수 있다." 라고 판시하고 있기도 하다(대법원 2015. 6. 11. 선고 2013두15262 판결).
>
> 물론 신탁이 이루어지면 수탁자가 대외적으로는 완벽한 소유권을 행사한다(대법원 2002. 4. 12. 선고 2000다70460 판결). 그렇지만 정비사업의 특성상 조합은 사업시행자이지 조합원이나 현금청산자가 아니다. 낙찰자가 조합의 지위를 승계한다고 할 수는 없는 것이다. 물론 이 사안에 대해서는 추후 판례가 나와야 정리가 될 것이다.

(7) 투기과열지구에서 양수인(법 제39조제2항본문에 해당하는 자)

「주택법」제63조제1항에 따른 투기과열지구(이하 "투기과열지구"라 한다)로 지정된 지역에서 재건축사업을 시행하는 경우에는 조합설립인가 후, 재개발사업을 시행하는 경우에는 제74조에 따른 관리처분계획의 인가 후 해당 정비사업의 건축물 또는 토지를 양수(매매·증여, 그 밖의 권리의 변동을 수반하는 일체의 행위를 포함하되, 상속·이혼으로 인한 양도·양수의 경우는 제외한다. 이하 이 조에서 같다)한 자는 조합원이 될 수 없다. 다만, 양도인이 다음 각 호의 어느 하나에 해당하는 경우 그 양도인으로부터 그 건축물 또는 토지를 양수한 자는 그러하지 아니하다(법 제39조제2항). 〈개정 2017.10.24, 2020.6.9., 2021.4.13〉

1. 세대원(세대주가 포함된 세대의 구성원을 말한다. 이하 이 조에서 같다)의 근무상 또는 생업상의 사정이나 질병치료(「의료법」제3조에 따른 의료기관의 장이 1년 이상의 치료나 요양이 필요하다고 인정하는 경우로 한정한다)·취학·결혼으로 세대원이 모두 해당 사업구역에 위치하지 아니한 특별시·광역시·특별자치시·특별자치도·시 또는 군으로 이전하는 경우

2. 상속으로 취득한 주택으로 세대원 모두 이전하는 경우
3. 세대원 모두 해외로 이주하거나 세대원 모두 2년 이상 해외에 체류하려는 경우
4. 1세대(제1항제2호에 따라 1세대에 속하는 때를 말한다) 1주택자로서 양도하는 주택에 대한 소유기간 및 거주기간이 대통령령으로 정하는 기간 이상인 경우

> **령 제37조(조합원)** ① 법 제39조제2항제4호에서 "대통령령으로 정하는 기간"이란 다음 각 호의 구분에 따른 기간을 말한다. 이 경우 소유자가 피상속인으로부터 주택을 상속받아 소유권을 취득한 경우에는 피상속인의 주택의 소유기간 및 거주기간을 합산한다.
> 1. 소유기간: 10년
> 2. 거주기간(「주민등록법」 제7조에 따른 주민등록표를 기준으로 하며, 소유자가 거주하지 아니하고 소유자의 배우자나 직계존비속이 해당 주택에 거주한 경우에는 그 기간을 합산한다): 5년

5. 제80조에 따른 지분형주택을 공급받기 위하여 건축물 또는 토지를 토지주택공사등과 공유하려는 경우
6. 공공임대주택, 「공공주택 특별법」에 따른 공공분양주택의 공급 및 대통령령으로 정하는 사업을 목적으로 건축물 또는 토지를 양수하려는 공공재개발사업 시행자에게 양도하려는 경우

> **령 제37조** ② 법 제39조제2항제6호에서 "대통령령으로 정하는 사업"이란 공공재개발사업 시행자가 상가를 임대하는 사업을 말한다. 〈신설 2021. 7. 13.〉

7. 그 밖에 불가피한 사정으로 양도하는 경우로서 대통령령으로 정하는 경우

령 제37조 ③ 법 제39조제2항제7호에서 "대통령령으로 정하는 경우"란 다음 각 호의 어느 하나에 해당하는 경우를 말한다. 〈개정 2020. 6. 23., 2021. 7. 13.〉

1. 조합설립인가일부터 3년 이상 사업시행인가 신청이 없는 재건축사업의 건축물을 3년 이상 계속하여 소유하고 있는 자(소유기간을 산정할 때 소유자가 피상속인으로부터 상속받아 소유권을 취득한 경우에는 피상속인의 소유기간을 합산한다. 이하 제2호 및 제3호에서 같다)가 사업시행인가 신청 전에 양도하는 경우
2. 사업시행계획인가일부터 3년 이내에 착공하지 못한 재건축사업의 토지 또는 건축물을 3년 이상 계속하여 소유하고 있는 자가 착공 전에 양도하는 경우
3. 착공일부터 3년 이상 준공되지 않은 재개발사업·재건축사업의 토지를 3년 이상 계속하여 소유하고 있는 경우
4. 법률 제7056호 도시및주거환경정비법 일부개정법률 부칙 제2항에 따른 토지등소유자로부터 상속·이혼으로 인하여 토지 또는 건축물을 소유한 자
5. 국가·지방자치단체 및 금융기관(「주택법 시행령」 제71조제1호 각 목의 금융기관을 말한다)에 대한 채무를 이행하지 못하여 재개발사업·재건축사업의 토지 또는 건축물이 경매 또는 공매되는 경우
6. 「주택법」 제63조제1항에 따른 투기과열지구(이하 "투기과열지구"라 한다)로 지정되기 전에 건축물 또는 토지를 양도하기 위한 계약(계약금 지급 내역 등으로 계약일을 확인할 수 있는 경우로 한정한다)을 체결하고, 투기과열지구로 지정된 날부터 60일 이내에 「부동산 거래신고 등에 관한 법률」 제3조에 따라 부동산 거래의 신고를 한 경우

사업시행자는 조합원의 자격을 취득할 수 없는 경우 정비사업의 토지, 건축물 또는 그 밖의 권리를 취득한 자에게 제73조를 준용하여 손실보상을 하여야 한다[10](법 제39조제3항).

---

10) 이 부분은 매우 중요한 내용이므로 가지번호(12-3)를 붙여 상세하게 서술한다.

(8) 총회 제명 결의

조합원이 분양신청을 하지 아니하거나 철회하는 경우에는 조합원의 지위를 상실함으로써 현금청산 대상자가 되는데, <u>조합원이 재건축조합에서 제명되거나 탈퇴하는등 후발적인 사정으로 그 지위를 상실하는 경우에도</u> 처음부터 분양신청을 하지 아니하거나 철회하는 경우와 마찬가지로 현금청산 대상자가 된다(대법원 2013. 11. 28 선고 2012다110477 판결).

12-2. 재당첨 제한으로 인한 현금청산대상자

가. 재당첨 제한 법률 규정

도시 및 주거환경정비법

[법률 제14943호, 2017.10.24., 일부개정]

◇ 주요내용

나. 투기과열지구 내 정비사업에서 일반분양 또는 조합원분양에 당첨된 자는 5년 이내에 투기과열지구 내 정비사업의 조합원분양 신청을 할 수 없도록 함(제46조제3항 신설 및 제47조제1항).

제46조에 제3항을 다음과 같이 신설한다.

③ 제2항에도 불구하고 투기과열지구에서의 정비사업(가로주택정비사업은 제외한다. 이하 이 항에서 같다)에서 제48조에 따른 관리처분계획에 따라 같은 조 제1항 제3호가목 또는 나목의 분양대상자 및 그 세대에 속한 자는 분양대상자 선정일(조합원 분양분 분양대상자는 최초 관리처분계획 인가일을 말한다)부터 5년 이내에는 투기과열지구에서 분양신청을 할 수 없다. 다만, 상속, 결혼, 이혼으로 조합원 자격을 취득한 경우에는 분양신청을 할 수 있다.

▶ 공포한 날부터 시행(2017. 10. 24.부터)

▶ <u>부칙 제4조(투기과열지구 내 분양신청 제한에 관한 경과조치)</u> 이 법 시행 전에 투기과열지구의 토지등소유자는 제46조제3항의 개정규정에도 불구하고 종전의 규정을 적용한다. 다만, 다음 각 호의 어느 하나에 해당하는 경우에는 그러하지 아니하다.

   1. 토지등소유자와 그 세대에 속하는 자가 이 법 시행 후 투기과열지구의 정비사업구역에 소재한 토지 또는 건축물을 취득하여 해당 정비사업의 관리처분계획에 따라 제48조제1항제3호가목의 분양대상자로 선정된 경우

   2. 토지등소유자와 그 세대에 속하는 자가 이 법 시행 후 투기과열지구의 정비사업의 관리처분계획에 따라 제48조제1항제3호나목의 분양대상자로 선정된 경우

※ 2017. 10. 24. 이후에 투기과열지구 취득, 관리처분으로 분양대상자 당첨제한

※ 2017. 10. 24. 이후에 일반분양분 당첨제한

▶ **제72조제6항**

[시행 2018.2.9.] [법률 제14567호, 2017.2.8., 전부개정]

제72조(분양공고 및 분양신청)

⑥ 제3항부터 제5항까지의 규정에도 불구하고 투기과열지구의 정비사업에서 제74조에 따른 관리처분계획에 따라 같은 조 제1항제2호 또는 제1항제4호가목의 분양대상자 및 그 세대에 속한 자는 분양대상자 선정일(조합원 분양분의 분양대상자는 최초 관리처분계획 인가일을 말한다)부터 5년 이내에는 투기과열지구에서 제3항부터 제5항까지의 규정에 따른 분양신청을 할 수 없다. 다만, 상속, 결혼, 이혼으로 조합원 자격을 취득한 경우에는 분양신청을 할 수 있다. 〈신설 2017.10.24.〉

제73조 ① 사업시행자는 관리처분계획이 인가·고시된 다음 날부터 90일 이내에 다음 각 호에서 정하는 자와 토지, 건축물 또는 그 밖의 권리의 손실보상에 관한 협의를 하여야 한다. 다만, 사업시행자는 분양신청기간 종료일의 다음 날부터 협의를 시작할 수 있다. 〈개정 2017. 10. 24.〉

3. 제72조제6항 본문에 따라 분양신청을 할 수 없는 자

나. 재당첨 제한

투기과열지구 내 정비사업 일반분양 및 조합원 분양 당첨제한

旣 당첨 (요건)	→ (5년 內) →	재당첨 대상 (효과)	당초	→	조정
1) 정비사업 일반분양		정비사업 일반분양	X		X
2) 정비사업 일반분양		조합원 분양	O		X
3) 조합원 분양		정비사업 일반분양	O		X
4) 조합원 분양		조합원 분양	O		X

1) 정비사업 일반분양에 당첨된 세대에 속한 자는 5년간 정비사업 일반분양 당첨에 제한
2) 정비사업 일반분양에 당첨된 세대에 속한 자는 5년간 법 시행일 이후 취득한 주택을 통한 조합원 분양분 당첨에 제한
3) 조합원 분양분 당첨된 세대에 속한 자는 5년간 정비사업 일반분양분 당첨에 제한
4) 조합원 분양분 당첨된 세대에 속한 자는 5년간 법 시행 이후 취득한 주택을 통해 조합원 분양분 당첨에 제한

○ **법 개정 이후** 정비사업 예정주택을 **취득**하여 조합원 분양을 받거나, 정비사업 **일반분양에 당첨**된 세대에 속한 자에게 적용

  * 다만, **법 시행 전에 투기과열지구 내 주택을 소유**하고 있더라도 다음의 ① 또는 ② 경우는 **당해 주택의 조합원 분양이 제한**됨
    - ① 법 개정 후 투기과열지구내 정비사업 **일반분양을 먼저 받은 경우**
    - ② 법 개정 후 투기과열지구내 추가로 정비사업 예정주택을 취득하여 **조합원 분양을 먼저 받은 경우**

12-3. 투기과열지구 양수인으로서 현금청산대상자

가. 지위 양도 금지 내용

원래 재건축사업에 대해서는 이전부터 투기과열지구에서 일정한 경우를 제외하고는 양도·양수가 금지되었다. 다만 그동안 투기과열지구가 없어서, 사실상 사문화된 조문이었다가, 2017. 8. 3. 대책으로 투기과열지구가 지정되면서 효력을 발휘하게 된 것이다.

투기과열지구로 지정된 지역안에서의 주택재건축사업의 경우 조합설립인가 후, 재개발사업을 시행하는 경우에는 제74조에 따른 관리처분계획의 인가 후, 당해 정비사업의 건축물 또는 토지를 양수(매매·증여 그 밖의 권리의 변동을 수반하는 일체의 행위를 포함)하는 경우이다(법 제39조제2항, 구 제19조제2항).

> **[법률 제14943호, 2017. 10. 24., 일부개정]**
>
> ◇ 개정이유
> 「주택법」에 따른 조정대상지역 또는 투기과열지구가 지정될 경우 재건축조합원에 대한 주택공급 특례를 적용하지 아니함으로써 주택재건축사업의 과열을 방지하고, 투기과열지구 내 주택재개발사업 및 도시환경정비사업에도 조합원 분양권 전매를 제한하며, 정비사업의 조합원 및 일반분양 시 5년간 재당첨 제한제도를 도입하려는 것임.
>
> ◇ 주요내용
> 가. 투기과열지구로 지정된 지역에서의 주택재개발사업 및 도시환경정비사업의 경우 관리처분계획의 인가 후에는 조합원 지위의 양도를 금지함(제19조제2항).
> 나. 투기과열지구 내 정비사업에서 일반분양 또는 조합원분양에 당첨된 자는 5년 이내에 투기과열지구 내 정비사업의 조합원분양 신청을 할 수 없도록 함(제46조제3항 신설 및 제47조제1항).
> 다. 재건축조합원의 주택공급 수에 대한 현행법상의 특례를 조정대상지역 및 투기과열지구에서는 적용하지 아니함(제48조제2항제7호).

제19조제2항 각 호 외의 부분 본문 중 "제63조제1항의 규정에 의한"을 "제63조제1항에 따른"으로, "지역안에서의 주택재건축사업의 경우 제16조의 규정에 의한 조합설립인가후 당해"를 "지역에서 주택재건축사업을 시행하는 경우에는 제16조에 따른 조합설립인가 후, 주택재개발사업 및 도시환경정비사업을 시행하는 경우에는 제48조에 따른 관리처분계획의 인가 후 해당"으로 한다.

▶ 제19조제2항의 개정규정은 공포 후 3개월이 경과한 날부터 시행(2018. 1. 24.부터 시행)

▶ 부칙 제2조(주택재개발사업·도시환경정비사업의 조합원 자격 취득 제한에 관한 적용례) 제19조제2항 본문의 개정규정은 같은 개정규정 시행 후 최초로 사업시행인가를 신청하는 경우부터 적용한다.
　※ 결국 2018. 1. 24. 후 최초로 사업시행계획인가신청분부터 양도 제한

▶ 현행 제39조제2항 각호

제19조제2항 각 호 외의 부분 단서 중 "양도자가 다음 각호의 1에 해당하는 경우 그 양도자로부터"를 "양도인이 다음 각 호의 어느 하나에 해당하는 경우 그 양도인으로부터"로 하고, 같은 항 제1호 중 "질병치료·취학·결혼으로 인하여"를 "질병치료(「의료법」 제3조에 따른 의료기관의 장이 1년 이상의 치료나 요양이 필요하다고 인정하는 경우로 한정한다)·취학·결혼으로"로 하며, 같은 항 제4호를 제5호로 하고, 같은 항에 제4호를 다음과 같이 신설한다.

　4. 1세대(제1항제2호에 따라 1세대에 속하는 때를 말한다) 1주택자로서 양도하는 주택에 대한 소유기간 및 거주기간이 대통령령으로 정하는 기간 이상인 경우

▶ 제19조제2항의 개정규정은 공포 후 3개월이 경과한 날부터 시행(2018. 1. 24.부터 시행)

현행법 제39조 ②「주택법」제63조제1항에 따른 투기과열지구(이하 "투기과열지구"라 한다)로 지정된 지역에서 재건축사업을 시행하는 경우에는 조합설립인가 후, 재개발사업을 시행하는 경우에는 제74조에 따른 관리처분계획의 인가 후 해당 정비사업의 건축물 또는 토지를 양수(매매·증여, 그 밖의 권리의 변동을 수반하는 일체의 행위를 포함하되, 상속·이혼으로 인한 양도·양수의 경우는 제외한다. 이하 이 조에서 같다)한 자는 제1항에도 불구하고 조합원이 될 수 없다. 다만, 양도인이 다음 각 호의 어느 하나에 해당하는 경우 그 양도인으로부터 그 건축물 또는 토지를 양수한 자는 그러하지 아니하다. [시행 2018. 2. 9.] [법률 제14943호, 2017. 10. 24., 일부개정]

1. 세대원(세대주가 포함된 세대의 구성원을 말한다. 이하 이 조에서 같다)의 근무상 또는 생업상의 사정이나 질병치료(「의료법」 제3조에 따른 의료기관의 장이 1년 이상의 치료나 요양이 필요하다고 인정하는 경우로 한정한다)·취학·결혼으로 세대원이 모두 해당 사업구역에 위치하지 아니한 특별시·광역시·특별자치시·특별자치도·시 또는 군으로 이전하는 경우
2. 상속으로 취득한 주택으로 세대원 모두 이전하는 경우
3. 세대원 모두 해외로 이주하거나 세대원 모두 2년 이상 해외에 체류하려는 경우
4. 1세대(제1항제2호에 따라 1세대에 속하는 때를 말한다) 1주택자로서 양도하는 주택에 대한 소유기간 및 거주기간이 대통령령으로 정하는 기간 이상인 경우
5. 제80조에 따른 지분형주택을 공급받기 위하여 건축물 또는 토지를 토지주택공사등과 공유하려는 경우
6. 공공임대주택, 「공공주택 특별법」에 따른 공공분양주택의 공급 및 대통령령으로 정하는 사업을 목적으로 건축물 또는 토지를 양수하려는 공공재개발사업 시행자에게 양도하려는 경우
7. 그 밖에 불가피한 사정으로 양도하는 경우로서 대통령령으로 정하는 경우

양도금지는 이전고시(이전등기) 시까지 적용된다(국토교통부 유권해석 2017. 8. 8.). 반대해석으로 조합설립인가 전에 양수하여 이전등기가 완료(등기신청이 접수된 경우 포함)되면 조합원 지위 양도가 가능하다.

* 양도금지 예외사유에 해당하여 조합원 지위 양도·양수가 가능하면 그 종기에 대해서는 제한이 없다. 즉 이전고시(이전등기) 시까지 양도·양수가 가능하다고 본다.

조합설립인가 후 당해 정비사업의 건축물 또는 토지를 양수한 자로서 조합원의 자격을 취득할 수 없는 자에 대하여는 현금으로 청산하여야 한다(법 제39조제3항).

한편 투기과열지구가 나중에 해제되어도 이미 조합원 지위 양도 금지가 된 이상 조합원 지위가 되살아나지도 않는다.

> ▶ 주택재개발사업 및 도시환경정비사업을 시행하는 경우에는 관리처분계획의 인가 후(법 제19조제2항).
> - 부칙 제2조(주택재개발사업·도시환경정비사업의 조합원 자격 취득 제한에 관한 적용례) 제19조제2항 본문의 개정규정은 같은 개정규정 시행 후 <u>최초로 사업시행인가를 신청하는 경우부터</u> 적용한다.

<u>상가도 양도·양수 금지가 적용된다고 본다.</u>

투기과열지구 내 재건축사업 주택과 상가 각 1채씩 소유한 자가 조합설립인가 후 상가를 양도한 경우 건축물을 분양받을 수 없다(법제처 2011.8.11. 국토부).

나. 조합원 지위 양도가 허용되는 경우

(1) 부칙 제2조

① 2003. 12. 31.부터 2005. 3. 17.까지

투기과열지구 내 재건축사업의 조합원 지위양도금지는 2003. 12. 31. 도시정비법이 개정되면서 최초 도입되었다.[시행 2003.12.31.] [법률 제7056호, 2003.12.31., 일부개정]

당일 효력이 발생하고, 수도권 밖으로 이전하여야 한다.
<u>그런데 부칙 제2조에 의거하여 법 시행전에 주택재건축정비사업조합의 설립인가를 받은 정비사업의 '조합원'으로부터 양수한 경우는 예외를 인정한다. 즉, 미동의자로부터 양수하면 조합원 자격이 없었다.</u> **결국 2003. 12. 31. 전에 조합설립인가를 받은 경우 조합원분**은 양수가 가능하다.

다만, 법 제19조제2항제4호 "그 밖에 불가피한 사정으로 양도하는 경우로서 대통령령이 정하는 경우"는 입법을 하지 않았다. 즉 해당 시행령을 두지 않았다.

도시및주거환경정비법
[시행 2003.12.31.] [법률 제7056호, 2003.12.31., 일부개정]

제19조 (조합원의 자격 등 〈개정 2003.12.31.〉)

② 주택법 제41조제1항의 규정에 의한 <u>투기과열지구로 지정된 지역안에서의 주택재건축사업의 경우 제16조의 규정에 의한 조합설립인가후 당해 정비사업의 건축물 또는 토지를 양수</u>(매매·증여 그 밖의 권리의 변동을 수반하는 일체의 행위를 포함하되, 상속·이혼으로 인한 양도·양수의 경우를 제외한다. 이하 이 조에서 같다)한 자는 제1항의 규정에 불구하고 조합원이 될 수 없다. 다만, 양도자가 다음 각호의 1에 해당하는 경우 그 양도자로부터 그 건축물 또는 토지를 양수한 자는 그러하지 아니하다. 〈신설 2003.12.31.〉

　1. 세대원(세대주가 포함된 세대의 구성원을 말한다. 이하 이 조에서 같다)의 근무 또는 생업상의 사정이나 질병치료·취학·결혼으로 인하여 세대원 전원이 당해 사업구역이 위치하지 아니한 특별시·광역시·시 또는 군으로 이전하는 경우 <u>(사업구역이 수도권정비계획법 제2조제1호의 규정에 의한 수도권에 위치한 경우에는 수도권 밖으로 이전하는 경우에 한한다)</u>

　2. 상속에 의하여 취득한 주택으로 세대원 전원이 이전하는 경우

　3. 세대원 전원이 해외로 이주하거나 세대원 전원이 2년 이상의 기간동안 해외에 체류하고자 하는 경우

　4. 그 밖에 불가피한 사정으로 양도하는 경우로서 대통령령이 정하는 경우

③ 사업시행자는 제2항 각호외의 부분 본문의 규정에 의하여 조합설립인가후 당해 정비사업의 건축물 또는 토지를 양수한 자로서 조합원의 자격을 취득할 수 없는 자에 대하여는 제47조의 규정을 준용하여 현금으로 청산하여야 한다. <u>이 경우 청산금액은 조합설립인가일을 기준으로 하여 산정한다.</u> 〈신설 2003.12.31.〉

부칙 〈법률 제7056호, 2003.12.31.〉

① (시행일) 이 법은 공포한 날부터 시행한다.

② (투기과열지구안에서의 주택재건축사업의 조합원 자격취득에 관한 특례) 이 법 시

> 행전에 주택재건축정비사업조합의 설립인가를 받은 정비사업의 <u>조합원</u>(이 법 시행전에 조합원의 지위를 취득한 자에 한한다)으로부터 건축물 또는 토지를 양수한 자는 제19조제2항의 개정규정에 불구하고 조합원 자격을 취득할 수 있다.
>
> ◇ **개정이유**
> 투기과열지구안에서 재건축조합설립인가 후에는 재건축사업 단지안의 주택 또는 토지를 양수하더라도 조합원 자격의 취득을 제한함으로써 재건축주택에 대한 투기수요를 차단하려는 것임.
>
> ◇ **주요골자**
> 가. 투기과열지구안에서 주택재건축조합설립인가 후 재건축단지안의 주택 또는 토지를 양수한 자에 대하여는 조합원 자격을 취득할 수 없도록 하고 조합설립인가일을 기준으로 현금으로 청산하도록 하되, 생업상의 이유로 <u>다른 특별시·광역시·시 또는 군</u>으로 이전하는 때 등 불가피한 사유가 발생한 경우에는 예외를 인정하여 재산권 침해를 최소화함(법 제19조제2항 및 제3항 신설).

② **2005. 3. 18. 부칙 제2조 개정**

법률 제7056호 도시및주거환경정비법중개정법률 부칙 제2항중 "조합원(이 법 시행전에 조합원의 지위를 취득한 자에 한한다)으로부터"를 "<u>토지등소유자</u>(2003년 12월 31일 전에 건축물 또는 토지를 취득한 자에 한한다)로부터"로 개정하였다.〈개정 2005.3.18.〉

부칙 제2조 개정을 통하여 과거 조합원으로부터 양수한 경우만 지위양도가 허용되었으나, 이제는 조합설립 동의 여부를 불문하고 <u>토지등소유자</u>(2003년 12월 31일 전에 건축물 또는 토지를 취득한 자에 한한다)로부터"라고 하였다.

결국 2005. 3. 18. 이후에는 <u>토지등소유자</u>(2003년 12월 31일 전에 건축물 또는 토지를 취득한 자에 한한다)로부터 양수하면 지위양도가 허용된다.

▶ 2003. 12. 31. 이전에 조합설립인가를 받은 강남 3구 현황
- 강남구 : 개포1단지(2003.10.14.), 청담동 삼익아파트(2003.9.21.), 압구정 한양7차아파트(2002.9.30.)
- 송파구 : 가락시영아파트(2003.6.12.)
- 서초구 : 한양아파트(2003.6.30.), 반포 잠원 우성아파트(2003.6.27.), 신반포5차아파트(2001.8.18.), 신반포6차아파트(2002.2.1.), 서초삼호1차아파트(2003.12.8.), 반포한양아파트(2001.8.3.)
- 용산구 삼익아파트(2003.5.13.)
  ※ 즉, 위 아파트 조합원 지위 양도는 부칙 제2조에 의거하여 가능하다.

③ 위 '①', '②'항에 해당하는 자는 2017. 8. 3. 이후에도 조합원임

위 '①', '②'항에 해당하여 조합원 지위를 양수한 자는, 2017. 8. 3.부터 투기과열지구가 재 지정되어도 조합원 지위가 있다.

투기과열지구가 해제된 경우 도시정비법 제39조 제2항의 적용을 받지 않으므로, 조합원 자격을 유지하고 있던 조합원으로부터 해제 이후 양수한 자는 해제 조치로 인하여 조합원 자격을 양수할 수 있으나, 해제 이전에 양수함으로서 조합원 자격이 없는 자는 해제 조치에도 불구하고 조합원 자격이 회복되지 않는다(국토부 2009.4.28.).

▶ 2003. 12. 31.까지 조합설립인가를 받은 경우
- 2003. 12. 31.부터 2005. 3. 17.까지 조합원(미동의자는 제외)으로부터 양수자는 2017. 8. 3. 조치에도 불구하고 조합원임
- 2005. 3. 18. 이후 토지등소유자로부터 양수자는 2017. 8. 3. 조치에도 불구하고 조합원임

(2) 2017. 8. 2.까지 체결한 계약

"「주택법」 제63조 제1항에 따른 투기과열지구(이하 "투기과열지구"라 한다)로 지정되기 전에 건축물 또는 토지를 양도하기 위한 계약(계약금

지급 내역 등으로 계약일을 확인할 수 있는 경우로 한정한다)을 체결하고, 투기과열지구로 지정된 날부터 60일 이내에 「부동산 거래신고 등에 관한 법률」 제3조에 따라 부동산 거래의 신고를 한 경우"에는 양수를 허용한다(령 제30조제4항제6호).

(3) 현재 추진위원회 단계에 있는 구역

조합설립인가 후 당해 정비사업의 건축물 또는 토지를 양수한 자만 지위 양도가 금지되므로, 결국 현재 추진위원회 단계에 있는 구역 내 토지등 소유자로부터 조합설립인가 전 양수하여 등기완료(등기신청이 접수된 경우 포함)하면 후일 조합원 지위가 있다.

(4) 상속·이혼으로 인한 양도·양수의 경우(법 제39조제2항본문, 2018. 2. 9.전에는 제19조제2항, 이하 같다)

조합설립인가후 당해 정비사업의 건축물 또는 토지를 상속·이혼으로 인한 양도·양수의 경우에는 조합원 지위가 양도된다.

(5) 법 제39조 제2항 각호 예외 사유
 ① 세대원 모두 이전
  ㉮ 2003. 12. 31.부터 2009. 2. 5.까지 : 수도권 밖으로 이전만

세대원(세대주가 포함된 세대의 구성원을 말한다. 이하 이 조에서 같다)의 근무 또는 생업상의 사정이나 질병치료·취학·결혼으로 인하여 <u>세대원 전원</u>이 당해 사업구역이 위치하지 아니한 특별시·광역시·시 또는 군으로 이전하는 경우(사업구역이 수도권정비계획법 제2조제1호의 규정에 의한 수도권에 위치한 경우에는 수도권 밖으로 이전하는 경우에 한한다)

즉, 서울시 재건축인 경우 서울, 경기, 인천이 아닌 지역으로 세대원 전원이 이전하여야 한다.

㉰ 2009. 2. 6.부터 : 수도권 밖 이전 삭제

세대원(세대주가 포함된 세대의 구성원을 말한다. 이하 이 조에서 같다)의 근무 또는 생업상의 사정이나 질병치료·취학·결혼으로 인하여 세대원 전원이 당해 사업구역이 위치하지 아니한 특별시·광역시·특별자치시·특별자치도·시 또는 군으로 이전하는 경우로 개정

즉, 2009. 2. 6.이후에는 서울시에서 경기도나 인천으로 이전해도 조합원지위가 양도된다.
 - 예컨대, 과천시에서 안양시로 이전 시 조합원 지위 양도 됨.

구법 제19조제3항후단의 "이 경우 청산금액은 조합설립인가일을 기준으로 하여 산정한다."라는 조항이 삭제되었다. 따라서 이후에 2018. 2. 8.까지는 <u>현금청산기준일은 조합이 매도청구를 한 시점이다.</u> 다만 조합은 양수 사실을 안 이후 '지체없이' 매도청구를 하여야 한다.

<u>그러나 2018. 2. 9.부터는 법 제73조를 준용하여 매도청구를 하여야 한다</u>(법 제39조제3항). 즉, 사업시행자는 관리처분계획이 인가·고시된 다음 날부터 90일 이내에 다음 각 호에서 정하는 자와 토지, 건축물 또는 그 밖의 권리의 손실보상에 관한 협의를 하여야 한다. 다만, 사업시행자는 분양신청기간 종료일의 다음 날부터 협의를 시작할 수 있다.

도시 및 주거환경정비법

[시행 2009.2.6.] [법률 제9444호, 2009.2.6., 일부개정]

제19조제2항제1호 중 "경우(사업구역이 수도권정비계획법 제2조제1호의 규정에 의한 수도권에 위치한 경우에는 수도권 밖으로 이전하는 경우에 한한다)"를 "경우"로 하고, 같은 조 <u>제3항 후단을 삭제한다.</u>

차. 재건축조합원의 자격이전(법 제19조제2항 및 제3항)
재건축조합원의 자격이전이 가능한 예외사유를 합리적으로 조정하고, 재건축조합원의 자격을 취득할 수 없는 자에 대한 <u>현금청산 기준일을 조합에서 자율적으로 정할 수 있도록</u> 함.

② 상속에 의하여 취득한 주택으로 세대원 모두 이전하는 경우

③ 세대원 모두 해외로 이주하거나 세대원 모두 2년 이상 해외에 체류하려는 경우

투기과열지구 재건축아파트 매도 시 조합원 자격 취득 여부

"갑"은 한국에서 태어났으나 미국시민권을 취득하여 현재는 미국에 세대원 전원이 거주하는데 2017년 7월 30일에 국내에 거주하는 어머님이 사망하여 강남구 소재 재건축아파트를 상속받게 되었는바, 2017. 8. 9. 상속등기 후에 "갑"이 아파트를 처분 시 매수자가 조합원 자격을 취득할 수 있는지요? 도시정비법 제19조제2항제3호는 "세대원 전원이 해외로 이주하거나 세대원 전원이 2년 이상의 기간동안 해외에 체류하고자 하는 경우"에는 예외가 인정되는데, <u>"갑"의 경우처럼 이미 외국에 세대원 전원이 거주하는 상황에서 국내 부동산을 상속받아 소유하게 된 경우에도 예외가 인정되어 매수자가 조합원 자격을 취득할 수 있는지요?</u>

2017-08-23

처리결과(답변내용)

○ 「도시 및 주거환경정비법」(이하 "도시정비법"이라 한다) 제19조제2항에 따라서 투기과열지구로 지정된 지역안에서의 주택재건축사업의 경우 제16조의 규정에 의한 조합설립인가후 당해 정비사업의 건축물 또는 토지를 양수한 자는 조합원이 될 수 없습니다.

○ 다만, 도시정비법 제19조제2항제3호에 따라서 세대원 전원이 해외로 이주하거나 세대원 전원이 2년 이상의 기간동안 해외에 체류하고자 하는 경우 정비사업의 건축물 또는 토지를 양수한 자는 조합원이 될 수 있으나 <u>해당 규정은 향후 해외로 이주하거나 세대원 전원이 2년 이상의 기간동안 해외에 체류하고자 종전 주택을 매도하는 경우에 적용되는 사항이므로 질의하신 경우와 같이 현재까지 해외에 체류하고 있는 경우는 해당하지 않을 것으로 판단됩니다.</u>

재건축아파트 조합원 소유아파트 매매 관련(건교부 고객만족센터 2007.11.1)

Q. 재건축조합원으로, 현재 가족과 함께 외국에 체류해 있는 상황이고 계속적으로 외국에서 거주해야 하는 상황이어서, 현재 보유하고 있는 OO연립을 팔아야

하는 처지임. 투기과열지구의 조합설립 이후에는 조합원 자격승계가 불가능한 도시정비법의 조항 때문에 거래를 할 수 없지만, 이 법 제19조제2항제3호의 경우를 적용하여 매매를 할 수 있는지?

A. 법 제19조제2항제3호에 투기과열지구로 지정된 지역 안에서의 재건축사업의 경우 조합설립인가 후 당해 정비사업의 건축물 또는 토지를 양수(매매·증여 그 밖의 권리의 변동을 수반하는 일체의 행위를 포함하되, 상속·이혼으로 인한 양도·양수의 경우를 제외한다)한 자는 제1항에 불구하고 조합원이 될 수 없음. 다만, 양도자가 "세대원 전원이 해외로 이주하거나 세대원 전원이 2년 이상의 기간 동안 해외에 체류하고자 하는 경우"에 해당하는 경우 그 양도자로부터 그 건축물 또는 토지를 양수한 자는 그러하지 아니하며, 동법 부칙(제7056호, 2003.12.31)제2항에 "이 법 시행 전에 재건축조합설립인가를 받은 토지등소유자(2003.12.31 전에 건축물 또는 토지를 취득한 자에 한한다)로부터 건축물 또는 토지를 양수한 자는 제19조제2항의 개정규정에 불구하고 조합원 자격을 취득할 수 있고", 「재건축조합원 자격이전 제한 업무처리요령」 (2003.12.31) 제2-2-4호에 "단서 제3호에 의하여 양도자가 2년 이상 해외 체류하는 사유로 조합원 변경신고를 하는 경우 인가권자는 조합원 변경신고 수리 시 해당 조합에 향후 2년경과 후 양도인이 실제로 2년이상 해외에 체류하고 있는지 조사(출입국 신고서 등으로)하고 체류기준을 만족하지 않는 경우에는 당해 양수인을 조합원에서 제명조치 할 것을 지시하여야 함."으로 규정함.

※ 참고 자료

세대원 전원이 해외로 이주하거나 세대원 전원이 2년 이상의 기간 동안 해외에 체류하고자 하는 경우의 증명서류

○ 이전한 경우 증명 : 거주사실확인서(해당 영사관에서 발급), 주민등록등본 등

○ 이전하고자 하는 경우 : 외교통상부에서 교부하는 해외이주신고확인서와 주민등록등본⇒추후 출입국신고필증 제출(이주여부 확인)

④ 1세대(제1항제2호에 따라 1세대에 속하는 때를 말한다) 1주택자로서 양도하는 주택에 대한 소유기간 및 거주기간이 대통령령으로 정하는 기간 이상인 경우

> ▶ 1세대 : 이 경우 동일한 세대별 주민등록표 상에 등재되어 있지 아니한 배우자 및 미혼인 19세 미만의 직계비속은 1세대로 보며, 1세대로 구성된 수인의 토지등소유자가 조합설립인가 후 세대를 분리하여 동일한 세대에 속하지 아니하는 때에도 이혼 및 19세 이상 자녀의 분가를 제외하고는 1세대로 본다.
> *2017. 2. 8. 법이 전부 개정되고, 2018. 2. 9.부터 시행되면서 20세에서 19세로 변경됨

구법 제19조 ② 「주택법」 제63조제1항에 따른 투기과열지구(이하 "투기과열지구"라 한다)로 지정된 지역에서 주택재건축사업을 시행하는 경우에는 제16조에 따른 조합설립인가 후, 주택재개발사업 및 도시환경정비사업을 시행하는 경우에는 제48조에 따른 관리처분계획의 인가 후 해당 정비사업의 건축물 또는 토지를 양수(매매·증여 그 밖의 권리의 변동을 수반하는 일체의 행위를 포함하되, 상속·이혼으로 인한 양도·양수의 경우를 제외한다. 이하 이 조에서 같다)한 자는 제1항의 규정에 불구하고 조합원이 될 수 없다. 다만, 양도인이 다음 각 호의 어느 하나에 해당하는 경우 그 양도인으로부터 그 건축물 또는 토지를 양수한 자는 그러하지 아니하다. 〈신설 2003. 12. 31., 2005. 3. 18., 2009. 2. 6., 2013. 12. 24., 2016. 1. 19., 2017. 10. 24.〉

 4. <u>1세대(제1항제2호에 따라 1세대에 속하는 때를 말한다) 1주택자로서 양도하는 주택에 대한 소유기간 및 거주기간이 대통령령으로 정하는 기간 이상인 경우</u> 〈2017. 10. 24. 신설, 2018. 1. 15. 시행〉

구 령 제30조 ③ 법 제19조제2항제4호에서 "대통령령으로 정하는 기간"이란 다음 각 호의 구분에 따른 기간을 말한다. 이 경우 소유자가 피상속인으로부터 주택을 상속받아 소유권을 취득한 경우에는 피상속인의 주택의 소유기간 및 거주기간을 합산한다.

〈신설 2018.1.25.〉

> 1. <u>소유기간</u>: <u>10년</u>
> 2. <u>거주기간</u>(「주민등록법」 제7조에 따른 주민등록표를 기준으로 하며, 소유자가 거주하지 아니하고 소유자의 배우자나 직계존비속이 해당 주택에 거주한 경우에는 그 기간을 합산한다): <u>5년</u>
> ▶ 부칙 : 이 영은 2018년 1월 25일부터 시행한다.

사견은 2018. 1. 25. 전에 1세대 1주택자가 양도하면 개정 법 시행 전이므로, 조합원 지위 양도가 금지된다고 본다.

⑤ 제80조에 따른 지분형주택을 공급받기 위하여 건축물 또는 토지를 토지주택공사등과 공유하려는 경우

> **도시 및 주거환경정비법 (약칭: 도시정비법)**
> **[시행 2021. 7. 14.] [법률 제18046호, 2021. 4. 13., 일부개정]**
>
> 제39조제2항제5호를 제7호로 하고, 같은 항에 제5호 및 제6호를 각각 다음과 같이 신설한다.
> 5. 제80조에 따른 지분형주택을 공급받기 위하여 건축물 또는 토지를 토지주택공사등과 공유하려는 경우
> 6. 공공임대주택, 「공공주택 특별법」에 따른 공공분양주택의 공급 및 대통령령으로 정하는 사업을 목적으로 건축물 또는 토지를 양수하려는 공공재개발사업 시행자에게 양도하려는 경우
>
> **부칙**
> 이 법은 공포 후 3개월이 경과한 날부터 시행한다.

⑥ 공공임대주택, 「공공주택 특별법」에 따른 공공분양주택의 공급 및 대통령령으로 정하는 사업을 목적으로 건축물 또는 토지를 양수하려는 공공재개발사업 시행자에게 양도하려는 경우

> 령 제37조 ② 법 제39조제2항제6호에서 "대통령령으로 정하는 사업"이란 공공재개발사업 시행자가 상가를 임대하는 사업을 말한다. 〈신설 2021. 7. 13.〉

(6) 법 제39조제2항제7호의 대통령령으로 정한 사유

① 연혁

㉮ 2003. 12. 31.부터 2005. 5. 17.까지

이때까지는 법 제19조 제2항 제4호 "그 밖에 불가피한 사정으로 양도하는 경우로서 대통령령이 정하는 경우"에 대해 대통령령을 두지 않았다.

㉯ 2005. 5. 18.부터 2009. 8. 10.까지 : 계속 보유기간 5년

2003. 12. 31. 전에 조합설립인가를 받은 조합원 분의 양수인은 령 제30조제3항에 관계없이 조합원 지위가 인정된다.

2005. 5. 18. 시행령이 개정되면서 비로서 법 제19조제2항제4호 "그 밖에 불가피한 사정으로 양도하는 경우로서 대통령령이 정하는 경우"에 대해 규정하였다.

또한 "법률 제7056호 도시및주거환경정비법중개정법률 부칙 제2항중 "조합원(이 법 시행전에 조합원의 지위를 취득한 자에 한한다)으로부터"를 "토지등소유자(2003년 12월 31일 전에 건축물 또는 토지를 취득한 자에 한한다)로부터"로 한다."로 개정되었다.〈개정 2005.3.18.〉

> **도시 및 주거환경정비법 시행령**
>
> [시행 2005.5.19.] [대통령령 제18830호, 2005.5.18., 일부개정]
>
> 제30조제1항을 삭제하고, 동조에 제3항을 다음과 같이 신설한다.
>
> ③법 제19조제2항제4호에서 "불가피한 사정으로 양도하는 경우로서 대통령령이 정하는 경우"란 다음 각호의 어느 하나에 해당하는 경우를 말한다.
>
> 1. 조합설립인가일부터 <u>3년 이내</u>에 사업시행인가 신청이 없는 주택재건축사업의 건축물을 <u>5년 이상</u> 계속하여 소유하고 있는 자
> 2. 사업시행인가일부터 <u>3년 이내</u>에 착공하지 못한 주택재건축사업의 토지 또는 건축물을 <u>5년 이상</u> 계속하여 소유하고 있는 자
> 3. 착공일부터 <u>5년 이내</u>에 준공되지 아니한 주택재건축사업의 토지를 <u>5년 이상</u> 계속하여 소유하고 있는 자
> 4. 법률 제7056호 도시및주거환경정비법중개정법률 부칙 제2항의 규정에 의한 <u>토지등소유자</u>로부터 상속·이혼으로 인하여 토지 또는 건축물을 소유한 자

㉰ **2009. 8. 11.부터 2017. 9. 28.까지 : 보유기간 2년**

2009. 8. 11. 개정으로 인하여 계속 보유기간이 2년으로 단축되었고, 경매 또는 공매가 예외사유로 추가되었다.

> **도시 및 주거환경정비법 시행령**
>
> [대통령령 제21679호, 2009.8.11., 일부개정]
>
> 다. 주택재건축사업 조합원 자격의 이전가능 사유 합리화(영 제30조)
>
>   1) 정비사업이 조합설립·사업시행인가 또는 착공일부터 일정 기간 지연될 경우 조합원 자격 이전이 가능한바, 그 지연기간이 길어 조합원 자격 이전이 제한적으로만 인정되었음.
>
>   2) 조합원 자격 이전의 요건 중 정비사업의 지연기간을 단축하고, 아울러 과도한 채무로 인해 토지등소유자의 토지가 불가피하게 경매 또는 공매가 시행되는 경우에도 조합원 자격 이전이 가능함을 명시함.

> **제30조** ③법 제19조제2항제4호에서 "대통령령이 정하는 경우"란 다음 각 호의 어느 하나에 해당하는 경우를 말한다. 〈신설 2005.5.18., 2009.8.11.〉
> 1. 조합설립인가일부터 <u>2년 이내</u>에 사업시행인가 신청이 없는 주택재건축사업의 건축물을 <u>2년 이상</u> 계속하여 소유하고 있는 경우
> 2. 사업시행인가일부터 <u>2년 이내</u>에 착공하지 못한 주택재건축사업의 토지 또는 건축물을 <u>2년 이상</u> 계속하여 소유하고 있는 경우
> 3. 착공일부터 <u>3년 이내</u>에 준공되지 아니한 주택재건축사업의 토지를 <u>3년 이상</u> 계속하여 소유하고 있는 경우
> 4. 법률 제7056호 도시및주거환경정비법중개정법률 부칙 제2항의 규정에 의한 토지등소유자로부터 상속·이혼으로 인하여 토지 또는 건축물을 소유한 자
> 5. 국가·지방자치단체 및 금융기관(「주택법 시행령」제44조제2항제1호 각 목의 금융기관을 말한다)에 대한 채무를 이행하지 못하여 주택재건축사업의 토지 또는 건축물이 경매 또는 공매되는 경우
>
> **부칙** 제1조(시행일) 이 영은 공포한 날부터 시행한다.

㉔ 2017. 9. 29.부터(재건축)

2017. 9. 29. 시행령 개정에 따르면 기간이 3년으로 된다.
나아가 2017. 8. 2. 이전에 매매계약을 체결한 자도 예외가 인정된다.

제30조제3항제1호 및 제2호의 개정규정에도 불구하고 이 영 시행 당시 조합설립인가일부터 2년 이상 사업시행인가 신청이 없거나, 사업시행인가일부터 2년 이상 착공하지 못하고 있는 주택재건축사업의 경우에는 종전의 규정을 적용한다(부칙 제2조).

> **도시 및 주거환경정비법 시행령 (약칭: 도시정비법 시행령)**
> [시행 2017.9.29.] [대통령령 제28351호, 2017.9.29., 일부개정]
> **제30조(조합원)** ① 삭제 〈2005.5.18.〉

②법 제16조제1항 내지 제3항의 규정에 의한 조합의 설립인가후 양도·증여·판결 등으로 인하여 조합원의 권리가 이전된 때에는 조합원의 권리를 취득한 자를 조합원으로 본다.

③법 제19조제2항제4호에서 "대통령령이 정하는 경우"란 다음 각 호의 어느 하나에 해당하는 경우를 말한다. 〈신설 2005.5.18., 2009.8.11., 2016.8. 11., 2017.9.29.〉

1. 조합설립인가일부터 3년 이상 사업시행인가 신청이 없는 주택재건축사업의 건축물을 3년 이상 계속하여 소유하고 있는 자(소유기간을 산정할 때 소유자가 피상속인으로부터 상속받아 소유권을 취득한 경우에는 피상속인의 소유기간을 합산한다. 이하 제2호 및 제3호에서 같다)가 사업시행인가 신청 전에 양도하는 경우
2. 사업시행인가일부터 3년 이상 착공하지 못한 주택재건축사업의 토지 또는 건축물을 3년 이상 계속하여 소유하고 있는 전에 양도하는 경우
3. 착공일부터 3년 이상 준공되지 아니한 주택재건축사업의 토지를 3년 이상 계속하여 소유하고 있는 경우
4. 법률 제7056호 도시및주거환경정비법중개정법률 부칙 제2항의 규정에 의한 토지등소유자로부터 상속·이혼으로 인하여 토지 또는 건축물을 소유한 자
5. 국가·지방자치단체 및 금융기관(「주택법 시행령」 제71조제1호 각 목의 금융기관을 말한다)에 대한 채무를 이행하지 못하여 주택재건축사업의 토지 또는 건축물이 경매 또는 공매되는 경우
6. 「주택법」 제63조제1항에 따른 투기과열지구(이하 "투기과열지구"라 한다)로 지정되기 전에 건축물 또는 토지를 양도하기 위한 계약(계약금 지급 내역 등으로 계약일을 확인할 수 있는 경우로 한정한다)을 체결하고, 투기과열지구로 지정된 날부터 60일 이내에 「부동산 거래신고 등에 관한 법률」 제3조에 따라 부동산 거래의 신고를 한 경우

부칙 제1조(시행일) 이 영은 공포한 날부터 시행한다.

제2조(투기과열지구 내 조합원 지위양도 제한에 관한 적용례) 제30조제3항제6호의 개정규정은 이 영 시행 전에 투기과열지구로 지정된 지역에 대해서도 적용한다.

제3조(투기과열지구 내 조합원 지위양도 제한에 관한 특례) ① 제30조제3항제1

호의 개정규정에도 불구하고 다음 각 호의 사항을 모두 충족하는 양도자로부터 건축물을 양수한 자는 조합원이 될 수 있다.

1. 이 영 시행 당시 조합설립인가일부터 2년 이상 사업시행인가 신청이 없는 주택재건축사업의 건축물을 소유할 것
2. 양도자가 양도 당시 건축물을 2년 이상 계속하여 소유(소유기간을 산정할 때 소유자가 피상속인으로부터 상속받아 소유권을 취득한 경우에는 피상속인의 소유기간을 합산한다. 이하 제2항에서 같다)하고 있을 것
3. 사업시행인가 신청 전에 건축물을 양도할 것

② 제30조제3항제2호의 개정규정에도 불구하고 다음 각 호의 사항을 모두 충족하는 양도자로부터 토지 또는 건축물을 양수한 자는 조합원이 될 수 있다.

1. 이 영 시행 당시 사업시행인가일부터 2년 이상 착공하지 못한 주택재건축사업의 토지 또는 건축물을 소유할 것
2. 양도자가 양도 당시 토지 또는 건축물을 2년 이상 계속하여 소유하고 있을 것
3. 착공 전에 토지 또는 건축물을 양도할 것

㉯ 2020. 9. 24.부터(재개발)

도시 및 주거환경정비법 시행령
[시행 2020. 9. 24.] [대통령령 제30797호, 2020. 6. 23., 일부개정]

재건축사업과의 형평성을 고려하여 재개발사업의 경우에도 착공일부터 3년 이상 준공되지 않은 재개발사업의 토지를 3년 이상 계속하여 소유하고 있는 양도인으로부터 그 토지를 양수한 경우 등에는 재건축사업과 동일하게 해당 정비사업의 조합원 자격을 취득할 수 있게 하는 등 현행 제도의 운영상 나타난 일부 미비점을 개선·보완하려는 것임.

제37조 ②
  3. 착공일부터 3년 이상 준공되지 않은 재개발사업·재건축사업의 토지를 3년 이상 계속하여 소유하고 있는 경우

> **부칙**
> **제1조(시행일)** 이 영은 공포 후 3개월이 경과한 날부터 시행한다.
> **제2조(재개발사업의 조합원 자격에 관한 적용례)** 제37조제2항의 개정규정은 이 영 시행 이후 재개발사업의 토지 또는 건축물을 양도하는 경우부터 적용한다.

② 조합설립인가일부터 <u>3년</u> 이상 사업시행인가 신청이 없는 <u>재건축사업</u>의 건축물을 <u>3년</u> 이상 계속하여 소유하고 있는 자<u>(소유기간을 산정할 때 소유자가 피상속인으로부터 상속받아 소유권을 취득한 경우에는 피상속인의 소유기간을 합산한다)</u>**가 사업시행인가 신청 전에 양도하는 경우**(령 제37조제2항)

사업시행인가 '신청' 전 임을 유의하여야 한다.

부칙 제1조는 "제30조제3항제1호 및 제2호의 개정규정에도 불구하고 이 영 시행 당시 조합설립인가일부터 2년 이상 사업시행인가 신청이 없거나, 사업시행인가일부터 2년 이상 착공하지 못하고 있는 주택재건축사업의 경우에는 종전의 규정을 적용한다."라고 한다.

③ **사업시행인가일부터** <u>3년</u> 이상 착공하지 못한 <u>재건축사업</u>의 **토지 또는 건축물을** 3년 **이상 계속하여 소유하고 있는 자**<u>(소유기간을 산정할 때 소유자가 피상속인으로부터 상속받아 소유권을 취득한 경우에는 피상속인의 소유기간을 합산한다)</u>**가 착공 전에 양도하는 경우**(령 제37조제3항제2호)

여기서 사업시행인가일이란 최초 사업시행인가일이다. 재건축만 해당한다.

착공은 착공신고를 의미한다(국토부 2017.8.4.).

'령 제37조제2항제1호'의 요건을 충족하였어도, 현재 령 제37조제2항제2호에 해당하면 다시 해당 조문의 요건을 충족하여야만 지위승계가 가능한 것이다. 즉, 어느 조합이 2013. 12. 19. 조합설립인가를 받았으나, 아직까지 사업시행인가를 신청하지 못하였다면 현재 조합원 지위 승계가 가능하지만, 추후 사업시행인가를 신청하는 즉시 령제37조제2항제2호의 규제가 적용된다. <u>마찬가지로 착공일이 지난 후에는 양도해도 양수인이 조합원 지위를 승계받지 못함에 유의해야 한다.</u>

역시 위 연혁에 기재한 부칙의 경과조치를 주의하여 살펴야 한다.

> **〈2019.4.25 부동산갤러리〉**
> 개포주공1단지는 2016년 4월 28일 사업시행인가를 받았다. 하지만 현재 상황을 감안하면 오는 4월 28일까지는 착공이 불가능하다.
> 4월 28일 이후 3년 이상 보유자들의 매매거래가 착공 신고 전일까지 가능해진데다, 조합원 이주까지 완료되면서 개포주공1단지에 최근 매수 문의가 늘어나는 분위기다.
> 7개월 동안 거의 끊기다시피 했던 매수 문의가 늘어나면서 급매물은 모두 소진됐다. 급매물이 소진되면서 매매가는 일주일만에 1억원이나 오른 가격에 실거래 되기도 했다.

④ 착공일부터 3년 이상 준공되지 않은 <u>재개발사업</u>·재건축사업의 토지를 3년 이상 계속하여 소유<u>(소유기간을 산정할 때 소유자가 피상속인으로부터 상속받아 소유권을 취득한 경우에는 피상속인의 소유기간을 합산한다)</u>하고 있는 경우(령 제37조제3항제3호)

재개발은 2020. 9. 24.부터 적용된다. 역시 부칙 경과조치를 검토하여야 한다.

〈2022.8.10. 땅집고〉

'급급매, 34평 배정'..둔촌주공 조합원 탈출 러시

둔촌주공 재건축사업은 2019년 12월 3일 착공해 오는 12월이면 거래가 가능해진다.

현재 시장에 나온 매물 대다수가 이에 해당한다. 사실상 12월 이전에는 매매할 수 없기 때문에 12월에 잔금을 지불해도 된다는 조건을 붙여 매물로 내놓고 있다. 매수자가 부담을 줄일 수 있도록 배려하는 듯하지만, 실상은 조합원 지위 양도를 하기 위한 꼼수라는 지적이다.

둔촌동 H공인중개사사무소 관계자는 "잔금 기한이 여유 있더라도 사업 정상화와 현금 청산 우려가 많기 때문에 거래가 이뤄지지 않는다"고 말했다.

도시 및 주거환경정비법 시행령

[시행 2020. 9. 24.] [대통령령 제30797호, 2020. 6. 23., 일부개정]

◇ 개정이유 및 주요내용

재건축사업과의 형평성을 고려하여 재개발사업의 경우에도 착공일부터 3년 이상 준공되지 않은 재개발사업의 토지를 3년 이상 계속하여 소유하고 있는 양도인으로부터 그 토지를 양수한 경우 등에는 재건축사업과 동일하게 해당 정비사업의 조합원 자격을 취득할 수 있게 하는 등 현행 제도의 운영상 나타난 일부 미비점을 개선·보완하려는 것임.

제37조제2항제3호 중 "아니한 재건축사업"을 "않은 재개발사업·재건축사업"으로 하고, 같은 항 제5호 중 "재건축사업"을 "재개발사업·재건축사업"으로 한다.

부칙

제1조(시행일) 이 영은 공포 후 3개월이 경과한 날부터 시행한다.

제2조(재개발사업의 조합원 자격에 관한 적용례) 제37조제2항의 개정규정은 이 영 시행 이후 재개발사업의 토지 또는 건축물을 양도하는 경우부터 적용한다.

⑤ 법률 제7056호 도시및주거환경정비법중개정법률 부칙 제2항의 규정에 의한 토지등소유자로부터 상속·이혼으로 인하여 토지 또는 건축물을 소유한 자(령 제37조제3항제4호)

2005. 3. 18. "법률 제7056호 도시및주거환경정비법중개정법률 부칙 제2항중 "조합원(이 법 시행전에 조합원의 지위를 취득한 자에 한한다)으로부터"를 "토지등소유자(2003년 12월 31일 전에 건축물 또는 토지를 취득한 자에 한한다)로부터"로 한다."로 개정되었다.

부칙 제2조 개정을 통하여 과거 조합원으로부터 양수한 경우만 지위 양도가 허용되었으나, 이제는 조합설립 동의 여부를 불문하고 "토지등소유자(2003년 12월 31일 전에 건축물 또는 토지를 취득한 자에 한한다)로부터" 라고 하였다.

그러면서 제4호에 "법률 제7056호 도시및주거환경정비법중개정법률 부칙 제2항의 규정에 의한 토지등소유자로부터 상속·이혼으로 인하여 토지 또는 건축물을 소유한 자"를 둔 것이다.

결국 위 규정은 2003. 12. 31. 전 조합설립인가를 받고 2003. 12. 31. 전 건축물 또는 토지를 취득한 자로부터 상속·이혼으로 인하여 토지 또는 건축물을 소유한 자가 양도하는 경우 조합원 지위가 양도된다는 규정이다(국토부 2017-08-08).

⑥ 경매·공매의 경우
국가·지방자치단체 및 금융기관(「주택법 시행령」 제71조제1호 각 목의 금융기관을 말한다)에 대한 채무를 이행하지 못하여 재개발사업·재건축사업의 토지 또는 건축물이 경매 또는 공매되는 경우(이상 도시정비법 시행령 제30조제3항)도 양도가 가능하다.

따라서 모든 경매, 공매가 해당하는 것이 아님을 유의하여야 한다.

또한 2020. 6. 23. 시행령 개정 전에는 재건축사업만 해당하고, 재개발사업은 해당이 없음을 유의하여야 하고, 2020. 9. 24.부터 재개발사업도 재건축사업과 함께 경매·공매 시에 양도가 가능함을 주의하여야 한다.

도시 및 주거환경정비법 시행령

[시행 2020. 9. 24.] [대통령령 제30797호, 2020. 6. 23., 일부개정]

◇ 개정이유 및 주요내용

재건축사업과의 형평성을 고려하여 재개발사업의 경우에도 착공일부터 3년 이상 준공되지 않은 재개발사업의 토지를 3년 이상 계속하여 소유하고 있는 양도인으로부터 그 토지를 양수한 경우 등에는 재건축사업과 동일하게 해당 정비사업의 조합원 자격을 취득할 수 있게 하는 등 현행 제도의 운영상 나타난 일부 미비점을 개선·보완하려는 것임.

제37조제2항제3호 중 "아니한 재건축사업"을 "않은 재개발사업·재건축사업"으로 하고, 같은 항 제5호 중 "재건축사업"을 "재개발사업·재건축사업"으로 한다.

부칙

제1조(시행일) 이 영은 공포 후 3개월이 경과한 날부터 시행한다.

제2조(재개발사업의 조합원 자격에 관한 적용례) 제37조제2항의 개정규정은 이 영 시행 이후 재개발사업의 토지 또는 건축물을 양도하는 경우부터 적용한다.

주택법 시행령 제71조(입주자의 동의 없이 저당권설정 등을 할 수 있는 경우 등)

1. 해당 주택의 입주자에게 주택구입자금의 일부를 융자해 줄 목적으로 주택도시기금이나 다음 각 목의 금융기관으로부터 주택건설자금의 융자를 받는 경우
   가. 「은행법」에 따른 은행
   나. 「중소기업은행법」에 따른 중소기업은행
   다. 「상호저축은행법」에 따른 상호저축은행
   라. 「보험업법」에 따른 보험회사
   마. 그 밖의 법률에 따라 금융업무를 수행하는 기관으로서 국토교통부령으로 정하는 기관

규칙 제24조(입주자의 동의 없이 저당권 설정 등을 할 수 있는 금융기관의 범위)
영 제71조제1호마목에서 "국토교통부령으로 정하는 기관"이란 다음 각 호의 기관을 말한다.

1. 「농업협동조합법」에 따른 조합, 농업협동조합중앙회 및 농협은행
2. 「수산업협동조합법」에 따른 수산업협동조합 및 수산업협동조합중앙회
3. 「신용협동조합법」에 따른 신용협동조합 및 신용협동조합중앙회
4. 「새마을금고법」에 따른 새마을금고 및 새마을금고중앙회
5. 「산림조합법」에 따른 산림조합 및 산림조합중앙회
6. 「한국주택금융공사법」에 따른 한국주택금융공사
7. 「우체국예금·보험에 관한 법률」에 따른 체신관서

▶ 지위양도 판정 표[11]

	지위양도 가능 사례	근거조문	내용
1	상속·이혼	법제39조제2항본문 : 2018. 2. 9. 전은 제19조제2항, 이하 같다)	상속·이혼으로 인한 양도·양수
2	세대원 전원 타지역 이전	법제39조제2항제1호	-2003.12.31. ∞2009.2.5.까지 : 수도권은 수도권 밖으로 이전만 -2009.2.6.부터 : 수도권 밖 이전 삭제 -특별시·광역시·특별자치시·특별자치도·시 또는 군으로 이전하는 경우
3	상속주택으로 세대원 전원 이전	법제39조제2항제2호	
4	세대원 전원 해외 이전	법제39조제2항제3호	세대원 전원 해외 이전 또는 2년이상 해외 체류
5	1세대 1주택	법제39조제2항제4호 령제37조제1항(2018.2.9. 전은 령제30조제3항)	10년 소유, 5년 거주 -2018.1.25.부터
6. 사업지연 ①조합설립인가일부터 3년이내에 사업시행인가 신청 없고 ②사업시행인가일로부터 3년 이내에 착공 없고 ③착공일로부터 3년 이내에 준공 없는 것을 ▶ 3년 이상 보유		법 제39조제2항제5호 령 제37조제2항1,2,3호 1) 2003.12.31.부터 2005.5.18.까지	령 없음
		2) 2005.5.19.부터 2009. 8. 10.까지 (2005.5.18. 령 신설)	-3년∞5년 -3년∞5년 -3년∞5년
		3) 2009.8.11.부터 시행령 개정 전까지	-2년∞2년 -2년∞2년 -3년∞3년
		4) 2017.9.29.부터 현재까지	-각 모두 3년∞3년
		★2020.9.24.부터 재개발	착공일부터 3년 미준공, 3년 보유

---

11) 지위 양도 가능 여부는 복잡하여, 위 제시는 법무법인강산의 사견이므로 참고자료로만 활용하고, 반드시 조합이나 행정청, 전문가에게 질의하여 의사결정 요망

	지위양도 가능 사례	근거조문	내용
7.	법률 제7056호 부칙 제2항 토지등소유자로부터 상속·이혼 취득	령제37조제2항제4호 (구령 제30조제4항제4호)	2003.12.31 전 조합 설립인가를 받고 2003.12.31 전 건축물 또는 토지를 취득한 자로부터 상속·이혼으로 취득
8.	공매, 경매	상제37조제2항제5호	-금융기관만 해당 -2009.8.11.부터
9.	법률 제7056호 부칙 제2조	2003.12.31.~ 2005. 3. 17.	2003.12.31.전에 조합설립인가를 받은 경우 조합원분(2003.12.31. 전 취득자) 양수자
		2005.3.18.∽	2003.12.31.전에 조합설립인가를 받은 경우 토지등소유자 양수자 (2003.12.31.전 취득자)
10.	2017.8.2.까지 매매계약	령 제30조제4항제6호	-2017.8.2.까지 계약 체결자 (투기과열지구로 지정된 후 60일 이내에 거래 신고한 경우로써, 계약날짜가 확인된 경우로 한정한다) -2017.9.29. 전에 지정된 투기과열지구도 적용
11.	추진위 단계	법 제39조제2항본문	조합설립인가 전 양수
12.	재개발사업	법 제39조제2항	관리처분인가 전 양수
14.	신탁업자 지정		조합설립인가 전에 신탁회사를 단독 시행자로 지정한 경우 2018. 2. 8. 까지만 가능, 그 이후 불가
15.	소규모재건축사업	빈집및소규모주택정비에 관한특례법 제24조제2항	-투기과열지구 소규모재건축만 조합설립 후 양도금지 -예외 : 상속이혼, 1호 내지 4호

13. 현금청산 협의 시작일, 종료일

가. 2013. 12. 23.까지

(1) 현금청산기간

분양신청을 하지 않은 자, 철회한 자는 분양신청기간 종료일의 다음날(분양신청기간 종료 후에 임의로 분양신청을 철회하는 것은 무효이다.)로부터 150일이 지난 다음날까지 현금청산을 하여야 한다.

관리처분계획에 따라 분양대상에서 제외된 자는 관리처분계획의 인가를 받은 다음날(법 제47조 제1항)로부터 150일이 지난 다음날까지 현금청산을 하여야 한다.

분양신청기간의 종료 후에 이루어지는 분양계약을 체결하지 아니한 자에 대하여 청산금 지급의무가 발생하는 시기는 분양계약체결기간의 종료일 다음날이다(대법원 2011. 12. 22. 선고 2011두17936 판결).

> ▶ 도시및주거환경정비법 [시행 2003. 7. 1.] [법률 제6852호, 2002. 12. 30., 제정]
>
> **제47조(분양신청을 하지 아니한 자 등에 대한 조치)** 사업시행자는 토지등소유자가 다음 각호의 1에 해당하는 경우에는 그 해당하게 된 날부터 150일 이내에 대통령령이 정하는 절차에 따라 토지·건축물 또는 그 밖의 권리에 대하여 현금으로 청산하여야 한다.
>   1. 분양신청을 하지 아니한 자
>   2. 분양신청을 철회한 자
>   3. 제48조의 규정에 의하여 인가된 관리처분계획에 의하여 분양대상에서 제외된 자
>
> ▶ 도시 및 주거환경정비법 [시행 2012. 2. 1.] [법률 제11293호, 2012. 2. 1., 일부개정]

서. 현금청산대상자에 대한 청산금 지급의무 발생시기를 법률에서 명확히 규정하고, 사업시행자가 법적 기한 내에 현금으로 청산하지 않을 경우에는 정관 등으로 정하는 바에 따라 이자를 지급하도록 함(안 제47조)

제47조 제목 외의 부분을 제1항으로 하고, 같은 항(종전의 제목 외의 부분) 각 호 외의 부분 중 "각호의 1에 해당하는 경우에는 그 해당하게 된"을 "각 호의 어느 하나에 해당하는 경우에는 다음 각 호의 구분에 따른"으로, "대통령령이"를 "대통령령으로"로 하며, 같은 항 제1호 및 제2호를 각각 다음과 같이 한다.

1. 분양신청을 하지 아니한 자 또는 분양신청기간 종료 이전에 분양신청을 철회한 자: 제46조제1항에 따른 분양신청기간 종료일의 다음 날
2. 제48조에 따라 인가된 관리처분계획에 따라 분양대상에서 제외된 자: 그 관리처분계획의 인가를 받은 날의 다음 날

제47조제1항제3호를 삭제하고, 같은 조에 제2항을 다음과 같이 신설한다.

② 사업시행자는 제1항에 따른 기간 내에 현금으로 청산하지 아니한 경우에는 정관등으로 정하는 바에 따라 해당 토지등소유자에게 이자를 지급하여야 한다.

부칙
제1조(시행일) 이 법은 공포 후 6개월이 경과한 날부터 시행한다. 〈시행일 2012. 8. 1.〉
제8조(분양 신청을 하지 아니한 자 등에 대한 현금 청산 지연에 따른 이자 지급에 관한 적용례) 제20조제1항 및 제47조제2항의 개정규정은 이 법 시행 후 최초로 조합 설립인가(제8조제3항에 따라 도시환경정비사업을 토지등소유자가 시행하는 경우나 제7조 또는 제8조제4항에 따라 시장·군수가 직접 정비사업을 시행하거나 주택공사등을 사업시행자로 지정한 경우에는 사업시행인가를 말한다)를 신청하는 정비사업부터 적용한다.

(2) 지체책임 발생 여부 및 지연이자 청구권과 재결신청 지연가산금과의 관계

재개발조합의 탈퇴조합원에게 구 「도시 및 주거환경정비법」 제47조에서 정한 150일의 기간 내에 현금청산금을 지급하지 못한 경우에 정관에서 정한 지연이자를 지급할 의무가 있는지 여부가 문제이다.

토지등소유자가 조합원의 지위를 유지하는 동안에 종전자산을 출자한 후에 조합관계에서 탈퇴하여 현금청산대상자가 되었음에도 조합이 도시정비법 제47조에서 정한 150일의 이행기간 내에 현금청산금을 지급하지 아니하면 위 이행기간이 경과한 다음날부터는 <u>정관에 특별한 정함이 있는 경우에는 정관에서 정한 비율, 정관에 특별한 정함이 없는 경우에는 민법에서 정한 연 5%의 비율로 계산한 지연이자를 지급할 의무가 있다고 보아야 한다.</u> 나아가 현금청산금 지급 지체에 따른 지연이자 청구권과 재결신청 지연가산금 청구권은 그 근거 규정과 요건·효과를 달리 하는 것으로서, 각 요건이 충족되면 성립하는 별개의 청구권이다. 다만, 재결신청 지연가산금에는 이미 '손해 전보'라는 요소가 포함되어 있어 같은 기간에 대하여 양자의 청구권을 동시에 행사할 수 있다고 본다면 이중배상의 문제가 발생하므로, 같은 기간에 대하여 <u>양자의 청구권이 동시에 성립하더라도 토지등소유자는 어느 하나만을 선택적으로 행사할 수 있을 뿐이고, 양자의 청구권을 동시에 행사할 수는 없다고 봄이 타당하다</u>(대법원 2020. 7. 23. 선고 2019두46411 판결).

대법원 2020. 7. 23. 선고 2019두46411 손실보상금

서울고등법원 2019. 6. 20. 선고 2018누78529 판결

서울행정법원 2018. 11. 21. 선고 2017구단65855 판결

◇ 1. 현금청산금 지급 지체책임이 발생하는지를 판단하는 기준, 2. 현금청산금 지급 지체에 따른 지연이자 청구권과 「공익사업을 위한 토지 등의 취득 및 보상에 관한 법률」에 따른 재결신청 지연가산금 청구권의 관계 ◇

1. 구 「도시 및 주거환경정비법」(2012. 2. 1. 법률 11293호로 개정되기 전의 것) 제47조에서 정한 바와 같이, 조합이 현금청산사유가 발생한 날부터 150일 이내에 지급하여야 하는 현금청산금은 토지등소유자의 종전자산 출자에 대한 반대급부이고, 150일은 그 이행기간에 해당한다. 민법 제587조 후단도 "매수인은 목적물의 인도를 받은 날로부터 대금의 이자를 지급하여야 한다. 그러나 대금의 지급에 대하여 기한이 있는 때에는 그러하지 아니하다."라고

규정하고 있다. 따라서 조합이 도시정비법 제47조에서 정한 현금청산금 지급 이행기간(현금청산사유 발생 다음날부터 150일) 내에 현금청산금을 지급하지 못한 것에 대하여 지체책임을 부담하는지 여부는 토지등소유자의 종전자산 출자시점과 조합이 실제 현금청산금을 지급한 시점을 비교하여 판단하여야 한다.

즉, <u>토지등소유자가 조합원의 지위를 유지하는 동안에 종전자산을 출자하지 않은 채 계속 점유하다가 조합관계에서 탈퇴하여 현금청산대상자가 되었고 보상협의 또는 수용재결에서 정한 현금청산금을 지급받은 이후에야 비로소 조합에게 종전자산의 점유를 인도하게 된 경우에는 조합이 해당 토지등소유자에게 현금청산금을 실제 지급한 시점이 현금청산사유가 발생한 날부터 150일의 이행기간이 경과한 시점이라고 하더라도 조합은 150일의 이행기간을 초과한 지연일수에 대하여 현금청산금 지급이 지연된 데에 따른 지체책임을 부담하지는 않는다고 보아야 한다.</u> 그러나 토지등소유자가 조합원의 지위를 유지하는 동안에 종전자산을 출자한 후에 조합관계에서 탈퇴하여 현금청산 대상자가 되었음에도 조합이 도시정비법 제47조에서 정한 150일의 이행기간 내에 현금청산금을 지급하지 아니하면 위 이행기간이 경과한 다음날부터는 <u>정관에 특별한 정함이 있는 경우에는 정관에서 정한 비율, 정관에 특별한 정함이 없는 경우에는 민법에서 정한 연 5%의 비율로 계산한 지연이자를 지급할 의무가 있다고 보아야 한다.</u>

2. 현금청산금 지급 지체에 따른 지연이자 청구권과 재결신청 지연가산금 청구권은 그 근거 규정과 요건·효과를 달리 하는 것으로서, 각 요건이 충족되면 성립하는 별개의 청구권이다. 다만, 재결신청 지연가산금에는 이미 '손해 전보'라는 요소가 포함되어 있어 같은 기간에 대하여 양자의 청구권을 동시에 행사할 수 있다고 본다면 이중배상의 문제가 발생하므로, 같은 기간에 대하여 <u>양자의 청구권이 동시에 성립하더라도 토지등소유자는 어느 하나만을 선택적으로 행사할 수 있을 뿐이고, 양자의 청구권을 동시에 행사할 수는 없다고 봄이 타당하다.</u>

▶ 원고들은 분양신청기간에 분양신청을 하지 않음으로써 조합관계에서 탈퇴하여 현금청산대상자가 되었는데, 수용재결에 따른 손실보상금(현금청산금)을 지급받은 후 토지등 종전자산을 재개발조합에 인도하였음. 원고들은 손실보상금

> (현금청산금)이 현금청산사유(= 탈퇴)가 발생한 다음날부터 150일이 훨씬 지나서 지급되었음을 이유로 정관조항이 정한 바에 따라 시중은행 대출금리(연 2.58%)의 비율로 계산한 지연이자의 지급을 청구한 사안임
>
> ▶ 원심은, 현금청산금 지연이자 지급에 관한 정관조항은 탈퇴조합원과 재개발조합 사이에 현금청산에 관한 보상협의가 성립한 경우에 한하여 적용되는 규정일 뿐이고, 보상협의가 성립하지 않아 수용재결절차에 따라 현금청산이 이루어지는 경우에는 적용되는 규정이 아니라는 이유에서 원고들의 지연이자 청구를 기각하였음
>
> ▶ 대법원은, 원고들의 경우 수용재결보상금을 지급받은 후 토지등 종전자산을 조합에 인도한 경우이므로 현금청산금 지급 지체책임을 부담하지 않으나, 만일 토지등소유자가 조합원의 지위를 유지하는 동안에 종전자산을 출자한 후에 조합관계에서 탈퇴하여 현금청산대상자가 되었음에도 피고가 150일의 이행기간 내에 현금청산금을 지급하지 아니하였다면 150일의 이행기간을 초과한 지연일수에 대하여 이 사건 정관조항에서 정한 비율로 계산한 지연이자를 지급할 의무가 있으므로, 원심이 해당 정관조항이 수용재결절차에 따라 현금청산이 이루어지는 경우에는 적용되지 않는다고 이유를 설시한 것은 적절하지 않으나, 원고들의 지연이자 청구를 기각한 결론만은 정당하다고 보아 상고기각하였음

나. 2013. 12. 24. 도시정비법 개정 시행 이후에 조합설립인가를 신청한 경우

분양신청을 하지 아니한 자, 분양신청기간 종료 이전에 분양신청을 철회한 자 또는 인가된 관리처분계획에 따라 분양대상에서 제외된 자에 대해서는 관리처분계획인가를 받은 날의 다음 날부터 90일이 지난 다음날까지 현금청산을 하여야 한다.

분양신청기간의 종료 후에 이루어지는 분양계약을 체결하지 아니한 자에 대하여 청산금 지급의무가 발생하는 시기는 분양계약체결기간의 종료일 다음날이다(대법원 2011. 12. 22. 선고 2011두17936 판결).

> 도시 및 주거환경정비법 [시행 2013. 12. 24.] [법률 제12116호, 2013. 12. 24., 일부개정]
>
> **제47조(분양신청을 하지 아니한 자 등에 대한 조치)** ①사업시행자는 분양신청을 하지 아니한 자, 분양신청기간 종료 이전에 분양신청을 철회한 자 또는 제48조에 따라 인가된 관리처분계획에 따라 분양대상에서 제외된 자에 대해서는 <u>관리처분계획 인가를 받은 날의 다음 날로부터 90일 이내에</u> 대통령령으로 정하는 절차에 따라 토지·건축물 또는 그 밖의 권리에 대하여 현금으로 청산하여야 한다. 〈개정 2012. 2. 1., 2013. 12. 24.〉
>
> 1. 삭제 〈2013. 12. 24.〉
> 2. 삭제 〈2013. 12. 24.〉
> 3. 삭제 〈2012. 2. 1.〉
>
> ② 사업시행자는 제1항에 따른 기간 내에 현금으로 청산하지 아니한 경우에는 정관 등으로 정하는 바에 따라 해당 토지등소유자에게 이자를 지급하여야 한다. 〈신설 2012. 2. 1.〉
>
> **부칙**
>
> **제1조(시행일)** 이 법은 공포한 날부터 시행한다.
>
> **제4조(현금청산 시기에 관한 적용례)** 제47조제1항의 개정규정은 <u>이 법 시행 후 최초로 조합설립인가를 신청하는 분부터</u> 적용한다.

다. 2018. 2. 9. 이후 전부개정법 시행

사업시행자는 관리처분계획이 인가·고시된 다음 날부터 90일 이내에 다음 각 호에서 정하는 자와 토지, 건축물 또는 그 밖의 권리의 손실보상에 관한 협의를 하여야 한다. 다만, 사업시행자는 분양신청기간 종료일의 다음 날부터 협의를 시작할 수 있다(법 제73조제1항).

1. 분양신청을 하지 아니한 자
2. 분양신청기간 종료 이전에 분양신청을 철회한 자
3. 제72조제6항 본문에 따라 분양신청을 할 수 없는 자
4. 제74조에 따라 인가된 관리처분계획에 따라 분양대상에서 제외된 자

따라서 <u>2018. 2. 9. 이후부터는 협의는 분양신청기간의 종료일의 다음날부터 가능하고, 다만 관리처분계획이 인가·고시된 다음 날부터 90일 이내까지 하여야 한다.</u>

만일 위 기간까지 협의를 하지 못한 경우에는, 그 기간의 만료일 다음 날부터 60일 이내에 수용재결을 신청하거나 매도청구소송을 제기하여야 한다(법 제73조제2항).

14. 지연가산금(이자, 조속재결신청 여부), 지연 시 대응법

> ※ 요약
> 1. 2018. 2. 9. 이후 관리처분계획인가를 신청하는 경우는 관리처분계획인가·고시일 다음날로부터 90일 이내에 협의를 하여야 하고, 이 기간으로부터 60일 이내에 수용재결이나 매도청구를 제기하여야 한다. 이 기간이 지나면(즉, 관리처분인가고시일 다음날부터 90일+60일=150일) 100분의 15 이하 범위에서 이자가 붙는다.
> 2. 그러나 이미 2018. 2. 8.까지 재개발사업에서 조속재결신청을 한 경우에는 종전 규정이 적용된다(부칙 제18조 단서).
> 3. 따라서 이제 재개발에서 지연가산금을 받기 위해 조속재결을 청구할 필요는 없다.

가. 법 전부 개정

구법	전부개정법
○ 사업시행자는 관리처분인가 후 90일 이내 현금청산 하여야함 ○ 기간내 현금청산 하지 않으면 <u>정관등으로 정하는 바에 따라 이자를 지급</u>하여야 함	○ 분양신청기간 종료일부터 협의를 시작할 수 있고, 관리처분인가·고시 후 90일 이내 하여야 함 ○ 기간내 협의가 성립되지 않으면 60일 이내 수용재결이나 매도청구를 제기하여야 하고, 이 기간을 도과한 경우에는 100분의 15 범위에서 대통령령으로 정하는 이자율을 적용하여 이자를 지급하도록 함

개정이유
○ 사업시행자가 분양신청을 하지 아니한 자에 대한 소유권을 확보하고 소유권 상실에 따른 급부를 제공하는 것이므로 현금청산의 용어보다는 '손실보상'으로 표현하는 것이 바람직
○ 현재는 손실보상을 협의하는 기간이 관리처분인가 후 90일 이내로 규정되어 있으나, 충분한 협의를 하기에는 부족한 기간
 - 분양신청기간이 종료하면 협의 대상은 확정되는 만큼 협의 착수 기간을 분양신청기간종료 시로 앞당겨 충분한 협의기간을 확보

○ 사업시행자가 수용재결 신청 등을 제기하지 아니하여 지연이자를 지급하는 경우 이자율은 통일된 기준을 적용할 수 있도록 정관이 아닌 100분의 15 범위에서 대통령령으로 정하는 것이 바람직
  - 법 시행이전에 사업시행인가를 받은 후 장기간 지연되고 있는 사업장도 포함될 수 있도록 적용시기를 관리처분인가를 신청하는 경우부터 적용할 필요

제47조(분양신청을 하지 아니한 자 등에 대한 조치)	제73조(분양신청을 하지 아니한 자 등에 대한 조치)
①사업시행자는 분양신청을 하지 아니한 자, 분양신청기간 종료 이전에 분양신청을 철회한 자, 제46조제3항 본문에 따라 분양신청을 할 수 없는 자 또는 제48조에 따라 인가된 관리처분계획에 따라 분양대상에서 제외된 자에 대해서는 <u>관리처분계획인가를 받은 날의 다음 날로부터 90일 이내</u>에 대통령령으로 정하는 절차에 따라 토지·건축물 또는 그 밖의 권리에 대하여 현금으로 청산하여야 한다. 〈개정 2012.2.1., 2013.12.24., 2017.10.24.〉 1. 삭제 〈2013.12.24.〉 2. 삭제 〈2013.12.24.〉 3. 삭제 〈2012.2.1.〉 ② 사업시행자는 제1항에 따른 기간 내에 현금으로 청산하지 아니한 경우에는 <u>정관등으로 정하는 바에 따라 해당 토지등소유자에게 이자를 지급하여야 한다.</u> 〈신설 2012.2.1.〉	① 사업시행자는 <u>관리처분계획이 인가·고시</u>된 다음 날부터 90일 이내에 다음 각 호에서 정하는 자와 토지, 건축물 또는 그 밖의 권리의 손실보상에 관한 협의를 하여야 한다. <u>다만, 사업시행자는 분양신청기간 종료일의 다음 날부터 협의를 시작할 수 있다.</u> 〈개정 2017.10.24.〉 1. 분양신청을 하지 아니한 자 2. 분양신청기간 종료 이전에 분양신청을 철회한 자 3. 제72조제6항 본문에 따라 분양신청을 할 수 없는 자 4. 제74조에 따라 인가된 관리처분계획에 따라 분양대상에서 제외된 자 ② 사업시행자는 제1항에 따른 <u>협의가 성립되지 아니하면 그 기간의 만료일 다음 날부터 60일 이내에 수용재결을 신청하거나 매도청구소송을 제기하여야 한다.</u> ③ <u>사업시행자는 제2항에 따른 기간을 넘겨서 수용재결을 신청하거나 매도청구소송을 제기</u>한 경우에는 해당 토지등소유자에게 지연일수(遲延日數)에 따른 이자를 지급하여야 한다. 이 경우 <u>이자는 100분의 15 이하의 범위에서 대통령령으로 정하는 이율을 적용하여 산정</u>한다.

나. 이자 부과 여부

(1) 과거 조속재결

전부개정법 시행 전에 법문에는 '이자를 지급하여야 한다.'라고 규정되어 있으나, 실무에서는 형평의 원칙상 토지등소유자가 가진 부동산을 인도해 주지 않는 한 이자를 지급받을 수는 없다고 한다(서울고등법원 2014. 10. 23. 선고 2014누5158 판결).

이에 대해 최근 대법원은 "구「도시 및 주거환경정비법」(2012. 2. 1. 법률 11293호로 개정되기 전의 것) 제47조에서 정한 바와 같이, 조합이 현금청산사유가 발생한 날부터 150일 이내에 지급하여야 하는 현금청산금은 토지등소유자의 종전자산 출자에 대한 반대급부이고, 150일은 그 이행기간에 해당한다. 민법 제587조 후단도 "매수인은 목적물의 인도를 받은 날로부터 대금의 이자를 지급하여야 한다. 그러나 대금의 지급에 대하여 기한이 있는 때에는 그러하지 아니하다."라고 규정하고 있다. 따라서 조합이 도시정비법 제47조에서 정한 현금청산금 지급 이행기간(현금청산사유 발생 다음날부터 150일) 내에 현금청산금을 지급하지 못한 것에 대하여 지체책임을 부담하는지 여부는 토지등소유자의 종전자산 출자시점과 조합이 실제 현금청산금을 지급한 시점을 비교하여 판단하여야 한다. 즉, 토지등소유자가 조합원의 지위를 유지하는 동안에 종전자산을 출자하지 않은 채 계속 점유하다가 조합관계에서 탈퇴하여 현금청산대상자가 되었고 보상협의 또는 수용재결에서 정한 현금청산금을 지급받은 이후에야 비로소 조합에게 종전자산의 점유를 인도하게 된 경우에는 조합이 해당 토지등소유자에게 현금청산금을 실제 지급한 시점이 현금청산사유가 발생한 날부터 150일의 이행기간이 경과한 시점이라고 하더라도 조합은 150일의 이행기간을 초과한 지연일수에 대하여 현금청산금 지급이 지연된 데에 따른 지체책임을 부담하지는 않는다고 보아야 한다. 그러나 토지등소유자가 조합원의 지위를 유지하는 동안에 종전자산을 출자한 후에 조합관계에서 탈퇴하여 현금청산대상자가 되었음에도 조합이 도시정비법 제47조에서 정한 150일의 이행기간 내에 현금청산금을 지급하지 아니하면 위 이행기간이 경과한 다음날부터는 정관에 특별한 정함이 있는 경우에는 정관에서 정한 비율, 정관에 특별한 정함이 없는 경우에는 민법에서 정한 연 5%의 비율로 계산한 지연이자를 지급할 의무가 있다고 보아야 한다."라고 판시하였다(대법원 2020. 7. 23. 선고 2019두46411 판결).

단, 예외적으로 2012. 8. 1. 이후에 조합설립인가가 신청된 경우에 그 조합의 현금청산대상자는 청산기간을 지키지 않으면 정관에 정한 방법에 따라 이자를 부담하여야 한다. 그러나 이 경우에도 정관을 잘 살펴보아야 한다. 통상 정관을 살펴보면 부동산을 조합에게 인도하여 주지 않으면 이자 지급은 없는 것으로 규정하거나, 이자율을 1%로 하는 경우도 있다.

그래서 지연가산금을 지급받기 위해 조속재결신청 제도를 이용하였다.

토지보상법은 토지소유자 및 관계인이 협의가 성립되지 않은 때에는 사업시행자에 대하여 서면으로 재결신청을 조속히 할 것을 청구할 수 있도록 규정하고 있는데(토지보상법 제30조제1항), 이것이 재결신청의 청구제도이다.

한편 사업시행자가 재결신청 청구서가 들은 등기우편물을 의도적으로 수취거부를 할 경우에는 부당한 수취 거부가 없었더라면 상대방이 우편물의 내용을 알 수 있는 객관적 상태에 놓일 수 있었던 때, 즉 수취 거부 시에 의사표시의 효력이 생긴 것으로 보아야 한다. 여기서 우편물의 수취 거부가 신의성실의 원칙에 반하는지 여부는 발송인과 상대방과의 관계, 우편물의 발송 전에 발송인과 상대방 사이에 그 우편물의 내용과 관련된 법률관계나 의사교환이 있었는지, 상대방이 발송인에 의한 우편물의 발송을 예상할 수 있었는지 등 여러 사정을 종합하여 판단하여야 한다. 이때 우편물의 수취를 거부한 것에 정당한 사유가 있는지에 관해서는 수취 거부를 한 상대방이 이를 증명할 책임이 있다(대법원 2020. 8. 20. 선고 2019두34630 판결[12]). 사견은 이런 분쟁을 예방하기 위해서는 수취거부를 할 경우에는 즉시 직접 사업시행자에게 방문하여 제출하는 것이 타당하다고 본다.

2018. 2. 9. 전부개정법이 시행되기 전에는 재개발사업에서는 사업시행자가 60일 내에 재결을 신청하지 않으면 15%의 지연가산금을 추가로 지급하여야 했었다(대법원 2015. 11. 27. 선고 2015두48877 판결). 즉, 위 기간 안에 사업시행자가 협의를 실시하지 않으면, 현금청산대상자는 곧바로 조속재결신청이 가능하였다.

---

12) 서울 강남에 소재한 법무법인을 대리인으로 선임하였고 동 법무법인은 피고에게 2016. 2~3월 동안 3차례에 걸쳐 재결신청청구서가 들어있는 우편물(이하 '이 사건 각 우편물')을 내용증명 및 배달증명 방식으로 발송함. 이 사건 각 우편물의 봉투 겉면의 '보내는 사람'란에는 법무법인과 원고 대리인 이름만 기재되었을 뿐 원고의 이름은 기재되어 있지 않았으며, '받는 사람'에는 피고 조합장의 이름이 기재되어 있었음. 이 사건 각 우편물은 모두 피고의 수취 거부로 반송되었고, 피고는 2017. 1. 에 이르러서야 원고 소유의 부동산에 관하여 수용재결을 신청함. 구「도시 및 주거환경정비법」(2013. 12. 24. 법률 제12116호로 개정되기 전의 것) 제38조, 제40조는 토지보상법상 수용재결절차를 예정하고 있으며, 이 사건에서는 피고가 원고에게 「공익사업을 위한 토지 등의 취득 및 보상에 관한 법률」 제30조 제3항의 재결신청 지연가산금을 지급할 의무가 있는지와 관련하여 이 사건 각 우편물이 피고에게 도달한 것으로 볼 수 있는지가 쟁점이 됨. 원심에서는 이 사건 각 우편물에 원고의 재결신청청구서가 포함되어 있는 사실을 알지 못한 채 수취거부를 하고 반송한 이상 이 사건 각 우편물이 피고에게 도달했다고 보기 어렵다고 판단하였으나, 대법원은 이 사건 각 우편물이 반송된 당시 원고를 비롯한 탈퇴조합원들이 피고에게 재결신청을 청구할 가능성이 높은 상황이었고, 이 사건 각 우편물의 발송인이 법무법인이고 내용증명 및 배달증명 방식의 우편물이었으므로 사회통념상 중요한 권리행사를 위한 것이었다고 넉넉히 추단될 수 있다는 등의 이유를 들어 이 사건 각 우편물이 피고에게 도달한 것으로 볼 수 있다고 판단하여 원심 판결을 파기하였음

> **토지보상법 제30조(재결 신청의 청구)** ① 사업인정고시가 된 후 협의가 성립되지 아니하였을 때에는 토지소유자와 관계인은 대통령령으로 정하는 바에 따라 <u>서면으로</u> 사업시행자에게 재결을 신청할 것을 청구할 수 있다.
>
> ② 사업시행자는 제1항에 따른 청구를 받았을 때에는 그 청구를 받은 날부터 60일 이내에 대통령령으로 정하는 바에 따라 관할 토지수용위원회에 재결을 신청하여야 한다. 이 경우 수수료에 관하여는 제28조제2항을 준용한다.
>
> ③ 사업시행자가 제2항에 따른 기간을 넘겨서 재결을 신청하였을 때에는 그 지연된 기간에 대하여 「소송촉진 등에 관한 특례법」 제3조에 따른 법정이율을 적용하여 산정한 금액을 관할 토지수용위원회에서 재결한 보상금에 가산(加算)하여 지급하여야 한다.
>
> [전문개정 2011.8.4]

(2) 2018. 2. 9.부터 지연이자 법정화

<u>그러나 2018. 2. 9. 전부개정법은 이자 가산에 대해 특별규정을 두어, 토지보상법상의 조속재결제도를 무력화 시켰다.</u>

즉, 분양신청기간 종료일부터 협의를 시작하고, 관리처분인가·고시일 다음날부터 90일 이내에 협의를 하여야 한다.

관리처분인가고시일 다음날부터 90일 이내 협의가 성립되지 않으면 그 다음날부터 **60일 이내 수용재결**이나 **매도청구**를 제기하여야 하고, 이 기간을 도과한 경우에는 100분의 15 범위에서 대통령령으로 정하는 이자율을 적용하여 이자를 지급하여야 한다.

> **시행령 제60조(지연일수에 따른 이자)** 법 제73조제3항에서 "대통령령으로 정하는 이율"이란 다음 각 호를 말한다.
> 1. 6개월 이내의 지연일수에 따른 이자의 이율: 100분의 5
> 2. 6개월 초과 12개월 이내의 지연일수에 따른 이자의 이율: 100분의 10
> 3. 12개월 초과의 지연일수에 따른 이자의 이율: 100분의 15

따라서 2018. 2. 9. 부터는 재개발사업에서의 조속재결신청은 의미가 없다. 도시정비법에 의해 15% 범위에서 지연가산금이 산정되기 때문이다.

(3) 부칙[13]

> **2017. 2. 8.자로 전면개정된 도시정비법 부칙**
>
> **제9조(분양신청을 하지 아니한 자 등에 대한 현금 청산 지연에 따른 이자 지급에 관한 적용례)** 제40조제1항 및 제73조제3항의 개정규정은 법률 제11293호 도시 및 주거환경정비법 일부개정법률의 시행일인 2012년 8월 2일 이후 최초로 조합설립인가(같은 개정법률 제8조제3항의 개정규정에 따라 도시환경정비사업을 토지등소유자가 시행하는 경우나 같은 개정법률 제7조 또는 제8조제4항의 개정규정에 따라 시장·군수가 직접 정비사업을 시행하거나 주택공사등을 사업시행자로 지정한 경우에는 사업시행계획인가를 말한다)를 신청한 정비사업부터 적용한다.
>
> **제18조(분양신청을 하지 아니한 자 등에 대한 조치에 관한 적용례)** 제73조의 개정규정은 이 법 시행 후 최초로 관리처분계획인가를 신청하는 경우부터 적용한다. 다만, 토지등소유자가 「공익사업을 위한 토지 등의 취득 및 보상에 관한 법률」 제30조제1항의 재결 신청을 청구한 경우에는 제73조의 개정규정에도 불구하고 종전의 규정을 적용한다.
>
> **제19조(손실보상 시기에 관한 적용례)** 제73조의 개정규정은 법률 제12116호 도시 및 주거환경정비법 일부개정법률의 시행일인 2013년 12월 24일 이후 최초로 조합설립인가를 신청하는 경우부터 적용한다.

---

13) 부칙 해석이 너무 어렵다. 이하는 국토부 유권해석을 토대로 필자가 정리한 것일 뿐 100% 정확하다고 단정할 수는 없다.

○ 2012. 8. 1.까지 조합설립인가신청 : 이자 지급 규정 없고, 조속 재결로 처리
○ 2012. 8. 2. 이후 조합설립인가신청 : 정관에 정하는 바에 따라 지급
○ 2018. 2. 9. 이후 관리처분인가를 신청하는 경우는 100분의 15 이하
 - 그러나 이미 재결신청을 한 경우에는 종전 규정 적용(부칙 제18조 단서)
○ 부칙 제9조에 의해 제73조제3항의 개정규정은 법률 제11293호 도시 및 주거환경정비법 일부개정법률의 시행일인 2012년 8월 2일 이후 최초로 조합 설립인가(도시환경정비사업을 토지등소유자가 시행하는 경우나 시장·군수가 직접 정비사업을 시행하거나 주택공사등을 사업시행자로 지정한 경우에는 사업시행계획인가를 말한다)를 신청한 정비사업부터 적용하여 이자를 지급하여야 하나, 부칙 제18조에 따라 2018. 2. 9일 이후 최초로 관리처분계획인가를 신청하는 경우에는 개정규정 제73조제3항에 따라 100분의 15 이하의 범위에서 대통령령으로 정하는 이율을, 그렇지 않은 경우에는 종전의 규정에 따라 정관등으로 정하는 바에 따라 이자를 지급해야 한다.

또한 "B·C가 A를 대표조합원으로 선임하고 소유자로서의 법률행위를 A가 B·C를 대신해 대표조합원으로서 행한 것은 인정되나 재결신청청구는 A가 조합원이 아닌 현금청산대상자의 지위에서 작성해 제출한 것인바, 조합원의 지위를 상실한 후 현금청산대상자의 지위에서 행하는 B·C의 재결신청청구를 A가 한 재결신청청구로서 대신 이행한 것으로 보기는 어렵다."라고 하여 B·C의 지연가산금청구를 기각하는 판결을 선고했다(서울행정법원 2021.6.16. 선고 2021구단51044 판결).

다. 현금청산금지급청구소송

(1) 재개발 : 불가

재개발등에서는 현금청산대상자가 조합을 상대로 먼저 현금청산금 지급소송을 제기할 수는 없다. 즉, 재개발등에서는 조합이 수용에 착수할 때까지 기다려야 한다는 것이다. 다만 법이 정한 기간(관리처분인가 고시일 다음 날부터 90일+60일)이 지난 날부터는 지연이자를 받는다.

> **인천지방법원 2013. 4. 3. 선고 2012가합12197 판결, 피고 부평○구역재개발조합**
> 재개발에서 민사소송으로 현금지급청구 소송 불가, 청산금교부처분 하지 않는 것에 대해 행정소송만 가능
>
> **서울서부지방법원 2012. 7. 20. 선고 2011가합11306 판결**, 피고 부평○구역재개발조합
> 위 같은 취지
>
> **서울고등법원 2014. 7. 2. 선고 2014누43150 판결**
> - 재개발에서 직접 현금청산금 지급소송 승소 사례, 이주비 이자 납부 의무 없다.

(2) 재건축 : 제한적 가능

구법하에서는 재건축은 조합설립에 부동의를 하면 조합이 최고를 한 후에 일정기간이 지나면 조합이 매도청구소송을 제기하고, 조합설립에 동의를 하였어도 나중에 사업시행인가후에 분양신청을 하지 않거나 철회한 경우에도 조합이 매도청구소송을 제기하여 사업에 반대하는 사람들의 집을 강제로 취득하게 된다.

그리고 전부개정법 시행 전, 법은 매도청구소송은 집합건물법을 준용하여 왔다. 그래서 2018. 2. 9. 전에는 조합이 매도청구소송을 지연하는 경우, 현금청산대상자는 재건축으로 인한 불확실성을 제거하기 위해 조속히 현금청산문제를 종료시키고 싶은 경우, 예를 들어 재건축으로 인하여 더 이상 임대차가 되지 아니할 경우에 조합을 상대로 현금청산금

지급청구소송이 가능하다는 하급심 판결이 있었다(수원지방법원안양지원 2013. 12. 18. 선고 2012가단23298 판결, 서울행정법원 2014. 5. 29. 선고 2013구합24464 판결[14]).

그런데 2018. 2. 9.부터는 재건축사업의 사업시행자는 <u>사업시행계획인가의 고시가 있은 날부터 30일 이내에</u> 조합설립에 동의하지 않은 자나 시장·군수 등의 사업시행자 지정에 동의하지 않은 자를 상대로 조합설립 또는 사업시행자의 지정에 관한 동의 여부를 회답할 것을 서면으로 촉구하여야 하고(법 제64조제1항), 촉구를 받은 토지등소유자는 촉구를 받은 날부터 2개월 이내에 회답하여야 하고, 기간 내에 회답하지 아니한 경우 그 토지등소유자는 조합설립 또는 사업시행자의 지정에 동의하지 아니하겠다는 뜻을 회답한 것으로 본다.

회답기간 2개월의 기간이 지나면 사업시행자는 그 기간이 만료된 때부터 2개월 이내에 조합설립 또는 사업시행자 지정에 동의하지 아니하겠다는 뜻을 회답한 토지등소유자와 건축물 또는 토지만 소유한 자에게 건축물 또는 토지의 소유권과 그 밖의 권리를 매도할 것을 청구할 수 있다고 하여, 매도청구권을 집합건물법을 준용하지 않고 도시정비법에 직접 규정하고 있다.

특히 집합건물법에 있던 "지체없이"라는 표현을 삭제한 것이다. 따라서 이제 사업시행자는 사업시행인가·고시가 있은 다음날부터 30일 이내에 촉구하고, 2개월의 회답기간을 주고, 그로부터 2개월 이내에 반드시 매도청구소송을 제기하여야 하는 것이다.

따라서 이제는 조합이 매도청구소송을 지연할 수가 없으므로, 현금청산대상자가 현금청산금 지급소송을 먼저 제기할 필요는 적어졌다.

---

14) 서울고등법원 2014누5158 2014.12.23 원고일부승, 그대로 확정

한편 전부개정법에 의하면, 분양신청을 하지 않은 자에게는 관리처분인가·고시일 다음 날부터 90일 이내에 협의하여야 하고, 이로부터 60일 이내에 매도청구소송을 제기하지 않으면 15% 범위에서 이자를 지급받는다. 따라서 이 역시 현금청산금 지급소송을 제기할 실익은 적다.

그렇다고 하여도, 사견은 협의기간 만료일 다음 날부터는 재건축에서는 현금청산금 지급소송을 제기할 수는 있다고 본다. 다만, 아직 이는 확립된 법리는 아니라는 점을 유의하여야 한다. 이 경우 소송은 행정소송으로서 공법상 당사자소송이라고 보아야 할 것이다. 즉, 행정법원에 제기하여야 한다.

라. 현금청산자지위확인소송 : 모두 가능

토지등소유자는 현금청산대상자라고 생각하는데 조합이 이를 인정하지 않고 있는 경우 제기하는 소송이다. 재개발등이나 재건축등 정비사업 모두에서 제기가 가능하다.

이러한 소송을 제기하는 이유는 현금청산대상자로 인정받으면 재건축등에서는 신탁등기 의무가 없고, 재개발등에서는 손실보상을 받기 전에는 인도의무가 없기 때문이다.

> **서울행정법원 2014. 1. 3. 선고 2013구합16258 판결, 피고 가재○구역재개발조합**
> **서울행정법원 2014. 9. 23. 선고 2013구합54206 판결, 왕십리○구역**
> - 건폐율, 용적율, 세대수, 평형변경위해 사업시행변경인가를 받고 다시 분양신청을 받음
> - 분양신청기간 아니면 철회 불가
>
> **서울행정법원 2013. 10. 31. 선고 2012구합42090 판결**
> 주문 : 원고들이 피고 조합의 현금청산자 지위에 있음을 확인한다.

15. 사업시행계획이 변경된 경우 대응 방법

가. 문제의 제기

기존 사업시행계획이 중대하게 변경된 경우 조합입장에서는 다시 분양신청을 받아야 하는지, 이 경우 감정평가를 다시 하여 종전자산가격을 다시 정하여야 하는지, 이때 감정평가기준일은 언제로 볼 것인지, 사업시행계획변경총회에 기존 분양미신청자들을 참여시켜야 하는지 등 여러 가지 문제가 있다.

나. 사업비가 증가한 경우 사업시행계획 변경 조건 변천 과정

(1) 2008. 12. 17. 개정

령 제27조는 **2008. 12. 17.**로 개정되면서 조합설립인가내용의 경미한 변경으로, "2의2. 조합임원 또는 대의원의 변경(조합장의 변경은 제외한다), 2의3. 건설되는 건축물의 설계 개요의 변경, 2의4. 건축물의 철거 및 신축에 소요되는 비용의 개략적인 금액의 변경"을 신설하면서, 동시에 령 제34조에 총회의 의결사항으로 "3. 건설되는 건축물의 설계 개요의 변경 4. 건축물의 철거 및 신축에 소요되는 비용의 개략적 금액의 변경"을 신설하였다.

[대통령령 2003.6.30, 제정]	[대통령령 2008.12.17, 일부개정]
제27조 (조합설립인가내용의 경미한 변경) 법 제16조제1항 단서에서 "대통령령이 정하는 경미한 사항"이라 함은 다음 각호의 사항을 말한다.	**제27조 (조합설립인가내용의 경미한 변경)** 법 제16조제1항 단서에서 "대통령령이 정하는 경미한 사항"이라 함은 다음 각 호의 사항을 말한다. 〈개정 2008.12.17〉
1. 조합의 명칭 및 주된 사무소의 소재지와 조합장의 주소 및 성명	1. 조합의 명칭 및 주된 사무소의 소재지와 조합장의 주소 및 성명
2. 토지 또는 건축물의 매매 등으로 인하여 조합원의 권리가 이전된 경우의 조합원의 교체 또는 신규가입	2. 토지 또는 건축물의 매매 등으로 인하여 조합원의 권리가 이전된 경우의 조합원의 교체 또는 신규가입
3. 법 제4조의 규정에 의한 정비구역 또는 정비	2의2. 조합임원 또는 대의원의 변경(조합장의

[대통령령 2003.6.30, 제정]	[대통령령 2008.12.17, 일부개정]
계획의 변경에 따라 변경되어야 하는 사항 4. 그 밖에 시·도조례가 정하는 사항	변경은 제외한다) 2의3. 건설되는 건축물의 설계 개요의 변경 2의4. 건축물의 철거 및 신축에 소요되는 비용의 개략적인 금액의 변경 3. 법 제4조의 규정에 의한 정비구역 또는 정비계획의 변경에 따라 변경되어야 하는 사항 4. 그 밖에 시·도조례가 정하는 사항
제34조 (총회의 의결사항) 법 제24조제3항제12호의 규정에 의하여 총회의 의결을 거쳐야 하는 사항은 다음 각호와 같다. 1. 조합의 합병 또는 해산에 관한 사항 2. 대의원의 선임 및 해임에 관한 사항	**제34조 (총회의 의결사항)** 법 제24조제3항제12호에 따라 총회의 의결을 거쳐야 하는 사항은 다음 각 호와 같다. 〈개정 2008.12.17〉 1. 조합의 합병 또는 해산에 관한 사항 2. 대의원의 선임 및 해임에 관한 사항 3. 건설되는 건축물의 설계 개요의 변경 4. 건축물의 철거 및 신축에 소요되는 비용의 개략적 금액의 변경

결국 법은 "건축물의 철거 및 신축에 소요되는 비용의 개략적인 금액의 변경"이 있을 경우 경미한 변경으로 처리하여 법 제16조제1항, 제2항의 '동의'(서면동의서 첨부)는 필요 없게 만들었지만, 대신에 '총회 의결'을 받도록 개정되었다.

(2) 2009. 2. 6. 개정

법 제24조 제3항 제9호의2가 **2009. 2. 6.** 신설되어 사업시행계획서의 수립 및 변경이 총회의 의결사항으로 되었다. 또한 구법 제28조 제5항은 2009. 2. 6. 개정되어, 사업시행인가를 신청하기 전에 사업시행계획서에 대해 미리 총회를 개최하여 조합원 과반수의 동의를 받아야 하는 것으로 개정되었다. 그 이전에는 미리 정관등이 정하는 바에 따라 토지등소유자(주택재건축사업인 경우에는 조합원을 말하며, 이하 이 항에서 같다)의 동의를 얻어야 한다. 결국 2009. 2. 6. 이전에는 사업시행계획서에 대해 미리 정관등이 정하는 바에 따라 토지등소유자의 동의를 받으면 된다.

(3) 2012. 2. 1. 개정

그런데, 2012. 2. 1. 개정된 법에 의하면, 사업시행계획서 및 변경을 의결하는 총회의 경우 조합원 100분의 20 이상이 직접 참석하여야 하고(구법 제24조제5항), 정비사업비의 추산액이 100분의 10(생산자 물가상승률 분은 제외, 2013. 12. 24.자 법 개정으로 현금청산금액도 제외) 이상 증가하는 경우 <u>총회에서 조합원 3분의 2 이상의 동의를 받도록 법으로 명백히 규정</u>하고 있다(구법 제24조제6항).

구법 제24조(총회개최 및 의결사항)

③ 다음 각호의 사항은 총회의 의결을 거쳐야 한다. 〈개정 2009.2.6., 2009.5.27., 2010.4.15., 2012.2.1.〉

9의2. 제30조에 따른 사업시행계획서의 수립 및 변경(제28조제1항에 따른 정비사업의 중지 또는 폐지에 관한 사항을 포함하며, 같은 항 단서에 따른 경미한 변경은 제외한다)

10. 제48조의 규정에 의한 관리처분계획의 수립 및 변경(제48조제1항 단서에 따른 경미한 변경은 제외한다).

⑤ 총회의 소집절차·시기 및 의결방법 등에 관하여는 정관으로 정한다. 다만, 총회에서 의결을 하는 경우에는 조합원의 100분의 10(창립 총회, 사업시행계획서와 관리처분계획의 수립 및 변경을 의결하는 총회 등 대통령령으로 정하는 총회의 경우에는 조합원의 100분의 20을 말한다) 이상이 직접 출석하여야 한다. 〈개정 2009.5.27., 2012.2.1.〉

⑥ 제3항제9호의2 및 제10호의 경우에는 조합원 과반수의 동의를 받아야 한다. <u>다만, 정비사업비가 100분의 10(생산자물가상승률분, 제47조에 따른 현금청산금액은 제외한다) 이상 늘어나는 경우에는 조합원 3분의 2 이상의 동의를 받아야 한다.</u> 〈신설 2012.2.1., 2013.12.24.〉

(4) 현행 2018. 2. 9.부터(전부개정법)

현행 전부개정법 제45조제4항은 "제1항제9호 및 제10호의 경우에는 조합원 과반수의 찬성으로 의결한다. 다만, 정비사업비가 100분의 10(생산자물가상승률분, 제73조에 따른 손실보상 금액은 제외한다) 이상 늘어나는 경우에는 조합원 3분의 2 이상의 찬성으로 의결하여야 한다."라고 규정하고, 동법 제45조제7항은 "총회의 의결은 조합원의 100분의 10 이상이 직접 출석하여야 한다. 다만, 창립총회, 사업시행계획서의 작성 및 변경, 관리처분계획의 수립 및 변경을 의결하는 총회 등 대통령령으로 정하는 총회의 경우에는 조합원의 100분의 20 이상이 직접 출석하여야 한다."라고 규정하고 있다.

> **현행시행령 제42조(총회의 의결사항)** ② 법 제45조제6항 단서에서 "창립총회, 사업시행계획서의 작성 및 변경, 관리처분계획의 수립 및 변경을 의결하는 총회 등 대통령령으로 정하는 총회"란 다음 각 호의 어느 하나에 해당하는 총회를 말한다.
> 1. 창립총회
> 2. 사업시행계획서의 작성 및 변경을 위하여 개최하는 총회
> 3. 관리처분계획의 수립 및 변경을 위하여 개최하는 총회
> 4. 정비사업비의 사용 및 변경을 위하여 개최하는 총회

다. 판례 검토

사업비가 현저히 증가 시 2/3 이상 동의를 받아야 하지만, 이는 무효사유는 아니라 취소사유이다(대법원 2012. 8. 23. 선고 2010두13463 판결). 따라서 만일 사업시행계획변경에 불만이 있다면 사업시행변경인가·고시 후 5일이 경과한 날로부터 90일 내에 취소소송을 제기하여야 한다.

> **대법원 2010. 12. 9. 선고 2009두4913 판결**
>
> 사업시행인가처분의 취소를 구하는 부분에 관하여 보면, 통상 고시 또는 공고에 의하여 행정처분을 하는 경우에는 그 처분의 상대방이 불특정 다수인이고, 그 처분의 효력이 불특정 다수인에게 일률적으로 적용되는 것이므로, 그 행정처분에 이해관계를 갖는 자는 고시 또는 공고가 효력을 발생하는 날에 그 행정처분이 있음을 알았다고 보아야 한다(대법원 2001. 7. 27. 선고 99두9490 판결, 대법원 2007. 6. 14. 선고 2004두619 판결 등 참조). <u>이 사건 사업시행인가처분은 사무관리규정 제8조 제2항에 의하여 인가 및 고시가 있은 후 5일이 경과한 날부터 효력이 발생한다고 할 것이고, 따라서 위 법리에 의하면 이해관계인은 특별한 사정이 없는 한 그 때 처분이 있음을 알았다고 할 것이므로, 그 취소를 구하는 소의 제소기간은 그 때부터 기산된다</u>

대법원 판례에 의하면, <u>우선 조합의 비용부담에 관한 중대한 변경이 있을 때 재적조합원 3분의 2 이상의 특별다수에 의한 결의가 필요하다는 것이 판례로 확립되었다고 평가할 수 있다.</u> 조합설립 당시와 비교해 상당한 정도로 비용부담이 늘어났을 때 조합설립에 필요한 정족수인 재적조합원 4분의 3 이상의 동의가 필요한 것인지, 아니면 2009년 대법원 판결(대법원 2009. 1. 30. 선고 2007다31884 판결)에서 판시한 재적조합원 3분의 2이상의 동의가 필요한 것인지 논란이 있었다. 위 2009년 판결은 기존 재건축사업에 관해 집합건물법이 적용될 당시의 대법원 판례와는 배치되는 것이었기 때문에 이 대법원 판결이 선고되었는데도 조합설립변경인가에 필요한 재적조합원 4분의 3 이상의 동의가 필요하다는 반론이 제기되었다. 그런데 <u>대법원은 조합의 비용부담이 당초 재건축 결의와 비교해 조합원들의 이해관계에 중대한 영향을 미칠 정도로 실질적으로 변경된 경우에는 조합원 3분의 2 이상의 동의가 필요하다고 판시함으로써 비용부담에 관한 대법원의 입장은 확고해졌다고 평가할 수 있다</u>(대법원 2014. 8. 20. 선고 2012두5572 판결).

대법원 2014. 6. 12. 선고 2012두28520 관리처분총회결의등무효확인

▶ **실질적 변경이 있어 3분의 2 결의를 받는 방법 : 사업단계마다 판단**

주택재개발조합 정관의 필요적 기재사항이자 엄격한 정관변경절차를 거쳐야 하는 '조합의 비용부담'이나 '시공자·설계자의 선정 및 계약서에 포함될 내용'에 관한 사항이 당초 재개발의 당시와 비교하여 볼 때 조합원들의 이해관계에 중대한 영향을 미칠 정도로 실질적으로 변경된 경우에는 비록 그것이 정관변경에 대한 절차가 적용되는 것은 아니라 하더라도 특별다수의 동의요건을 규정하여 조합원들의 이익을 보호하려는 구 도시 및 주거환경정비법(2008. 2. 29. 법률 제8852호로 개정되기 전의 것, 이하 '도시정비법'이라 한다) 제20조 제3항, 제1항 제8호 및 제15호의 규정을 유추적용하여 조합원 3분의 2 이상의 동의가 필요하다고 보는 것이 타당하다(대법원 2012. 8. 23. 선고 2010두13463 판결 등 참조).

그런데 도시정비법에 따른 정비사업이 조합의 설립, 사업시행계획, 관리처분계획 등의 단계를 거쳐 순차 진행되고, 각 단계에서 조합설립인가, 사업시행인가, 관리처분계획인가 등의 선행 행정처분이 이루어짐에 따라 다음 절차가 진행되는 것이 정비사업의 특성이다. (중략)

위와 같은 정비사업의 특성과 사업시행계획의 단계에서 정비사업비에 관하여 동의를 얻도록 한 위 규정들의 취지를 종합하여 보면, 조합설립을 할 때에 건축물 철거 및 신축비용 개산액에 관하여 조합원들의 동의를 받았고, 다음 단계인 사업시행계획의 수립 및 이에 대한 인가를 받을 때 조합원들의 동의 절차를 거쳐 정비사업비가 잠정적으로 정해졌으므로, 관리처분계획을 수립할 때에 의결한 정비사업비가 조합원들의 이해관계에 중대한 영향을 미칠 정도로 실질적으로 변경된 경우에 해당하는지를 판단할 경우에는 조합설립에 관한 동의서 기재 건축물 철거 및 신축비용 개산액과 바로 비교할 것이 아니라, 먼저 사업시행계획 시에 조합원들의 동의를 거친 정비사업비가 조합설립에 관한 동의서 기재 건축물 철거 및 신축비용 개산액과 비교하여 조합원들의 이해관계에 중대한 영향을 미칠 정도로 실질적으로 변경된 경우에 해당하는지를 판단하고, 다음으로 관리처분계획안에서 의결한 정비사업비가 사업시행계획 시에 조합원들의 동의를 거친 정비사업비와 비교하여 조합원들의 이해관계에 중대한 영향을 미칠 정도로 실질적으로 변경된 경우에 해당하는지를 판단하여야 할 것이다.

→ 원고가, 관리처분계획안으로 의결한 사업비 약 2,747억 원은 조합설립 시에

동의받은 정비사업비와 비교하여 43.5% 증액된 금액으로 비용분담에 관한 사항을 실질적으로 변경하는 것인데도 조합원 2/3 이상의 동의를 받지 아니하여 관리처분계획의 인가가 위법하다고 주장하였음. 원심은 관리처분계획안으로 의결한 사업비가 조합설립 시와 비교하여 43.5%로 증액되었다고 할지라도 사업진행기간과 물가상승률 등을 고려할 때 실질적 변경에 이르지 않았다고 판단하였음. 원심이 관리처분계획 시의 사업비를 조합설립 시의 사업비와 비교하여 실질적 변경 여부를 판단한 것은 잘못이나, <u>이 사건 관리처분계획시의 사업비를 사업시행계획 시의 사업비와 비교할 때 13.8% 증액되어 실질적 변경에 이르지 아니하였고, 사업시행계획 시의 사업비는 조합설립 시와 비교할 때 26.1% 증액됨으로써 사업시행계획 시의 사업비가 실질적 변경에 이르렀다고 볼 수 있지만 사업시행계획 시의 하자가 관리처분계획에 승계되지 아니한 이상 이 사건 관리처분계획에 하자가 있다고 볼 수 없다</u>고 하여 원심의 결론을 수긍한 사안

대법원 2013. 10. 24. 선고 2012두12853 판결【조합설립변경인가처분취소】

[4]재개발조합 정관의 '조합의 비용부담'에 관한 사항이 재개발조합 설립인가 당시와 비교하여 <u>조합원들의 이해관계에 중대한 영향을 미칠 정도로 실질적으로 변경된 경우, 그 동의에 필요한 의결정족수(=조합원 3분의 2 이상)</u>및 의결정족수에 못 미치는 동의로 가결될 수 있도록 정한 정관 규정의 효력(=무효)

대법원 2012. 8. 23. 선고 2010두13463 관리처분계획취소

…'조합의 비용부담'이나 '시공자·설계자의 선정 및 계약서에 포함될 내용'에 관한 사항이 당초 재건축결의 당시와 비교하여 볼 때 조합원들의 이해관계에 중대한 영향을 미칠 정도로 실질적으로 변경된 경우에는 비록 그것이 정관변경에 대한 절차가 아니라 하더라도 특별다수의 동의요건을 규정하여 조합원들의 이익을 보호하려는 개정 도시정비법 제20조 제3항, 제1항 제8호 및 제15호의 규정을 유추적용하여 <u>조합원의 3분의 2 이상의 동의를 요한다고 봄이 타당하다.</u>

구 도시정비법 시행 이후 재건축결의 당시와 비교하여 신축되는 아파트의 용적률, 규모, 세대수 등이 대폭 변경된 경우에도 개정 도시정비법 제28조 제4항에 따라 사업시행계획의 수립에 적용될 조합 정관의 결의요건에 관한 규정이 유효한지 여부에 대하여는 하급심의 해석이 엇갈리는 상황이었고, 이에 관한 명시적인 대법원 판결도 없었다.

사정이 이러하다면 비록 2006. 4. 29.자 정기총회 결의에서 이 사건 사업시행계획의 수립에 대하여 조합원 3분의 2 이상의 동의를 얻지 못한 하자가 있다고 하더라도 그 결의요건이 분명하지 아니한 상황이었던 이상, 그 결의요건을 구비하지 못한 하자가 객관적으로 명백하다고 보기는 어려워 이 사건 사업시행계획의 수립에 관한 하자는 무효사유가 아니라 취소사유에 불과하다고 새겨야 할 것이다. 나아가 이 사건 사업시행계획과 관리처분계획은 서로 독립하여 별개의 법적 효과를 발생시키는 것으로서 이 사건 사업시행계획의 수립에 관한 취소사유인 하자가 이 사건 관리처분계획에 승계되지 아니하므로, 위 취소사유를 들어 이 사건 관리처분계획의 적법 여부를 다툴 수는 없다.

대법원 2009. 1. 30. 선고 2007다31884 판결

[1] 재건축조합의 설립단계에서 정하여야 할 건축물의 철거 및 신축에 소요되는 비용의 개략적인 금액과 그 비용의 분담에 관한 사항은 토지 등 소유자로 하여금 상당한 비용을 부담하면서 재건축에 참가할 것인지, 아니면 시가에 의하여 구분소유권 등을 매도하고 재건축에 참가하지 않을 것인지를 선택하는 기준이 되는 것인바, 재건축결의시 조합원의 비용분담과 관련하여 시공사로 선정된 자가 제시하는 사업계획을 재건축결의의 내용으로 채택하기로 결의한 경우에는 그 사업계획에서 제시한 건축물의 철거 및 신축에 소요되는 비용의 분담에 관한 사항이 재건축결의의 내용이 되므로, 그 후 재건축조합이 시공사와 도급계약을 정식으로 체결하면서 물가의 변동 등 건축 경기의 상황변화에 따른 통상 예상할 수 있는 범위를 초과하여 당초 재건축결의시 시공사가 제시하였던 비용의 분담에 관한 사항을 변경하는 경우에는 비용분담에 관한 재건축결의를 변경한 것으로 보아야 하고, 이는 그 비용의 증가가 정부정책의 변경이나 기타 예측하지 못한 상황의 발생으로 불가피하게 발생하였다 하더라도 달라지지 아니한다.

[2] 재건축조합 정관의 필요적 기재사항이자 엄격한 정관 변경 절차를 거쳐야 하는 '시공자와의 계약서에 포함될 내용'에 관한 안건을 총회에 상정하여 의결하는 경우, 그 계약서에 포함될 내용이 당초의 재건축결의시 채택한 조합원의 비용분담 조건을 변경하는 것인 때에는, 비록 그것이 정관 변경에 대한 절차가 아니라 할지라도 특별다수의 동의요건을 규정하여 조합원들의 이익을 보호하려는 구 도시 및 주거환경정비법(2005. 3. 18. 법률 제7392호로 개정되기 전의 것) 제20조 제3항, 제1항 제15호의 규정을 유추적용하여 조합원의 3분의 2 이상의 동의를 요한다고 봄이

상당하다. 이와 달리 재건축조합의 정관 규정이 조합원들의 이해관계에 중대한 영향을 미치는 '시공사 계약서에 포함될 내용'에 관하여 그것이 당초의 재건축결의 내용을 실질적으로 변경하는 것임에도 불구하고 조합원의 3분의 2 이상의 의결정족수에 못 미치는 동의로도 가결할 수 있도록 규정하고 있는 경우에는, 구 도시 및 주거환경정비법(2005. 3. 18. 법률 제7392호로 개정되기 전의 것) 제16조 제2항 소정의 엄격한 동의요건을 거쳐 성립한 재건축결의의 내용이 용이하게 변경되어 재건축결의의 기초가 흔들릴 수 있을 뿐만 아니라, 일단 변경된 내용도 다시 이해관계를 달리하는 일부 조합원들의 이합집산에 의하여 재차 변경될 수 있어 권리관계의 안정을 심히 해하고 재건축사업의 원활한 진행에 상당한 장애를 초래할 수 있으므로, <u>그러한 정관의 가결정족수 규정은 사회관념상 현저히 타당성을 잃은 것으로서 그 효력을 인정하기 어렵다.</u>

서울행정법원 2012. 3. 22. 선고 2011구합32126 총회결의무효확인

피고 봉천○○구역주택재개발정비사업조합

<u>사업계획변경안 결의는 특별정족수에 의하여야 한다. 비용이 22.8%증가하고, 20개동에서 24개동으로 증가.</u>

대법원 2008. 1. 10. 선고 2007두16691 판결 【주택재건축정비사업시행인가처분취소】

[1] 재건축조합의 설립인가와 사업시행인가에 관한 구 도시 및 주거환경정비법 (2007. 12. 21. 법률 제8785호로 개정되기 전의 것) 제16조 제2항, 제28조 제1항, 제4항 등의 규정들에 의하면, 재건축결의를 포함하는 조합설립의 동의에 관하여는 위 법 제16조 제2항의 의결 정족수에 의한 찬성결의가 필요하고, <u>그 후 재건축결의의 내용을 변경하고자 하는 경우에도 대통령령이 정하는 경미한 사항에 해당하지 않는 한 위 법 제16조 제2항의 의결 정족수에 의한 찬성결의가 필요하나, 조합이 사업시행계획을 작성하여 시장·군수로부터 사업시행인가를 받기 위하여는 **위 법 제28조 제4항에 따라 정관에 의한 조합원의 동의**를 받으면 되는 것이고, 이때에도 위 법 제16조 제2항의 의결 정족수에 의한 찬성결의가 필요한 것은 아니다.</u>

[2] 구 도시 및 주거환경정비법(2007. 12. 21. 법률 제8785호로 개정되기 전의 것) 제16조 제2항의 가중된 의결 정족수에 의한 찬성결의로 결정된 재건축결의사항은 대통령령이 정하는 경미한 사항의 변경에 해당하지 않는 한 위 법 제16조 제2항의

가중된 의결 정족수에 의한 찬성결의에 의하지 아니하고는 변경될 수 없고, 따라서 조합의 사업시행계획도 원칙적으로 재건축결의에서 결정된 내용에 따라 작성되어야 하지만, 조합이 사업시행계획을 재건축결의에서 결정된 내용과 달리 작성한 경우 이러한 하자는 기본행위인 사업시행계획 작성행위의 하자이고 이에 대한 보충행위인 행정청의 인가처분이 그 근거 조항인 위 법 제28조의 적법요건을 갖추고 있는 이상은 그 인가처분 자체에 하자가 있는 것이라 할 수 없다.

라. 중대한 변경 시 다시 분양신청을 받아야 하는지

(1) 중대한 변경의 경우 다시 분양신청을 받아야 한다는 것이 주류 판례이다.

조합원들의 이해관계에 중대한 영향을 미치는 '조합의 비용부담' 등에 관하여 그것이 당초 사업시행계획의 내용을 실질적으로 변경하는 정도에 이르렀다면 사업시행자로서는 토지등소유자들을 대상으로 새로운 분양공고 및 분양신청절차를 거쳐야 한다.

서울행정법원 2014. 10. 7. 선고 2014구합56000 판결(같은 법원 2014. 9. 19. 선고 2013구합19400 판결, 같은 법원 2013. 12. 19. 선고 2012구합34303 판결[15])도 같은 취지임)

그런데 사업시행계획 등의 주요 부분에 변동이 생겨 조합원들의 이해관계에 중대한 영향을 미치는 '조합의 비용부담' 등에 관하여 그것이 당초 사업시행계획의 내용을 실질적으로 변경하는 정도에 이르렀음에도, 새로운 분양신청 없이 종전의 사업시행계획이나 정비사업의 현황을 기초로 분양신청을 하거나 분양신청을 하지 아니한 토지등소유자의 선택을 여전히 유효한 것으로 강제한다면, 조합원들의 이익을 보호하려는 여러 도시정비법 관계 규정의 취지와도 어긋나는 결과를 가져오게 될 것이다. 따라서 조합원들의 이해관계에 중대한 영향을 미치는 '조합의 비용부담' 등에 관하여 그것이 당초 사업시행계획의 내용을 실질적으로 변경하는 정도에 이르렀다면 사업시행자로서는 토지등소유자들을 대상으로 새로운 분양공고 및 분양신청절차를 거쳐야 하고, 그러한 정도에 이르지 아니하는 사업시행계획의 일부 변경의 경우에는 새로운 분양공고 및 분양신청절차를 거칠 필요가 없다고 보아야 한다.

살피건대, 앞서 본 사실관계 및 변론 전체의 취지를 종합하여 알 수 있는 다음과 같은 사정, 즉 ① 이 사건 2차 사업시행변경계획은 사업비가 이 사건 1차 사업시행변경계획과 비교할 경우 319,386,821,839원에서 461,675,347,600원으로 44.55%{= 142,288,525,761원(= 461,675,347,600원 - 319,386,821,839원)/319,386,821,839원 × 100, 소수점 셋째자리 이하는 버림, 이하 같다} 증가하였고, 원고들의 분양신청의 기초가 된 이 사건 당초 사업시행계획과 비교할 경우에는 243,757,540,000원에서 461,675,347,600원으로 무려 89.39%{= 217,917,807,600원(= 461,675,347,600원 - 243,757,540,000원)/ 243,757,540,000원 × 100} 증가하였으며, 그 밖에 사업규모가 16개동, 1,123세대(임대 94세대) 건축에서 17개동, 1,330세대(임대 137세대) 건축으로 변경되었고, 신축 아파트의 전용면적이 달라지거나 신설되었으며, 전용면적별 세대수도 변경된 점, ② 도시정비법은 2012. 2. 1. 법률 제11293호로 개정되면서 사업시행계획의 수립 및 변경시 사업비가 10/100(생산자물가상승률분은 제외한다) 이상 늘어나는 경우에는 조합원 2/3 이상의 동의를 받아야 한다는 규정(제24조 제6항)을 신설하였고, 피고는 이 사건 2차 사업시행변경계획을 결의함에 있어 조합원 2/3 이상의 동의를 받은 것으로 보이는바, 이에 의하면 이 사건 2차 사업시행변경계획의 사업비는 이 사건 1차 사업시행변경계획의 사업비와 비교하여 생산자물가상승률분을 제외하고도 10% 이상 증가한 것으로 보이는 점 등에 비추어 보면, 이 사건 2차 사업시행변경계획은 기존의 사업시행계획의 내용을 실질적으로 변경하는 정도에 이르렀다고 봄이 상당하다. 따라서 피고로서는 이 사건 2차 사업시행변경계획에 따라 새로이 분양공고 및 분양신청절차를 거쳤어야 함에도 이를 거치지 않고 평형변경신청절차만을 거친 채 그 결과를 기초로 하여 이 사건 관리처분계획을 수립한 후 인가를 받았으므로, 이 사건 관리처분계획은 위법하다.

서울동부지방법원 2013. 5. 15. 결정 2013카합396호
사업계획 중대한 변경 시 다시 분양신청 받아야 한다.

대법원 2007. 3. 29. 선고 2004두6235 판결 【토지수용이의재결처분취소】
2000. 3. 21.자 사업시행변경인가 고시가 새로운 사업시행인가 고시로서의 효력이 있는 것이라면, 사업시행자인 원고로서는 그와 같은 새로운 사업시행인가 고시

이후에 법 제33조 제1항이 규정한 분양신청기간의 통지 등 절차를 밟아야 할 것인바, 기록에 의하면 원고가 위 고시 이후에 이 사건 재개발사업 구역 내 토지 등 소유자들에게 하였다는 통지는 그 내용이 수용 전 매수협의를 요청하는 것으로 보일 뿐 분양신청기간이나 그 기간 내에 분양신청 할 수 있음을 통지한 것으로는 도저히 볼 수 없는 것일 뿐만 아니라(갑 제7호증의 29 내지 36 참조), 분양신청기간의 공고도 하지 않았다는 것이므로, 원고는 법 제33조 제1항 소정의 분양신청기간의 통지 등 절차를 제대로 이행하지 아니한 상태에서 이 사건 각 부동산에 대한 수용재결신청을 한 것으로 볼 수밖에 없다. 그렇다면 이 사건 수용재결은 위 절차를 이행하지 아니한 하자가 있어 위법하다고 할 것이므로, 위 수용재결을 취소한 이 사건 이의재결은 결과적으로 적법하다고 할 것이다.

부산지방법원 2011. 1. 27. 선고 2010구합4088 판결. 확정됨. 서울고등법원 2011. 6. 14. 선고 2010누40986 판결. 확정

기존 사업시행계획의 내용과 변경된 사업시행계획의 내용은 조합원의 권리와 의무에 관해 본질적인 차이가 있고, 이 경우 변경된 사업시행계획이 새로운 사업시행계획에 해당하게 된다. 당초 인가된 사업시행계획에 따라 분양신청을 했다고 해서 이후 변경된 사업시행계획 내용에 따른 분양신청이 면제되거나 대체됐다고 볼 수 없고 사업시행자는 조합원에게 변경된 사업시행계획에 따라 다시 분양공고 및 분양신청절차를 이행해야 한다. 이러한 점을 감안했을 때 당초에 분양신청을 하지 않았다고 해서 원고를 분양대상자에서 제외한 이 사건 관리처분계획은 위법하다.

서울고등법원은 2012. 9. 25. 선고 2012누15731 판결

1차 분양신청기간 내 분양신청을 하지 않은 자에게 2차 분양신청기간을 부여하여 이를 기초로 관리처분계획을 수립한 사안에서 "분양신청 등을 하지 아니하여 조합원의 지위를 상실한 조합원에 대하여 다시 신청기회를 부여하는 것이 재건축조합 사업의 원만한 진행이나 분양에서 유리한 경우가 있는 점 등"을 이유로 위법하다고 볼 수 없다고 판시한바 있는데, 위 취지에 비춰보면 분양신청률이 극히 저조하여 조합 사업에 막대한 지장이 초래되는 경우 소형 평형을 확대하는 등의 내용으로 사업시행계획변경을 한 후 기존 현금청산 대상자를 포함하여 조합원에게 다시 분양신청 기회를 부여하더라도 위법하다고 할 수 없다.

> **국토부 질의회신(2012. 4. 17)**
>
> 최초 분양신청의 근거가 되는 사실관계에 중대한 변화가 생겨 최초 조합원들의 분양신청 의사결정에 영향을 미치는지 여부 및 일반분양 실시 여부 등을 종합적으로 검토·판단
>
> **법제처 법령해석(2014. 3. 13)**
>
> 변경된 공급면적의 주택으로 배분받는 것을 원하지 않는 조합원들이 있는 경우, 분양공고 및 분양신청 절차를 다시 이행하여 관리처분계획 변경

(2) 다시 분양신청을 받지 않아도 된다는 예외적인 판결도 있으나, 이 판결은 실질적으로 변경되었는지 여부는 고려하지 않았다.

> **서울고등법원 2013. 8. 29. 선고 2012나79660 판결**
> → 이 판결은 실질적으로 변경되었는지 여부는 고려되지 않음
>
> 이 사건에서는 최초의 사업시행인가에 당연 무효인 하자가 존재한다고 볼 수 없는 점 △이 사건 재건축사업의 경우 최초 사업시행인가를 전제로 분양신청공고를 하고 분양신청을 받았으며 피고들은 분양신청기간이 종료될 때까지 분양신청을 하지 않은 바, 그렇다면 그 후에 사업시행계획이 변경됐다고 하더라도 최초 사업시행인가 자체에 무효 또는 취소 사유가 존재하지 않는 한 이를 전제로 한 분양신청기간 종료에 따른 현금청산 대상자 확정과 매매계약의 의제 및 조합원 지위 상실의 효력을 부정하기 어렵고 피고들이 소급적으로 조합원 지위를 회복한다고 볼 근거도 없는 점 △관할관청이 사업시행계획을 인가하면, 분양신청공고 및 분양계약 체결 외에도 다른 법률의 인허가 등이 의제되고, 정비구역 안에서 정비사업을 시행하기 위해 필요한 경우에는 토지 등을 수용하거나 사용할 수 있으며, 건축물의 철거 집행 등 공사도 시작할 수 있게 되는 등 사업시행계획인가에 기초해 후행 절차가 진행될 것임에도, <u>그 후의 사업시행 변경인가 등의 사정 변경을 이유로 대다수 조합원</u>

---

15) 동판결에서는 대법원 2012. 8. 23. 선고 2010두13463 판결을 제시하면서, 실질적으로 중대하게 변경되었는지 여부는 여러 사정을 개별적, 구체적으로 고려하여 종합적으로 판단하여야 한다고 판단

> 등에 대해 획일적·일률적으로 처리된 권리 귀속 관계를 모두 무효화하고 다시 처음부터 모든 절차를 진행해야 한다면 정비사업의 공익적·단체법적 성격에 배치되는 점 등을 지적했다.
>
> 이어 재판부는 "이를 종합하면, 이 사건 재건축사업에 대한 사업시행계획이 변경됐다고 하더라도 피고들에게 다시 분양신청 기회를 부여해야 하는 등 재분양 대상자로서의 법적 이익이 존재하거나 소급적으로 조합원 지위가 회복된다고 보기 어렵다"며 "비록 원고가 이미 현금청산의 대상자로서 매매계약이 체결된 것으로 간주되고 조합원의 자격을 상실한 것으로 확정된 피고들에 대해 재분양신청의 기회를 부여했다고 하더라도 이는 피고들의 조합가입 동의서 제출 등을 전제로 재건축사업을 원만하게 진행하기 위한 호의적 차원에서 한 것으로 보일 뿐이며 이 사건에서처럼 피고들이 최초 분양신청기간 중에는 물론 재분양신청 기간에도 분양신청을 하지 않은 경우에조차 조합원 지위가 회복된다고 할 수 없고, 재분양신청 기간 종료일을 기준으로 청산금을 다시 산정해야 한다고 할 수 없다"고 판결했다.

(3) 2018. 2. 9.부터 현금청산자에게 재분양 허용

구법	전부개정법
〈 신 설 〉	ㅇ 사업시행계획 변경으로 세대수나 주택규모가 달라진 경우에는 조합원 재분양 신청 허용

사업시행자는 분양신청기간 종료 후 사업시행계획인가의 변경(경미한 사항의 변경은 제외한다)으로 세대수 또는 주택규모가 달라지는 경우 분양공고 등의 절차를 다시 거칠 수 있다(법 제72조제4항).

사업시행자는 정관등으로 정하고 있거나 총회의 의결을 거친 경우 분양신청을 하지 아니한 자, 분양신청기간 종료 이전에 분양신청을 철회한 자에 해당하는 토지등소유자에게 분양신청을 다시 하게 할 수 있다(법 제72조제5항).

따라서 이제는 세대수나 주택규모가 달라진 경우 현금청산대상자도 재분양신청을 할 수 있다. 법은 임의규정 형식을 취하고 있으나, 세대수나 주택규모가 달라진 경우 현금청산자가 원한다면 재분양신청을 허용하는 것이 신의칙상 타당하다고 본다.

마. 사업시행계획이 중대하게 변경 시 종전자산 감정평가기준일

(1) 유형별 정리[16]

구분		기간 도과 실효 여부		사업시행인가효력 소급 소멸 후 관리처분계획변경 시
		기간 내 사업시행, 관리처분 변경 시	기간 후 사업시행, 관리처분 변경 시	
최초 사업기간내 종전 자산평가 실시여부	실시	(유형1) 무악연립2단지, 최초고시일 (변경고시일로 종전자산을 다시 평가하지 않은 것이 위법하지 않음)	(유형2) 대신2-2지구, 최초고시일 (좌동)	(유형5) 아현4구역, 변경고시일 기준으로 종전자산평가를 다시 하지 않고 최초 고시일 기준 종전자산결과를 원용한 것이 하자가 중대한 것은 아님(조합설립무효를 확정적으로 인지 한 후에 관리처분을 변경한 경우)
	미실시	(유형 3) ①변경고시일 (법제처 14-0289) ②최초고시일 (국토부, 2015.3.26.)	(유형 4) 변경 고시일 (한국감정평가사협회 2016년 교육내용)	(유형6) 최소 무효된 사업시행인가 이후 최초로 행해진 유효 적법한 사업시행인가고시일

(2) 견해의 대립

국토부 질의회신과 법제처 유권해석 및 서울행정법원 판례가 대립하고 있었다.

---

16) 이철현, 재개발재건축 감정평가론, 부연사, 183.

즉, 국토부와 법제처는 관리처분계획을 변경하는 경우에도 종전자산가격의 감정평가기준일은 최초 사업시행인가의 고시가 있는 날이라고 하고(2011. 8. 26, 2012. 9. 10, 2013. 4. 4.), 법제처(2014. 7. 21.), 서울행정법원은 주요부분을 변경하여 사업시행인가를 받은 경우는 사업시행변경인가 고시일이라고 하였다.

> **서울행정법원 2014. 10. 7. 선고 2014구합56000 판결 관리처분계획취소**
> ⇒ 다만, 이 판결은 항소되었다가(서울고등법원 2014누66238), 2015. 3. 2. 소 취하로 종결되었다.
>
> 도시정비법 제48조 제1항 제4호는 '사업시행자는 분양신청기간이 종료된 때에는 분양신청의 현황을 기초로 분양대상자별 종전의 토지 또는 건축물의 명세 및 사업시행인가의 고시가 있은 날을 기준으로 한 가격이 포함된 관리처분계획을 수립하여 시장·군수의 인가를 받아야 한다'라고 규정함으로써 '사업시행인가 고시일'을 기준으로 종전자산가격을 산정하는 것으로 규정하고 있을 뿐, <u>사업시행인가가 변경된 경우에 관하여 구체적으로 규정하고 있지는 아니하다.</u>
>
> 그러나 종전자산평가의 정확성은 조합원들의 비례율 산정에서 상당히 중요한 의미를 가지므로, 분양신청절차를 새로 거쳐야 할 정도로 당초 사업시행계획의 내용이 실질적으로 변경된 경우에는 앞서 본 바와 같이 관리처분계획도 새로 수립하여야 함은 물론이고, 그 경우 <u>새로운 관리처분계획의 기초가 되는 종전자산 및 종후자산의 평가도 새로운 사업시행계획 인가일을 기준으로 산정하여야 한다고 봄이 옳다.</u>
>
> 앞서 본 바와 같이 이 사건 2차 사업시행변경계획은 이 사건 당초 사업시행계획과 비교하여 볼 때 사업비, 세대수 등에 큰 차이가 있어 주요 부분이 실질적으로 변경되었을 뿐만 아니라 이 사건 2차 사업시행변경계획 인가고시일은 이 사건 당초 사업시행계획 인가고시일과 <u>약 6년의 시간적 간격이 존재한다.</u> 따라서 이 사건의 경우 도시정비법 제48조 제1항 제4호의 '사업시행인가 고시일'은 이 사건 2차 사업시행변경계획 인가고시일로 보는 것이 타당하고, 그럼에도 피고는 이 사건 당초 사업시행계획 인가고시일인 2007. 9. 21.을 기준으로 한 종전자산평가액을 기초로 이 사건 관리처분계획을 수립하였으므로, 이 사건 관리처분계획은 원고들의 나머지 주장사항에 관하여 더 볼 것도 없이 위법하다.

(3) 대법원 판결 정리
① 최초 사업시행인가일이라는 판결

대법원 2014두13294 판결은 중대한 변경이 있었더라도 최초 사업시행인가일을 기준으로 종전자산가액을 평가해야 한다고 한다.

> **대법원 2015. 10. 29. 선고 2014두13294 판결(원심 서울고등법원 2014. 9. 25. 선고 2014누1200 판결)**
>
> - 최초 사업시행인가일로 종전가액 평가해야 한다. 가사 중대한 변경이 있었더라도
> - 부산지방법원 2015. 11. 20. 선고 2014구합3694 판결 동지

② 변경고시일이라는 판결

> **▶가락시영 판결(대법원 2018. 3. 13. 선고 2016두35281 판결)**
>
> ☞ 서울고법 2016. 2. 2. 선고 2015누60084 판결 : 도시정비법 제48조제1항제4호가 '사업시행인가의 고시가 있는 날'을 기준으로 분양대상자별 종전의 토지 또는 건축물의 가격을 평가하여 관리처분계획을 수립하도록 규정하고 있기는 하나, 관리처분계획을 수립할 때 종전자산의 가격평가를 하도록 하는 이유는 정해진 사업비에 대한 개별 조합원들의 분담금을 형평성 있게 분배하기 위한 기준을 정하기 위함이므로(분양가격이 같은 조합아파트를 분양받을 경우, 종전자산 평가액이 낮은 조합원은 종전자산 평가액이 높은 조합원에 비해 더 많은 개별분담금을 부담하여야 한다.), 반드시 최초 사업시행인가 고시일을 기준으로 종전자산을 평가하여야 한다고 볼 수 없고, 조합원 총회의 결의를 거쳐 사업시행변경인가 고시일 등을 기준으로 종전자산을 평가하는 것도 가능하다고 봄이 상당하다(원고들이 제시하고 있는 대법원 2015. 10. 29. 선고 2014두13294 판결17)은 실질적으로 주요 부분을 변경하는 사업시행계획이 수립된 경우에 반드시 사업시행변경인가 고시일을 기준으로 종전자산 가격을 평가하여야 하는지가 문제된 사안에서, 최초 사업시행인가 고시일을 기준으로 종전자산 가격을 평가하더라도 부당하다고 볼 수 없다는 취지의 판결로써 이 사건에 그대로 적용할 수는 없다).
>
> ☞ 대법원 2018. 3. 13. 선고 2016두35281 판결 : 원심은 채택증거를 종합하여

그 판시와 같은 사실을 인정한 다음, 이 사건 관리처분계획 중 비례율 및 종전자산가격 평가기준일 부분에 위법이 없다고 판단하였다. 원심판결 이유를 기록에 비추어 살펴보면, 이러한 원심의 사실인정과 판단에는 관리처분계획에 관한 법리를 오해하여 필요한 심리를 다하지 않았거나 이유가 모순되는 등의 잘못이 없다.

▶ **금광1구역 판결(서울고법 2018. 5. 1. 선고 2017누82361 판결)(피고 LH 공사)**
구 도시정비법 제48조제1항제4호가 '사업시행인가의 고시가 있은 날'을 기준으로 분양대상자별 종전의 토지 또는 건축물의 가격을 평가하여 관리처분계획을 수립하도록 규정하고 있기는 하나, 관리처분계획을 수립할 때 종전자산의 가격평가를 하도록 하는 이유는 정해진 사업비에 대한 개별 조합원들의 분담금을 형평성 있게 분배하기 위한 기준을 정하기 위함이므로, 반드시 최초 사업시행인가 고시일을 기준으로 종전자산을 평가하여야 한다고 볼 수 없고, 수립된 관리처분계획이 구 도시정비법 제48조제2항에 정해진 관리처분계획의 수립 기준에 위반되지 않는다면 총회결의 등을 거쳐 사업시행변경인가 고시일 등을 기준으로 종전자산을 평가하는 것도 가능하다고 봄이 상당하다(대법원 2018. 3. 13. 선고 2016두35281 판결 참조).

피고가 이 사건 관리처분계획을 수립할 당시 존재하는 사업시행계획은 변경된 사업시행계획뿐이고, 더구나 최초 사업시행계획 중 건축계획의 주요 부분이 실질적으로 변경된 후 비로소 관리처분계획을 수립하는 경우 분양설계, 분양대상자별 분양예정인 대지 또는 건축물의 추산액, 정비사업비 중 건축계획 등에 소요되는 비용의 추산액 등에 관한 관리처분계획은 변경된 사업시행계획에 기하여 정할 수밖에 없는데, 그 관리처분계획 중 종전자산의 가격만을 변경된 사업시행계획 인가 고시일이 아닌 최초 사업시행계획 인가 고시일을 기준으로 평가하여야만 할 합리적인 이유를 찾아볼 수 없으므로, 제2차 사업시행변경인가 이후에 종전자산가격을 평가함에 있어 이미 실효된 최초 사업시행계획의 인가 고시일을 기준으로 하여야 한다고 볼 수 없다. 오히려 구 도시정비법 제48조 제1항 제4호가 분양대상자별 종전자산가격을 평가하여 이를 관리처분계획에 포함하게 한 것은 기본적으로 분양대상자들 사이에 상대적 출자비율을 정하기 위한 것인데, 이러한 출자비율은 관리처분계획을 수립하는 시기에 가장 근접한 시점을 기준으로 종전자산가격을 평가하여 정하는 것이 정확하다고도 볼 수 있다.

종전자산가격이 사후에 상승하였다고 하더라도 종전자산의 총 가액을 분모로 하는 비례율이 하락하여 그 상승분이 상쇄되므로, 평가시점의 차이로 정비구역 내 종전자산의 가액이 달라지더라도 반드시 권리 가액이 달라진다고 볼 수는 없고, 따라서 피고가 제2차 사업시행변경인가 고시일을 기준으로 종전자산가격을 평가한 것이 부당하다고 볼 수 없다.

피고는 성남시장으로부터 사업시행자로 지정되어 단독으로 이 사건 사업을 시행하게 되었는데, 사업이 장기간 중단된 상태에서 이 사건 정비구역 주민대표회의가 주민총회의 의결을 거쳐 제시한 의견에 따라 피고가 2015. 7. 종전자산가격을 시공자 선정 후 최초 사업시행변경 인가 고시일을 기준으로 평가하는 것으로 시행규정을 개정하였고, 그 후 피고가 시공자를 선정한 후 최초 사업시행계획 중 건축계획 등의 주요 부분을 실질적으로 변경한 제2차 사업시행변경계획을 수립하여 인가를 받고 시행규정에 따라 종전자산의 가격을 제2차 사업시행변경인가 고시일을 기준으로 평가하였으므로, 이와 같은 피고의 종전자산가격의 평가는 이 사건 정비구역 안의 주민들 의사에 따른 것으로 볼 수 있다.

한편 원고들이 제시하고 있는 대법원 2015. 11. 26. 선고 2014두15528 판결[18], 대법원 2016. 2. 18. 선고 2015두2048 판결[19] 등은 ········ 이 사건과는 사안을 달리하므로 그대로 적용할 수는 없다.

---

17) 무악연립2단지 사건
18) 대구 대신2-2지구 사건
19) 부산 대연2구역 사건

바. 사업시행계획변경인가와 현금청산평가시 표준지공시지가

도시정비사업을 진행함에 있어 사업시행계획의 주요 내용을 실질적으로 변경하는 사업시행변경인가가 이루어진 경우 손실보상금 산정 기준일이 언제인지가 문제이다.

대법원은 도시정비법령과 토지보상법의 체계와 취지에 비추어 보면, 특정한 토지를 사업시행 대상 부지로 삼은 최초의 사업시행인가 고시로 의제된 사업인정이 그 효력을 유지하고 있다면, <u>최초의 사업시행인가 고시일을 기준으로 보상금을 산정함이 원칙이라고 한다.</u>

> **대법원 2018. 7. 26. 선고 2017두33978 판결**
>
> ◇ 도시정비사업을 진행함에 있어 사업시행계획의 주요 내용을 실질적으로 변경하는 사업시행변경인가가 이루어진 경우 손실보상금 산정 기준일 ◇
>
> 도시 및 주거환경정비법(이하 '도시정비법'이라 한다)상 사업시행인가는 사업시행계획에 따른 대상 토지에서의 개발과 건축을 승인하여 주고, 덧붙여 앞서 본 의제조항에 따라 토지에 대한 수용 권한 부여와 관련한 사업인정의 성격을 가진다. 따라서 어느 특정한 토지를 최초로 사업시행 대상 부지로 삼은 사업시행계획이 당연무효이거나 법원의 확정판결로 취소된다면, 그로 인하여 의제된 사업인정도 그 효력을 상실한다.
>
> 그러나 이와 달리 특정한 토지를 최초로 사업시행 대상 부지로 삼은 최초의 사업시행인가가 그 효력을 유지하고 있고 그에 따라 의제된 사업인정의 효력 역시 유지되고 있는 경우라면, 특별한 사정이 없는 한 <u>최초의 사업시행인가를 통하여 의제된 사업인정은 변경인가에도 불구하고 그 효력이 계속 유지된다.</u>
>
> 도시정비법령과 공익사업을 위한 토지 등의 취득 및 보상에 관한 법률의 체계와 취지에 비추어 보면, 특정한 토지를 사업시행 대상 부지로 삼은 최초의 사업시행인가 고시로 의제된 사업인정이 그 효력을 유지하고 있다면, 최초의 사업시행인가 고시일을 기준으로 보상금을 산정함이 원칙이다. 만일 이렇게 보지 않고 사업시행변경인가가 있을 때마다 보상금 산정 기준시점이 변경된다고 보게 되면, 최초의 사업시행인가 고시가 있을 때부터 수용의 필요성이 유지되는 토

> 지도 그와 무관한 사정으로 보상금 산정 기준시점이 매번 바뀌게 되어 부당할 뿐 아니라, 사업시행자가 자의적으로 보상금 산정 기준시점을 바꿀 수도 있게 되어 합리적이라고 볼 수 없다.
> ▶ 최초 사업시행계획의 건물층수, 건물동수, 세대수, 건폐율, 용적율, 연면적 등 그 주요내용이 변경되었으나 시행면적과 대지면적은 거의 차이가 없는 경우, <u>최초의 사업시행인가 고시로 의제된 사업인정이 그 효력을 유지하고 있는 것으로 보아 보상금 산정 기준일을 최초의 사업시행인가 고시일로 본 사안임</u>
>
> **서울고등법원 2012. 9. 28. 선고 2010누26331 판결**[20]
> 실질적으로 새로운 사업시행인가 변경이 있더라도 종전의 사업시행인가가 당초부터 무효인 것은 아니므로, 수용권이 소급하여 소멸하지는 아니하고 사업시행자는 사업시행변경인가 이후에도 종전의 수용권을 유효하게 보유한다.

그러나 사견은 대법원 판결을 지지할 수 없다. 중대한 사업시행변경인가를 받았다면, 사업시행자는 다시 분양신청을 하지 않은 자에게도 분양신청 기회를 주는 것이 타당하고, 중대한 사업시행변경인가일을 기준으로 보상금을 산정하는 것이 완전보상을 실현하는 길이다. 이 판결은 주택가격이 상승하는 국면에서는 오히려 현금청산자들에게 불리한 판결이다. 제고되어야 한다고 본다.

사. 사업시행계획의 실효와 토지수용

> **서울행정법원 2021. 6. 25. 선고 2020구합68769 판결**
> 사업시행기간 종기 이후에 재차 사업시행변경인가가 있었던 경우, 그 사이 영업을 시작한 원고의 재결신청청구를 받아들이지 않은 피고의 처분이 위법하지 않다는 판결
> 도시정비법상 사업시행기간의 도과가 그 즉시 그 사업시행계획이 실효됨을 의미

---

[20] 이는 그 후 대법원 2013. 2. 28. 2012두25149 심리불속행기각, 피고 서울시토지수용위원회.

하는 것으로는 볼 수 없다.

따라서 위와 같은 사후적 기간연장의 변경인가가 있었다고 하여, 토지보상법 제30조에 따라 정해지는 '토지소유자 및 관계인'의 범위가 그 변경인가 시점을 기준으로 새롭게 '확장되어' 설정된다고 볼 수는 없다. 이는 최초 사업시행계획 인가 당시 토지소유자나 관계인이었던 자가 토지수용을 당하지 않은 상태에서 종전 사업시행기간이 도과되는 경우와는 그 궤를 전혀 달리한다. 후자의 경우는 종전부터 수용대상성이 인정되던 사람에 관한 것으로서 그 보상의 기준시점을 어떻게 정할 것이냐의 문제로 귀결될 여지가 있을 뿐이지만, 애초에 수용 및 보상 대상 자체도 될 수 없었던 사람에 대하여 종전 사업시행기간이 도과되었다는 사정만으로 이러한 사람까지 새롭게 보상대상으로 인정할 수 있느냐는 전혀 차원을 달리하는 문제이기 때문이다.

사업시행계획에서 정한 사업시행기간이 도과되었다는 이유로 곧바로 사업시행계획이 실효되고 그 이전에 정해졌던 법률관계가 모두 무효로 돌아가게 된다면 정비사업의 계속 추진이 어려울 뿐만 아니라 다수 이해관계인들의 권리관계에 혼란을 초래하게 될 것이 명백하다.

따라서 사업시행계획에 있어서 사업시행기간은 원칙적으로 사업시행자가 당해 사업시행계획에 따라 장차 정비사업을 시행할 예정기간을 의미할 뿐이고, 사업시행기간이 경과되었다고 하여 곧바로 사업시행계획이 실효되어 기존 권리관계의 기초로 삼았던 기준일인 사업인정의 고시일이 새롭게 변경된다고 볼 수 없다.

인천지방법원 2017. 6. 1. 선고 2016구합1107 판결

총회에서 사업비 1,277,376,000,000원으로 의결, 그러나 사업시행변경인가 신청시에는 1,045,500,119,000원으로 신청,
- 10% 범위내로서 경미한 변경이므로 총회 의결 없이 신고만으로 가능하다.
- 조합원들에 대한 주거이전비는 정비사업비용이 아니다.
- 사업시행기간은 사업시행계획의 본질적이고 중요한 요소가 아니다. 수용재결 신청기간의 의미이고, 사업시행계획 자체의 유효기간은 아니다.

그리고 실시계획변경인가도 시행자에게 정비사업을 실시할 수 있는 권한을 설정하여 주는 처분인 점에서는 당초의 인가와 다를 바 없으므로 이 변경인가가 새로운 인가로서의 요건을 갖춘 경우에는 그에 따른 효과가 있다고 할 것이다.

> **대법원 1991. 11. 26. 선고 90누9971 판결**
> [1] 도시계획사업의 시행자는 늦어도 고시된 도시계획사업의 실시계획인가에서 정한 사업시행기간 내에 사법상의 계약에 의하여 도시계획사업에 필요한 타인 소유의 토지를 양수하거나 수용재결의 신청을 하여야 하고, 그 사업시행기간 내에 이와 같은 취득절차가 선행되지 아니하면 그 도시계획사업의 실시계획인가는 실효되고, 그 후에 실효된 실시계획인가를 변경인가 하여 그 시행기간을 연장하였다고 하여 실효된 실시계획의 인가가 효력을 회복하여 소급적으로 유효하게 될 수는 없다.
> [2] 도시계획사업의 실시계획변경인가도 시행자에게 도시계획사업을 실시할 수 있는 권한을 설정하여 주는 처분인 점에서는 당초의 인가와 다를 바 없으므로 이 변경인가가 새로운 인가로서의 요건을 갖춘 경우에는 그에 따른 효과가 있다고 할 것이다.
> 동지 : 대법원 2005. 7. 28. 선고 2003두9312 판결

아. 사업시행계획변경 총회 시 기존 현금청산대상자 총회 참석 여부

하급심 판결은 엇갈리고 있다. 다만 <u>대법원은 아래 판결에서 보는 바대로 비록 심리불속행기각이지만 참석권이 없다고 보는 점을 유의하여야</u> 한다.

> **서울고등법원 2015. 4. 23. 선고 2013나60762 판결 매도청구**
> 사업시행계획 본질적 변경 시 변경사업시행계획총회에 기존 현금청산자 의결권 박탈은 위법이라는 주장에 대해, 조합원 지위 회복은 사업시행계획이 수립되고, 인가를 받음으로써 회복이 확정된다. 소급하여 의결권을 부여 받아야 한다고 보기 어렵다.
> ⇒ 대법원 2015다31919, 2015.09.10 심리불속행기각

부산지방법원 2013. 4. 4. 선고 2012구합3683 판결

살피건대, 이 사건 관리처분계획이 위법한 분양절차에 기초하여 수립되어 역시 위법하다는 이유로 무효인 이상, 피고 조합으로서는 새로운 관리처분계획의 수립을 위하여 적법한 절차에 따라 다시 분양신청을 받아 현금청산대상자를 제외한 총 조합원을 확정하여야 할 것이고, 이때 위법한 분양절차로 인하여 피고 조합에게 토지 등의 소유권을 양도함으로써 조합원의 자격을 상실한 자들도 피고 조합에 대한 관계에 있어서는 청산금을 반환할 것을 조건으로 여전히 조합원의 자격을 가지고 있음을 주장하여 새로운 분양신청절차에 참여할 수 있다고 봄이 상당하다 할 것인바, 피고 조합이 이 사건 관리처분계획이 무효로 된 이후 새로이 분양신청절차를 거쳤음을 인정할 아무런 증거가 없으므로, 결국 위 위법한 분양절차시행 이전인 2006. 6. 27. 당시의 조합원 767명 에게 여전히 조합원의 자격이 인정된다고 할 것이고, 그에 따라 이 사건 사업시행계획의 의결에 필요한 의결정족수는 위 767명의 과반수인 384명이라고 할 것이다. 따라서 총 조합원 767명 중 335명의 동의를 얻은 이 사건 사업시행계획은 조합원 과반수의 동의를 얻지 못하였으므로 위법하여 취소되어야 한다.

⇒ 부산고등법원 2013누956, 2013.10.11 소취하

16. 추가 분양신청 가능 여부

가. 2018. 2. 8. 이전

분양신청기간에 분양신청을 하지 않아 현금청산대상자로 된 자에 대해서 조합이 은혜적인 차원에서 추가로 분양신청을 받아 조합원으로 인정할 수 있는지가 문제된다.

대법원은 재건축에 대해서는 명시적으로 추가 분양신청을 받는 것을 인정한 사례가 있고, 기타 하급심 판례도 대체로 긍정하는 듯하다.

> **대법원 2014. 8. 20. 선고 2012두5572 판결**
> 4. 주택재건축사업의 경우 사업시행자는 분양신청을 받은 후 잔여분이 있는 경우에는 정관 등 또는 사업시행계획이 정하는 목적을 위하여 보류지(건축물 포함)로 정하거나 조합원 외의 자에게 분양할 수 있고, 그 보류지 등의 명세와 추산가액 및 처분방법은 관리처분계획의 내용을 구성하는 것이므로, 잔여분 중 보류지 등을 제외한 나머지 부분이 조합원 외의 자에게 분양하는 일반분양의 대상이 된다고 보아야 한다. 그런데 구 도시정비법 시행령 제52조 제1항 제8호의 위임에 따른 구 서울특별시 도시 및 주거환경 정비조례(2011. 3. 17. 서울특별시조례 제5080호로 개정되기 전의 것, 이하 '정비조례'라고 한다) 제30조, 제31조가 주택재개발사업의 주택공급과 주택재개발사업 및 도시환경 정비사업으로 조성되는 상가 등 부대복리시설에 관한 공급기준 및 보류지의 확보 범위나 그 지정 및 처분에 관하여만 규정하고 있을 뿐, 주택재건축사업의 주택공급 등에 관하여는 보류지 확보 범위에 관한 제한 규정을 두고 있지 아니하는 등 정비조례의 규정 내용이나 체계 등을 종합하면, <u>피고 조합이 분양신청기간에 분양신청을 하지 않아 조합원 지위를 상실한 현금청산대상자들에게 잔여분에 대하여 추가분양 신청기회를 부여한 후 그 추가분양 신청내역을 반영하여 수립한 이 사건 관리처분계획이 보류지 등을 제외한 나머지 부분에 적용되는 일반분양의 절차에 관한 규정인 구 도시정비법 제48조 제3항 및 구 주택법 제38조 등을 위반하였다고 볼 수 없다.</u>

5. 법령에 의하여 조합원 지위가 인정되는 조합원들 사이에 권리의 차등을 두는 내용의 총회 결의는 특별한 사정이 없는 이상 무효라고 보아야 하나, 정관의 규정에 의하여 비로소 조합원 지위가 인정되는 조합원의 권리 내용에 대해서는 정관에서 이를 제한할 수 있다고 할 것이므로, <u>분양신청을 하지 아니하여 분양신청기간 만료일 다음날에 조합원 지위를 상실한 사람들에게 조합 총회에서 다시 조합원 지위를 부여하기로 결의하면서 그들의 권리 내용을 제한하였다고 하여 그 총회 결의가 무효라고 볼 것은 아니다.</u>

서울고등법원(제4행정부) 2012. 9. 25. 선고 2012누15731 판결
1차 분양신청기간 내 분양신청을 하지 않은 자에게 2차 분양신청기간을 부여하여 이를 기초로 관리처분계획을 수립한 사안에서 "분양신청 등을 하지 아니하여 조합원의 지위를 상실한 조합원에 대하여 다시 신청기회를 부여하는 것이 재건축조합사업의 원만한 진행이나 분양에서 유리한 경우가 있는 점 등"을 이유로 위법하다고 볼 수 없다고 판시한바 있는데, <u>위 취지에 비춰보면 분양신청률이 극히 저조하여 조합 사업에 막대한 지장이 초래되는 경우 소형 평형을 확대하는 등의 내용으로 사업시행계획변경을 한 후 기존 현금청산 대상자를 포함하여 조합원에게 다시 분양신청 기회를 부여하더라도 위법하다고 할 수 없다.</u>

나. 2018. 2. 9. 전부개정법 시행 후

사업시행자는 분양신청기간 종료 후 사업시행계획인가의 변경(경미한 사항의 변경은 제외한다)으로 <u>세대수 또는 주택규모가 달라지는 경우</u> 분양공고 등의 절차를 다시 거칠 수 있다(법 제72조제4항).

사업시행자는 정관등으로 정하고 있거나 총회의 의결을 거친 경우 분양신청을 하지 아니한 자, 분양신청기간 종료 이전에 분양신청을 철회한 자에 해당하는 토지등소유자에게 분양신청을 다시 하게 할 수 있다(법 제72조제5항).

따라서 이제는 세대수나 주택규모가 달라진 경우 현금청산대상자도 재분양신청을 할 수 있다. 법은 임의규정 형식을 취하고 있으나, <u>세대수나 주택규모가 달라진 경우 현금청산자가 원한다면 재분양신청을 허용하는 것이 신의칙상 타당하다고 본다.</u> 즉, 사견은 세대수나 주택규모가 달라진 경우 조합이 재분양신청을 받지 않고 사업을 진행하여 매도청구소송을 제기할 경우 신의칙 항변이 가능하다고 본다.

17. 현금청산대상자 조합원 자격 상실

<u>현금청산대상자는 조합원 자격이 상실된다.</u> 현금청산대상자는 분양신청을 하지 않는 등의 사유로 인하여 분양대상자의 지위를 상실함에 따라 분양신청기간 종료일 다음날에 조합원 지위도 상실하게 되어 조합탈퇴자에 준하는 신분을 가진다.

> **재건축 : 대법원 2010. 8. 19. 선고 2009다81203**
>
> 도시정비법 제47조 및 조합 정관이 정한 요건에 해당하여 현금청산대상자가 된 조합원은 조합원으로서 지위를 상실한다. 그리고 이 때 조합원의 지위를 상실하는 시점은 재건축사업에서 현금청산관계가 성립되어 조합의 청산금 지급의무가 발생하는 시기이자 현금청산에 따른 토지 등 권리의 가액을 평가하는 기준시점과 마찬가지로 분양신청을 하지 않거나 철회한 조합원은 <u>분양신청기간 종료일 다음날 조합원의 지위를 상실한다고 보아야 한다.</u>
>
> <u>조합원의 지위를 상실한 만큼 조합이 그를 상대로 조합정관에서 정한 신탁등기의무의 이행을 구할 수 없음은 당연하다.</u>
>
> **재개발 : 대법원 2011. 7. 28. 선고 2008다91364 부동산명도**
>
> 구 도시 및 주거환경정비법(2009. 5. 27. 법률 제9729호로 개정되기 전의 것, 이하 '구 도시정비법'이라 한다) 제47조의 내용과 형식을 비롯하여, 이와 같이 구 도시정비법이 현금청산제도를 둔 것은 분양신청을 하지 않은 조합원 등에 대하여는 현금청산이 가능하도록 함으로써 주택재개발사업을 신속하고도 차질 없이 추진할 수 있도록 하는 데에 그 취지가 있는 점, 조합원이 현금청산대상자가 됨으로써 조합원의 가장 중요한 권리인 분양청구권을 행사할 수 없게 된 마당에 그에게 여전히 조합원으로서의 제반 권리를 가지고 의무를 부담하게 하는 것은 당사자의 의사에 부합하지 아니한 점, 현금청산대상자에게 조합원의 지위를 인정하지 아니하고 현금청산을 통해 조합과 사이의 법률관계를 마무리하더라도, 현금청산대상자는 청산금을 조합과 사이에 협의에 의하여 결정하거나 협의가 성립하지 않을 경우 공익사업을 위한 토지 등의 취득 및 보상에 관한 법률(이하 '토지보상법'이라 한다)에 따른 수용절차를 통해 지급받을 수 있을 뿐만 아니라, 조합으로부터 청산금을

지급받을 때까지 조합에 대하여 종전 토지 또는 건축물에 대한 인도를 거절할 수 있는 점 등을 종합하면, <u>분양신청을 하지 않거나 철회하는 등 구 도시정비법 제47조의 요건에 해당하여 현금청산대상자가 된 조합원은 조합원으로서 지위를 상실한다고 봄이 타당하다.</u>

18. 현금청산대상자 관리처분계획취소소송 가능 여부

현금청산자로 결정된 자가 관리처분계획취소소송을 제기할 수 있는지가 문제 된다.

원칙적으로 현금청산대상자는 조합원 지위를 잃고, 보상을 받으면 그만이므로, 조합원들의 권리관계를 확정하는 관리처분계획에 대해 다툴 수 없는 것이다. 따라서 <u>현금청산자가 관리처분계획취소소송을 제기하면, 법원은 이를 각하한다.</u>

법원은 "원고들이 변경인가를 받은 이 사건 사업시행계획 자체에 대하여 다투지 아니하여 이 사건 사업시행계획이 적법한 효력을 유지하고 있는 이상 이 사건 관리처분계획이 취소된다고 하더라도 원고들이 주장하는 위법사항이 제거된 관리처분계획이 수립될 수 있다거나 이미 원고 7을 제외한 나머지 원고들에 대하여 이루어진 수용재결이 취소되어 위 원고들이 다시 피고의 조합원으로서의 지위를 당연히 회복할 수 있는 것도 아니므로, 원고들은 이 사건 관리처분계획의 취소를 구할 원고적격이 없거나 이의 취소를 구할 소의 이익이 없다."라는 이유로 이 사건 관리처분계획의 취소를 구하는 소를 모두 각하하였다(서울고등법원 2008. 9. 25. 선고 2008누7184 판결).

한편 서울의 A교회가 종교시설의 특수성을 감안하여 보상협의를 하지 않고 일방적으로 현금청산자로 취급하여 내쫓으려고 하는 B재개발조합을 상대로 관리처분계획취소소송을 제기하여 1심에서는 승소판결을 선고받았으나(서울행정법원 2016. 4. 22. 선고 2015구합59679 관리처분계획 취소 사건, 피고 대흥2구역), 2심에서 각하 판결을 받았다(서울고등법원 2016. 11. 30. 선고 2016누44799 판결, 대법원 2016두64654 판결, 2017. 4. 13. 심리불속행기각).

다만, 예외적으로 사업시행계획에 당연무효인 하자가 있는 경우에는 조합은 그 사업시행계획을 새로이 수립하여 관할관청으로부터 인가를 받은 후 다시 분양신청을 받아 관리처분계획을 수립하여야 할 것인바, 분양신청기간 내에 분양신청을 하지 않거나 분양신청을 철회함으로 인해 「도시 및 주거환경정비법」 및 조합 정관 규정에 의하여 조합원의 지위를 상실한 토지 등 소유자도 그때 분양신청을 함으로써 건축물 등을 분양받을 수 있으므로 관리처분계획의 무효확인 또는 취소를 구할 법률상 이익이 있다고 할 것이다(대법원 2011. 12. 8. 선고 2008두18342 판결).

19. 사업비 분담 의무

> ※ 요약
> 1. 현재 재개발이나 재건축 모두 사업비 분담의무는 없다.
> 2. 정관개정으로 추상적인 한 줄짜리 사업비 분담의무를 두었어도 마찬가지이다.

가. 재개발·재건축 현금청산대상자는 사업비 분담의무 없다.

현금청산대상자가 된 경우에 그러한 현금청산대상자들이 그동안 조합이 사용한 사업비를 분담하여야 하는지에 대해 많은 소송이 있었다. 심지어 일부 조합은 재개발등에서 수용권을 행사하면서 사업비를 공제하는 경우도 있다.

이는 주택재건축사업에서 현금청산대상자가 사업비를 분담하여야 한다는 하급심 판결(서울중앙지방법원 2011. 9. 22. 선고 2011가합14706 판결)이 나오면서 논란이 붙은 것이다. 일부 조합은 위 사건의 대법원 판결(대법원 2013. 7. 11. 선고 2012다83827 판결)을 인용하면서, 대법원 판결에 의하면 사업비 분담의무가 있다는 취지로 주장하였으나, 이는 사실을 왜곡한 것이다. 대법원에서는 사업비 분담의무에 대한 부분은 판단대상이 아니었다.

그러나 그 이후 서울행정법원은 사업비 분담의무가 없다는 입장이 대세이고, 이 문제는 대법원 판결로 사업비 분담의무가 없다는 쪽으로 정리되었다.

즉 대법원은 "이러한 구 도시정비법과 같은 법 시행령의 내용, 형식 및 체계 등에 의하면, 주택재개발사업에서 사업시행자인 조합은 토지등소유자인 조합원에게 구 도시정비법 제61조 제1항에 따라 정비사업비와 정비사업의 시행과정에서 발생한 수입과의 차액을 부과금으로 부과·징수할 수 있으나, 조합원이 구 도시정비법 제47조나 조합 정관이 정한 요건을 충족하여 현금청산대상자가 된 경우에는 조합원의 지위를 상실하여 더 이상 조합원의 지위에 있지 아니하므로 조합은 현금청산대상자에게 구 도시정비법 제61조 제1항에 따른 부과금을 부과·징수할 수 없고, 현금청산대상자가 조합원의 지위를 상실하기 전까지 발생한 조합의 정비사업비 중 일정 부분을 분담하여야 한다는 취지를 조합 정관이나 조합원총회의 결의 또는 조합과 조합원 사이의 약정 등으로 미리 정한 경우 등에 한하여, 조합은 구 도시정비법 제47조에 규정된 청산절차 등에서 이를 청산하거나 별도로 그 반환을 구할 수 있다고 보는 것이 타당하다."라고 판시하였다(대법원 2014. 12. 24. 선고 2013두19486 판결).

나. 나중 정관개정으로 사업비 분담의무가 생기는지

대법원 2014. 12. 24. 선고 2013두19486 판결에서 "현금청산대상자가 조합원의 지위를 상실하기 전까지 발생한 조합의 정비사업비 중 일정 부분을 분담하여야 한다는 취지를 조합 정관이나 조합원총회의 결의 또는 조합과 조합원 사이의 약정 등으로 미리 정한 경우 등에 한하여, 조합은 구 도시정비법 제47조에 규정된 청산절차 등에서 이를 청산하거나 별도로 그 반환을 구할 수 있다고 보는 것이 타당하다."라고 판시하여, 정관에 일정 부분을 분담한다는 규정이 있는 경우에는, 무조건 사업비를 분담하는 것처럼 오해할 소지를 남기고 있었다.

그래서 상당수 조합들은 사후적으로 정관을 개정하여 현금청산대상자들에게 사업비 분담의무를 두었고, 이에 따라 다시 사업비 분담의무가 있는지가 쟁점이 되었다.

이러한 논란은 법무법인강산이 2021. 4. 29. 대법원 판결을 이끌어 냄으로써 정리되었다.

대법원은 2021. 4. 29. "현금청산 대상자에게 정관으로 조합원 지위를 상실하기 전까지 발생한 정비사업비 중 일부를 부담하도록 하기 위해서는 <u>정관 또는 정관에서 지정하는 방식으로 현금청산 대상자가 부담하게 될 비용의 발생 근거, 분담 기준과 내역, 범위 등을 구체적으로 규정하여야 한다. 이와 달리 단순히 현금청산 대상자가 받을 현금청산금에서 사업비용 등을 공제하고 청산할 수 있다는 추상적인 정관의 조항만으로는, 조합관계에서 탈퇴할 때까지 발생한 사업비용을 부담하도록 할 수 없다.</u>"라고 판시하였다(대법원 2021. 4. 29. 선고 2018두48762 판결).

다. 결론

이제 재개발·재건축 현금청산대상자에게 사업비용을 분담시키려면, 미리 조합설립동의를 받는 정관에 현금청산 대상자가 부담하게 될 비용의 발생 근거, 분담 기준과 내역, 범위 등을 구체적으로 규정하여야 한다.

그러나 위와 같은 정관으로는 조합설립동의를 받기가 어려울 것이라고 본다. 후일 분양신청단계에서 조합원 지위에서 탈퇴를 할 경우 그 자유를 제약하기 때문이다.

> **대법원 2021. 4. 29. 선고 2018두48762 판결**
> 현금청산 대상자에게 정관으로 조합원 지위를 상실하기 전까지 발생한 정비사업비 중 일부를 부담하도록 하기 위해서는 정관 또는 정관에서 지정하는 방식으로 현금청산 대상자가 부담하게 될 비용의 발생 근거, 분담 기준과 내역, 범위 등을 구체적으로 규정하여야 한다. 이와 달리 단순히 현금청산 대상자가 받을 현금청산금에서 사업비용 등을 공제하고 청산할 수 있다는 추상적인 정관의 조항만으로는, 조합관계에서 탈퇴할 때까지 발생한 사업비용을 부담하도록 할 수 없다. 그 구체적인 이유는 다음과 같다.

1) 재개발조합의 현금청산 대상자에게 조합원의 지위를 보유하는 기간에 발생한 정비사업비 중 일정 부분을 분담하여야 한다는 취지를 정관으로 정하는 경우 그러한 사업비용은 잔존 조합원이 부과금의 형태로 부담하는 비용과 동일한 성격의 것으로 볼 수 있으므로, 잔존 조합원에 대한 비용 부담 절차와의 형평이 유지되어야 한다. 또한, 도시정비법이나 정관에서 조합원이 된 토지등소유자에게 현금청산을 통해 조합관계에서 탈퇴할 기회를 보장하고 있음에도, 예측하지 못한 과도한 비용 부담으로 그 기회를 부당하게 제한하거나 조합관계에서 탈퇴하였다는 이유로 합리적인 범위를 넘어서는 불이익을 강요해서는 안된다.

그런데 잔존 조합원에 대해서는 정비사업의 시행과정에서 발생한 수입을 반영하여 부과금의 액수와 징수 방법, 조합원별 분담내역 등을 정하여 조합원 총회의 결의를 거치도록 함으로써 잔존 조합원의 이익을 보호하고 있는 데 반하여, 현금청산 대상자에게 비용을 부담하도록 할 경우에는 정비사업의 시행으로 인한 수입이 발생하는지 여부를 고려하지 않은 채 조합원 지위를 보유하였다는 이유만으로 조합관계에서의 탈퇴시점에 우선적으로 비용을 부담시키게 된다. 현금청산 대상자의 경우 조합관계에서 탈퇴하기 전에 그 탈퇴 시점을 기준으로 한 구체적 분담액을 정하여 총회 결의를 거치는 것이 사실상 어려울 뿐만 아니라 탈퇴 이후에는 조합원 지위를 상실하므로 구체적 분담액을 정하는 총회 결의에 참여할 수도 없다. 이와 같이 현금청산 대상자는 잔존 조합원에 대한 부과금과 동일한 성격의 사업비용을 일부 부담하면서도 그 비용 결정 과정에 참여할 수 없게 되어 잔존 조합원에 비하여 불리한 지위에 놓이게 된다.

따라서 비용 부담과 관련하여 잔존 조합원에게 보장되는 절차적 정당성 등을 고려할 때, 탈퇴하고자 하는 조합원에게 비용 부담에 관하여 필요하고도 충분한 정보를 제공하여 합리적으로 탈퇴 여부를 결정할 수 있도록 현금청산 대상자가 조합관계의 탈퇴 시점에서 부담하게 될 비용의 발생 근거, 분담 기준과 내역, 범위 등에 관한 구체적 정보를 정관 등으로 규정할 필요가 있다. 추상적으로 사업비용을 부담한다는 내용의 정관 조항만을 근거로 현금청산 대상자가 예상하지 못한 내용과 규모의 정비사업비를 부담하도록 하는 것은 잔존 조합원과 탈퇴 조합원 사이의 형평에 반한다.

2) 특히, 도시정비법령에서 현금청산 대상자를 상대로 현금청산 시점 이전에 발생한 비용을 부담하도록 할 수 있는지 여부 또는 그에 따른 비용 부담 절차 규정 등 일반적 조항을 전혀 규정하고 있지 않으므로, 정관으로 현금청산 대

상자에게 사업비용중 일정 부분을 부담하도록 정하고 있다면 정관 조항의 내용과 그 해석을 통해 현금청산 대상자에게 정비사업비 중 일정 부분을 구체적으로 부담하도록 할 수 있는지 여부를 판단할 수밖에 없다.

이처럼 현금청산 대상자가 부담하게 될 비용의 항목과 부담 기준 등은 그 비용부담의 근거가 되는 정관 규정에서 가장 핵심적이고 중요한 내용이라 할 것인데, 단순히 현금청산금 산정 과정에서 사업비용 등을 공제하고 청산할 수 있다고 추상적으로만 규정하고 도시정비법과 정관의 다른 규정을 통해서도 비용 공제에 관한 구체적 내용과 기준을 알 수 없다면, 특별한 사정이 없는 한 현금청산 대상자로서는 조합관계에서의 탈퇴 전에 자신이 부담하게 될 비용을 합리적으로 예측하기 어렵다. 따라서 정관의 규정에 근거하여 현금청산금에서 사업비용 등을 공제하거나 별개의 절차로 현금청산 대상자에게 사업비용을 청구하기 위해서는 원칙적으로 현금청산 대상자가 부담하게 될 비용 항목과 분담 기준 등이 정관에 특정되거나 적어도 이를 구체적으로 특정할 수 있는 방법과 기준이 정해져 있어야 한다.

다. 더구나 현금청산을 선택하는 자에게 조합관계에서 탈퇴할 기회를 보장하는 구 도시정비법 제47조의 취지에 비추어 볼 때, 조합이 현금청산을 선택한 조합원에게 현금청산금을 산정·지급하지 않은 상태에서 조합관계에서의 탈퇴 시점까지 발생한 정비사업비를 미리 청구할 수 있도록 한다면 자력이 부족한 조합원은 조합관계에서 탈퇴하기 위한 비용을 지급하지 못하여 현금청산을 선택하지 못하는 등으로 조합관계에서의 탈퇴를 부당하게 제한받거나 재산권을 중대하게 침해당하는 결과가 될 수 있으므로, 정관으로 정비사업비 중 일부를 공제하는 방식으로 현금청산금을 산정하도록 정한 경우 그 조항을 근거로 현금청산 대상자에게 현금청산금을 산정·지급하지 아니한 상태에서 현금청산과 별개의 절차로 정비사업비 중 일부의 지급을 구할 수는 없다.

2. 이 사건 정관 조항에 따라 정비사업비의 지급을 구할 수 있는지 여부에 관한 판단

가. 원심판결 이유와 기록에 의하면, 다음과 같은 사실을 알 수 있다.

1) 원고는 2009년 조합설립인가를 받아 구 도시정비법의 적용을 받는 재개발조합으로, 조합원들을 대상으로 2015. 1. 15.부터 2015. 3. 22.까지 분양신청을 받았는데, 원고의 조합원인 피고는 위 분양신청기간 내에 분양신청을 하지 않아 그 기간 종료일 다음날인 2015. 3. 23. 조합원의 지

위를 상실하고 현금청산 대상자가 되었다.

2) 원고의 정관 제44조 제4항, 제7항(이하 '이 사건 정관 조항'이라고 한다)은 조합원이 분양신청을 하지 아니한 자 또는 분양신청기간 종료 이전에 분양신청을 철회한 자에 해당하는 경우에는 구 도시정비법 제46조 제1항에 따른 분양신청기간 종료일의 다음날부터 150일 이내에 토지·건축물 또는 그 밖의 권리에 대하여 현금으로 청산하되, 조합은 현금청산 대상자가 받을 현금청산금에서 청산 기준일까지 발생한 사업비용, 이자 및 연체이자 등 금융비용, 현금청산에 소요된 경비 및 소유권 이전에 따른 취득세 및 등록면허세 등 제세공과금의 비용을 공제하고 청산할 수 있도록 규정하고 있다.

나. 위와 같은 사실관계를 앞서 본 법리에 비추어 살펴보면, 원고는 이 사건 정관조항에 근거하여 피고에게 직접 정비사업비의 지급을 구할 수는 없다.

1) 이 사건 정관 조항에서 현금청산 대상자가 부담할 사업비용에 관하여 구체적인 비용 항목이나 기준 등을 정하지 않은 채 '사업비용'이라고만 규정하고 있어서 그 조항만으로 현금청산 대상자가 조합원 지위를 상실할 때까지 조합원의 지위에서 권리, 의무를 행사하는데 사용된 비용 등 자신이 분담하게 될 비용의 기준 또는 구체적 부담 항목과 비용 금액 등 분담 내역을 예상하기 어렵고 그로 인하여 탈퇴 여부를 결정하기 위한 경제적 평가를 하기도 어렵다.

2) 특히 이 사건 정관 조항은 피고와 같은 현금청산 대상자에 대한 현금청산 절차에서 청산 기준일까지 발생한 사업비용을 공제하는 방식으로 일부 정비사업비를 부담시키는 조항에 불과하여, 위 조항에 근거하여 현금청산금이 지급되기 전에 별도로 현금청산 대상자에게 정비사업비의 지급을 구하는 근거로 볼 수는 없다.

다. 원심은 그 판시와 같은 이유로 이 사건 정관 조항 등에 근거하여 현금청산금을 산정·지급하지 아니한 상태에서 그와 별개의 절차로 정비사업비 중 일부의 지급을 구할 수 없다고 판단하였다.

이러한 원심 판단에는 이 사건 정관 조항을 근거로 현금청산 대상자에게 정비사업비의 지급을 청구할 수 있는지 여부에 관한 법리를 오해하거나 논리와 경험의 법칙을 위반하여 자유심증주의의 한계를 벗어난 잘못이 없다.

20. 기 지급 이주비 이자 반환 여부

원칙적으로, 기 지급받은 이주비 이자는 반환하지 않아도 된다.

대법원은 "원고들은 피고의 조합원으로서 그 소유 부동산을 피고에게 제공하고 이주를 하는 한편 조합원의 지위에서 시공사가 피고와의 약정에 따라 제공하는 이주비 대출금의 이자 상당의 이익을 취득한 것이라고 할 것인데, 피고와 원고들 사이에, 원고들이 조합원의 지위를 상실하게 되면 원고들에게 지급된 이주비 대출금의 이자를 소급하여 반환하여야 한다는 내용의 규정이나 결의 또는 약정 등이 있었음을 인정할 만한 자료가 없는 이상, 원고들이 조합원의 지위를 상실하였다고 하여 그 조합원의 지위에서 이미 취득한 이주비 대출금의 이자 상당의 이익을 피고에게 당연히 반환하여야 할 의무가 있다고는 할 수 없다."라고 판시하고 있다(대법원 2009. 9. 10. 선고 2009다32850, 32867 판결).

예외적으로, 조합의 정관에서 조합원의 지위를 상실하게 되면 지급된 이주비 대출금의 이자를 소급하여 반환하여야 한다고 정하고 있거나 조합원 지위상실 이전(분양신청기간 만료 이전) 위와 같은 내용에 관하여 총회결의를 한 경우 조합은 미분양신청으로 인하여 조합원자격을 상실한 자에게 현금청산대금에서 이주비 대출금의 이자를 공제할 것을 요구할 수 있을 것이라는 견해가 있다. 사견으로는 이 경우에는 조합이 집을 이미 넘겨받았거나 신탁등기를 받았다면, 임료상당의 부당이득금을 반환하여야 하고, 그렇게 되면, 결국 이주비 이자와 상계를 하면, 이주비 이자는 반환하지 않는 결과가 되는 것이 형평에 맞는다고 본다.

> **조합이 현금청산자에 대해 이주비 금융이자 공제주장을 배척한 사례**
> 서울행정법원 2014. 1. 10. 선고 2013구합3894 판결, 피고 가재울뉴타운○구역재개발조합
> - 원고가 현금청산금잔금지급청구, 피고는 이주비에 대한 금융이자를 공제할 것을 주장, 판단은 정관에 없으므로 공제불가
>
> **서울고등법원 2014. 7. 2. 선고 2014누43150 판결**
> - 재개발에서 직접 현금청산금 지급소송 승소 사례, 이주비 이자 납부 의무 없다.
>
> **서울서부 2016. 2. 2. 선고 2015가단1485 판결**
> - 북아○조합이 이주비이자 반환소송, 조합 패소

문제는 조합원 지위를 상실하기 전까지는 조합이 이주비 이자를 지급하여야 하는 것이나, 조합원 지위를 상실한 이후부터도 이주비 이자를 무제한적으로 조합이 부담하여야 하는가에 있다.

이에 대해 서울행정법원은 조합원 지위를 상실한 이후부터 조합이 대납한 이주비 이자는 부당이득금으로서 반환하여야 한다고 판시하면서 다만, 이주비 이자에 대해 지연손해금은 기한의 정함이 없는 채권으로서 이행청구를 받은 날부터 이행지체에 빠지게 되므로, 소장부본 송달 다음 날부터 지연손해금을 초과하는 부분은 청구할 수 없다고 판시하였다 (서울행정법원 2015. 1. 27. 선고 2013구합65205 판결).

사견은, 만일 조합이 현금청산대상자의 부동산을 사용하면서, 이주비 외에 나머지 현금청산금을 지급하지 않고 있다면, 이는 조합이 현금청산대상자의 부동산을 무단으로 사용하는 것이므로, 그 임료상당의 부당이득금을 지급하여야 하고, 이 금원을 상계하고 남은 돈이 있는 경우에만 이주비 이자를 부담하여야 한다고 본다.

21. 집 명도 시점

<u>현금청산금을 모두 지급받기 전 까지는 집을 조합에게 넘겨주지 않아도 된다.</u>

조합과 현금청산대상자 사이에 청산금에 관한 협의가 성립된다면 조합의 청산금 지급의무와 현금청산대상자의 토지 등 부동산 인도의무는 특별한 사정이 없는 한 동시이행의 관계에 있게 된다. 그러나 <u>수용절차에 의할 때에는 부동산 인도에 앞서 청산금 등의 지급절차가 이루어져야 할 것이다.</u>

> **대법원 2011. 7. 28. 선고 2008다91364 판결**
> 주택재개발사업의 사업시행자가 공사에 착수하기 위하여 조합원이 아닌 현금청산 대상자에게서 그 소유의 정비구역 내 토지 또는 건축물을 인도받기 위해서는 관리처분계획이 인가·고시된 것만으로는 부족하고 나아가 구 도시 및 주거환경정비법(2009. 5. 27. 법률 제9729호로 개정되기 전의 것, 이하 '구 도시정비법'이라 한다)이 정하는 데 따라 협의 또는 수용절차를 거쳐야 하며, 협의 또는 수용절차를 거치지 아니한 때에는 구 도시정비법 제49조 제6항의 규정에도 불구하고 현금청산대상자를 상대로 토지 또는 건축물의 인도를 구할 수 없다고 보는 것이 국민의 재산권을 보장하는 헌법합치적 해석이라고 할 것이다. 만일 조합과 현금청산대상자 사이에 청산금에 관한 협의가 성립된다면 조합의 청산금 지급의무와 현금청산대상자의 토지 등 부동산 인도의무는 특별한 사정이 없는 한 동시이행 관계에 있게 되고, 수용절차에 의할 때에는 부동산 인도에 앞서 청산금 등의 지급절차가 이루어져야 한다.

현금청산대상자가 영업보상대상자라면 영업보상금까지 받아야 인도의무가 있다(대법원 2013. 11. 14. 선고 2011다27103 판결 등).

> **토지보상법 제62조(사전보상)**
>
> 사업시행자는 해당 공익사업을 위한 공사에 착수하기 이전에 토지소유자와 관계인에게 보상액 전액을 지급하여야 한다. 다만, 제38조에 따른 천재지변 시의 토지 사용과 제39조에 따른 시급한 토지 사용의 경우 또는 토지소유자 및 관계인의 승낙이 있는 경우에는 그러하지 아니하다.[전문개정 2011.8.4]

> **대법원 2013. 11. 14. 선고 2011다27103 판결**
>
> 사업시행자가 토지소유자 및 관계인에게 보상금을 지급하지 아니하고 그 승낙도 받지 아니한 채 미리 공사에 착수하여 영농을 계속할 수 없게 하였다면 이는 위 토지보상법상 사전보상의 원칙을 위반한 것으로서 위법하다 할 것이므로, 이 경우 사업시행자는 2년분의 영농손실보상금을 지급하는 것과 별도로, 공사의 사전 착공으로 인하여 토지소유자나 관계인이 영농을 할 수 없게 된 때부터 수용개시일까지 입은 손해에 대하여 이를 배상할 책임이 있다 할 것이다.
>
> **대법원 2011. 11. 24. 선고 2009다28394 판결 건물명도**
>
> 사전보상의 원칙을 규정한 구 공익사업을 위한 토지 등의 취득 및 보상에 관한 법률(2011. 8. 4. 법률 제11017호로 개정되기 전의 것) 제62조를 비롯한 관계 규정들을 종합하여 보면, 도시환경정비사업의 사업시행자가 공사에 착수하기 위하여 임차인으로부터 정비구역 내 토지 또는 건축물을 인도받기 위하여는 관리처분계획이 인가·고시된 것만으로는 부족하고 협의 또는 재결절차에 의하여 결정되는 영업손실보상금 등을 지급할 것이 요구된다고 보는 것이 국민의 재산권을 보장하는 헌법에 합치하는 해석이라고 할 것이다. 만일 사업시행자와 임차인 사이에 보상금에 관한 협의가 성립된다면 조합의 보상금 지급의무와 임차인의 부동산 인도의무는 동시이행의 관계에 있게 되고, 재결절차에 의할 때에는 부동산 인도에 앞서 영업손실보상금 등의 지급절차가 선행되어야 할 것이다.
>
> ⇒ **서울고등법원 2013. 11. 14. 선고 2011누31781 판결**
>
> 마지막으로 원고의 ②부분 주장에 관하여 보건대, 위 인정사실에 의하여 인정되는 다음과 같은 사정들, 즉 피고는 토지보상절차와 영업 및 지장물에 관한 보상절차를 분리하여 2009. 4. 7.에 이르러서야 이 사건 영업시설에 대한 보상을 하였는바,

위와 같이 토지보상과 영업 및 지장물 보상을 분리하여 절차를 진행한 것은 피고의 사업계획의 일환인 점, 피고가 이 사건 토지의 수용재결 당시 보상절차의 분리 진행으로 인해 필연적으로 생기는 차임 상당액을 토지가액에 추가적으로 보상한 것도 아닌 점, 토지보상법 제43조, 제62조의 규정 내용과 그 취지에 비추어 볼 때 <u>영업자는 협의 또는 재결절차에서 영업 대한 정당한 보상을 받아야 영업시설 등을 이전하고 그 부지를 인도할 의무를 부담한다고 보는 것이 국민의 재산권을 보장하는 헌법에 합치된다고 보이는 점</u> 등을 종합해 보면, **원고로서는 이 사건 영업시설에 대한 보상을 받을 때까지 이 사건 영업시설 부지의 인도를 거절할 수 있다고 봄이 상당하고,** <u>이러한 지위에서 원고가 이 사건 영업시설의 부지인 이 사건 각 토지를 점유, 사용하는 것은 부당이득이나 불법행위가 성립된다고 볼 수 없으므로,</u> 이 부분 원고의 주장은 이유 있다.

대법원 2011. 07. 28. 선고 2008다78415 판결
주택재개발사업의 사업시행자가 공사에 착수하기 위하여 현금청산대상자로부터 그 소유의 정비구역 내 토지 또는 건축물을 인도받기 위해서는 관리처분계획이 인가·고시된 것만으로는 부족하고 협의 또는 수용절차에 의하여 결정되는 청산금을 지급할 것이 요구된다고 보는 것이 국민의 재산권을 보장하는 헌법에 합치하는 해석이라고 할 것이다. 만일, 조합과 현금청산대상자 사이에 청산금에 관한 협의가 성립된다면, 조합의 청산금 지급의무와 현금청산대상자의 토지 등 부동산 인도 의무는 동시이행의 관계에 있게 되고, 수용절차에 의할 때에는 부동산 인도에 앞서 청산금 등의 지급절차가 선행되어야 할 것이다.

나아가 토지보상법 제62조와 대법원 판례의 조건에 부합하여, 만일 지급대상이 된다면, 이주정착금, 주거이전비, 이사비도 모두 지급받아야 명도의무가 있다고 보아야 할 것이다. 종전의 토지 또는 건축물의 소유자·지상권자·전세권자·임차권자 등 권리자는 법 제78조제4항에 따른 관리처분계획인가의 고시가 있은 때에는 법 제86조에 따른 이전고시가 있는 날까지 종전의 토지 또는 건축물을 사용하거나 수익할 수 없으나, 토지보상법에 따른 손실보상이 완료되지 않은 경우에는 예외로 하므로(법 제

81조제1항단서), 이주정착금, 주거이전비, 이사비도 모두 지급하여야 사용수익이 정지되는 것은 당연한 것이다.

그럼에도 불구하고 그동안 하급심 판례는 사견과는 다르게 이주정착금, 주거이전비, 이사비는 명도의무와는 별도라고 판결하였다.

<u>하지만 최근 인천지방법원은 주거이전비, 이사비는 손실보상금이므로 이를 못 받으면 조합의 명도 요구에 대해 거절이 가능하다는 판결이 나왔다.</u> 물론 이 판결은 세입자에 대한 것이지만 현금청산대상자에게도 적용될 수 있을 것이다.

인천지방법원 2018. 9. 5. 선고 2018가단205062 판결

세입자가 주택재개발정비사업조합으로부터 주거이전비, 이사비 보상금을 지급받을 수 있는 자격을 갖춘 경우에는, 그 지급이 완료될 때까지는 종전대로 거주할 수 있고, 이사하고 나가라는 명도 요구에 대해서 정당하게 거절할 수 있다는 판결.

주거이전비와 이사비는 도시정비법 제81조제1항단서제2호(구법 제49조제6항 단서)가 말하는 손실보상에 포함된다(헌법재판소 2015. 11. 26. 선고 2013헌바415 결정, 2014. 7. 24. 선고 2012헌마662 결정 참조). "사회보장적 차원에서 지급되는 성격의 금원일 뿐이고 손실 보상은 아니다"라는 견해는 타당하지 아니하다.

그러므로 위 도시정비법에 의하면 주거이전비와 이사비는 본질적으로 먼저 지급되어야 하는 선이행이 원칙이다(대법원 2011. 11. 24. 선고 2009다28394 판결 참조). 다만 협의 내용에 따라서는 상호이행확보를 위하여 동시이행으로 되는 경우일 수 있다.

건물명도 청구를 받은 피고는 민사소송 절차 내에서 선이행 항변을 마땅히 할 수 있고, 공법상 보상청구권이라는 이유로 법원이 이를 금지하여서는 아니 된다. 명도청구에 대항하는 항변 차원이고 본질적 견련성이 인정되므로, 별도 행정소송을 제기하지 않더라도 그 민사소송에서 항변으로 주장할 수 있다.

그 후 대법원은 "<u>토지보상법 제78조 등에서 정한 주거이전비, 이주정착금, 이사비(이하 '주거이전비 등'이라 한다)도 구 도시정비법 제49조 제6항단서에서 정한 '토지보상법에 따른 손실보상'에 해당한다. 그러므로 주택재개발사업의 사업시행자가 공사에 착수하기 위하여 현금청산대상자나 세입자로부터 정비구역 내 토지 또는 건축물을 인도받기 위해서는 협의나 재결절차 등에 의하여 결정되는 주거이전비 등도 지급할 것이 요구된다.</u> 만일 사업시행자와 현금청산대상자나 세입자 사이에 주거이전비 등에 관한 협의가 성립된다면 사업시행자의 주거이전비 등 지급의무와 현금청산대상자나 세입자의 부동산 인도의무는 동시이행의 관계에 있게 되고, 재결절차 등에 의할 때에는 주거이전비 등의 지급절차가 부동산 인도에 선행되어야 할 것이다(대법원 2021. 8. 26. 선고 2019다235153 판결).

주거이전비 지급이 선행되어야 인도청구 가능

대법원 2021. 8. 26. 선고 2019다235153 판결

◇ 1. 구 「도시 및 주거환경정비법」 제49조 제6항 단서에서 정한 '「공익사업을 위한 토지 등의 취득 및 보상에 관한 법률」(이하 '토지보상법')에 따른 손실보상'에 주거이전비 등이 해당되어 그 지급이 부동산 인도에 선행되는지 여부, 2. 재개발조합이 관리처분계획의 인가·고시가 있은 후 사업시행자가 토지보상법에 따른 손실보상의 완료를 주장하며 현금청산대상자에 대하여 민사소송으로서 종전의 토지나 건축물에 관한 인도청구를 하는 경우 법원이 심리하여야 할 사항 및 이때 직접 주거이전비 등의 지급을 명하거나 주거이전비 등의 보상에 관한 재결에 대한 다툼을 심리·판단할 수 있는지 여부◇

1. 구「도시 및 주거환경정비법」(2017. 2. 8. 법률 제14567호로 전부 개정되기 전의 것, 이하 '구 도시정비법'이라 한다) 제49조제6항은 '관리처분계획의 인가·고시가 있은 때에는 종전의 토지 또는 건축물의 소유자·지상권자·전세권자·임차권자 등 권리자는 제54조의 규정에 의한 이전의 고시가 있은 날까지 종전의 토지 또는 건축물에 대하여 이를 사용하거나 수익할 수 없다. 다만 사업시행자의 동의를 받거나 제40조 및 「공익사업을 위한 토지 등의 취득

및 보상에 관한 법률」(이하 '토지보상법'이라 한다)에 따른 손실보상이 완료되지 아니한 권리자의 경우에는 그러하지 아니하다.'고 규정하고 있다. <u>따라서 사업시행자가 현금청산대상자나 세입자에 대해서 종전의 토지나 건축물의 인도를 구하려면 관리처분계획의 인가·고시만으로는 부족하고 구 도시정비법 제49조 제6항 단서에서 정한 토지보상법에 따른 손실보상이 완료되어야 한다.</u>

구 도시정비법 제49조 제6항 단서의 내용, 그 개정경위와 입법취지를 비롯하여 구 도시정비법 및 토지보상법의 관련 규정들을 종합하여 보면, <u>토지보상법 제78조 등에서 정한 주거이전비, 이주정착금, 이사비(이하 '주거이전비 등'이라 한다)도 구 도시정비법 제49조제6항단서에서 정한 '토지보상법에 따른 손실보상'에 해당한다. 그러므로 주택재개발사업의 사업시행자가 공사에 착수하기 위하여 현금청산대상자나 세입자로부터 정비구역 내 토지 또는 건축물을 인도받기 위해서는 협의나 재결절차 등에 의하여 결정되는 주거이전비 등도 지급할 것이 요구된다.</u> 만일 사업시행자와 현금청산대상자나 세입자 사이에 주거이전비 등에 관한 협의가 성립된다면 사업시행자의 주거이전비 등 지급의무와 현금청산대상자나 세입자의 부동산 인도의무는 동시이행의 관계에 있게 되고, 재결절차 등에 의할 때에는 주거이전비 등의 지급절차가 부동산 인도에 선행되어야 할 것이다(대법원 2021. 6. 30. 선고 2019다207813 판결 등 참조).

2. 따라서 관리처분계획의 인가·고시가 있은 후 사업시행자가 토지보상법에 따른 손실보상의 완료를 주장하며 현금청산대상자에 대하여 민사소송으로서 종전의 토지나 건축물에 관한 인도청구의 소를 제기하고, 그 소송에서 현금청산대상자가 재결절차에서 주거이전비 등을 보상받지 못하였음을 이유로 인도를 거절한다고 선이행 항변하는 사건을 심리하는 <u>민사법원은, 위 항변의 당부를 판단하기 위한 전제로 현금청산대상자가 토지보상법 제78조, 같은 법 시행령 제40, 제41조, 같은 법 시행규칙 제53조 내지 제55조 등이 정한 요건을 충족하여 주거이전비 등의 지급대상에 해당하는지 여부를 심리·판단하여야 하고, 주거이전비 등의 지급대상인 경우 주거이전비 등의 지급절차가 선행되었는지 등을 심리하여야 한다.</u>

3. 다만 위 주거이전비 보상청구권은 공법상의 권리로서 그 보상을 구하는 소송은 행정소송법상 당사자소송에 의하여야 하고, 소유자의 주거이전비 보상에

관하여 재결이 이루어진 다음 소유자가 다투는 경우에는 토지보상법 제85조에 규정된 행정소송을 제기하여야 한다(대법원 2019. 4. 23. 선고 2018두55326 판결 등 참조). 그러므로 위와 같이 사업시행자가 현금청산대상자를 상대로 종전의 토지나 건축물의 인도를 구하는 <u>민사소송에서 법원이 직접 주거이전비 등의 지급을 명하거나 주거이전비 등의 보상에 관한 재결에 대한 다툼을 심리·판단할 수는 없다.</u>

☞ 대법원은 이미 주거이전비 등도 토지보상법에 따른 손실보상에 해당하므로 그 지급이 선행되어야 부동산의 인도를 구할 수 있다고 판단한 바 있으나(대법원 2021. 6. 30. 선고 2019다207813 판결), 법원이 구체적으로 어떤 사안에 대해 심리·판단하여야 하는지에 대해서는 구체적으로 언급되지 않았음

☞ 이 사건에서 대법원은 위 2019다207813 판결의 법리를 적용하여 주거이전비 등의 지급이 선행되지 않아도 인도의무 있다고 본 원심판결 부분을 파기환송하면서, 환송 후 원심이 구체적으로 어떤 사항을 심리하여 어떻게 판단하여야 하는지, 특히 어떠한 부분이 민사소송에서 심리되어야 하는지, 행정소송에 의해 심리·판단되어야 할 부분과의 차이는 무엇인지 등에 대해 구체적으로 설시함

재개발 주거이전비를 선지급하여야 함

대법원 2021. 7. 29. 선고 2019다300484 부당이득금 (가) 상고기각

[재개발사업 사업시행자가 현금청산대상자를 상대로 부당이득반환을 구하는 사건]

◇ 재개발사업 사업시행자가 주거이전비 등을 지급하지 않아 구 「도시 및 주거환경정비법」(2017. 2. 8. 법률 제14567호로 전부개정되기 전의 것) 제49조 제6항 단서에서 정한 손실보상을 완료하지 않은 경우 현금청산대상자가 종전의 토지나 건물을 사용·수익한 것에 대해 재개발사업 사업시행자가 부당이득반환청구를 할 수 있는지 여부(소극) ◇

1. 구 「도시 및 주거환경정비법」(2017. 2. 8. 법률 제14567호로 전부개정되기 전의 것, 이하 '구 도시정비법'이라 한다) 제49조 제6항은 '관리처분계획의 인가·고시가 있은 때에는 종전의 토지 또는 건축물의 소유자·지상권자·전세권자·임차권자 등 권리자는 제54조의 규정에 의한 이전의 고시가 있은 날까지 종전의 토지 또는 건축물에 대하여 이를 사용하거나 수익할 수 없다. 다만 사업시행자의 동의를 받거나 제40조 및 「공익사업을 위한 토지 등의 취득 및

보상에 관한 법률」(이하 '토지보상법'이라 한다)에 따른 손실보상이 완료되지 아니한 권리자의 경우에는 그러하지 아니하다.'고 정한다. 이 조항은 토지보상법 제43조에 대한 특별 규정으로서, 사업시행자가 현금청산대상자나 임차인 등에 대해서 종전의 토지나 건축물의 인도를 구하려면 관리처분계획의 인가·고시만으로는 부족하고 구 도시정비법 제49조 제6항 단서에서 정한 대로 토지보상법에 따른 손실보상이 완료되어야 한다.

구 도시정비법 제40조 제1항 본문은 '정비사업의 시행을 위한 수용 또는 사용에 관하여 도시정비법에 특별한 규정이 있는 경우를 제외하고는 토지보상법을 준용한다.'고 정한다. 토지보상법 제78조 제1항은 '사업시행자는 공익사업의 시행으로 인하여 주거용 건축물을 제공함에 따라 생활의 근거를 상실하게 되는 자를 위하여 대통령령으로 정하는 바에 따라 이주대책을 수립·실시하거나 이주정착금을 지급하여야 한다.'고 정하고, 토지보상법 시행령 제41조는 '사업시행자가 이주대책을 수립·실시하지 아니하는 경우 또는 이주대책대상자가 이주정착지가 아닌 다른 지역으로 이주하려는 경우에는 이주대책대상자에게 국토교통부령으로 정하는 바에 따라 이주정착금을 지급하여야 한다.'고 정한다. 또한 토지보상법 제78조제5항은 '주거용 건물의 거주자에 대하여는 주거 이전에 필요한 비용과 가재도구 등 동산의 운반에 필요한 비용을 산정하여 보상하여야 한다.'고 정한다. 이러한 법령 조항의 내용과 체계, 그 개정 경위와 입법 취지를 종합하면 토지보상법 제78조 등에서 정한 주거이전비, 이주정착금, 이사비(이하 '주거이전비 등'이라 한다)는 구 도시정비법 제49조제6항단서에서 정한 '토지보상법에 따른 손실보상'에 해당한다고 보아야 한다(대법원 2021. 6. 30. 선고 2019다207813 판결 참조).

2. 구 도시정비법 제49조제6항단서에서 정한 토지보상법에 따른 손실보상이 완료되려면 협의나 수용재결에서 정해진 토지나 건축물 등에 대한 보상금의 지급 또는 공탁뿐만 아니라 주거이전비 등에 대한 지급절차까지 이루어져야 한다. 만일 협의나 재결절차 등에 따라 주거이전비 등의 지급절차가 이루어지지 않았다면 관리처분계획의 인가·고시가 있더라도 분양신청을 하지 않거나 철회하여 현금청산대상자가 된 자는 종전의 토지나 건축물을 사용·수익할 수 있다(위 대법원 2019다207813 판결 참조). 위와 같이 주거이전비 등을 지급할 의무가 있는 주택재개발정비사업의 시행자가 종전 토지나 건축물을

사용·수익하고 있는 현금청산대상자를 상대로 부당이득반환을 청구하는 것은 허용되지 않는다.

☞ 재개발사업의 사업시행자인 원고가 수용을 통하여 현금청산대상자인 피고의 건물의 소유권을 취득하였으나 피고는 원고에게 건물을 인도하지 않고 점유·사용하였음. 이에 대해 원고가 피고를 상대로 소유권 취득 이후부터 피고의 점유·사용 완료일까지 차임 상당의 부당이득을 구하는 사안임

☞ 대법원은 재개발사업의 사업시행자가 주거이전비 등을 지급하지 않았다면 구 도시정비법 제49조제6항단서에서 정한 손실보상의 완료 요건을 충족하지 않았다고 보아야 하므로 현금청산대상자는 종전의 토지나 건축물을 사용·수익할 수 있다고 판단하였음

주거이전비 받지 못하면 인도 의무가 없으므로 형사책임도 없다.
대법원 2021. 7. 29. 선고 2019도13010 공익사업을위한토지등의취득및보상에관한법률위반 (가) 파기환송

[주택재개발정비사업 구역 내 토지나 건축물을 점유하고 있는 현금청산대상자나 임차인이 사업시행자에게 수용개시일까지 토지 등을 인도할 의무가 있는지 여부와 그 의무 위반으로 인한 형사책임]

◇ 현금청산대상자나 임차인이 주거이전비 등을 지급받지 못한 경우에도 사업시행자에게 수용개시일까지 토지 등을 인도하지 아니하였음을 이유로 「공익사업을 위한 토지 등의 취득 및 보상에 관한 법률」 제43조, 제95조의2 위반죄로 처벌할 수 있는지 여부(소극) ◇

구 「도시 및 주거환경정비법」(2017. 2. 8. 법률 제14567호로 전부개정되기 전의 것, 이하 '구 도시정비법'이라 한다) 제49조제6항단서의 내용, 그 개정경위와 입법취지, 구 도시정비법과 토지보상법의 관련 규정의 체계와 내용을 종합하면, 토지보상법 제78조 등에서 정한 주거이전비, 이주정착금, 이사비(이하 '주거이전비 등'이라 한다) 등도 구 도시정비법 제49조 제6항 단서에서 정하는 '토지보상법에 따른 손실보상'에 해당한다. 따라서 주택재개발사업의 사업시행자가 공사에 착수하기 위하여 현금청산대상자나 임차인 등으로부터 정비구역 내 토지 또는 건축물을 인도받기 위해서는 협의나 재결절차 등에서 결정되는 주거이전비 등을 지급할 것이 요구된다. 사업시행자가 수용재결에서 정한 토지나 지장물 등 보상금을 지급하거나

공탁한 것만으로 토지보상법에 따른 손실보상이 완료되었다고 보기 어렵다(대법원 2021. 6. 30. 선고 2019다207813 판결 참조).

사업시행자가 수용재결에 따른 보상금을 지급하거나 공탁하고 토지보상법 제43조에 따라 부동산의 인도를 청구하는 경우 현금청산대상자나 임차인 등이 주거이전비 등을 보상받기 전에는 특별한 사정이 없는 한 구 도시정비법 제49조 제6항 단서에 따라 주거이전비 등의 미지급을 이유로 부동산의 인도를 거절할 수 있다. 따라서 이러한 경우 현금청산대상자나 임차인 등이 수용개시일까지 수용대상 부동산을 인도하지 않았다고 해서 토지보상법 제43조, 제95조의2제2호 위반죄로 처벌해서는 안 된다.

☞ 원심은 현금청산대상자인 피고인이 수용개시일까지 수용대상 부동산을 인도하지 않은 행위가 토지보상법 제43조, 제95조의2제2호 위반죄에 해당한다고 보아 이 사건 공소사실을 유죄로 인정하였는데, 주거이전비 등은 사전보상의 원칙이 적용되는 손실보상금에 해당하기 어렵다는 이유로 주거이전비 등이 지급되었는지 여부에 대해서는 심리하지 않았음

☞ 대법원은, 원심판결에 토지보상법 제43조, 제95조의2제2호 위반죄의 성립에 관한 법리를 오해하여 필요한 심리를 다하지 않아 판결에 영향을 미친 잘못이 있다고 판단하였음(파기환송)

대법원 2022. 6. 30. 선고 2021다310088(본소), 310095(반소) 판결
재개발조합이 토지나 건물을 점유사용하고 있는 현금청산대상자에게 수용재결에 따른 수용보상금을 공탁하면서, <u>주거이전비 등을 변제공탁한 경우 재개발조합이 현금청산대상자를 상대로 토지나 건물의 인도를 구할 수 있다.</u>

22. 임차인(세입자)

가. 개설

도시정비법 제81조제1항은 관리처분계획의 인가·고시가 있은 때에는 종전의 토지 또는 건축물의 소유자·지상권자·전세권자·임차권자 등 권리자는 이전고시가 있는 날까지 종전의 토지 또는 건축물을 사용하거나 수익할 수 없고, 다만, 사업시행자의 동의를 받거나 「공익사업을 위한 토지 등의 취득 및 보상에 관한 법률」에 따른 손실보상이 완료되지 아니한 권리자의 경우에는 그러하지 아니하다고 규정하고 있다.

따라서 관리처분계획의 인가·고시가 있기 전에는 현금청산대상자와 세입자 간에 체결된 계약 내용에 따르면 그만이다.

관리처분계획의 인가·고시가 있은 후에는 재개발등인지와 재건축등인지에 따라 다소 다르다.

다만, 정비사업의 시행으로 인하여 지상권·전세권 또는 임차권의 설정 목적을 달성할 수 없는 때에는 그 권리자는 계약을 해지할 수 있고, 이 경우 계약을 해지할 수 있는 자가 가지는 전세금·보증금 그 밖의 계약상의 금전의 반환청구권은 사업시행자에게 이를 행사할 수 있다(법 제70조제1항, 제2항). 그런데 이때 집주인이 반드시 조합원이어야만 세입자가 보증금반환청구권을 조합에게 할 수 있는지, 무허가건물 세입자도 가능한지가 문제된다. 조합원이 아니어도, 무허가건물인 경우도 보증금 반환청구권을 행사할 수가 있다고 보아야 한다(서울고등법원 2010. 1. 14. 선고 2009나62365(본소), 62372(반소) 판결). 또한 임차권자가 사업시행자를 상대로 보증금 등의 반환을 구하려면, 임차권자가 토지등소유자에 대하여 보증금반환채권을 가지는 경우라야 한다(대법원 2014. 7. 24. 선고 2012다62561,62578 판결).

관리처분계획의 인가를 받은 경우 지상권·전세권설정계약 또는 임대차계약의 계약기간은 「민법」 제280조·제281조 및 제312조제2항, 「주택임대차보호법」 제4조제1항, 「상가건물 임대차보호법」 제9조제1항을 적용하지 아니한다(법 제70조제5항).

<u>임차인은 원칙적으로 관리처분계획인가의 고시가 있다면 임차권의 설정목적을 달성할 수 없게 되었음을 이유로 도시정비법 제70조제1항, 제2항에 따라 임대차계약을 해지하고, 사업시행자를 상대로 보증금반환청구권을 행사할 수 있다.</u> 다만, 관리처분계획인가의 고시 이전이라도 정비사업 계획에 따라 사업시행자에 의한 이주절차가 개시되어 실제로 이주가 이루어지는 등으로 사회통념상 임차인에게 임대차관계를 유지하도록 하는 것이 부당하다고 볼 수 있는 특별한 사정이 있는 경우에는, 임차인은 위 조항에 따라 임대차계약을 해지하고, 사업시행자를 상대로 보증금반환청구권을 행사할 수 있다. 이 경우 임차인이 관리처분계획인가의 고시 이전에 해지권을 행사할 수 있는 특별한 사정이 있는지는, 정비사업의 진행 단계와 정도, 임대차계약의 목적과 내용, 정비사업으로 임차권이 제한을 받는 정도, 사업시행자나 임대인 등 이해관계인이 보인 태도, 기타 제반 사정을 종합적으로 고려하여 개별적·구체적으로 판단하여야 한다(대법원 2020. 8. 20. 선고 2017다260636 판결).

나. 재개발등

재개발등인 경우에는 법 제81조제1항단서 신설로 인하여 세입자에 대해 요건에 맞는다면 영업보상금을 지급하여야 사용수익이 정지된다.

따라서 실무상 재개발등에서는 관리처분인가·고시 후에는 조합이 나서서 보상금을 지급하면서 세입자를 처리하는 경우가 많다. 물론 임대보증금이 있다면 이 보증금은 당연히 소유자가 세입자에게 반환하여야 하나, 조합이 먼저 지급하고 구상권을 행사할 수도 있다(법 제70조제3항). 사업시행자는 구상이 되지 아니하는 때에는 해당 토지등소유자에게 귀속될 대지 또는 건축물을 압류할 수 있다. 이 경우 압류한 권리는 저당권과 동일한 효력을 가진다(법 제70조제4항).

재개발등에서는 관리처분인가 신청 시 세입자 평가액을 첨부하여야 하므로, 조합은 미리 현황조사와 평가를 실시하여야 한다.

> **법 제74조(관리처분계획의 인가 등)** ① 사업시행자는 제72조에 따른 분양신청기간이 종료된 때에는 분양신청의 현황을 기초로 다음 각 호의 사항이 포함된 관리처분계획을 수립하여 시장·군수등의 인가를 받아야 하며, 관리처분계획을 변경·중지 또는 폐지하려는 경우에도 또한 같다. 다만, 대통령령으로 정하는 경미한 사항을 변경하려는 경우에는 시장·군수등에게 신고하여야 한다. 〈개정 2018. 1. 16.〉
> **8. 세입자별 손실보상을 위한 권리명세 및 그 평가액**

사업시행자가 임차인에게서 정비구역 내 부동산을 인도받기 위해서는 관리처분인가를 받고 <u>영업보상까지 완료하여야 한다</u>.

> **대법원 2011. 11. 24. 선고 2009다28394 판결 건물명도**
> 사전보상의 원칙을 규정한 구 공익사업을 위한 토지 등의 취득 및 보상에 관한 법률 (2011. 8. 4. 법률 제11017호로 개정되기 전의 것) 제62조를 비롯한 관계 규정들을 종합하여 보면, 도시환경정비사업의 사업시행자가 공사에 착수하기 위하여 <u>임차인으로부터 정비구역 내 토지 또는 건축물을 인도받기 위하여는 관리처분계획이 인가·고시된 것만으로는 부족하고 협의 또는 재결절차에 의하여 결정되는 영업손실보상금 등을 지급할 것이 요구된다고 보는 것이 국민의 재산권을 보장하는 헌법에 합치하는 해석이라고 할 것이다.</u> 만일 사업시행자와 임차인 사이에 보상금에 관한 협의가 성립된다면 조합의 보상금 지급의무와 임차인의 부동산 인도의무는 동시이행의 관계에 있게 되고, 재결절차에 의할 때에는 부동산 인도에 앞서 영업손실보상금 등의 지급절차가 선행되어야 할 것이다.

대구지법 서부지원 2020. 9. 16.자 2020카합5081 결정 [부동산명도단행가처분]: 확정

甲 주택재개발정비사업조합이 관리처분계획인가의 고시가 이루어진 후 정비사업 대상 부지 내의 주거용 건축물에서 거주하고 있는 乙 등을 상대로 부동산 인도를 구하는 가처분을 신청한 사안에서, 甲 조합이 주거이전비, 이사비의 손실보상을 완료하지 않았으므로 乙 등을 상대로 사용수익권에 근거한 인도청구를 할 수 없다고 한 사례

甲 주택재개발정비사업조합이 관리처분계획인가의 고시가 이루어진 후 정비사업 대상 부지 내의 주거용 건축물에서 거주하고 있는 乙 등을 상대로 부동산 인도를 구하는 가처분을 신청한 사안이다.

도시 및 주거환경정비법 제81조 제1항 단서 제2호는 공익사업을 위한 토지 등의 취득 및 보상에 관한 법률에 따른 손실보상이 완료되지 아니하면 소유자, 임차권자 등 권리자의 사용수익권이 정지되지 아니한다고 규정하고 있으므로, 관리처분계획인가의 고시가 있었다고 하더라도 사업시행자가 부동산을 인도받기 전에 주거이전비, 이사비(이하 '주거이전비 등'이라 한다)의 손실보상을 완료해야 함이 문언상 명백한 점, 입법 취지에 비추어 보아도 주거이전비 등의 지급의무는 선이행의무에 해당하는 점, 주거이전비 등의 지급 목적과 성격 및 그 실효성을 발휘하기 위해서는 세입자 등이 주거를 이전하기 전에 주거이전비 등이 지급되는 것이 마땅하고, 주거이전비 등의 보상은 세입자 등에게 이주에 소요되는 비용을 지급하는 것이므로 이주 이전에 지급되어야 하는 것이 논리상 타당한 점 등을 종합하면, 사업시행자인 甲 조합의 주거이전비 등 지급의무는 乙 등의 부동산 인도의무보다 선이행되어야 하고, 따라서 甲 조합이 주거이전비 등 손실보상을 완료하지 않은 경우 소유자, 임차권자 등 권리자의 사용수익권이 정지되지 아니하고 甲 조합은 사용수익권을 취득하지 못하므로 乙 등을 상대로 사용수익권에 근거한 인도청구를 할 수 없다고 한 사례이다.

다. 재건축등

재건축등인 경우에는 법 제81조제1항단서가 적용되지 않으므로, 관리처분인가 고시가 되면 사용수익이 정지되므로, 조합이 이를 근거로 하여 대부분 세입자를 상대로 인도소송을 제기하여 처리한다. 즉, 재개발등과는 매우 다른 점이다.

> **대법원 2014. 7. 24. 선고 2012다62561, 2012다62578(병합)**
> <u>도시정비법 제49조제6항단서는</u> 도시정비법 제38조에 따라 사업시행자에게 토지보상법상 정비구역 안의 토지 등을 수용 또는 사용할 권한이 부여된 정비사업에 제한적으로 적용되고, 그 권한이 부여되지 아니한 <u>주택재건축사업에는 적용될 수 없다 할 것이다.</u>
>
> 나아가 도시정비법의 입법 목적 및 취지, 도시정비법상 주택재건축사업의 특성 등과 아울러 ① 도시정비법은 다양한 유형의 정비사업에 대하여 각 사업의 공공성 및 공익성의 정도에 따라 그 구체적 규율의 내용을 달리하고 있는 점, ② 도시정비법상 주택재건축사업은 "정비기반시설은 양호하나 노후·불량건축물이 밀집한 지역에서 주거환경을 개선"할 목적으로 시행하는 것으로서 정비기반시설이 열악한 지역에서 정비기반시설 설치를 통한 도시기능의 회복 등을 목적으로 하는 주택재개발사업 등에 비하여 그 공공성 및 공익성이 상대적으로 미약한 점, ③ 그에 따라 도시정비법은 주택재건축사업 시행자와 토지등소유자 등의 협의가 성립하지 않을 경우의 해결방법으로, 수용·사용 등의 공적 수단에 의하지 않고 매도청구권의 행사를 통한 사적 자치에 의해 해결하도록 규정하고 있는바, 이는 도시정비법의 기본적 틀로서 입법자가 결단한 것이라고 볼 수 있는 점, ④ 주택재개발사업 등에 있어서 수용보상금의 산정이 개발이익을 배제한 수용 당시의 공시지가에 의하는 것과는 달리, <u>주택재건축사업의 매도청구권 행사의 기준인 '시가'는 재건축으로 인하여 발생할 것으로 예상되는 개발이익이 포함된 가격을 말하는데</u>(대법원 2009. 3. 26. 선고 2008다21549, 21556, 21563 판결 참조), 이러한 차이는 주택재건축사업의 토지등소유자로 하여금 임차권자 등에 대한 보상을 임대차계약 등에 따라 <u>스스로 해결하게 할 것을 전제로 한 것으로 보이는 점</u> 등에 비추어 보면, 주택재건축사업에 대하여 도시정비법 제49조 제6항 단서나 토지보상법 규정이 유추적용 된다고 보기도 어렵다.

라. 세입자 종합 정리

	재개발	재건축

조합 → 세입자	①현금청산자 주택 세입자
	■ 강제수용 후 명도소송
	  - 보증금반환 항변 가능
	■ 요건 갖추면 영업보상금, 주거이전비, 이사비 지급
	②조합원 주택 세입자
	■ 조합 또는 조합원이 명도소송
	  - 보증금반환 항변 가능
	■ 요건 갖추면 영업보상금, 주거이전비, 이사비 지급
		①관리처분인가 후 사용수익정지를 원인으로 명도소송
		  - 보증금반환 항변 가능(법 제70조) 단, 임차권자가 토지등소유자에 대하여 보증금반환채권을 가지는 경우라야 함
		②소유권 확보 후 명도소송
		  - 보증금반환 항변 가능[21].
		③영업보상금·주거이전비·이사비 지급×

	관리처분인가 후, 수용재결, 보상금 공탁, 수용의 시기 지나면
	  - 보증금 반환 청구 대상 : 임대인, 조합
	    * 통상 조합이 먼저 지급하고, 조합원에게 구상한다(법 제70조제3항).
	  - 보증금등을 받고도 계속 점유하면 : 이는 불법점유, 단 업무방해죄 등으로 형사책임은 지지 않는다고 보아야 한다.[22]
	  - 건물주의 보증금 미반환시 세입자가 반환 청구 방법 : 조합에게 반환청구권 행사
		관리처분계획인가일부터 세입자가 임대료를 체납한 경우에 가옥주가 보증금에서 체납된 임대료를 제외하고 지급할 수 있는지? : 불가하다고 본다.
		★ 재건축은 관리처분인가로 사용수익정지
		  - 보증금 반환받지 못하면 부당이득발생×, 손해배상×(사견)
		  - 통상 조합이 먼저 지급하고, 조합원에게 구상한다(법 제70조제3항, 재건축 표준정관 제40조).

---

21) 제3조제4항 임차주택의 양수인(讓受人)(그 밖에 임대할 권리를 승계한 자를 포함한다)은 임대인(賃貸人)의 지위를 승계한 것으로 본다.

22) 만일 명도소송에서 패소하고, 조합이 공탁을 하였다고 하더라도, 인도를 하지 않았다고 하여 형사책임을 진다면 이는 법원의 강제집행 절차를 부인하는 결과이다. 즉, 조합이 집행을 하고 이에 따라 책임을 추궁하면 되는 것이지, 형사고소는 말이 되지 않는다. 이렇게 무차별적인 형사고소는 무고죄 문제도 고민을 하여야 할 것이고, 강요죄도 마찬가지이다.

23. 이주정착금·주거이전비·이사비

가. 서설

소위 신도시 사업 등으로 주택을 가진 자가 그 공익사업 시행으로 인하여 집이 수용되어 이사를 가게 될 경우 일정한 요건을 충족하면 이주정착금, 주거이전비, 이사비를 지급받는다.

과연 이러한 **이주정착금, 주거이전비, 이사비**를 정비사업에 의하여 현금청산을 받는 자도 지급받을 수가 있는지가 궁금하다.

결론적으로 재개발등의 현금청산대상자도 당해 조건을 충족할 경우 신도시 사업과 같이 이주정착금, 주거이전비, 이사비를 모두 받을 수 있다. 그러나 재건축등은 이주정착금 등을 받지 못한다.

다만, 조합원으로서 이주비를 받고 이주를 한 후에 분양계약을 체결하지 않음으로서 현금청산대상자가 되어 수용이 된 경우에는 이주정착금이나 주거이전비는 지급받을 수 없고, 이사비만 지급받을 수 있다(대법원 2016. 12. 15. 선고 2016두49754).

나. 관련규정

법 제65조제1항은 "정비구역에서 정비사업의 시행을 위한 토지 또는 건축물의 소유권과 그 밖의 권리에 대한 수용 또는 사용은 이 법에 규정된 사항을 제외하고는 「공익사업을 위한 토지 등의 취득 및 보상에 관한 법률」을 준용한다. 다만, 정비사업의 시행에 따른 손실보상의 기준 및 절차는 대통령령으로 정할 수 있다."라고 규정하고 있다.

한편 토지보상법 제78조제1항은 "사업시행자는 공익사업의 시행으로 인하여 주거용 건축물을 제공함에 따라 생활의 근거를 상실하게 되는 자를 위하여 대통령령으로 정하는 바에 따라 이주대책을 수립·실시하거나 **이주정착금을 지급하여야 한다**."라고 규정하고, 토지보상법시행규칙 제53조제2항에 따르면 이주정착금은 보상대상인 주거용 건축물에 대한 평가액의 30퍼센트에 해당하는 금액으로 하되, 그 금액이 1천2백만원 미만인 경우에는 1천2백만원으로 하고, 2천4백만원을 초과하는 경우에는 2천4백만원으로 한다.〈개정 2012. 1. 2., 2020. 12. 11.〉 동규칙 제54조제1항 본문은 "공익사업시행지구에 편입되는 주거용 건축물의 소유자에 대하여는 당해 건축물에 대한 보상을 하는 때에 **가구원수에 따라 2월분의 주거이전비**를 보상하여야 한다."라고, 동규칙 제55조제2항은 "공익사업시행지구에 편입되는 주거용 건축물의 거주자가 해당 공익사업시행지구 밖으로 이사를 하는 경우에는 **별표 4의 기준에 의하여 산정한 이사비**(가재도구 등 동산의 운반에 필요한 비용을 말한다)를 보상하여야 한다."라고 정하여 공익사업시행지구에 편입되는 주거용 건축물의 소유자에 대하여 이주정착금, 주거이전비 및 이사비를 보상하도록 규정하고 있다.

다. 판례

도시정비법상 주택재개발사업의 현금청산대상자로서 현금청산에 관한 협의가 성립되어 사업시행자에게 주거용 건축물의 소유권을 이전한 자이거나 현금청산에 관한 협의가 성립되지 않아 토지보상법에 의해 주거용 건축물이 수용된 자에 대해서는 토지보상법을 준용하여 이주정착비, 주거이전비 및 이사비를 지급하여야 한다고 봄이 상당하다(대법원 2013. 1. 24. 선고 2011두1429, 1436(병합) 판결, 서울행정법원 2014. 11. 13. 선고 2014구합1086 판결 참조).

라. 대상자

(1) 이주정착금 = ①+②

① 주거용 건축물의 소유자 : 단, 공부상 근린생활시설과 무허가·미신고 건축물 및 무단 용도변경의 경우는 배제(단, 1984. 1. 24. 전 건축물은 예외)

② 당해 건축물에 정비계획 공람공고일부터 계약체결일 또는 수용재결일까지 계속하여 거주한 자이어야 한다. 다만, 질병으로 인한 요양, 징집으로 인한 입영, 공무, 취학, 그 밖에 이에 준하는 부득이한 사유로 거주하고 있지 아니한 경우에는 그러하지 아니하다(령 제54조제1항). 〈2016. 1. 6. 개정〉(부산지방법원 2013. 5. 24. 선고 2011구합5866 판결). "해당 공익사업지구 내 타인이 소유하고 있는 건축물에의 거주"자는 이주대책대상자가 아니다(령 제54조제1항단서).

거주사실에 관하여도 주민등록표의 등재내용이 1차적인 기준이 될 것이나, 중요한 것은 실제로 거주하였는지 여부이다(다만 주민등록등재가 되어 있지 아니한 경우에 사업시행자는 대부분 우선 거부처분을 하고 있는바, 이 경우에 실제 거주하였다는 점은 주장하는 자가 입증하여야 할 것이다. 1996. 4. 16. 토정 58307-500, 1999. 7. 8. 토관 58342-609).

실제로 거주하였다면 주민등록 등재 여부와 상관없이 대상자가 될 것이다.

(2) 주거이전비
① 소유자(계속 거주요건 있음)
주거용 건축물의 소유자인 현금청산대상자이다(현금청산에 관한 협의 성립여부는 불문하고 대상자임, 대법원 2013. 1. 10. 선고 2011두

19031 판결). 조합원은 사업시행자에 준하는 지위를 가지고 있다고 할 것이므로 토지보상법에 규정된 주거이전비 청구권이 발생하지 아니한다 (대법원 2011. 11. 24. 선고 2009다28394).

무허가건물 소유자는 대상이 아니다.

> **토지보상법시행규칙 제54조(주거이전비의 보상)** ①공익사업시행지구에 편입되는 주거용 건축물의 소유자에 대하여는 해당 건축물에 대한 보상을 하는 때에 <u>가구 원수에 따라 2개월분의 주거이전비를 보상하여야 한다</u>. 다만, 건축물의 소유자가 해당 건축물 또는 공익사업시행지구 내 타인의 건축물에 실제 거주하고 있지 아니하거나 <u>해당 건축물이 무허가건축물등인 경우에는 그러하지 아니하다</u>. 〈개정 2016.1.6.〉

당해 건축물에 대한 보상을 하기 전에 소유권을 상실한 자도 대상 아니다.

▶ **거주요건 있음**

법 시행령 제54조제1항은 "제13조제1항에 따른 공람공고일부터 계약 체결일 또는 수용재결일까지 계속하여 거주하고 있지 아니한 <u>건축물의 소유자</u>는「공익사업을 위한 토지 등의 취득 및 보상에 관한 법률 시행령」 제40조제5항제2호에 따라 이주대책대상자에서 제외한다. 다만, 같은 호 단서(같은 호 마목은 제외한다)에 해당하는 경우에는 그러하지 아니하다." 라고 규정하고 있다. 〈개정 2018. 4. 17.〉

따라서 질병으로 인한 요양, 징집으로 인한 입영, 공무, 취학, 그 밖에 가목부터 라목까지에 준하는 부득이한 사유에 해당하여 거주하지 못한 자는 이주대책대상자이다.

그러나 령 제54조제1항단서괄호에 의해 마목은 제외되므로, '해당 공익사업지구 내 타인이 소유하고 있는 건축물에 거주'한 자는 이주대책대상자가 아니다.

주거이전비를 보상하는 경우 보상대상자의 인정시점은 정비구역지정을 위한 공람공고일로 본다(령 제54조제4항).

대법원은 "도시 및 주거환경정비법상 주거용 건축물의 소유자에 대한 주거이전비의 보상은 세입자의 경우와 마찬가지로 주거용 건축물에 대하여 정비계획에 관한 공람·공고일부터 해당 건축물에 대한 보상을 하는 때까지 계속하여 소유 및 거주한 주거용 건축물의 소유자를 대상으로 한다고 봄이 타당하다(대법원 2015. 2. 26. 선고 2012두19519)."라고 판시하고 있다 (대법원 2016. 12. 15. 선고 2016두49754 판결).

> **대법원 2015. 2. 26. 선고 2012두19519 주거이전비 (사) 상고기각**
> 구 도시 및 주거환경정비법(2009. 5. 27. 법률 제9729호로 개정되기 전의 것) 제36조제1항, 제40조제1항, 구 공익사업을 위한 토지 등의 취득 및 보상에 관한 법률(2013. 3. 23. 법률 제11690호로 개정되기 전의 것, 이하 같다) 제78조제5항, 제9항, 같은 법 시행규칙 제54조 제1항, 제2항의 문언과 규정형식 등을 종합하면, 구 도시 및 주거환경정비법상 주거용 건축물의 소유자에 대한 주거이전비의 보상은 주거용 건축물에 대하여 정비계획에 관한 공람·공고일부터 해당 건축물에 대한 보상을 하는 때까지 계속하여 소유 및 거주한 주거용 건축물의 소유자를 대상으로 한다고 봄이 타당하다.
> 2. 주거용 건축물의 소유자의 경우에도 주거이전비 보상대상자 결정기준일은 세입자의 경우와 마찬가지로 정비계획이 외부에 공표됨으로써 주민 등이 정비사업이 시행될 예정임을 알 수 있게 된 때인 정비계획의 공람·공고일로 함이 상당한데, 이 사건 사업의 경우 여러 사정상 주거용 건축물의 소유자에 대한 보상기준일은 2차 공람·공고일인 2006. 3. 20.로 함이 상당하다고 전제한 다음, 원고는 2006. 6. 30.에야 이 사건 건축물의 소유권을 취득하여

2차 공람·공고일인 2006. 3. 20. 당시 이 사건 건축물의 소유자가 아니므로, 원고는 주거이전비 보상대상자에 해당한다고 볼 수 없다고 판단하였다.

3. 앞서 본 법리에 따라 원심판결 이유와 기록을 살펴보면, 원심판결의 이유설시에 다소 부적절한 점이 있으나, 그 결론은 정당하다.

거주사실의 입증은 「토지보상법」 시행규칙 제15조제1항 각 호의 방법으로 할 수 있다. 〈신설 2020.12.11.〉

토지보상법 시행규칙 제15조(부재부동산 소유자의 거주사실 등에 대한 입증방법)
① 영 제26조제3항제2호에 따른 거주사실의 입증은 다음 각 호의 방법으로 한다. 〈개정 2005. 2. 5., 2008. 4. 18., 2009. 11. 13., 2020. 12. 11.〉

1. 「주민등록법」 제2조에 따라 해당 지역의 주민등록에 관한 사무를 관장하는 특별자치도지사·시장·군수·구청장 또는 그 권한을 위임받은 읍·면·동장 또는 출장소장의 확인을 받아 입증하는 방법
2. 다음의 어느 하나에 해당하는 자료로 입증하는 방법
    가. 공공요금영수증
    나. 국민연금보험료, 건강보험료 또는 고용보험료 납입증명서
    다. 전화사용료, 케이블텔레비전 수신료 또는 인터넷 사용료 납부확인서
    라. 신용카드 대중교통 이용명세서
    마. 자녀의 재학증명서
    바. 연말정산 등 납세 자료
    사. 그 밖에 실제 거주사실을 증명하는 객관적 자료

② 세입자(계속 거주요건 없음)
㉮ 법 개정 연혁

▶ 도시 및 주거환경정비법 시행규칙
[국토해양부령 제157호, 2009.8.13, 일부개정] 도시 및 주거환경정비법 시행규칙
제9조의2 (손실보상 등) 「공익사업을 위한 토지 등의 취득 및 보상에 관한 법률 시행규칙」 제54조제2항에 따른 주거이전비의 보상은 영 제11조에 따른 공람공고일 현재 당해 정비구역에 거주하고 있는 세입자를 대상으로 한다.[본조신설 2009.8.13]
부칙 제1조(시행일) 이 규칙은 공포한 날부터 시행한다. <u>다만, 제9조의2의 개정 규정은 2009년 11월 28일부터 시행한다.</u>

▶ [시행 2009.12.1.] [국토해양부령 제183호, 2009.12.1., 일부개정]
제9조의2(손실보상 등) ① 영 제44조의2제2항에 따라 정비사업으로 인한 영업의 휴업 등에 대하여 손실을 평가하는 경우 「공익사업을 위한 토지 등의 취득 및 보상에 관한 법률 시행규칙」 제47조제1항에 따른 <u>휴업기간은 같은 규칙 제47조 제2항 본문에도 불구하고 4개월 이내로 한다.</u> 다만, 다음 각 호의 어느 하나에 해당하는 경우에는 실제 휴업기간으로 하되, 그 휴업기간은 2년을 초과할 수 없다.

 1. 해당 정비사업을 위한 영업의 금지 또는 제한으로 인하여 4개월 이상의 기간 동안 영업을 할 수 없는 경우
 2. 영업시설의 규모가 크거나 이전에 고도의 정밀성을 요구하는 등 해당 영업의 고유한 특수성으로 인하여 4개월 이내에 다른 장소로 이전하는 것이 어렵다고 객관적으로 인정되는 경우

② 영 제44조의2제2항에 따라 「공익사업을 위한 토지 등의 취득 및 보상에 관한 법률 시행규칙」 제54조제2항에 따른 <u>주거이전비의 보상은 영 제11조에 따른 공람공고일 현재 해당 정비구역에 거주하고 있는 세입자를 대상으로 한다.</u>

부칙
제1조(시행일) 이 규칙은 공포한 날부터 시행한다.
제2조(적용례) 제9조의2의 개정규정은 <u>이 규칙 시행 후 최초로 사업시행인가를 신청하는 분부터 적용한다.</u>

※ 영업보상을 4개월로 하는 규정은 <u>이 규칙 시행 후 최초로 사업시행인가를 신청하는 분부터 적용한다.</u>
※ 주거이전비는 종전 그대로

▶ [시행 2012.8.2.] [국토해양부령 제506호, 2012.8.2., 일부개정]
　　제9조의2(손실보상 등)

② 제1항에 따라 영업손실을 보상하는 경우 「공익사업을 위한 토지 등의 취득 및 보상에 관한 법률 시행규칙」 제45조제1호의 사업인정고시일등은 영 제11조에 따른 공람공고일로 본다. 〈신설 2012.8.2〉

③ 영 제44조의2제2항에 따른 주거이전비의 보상은 「공익사업을 위한 토지 등의 취득 및 보상에 관한 법률 시행규칙」 제54조제2항 본문에도 불구하고 영 제11조에 따른 공람공고일 현재 해당 정비구역에 거주하고 있는 세입자를 대상으로 한다.〈개정 2012.8.2〉

부칙
제1조(시행일) 이 규칙은 2012년 8월 2일부터 시행한다.
제2조(손실보상에 관한 적용례) 제9조의2제2항의 개정규정은 이 규칙 시행 후 정비계획을 수립(변경수립은 제외한다)하기 위하여 영 제11조에 따라 공람공고를 하는 경우부터 적용한다.

▶ 공익사업을 위한 토지 등의 취득 및 보상에 관한 법률 시행규칙
　　[시행 2017.6.22.] [국토교통부령 제429호, 2017.6.20., 일부개정]

제54조(주거이전비의 보상) ①공익사업시행지구에 편입되는 주거용 건축물의 소유자에 대하여는 해당 건축물에 대한 보상을 하는 때에 가구원수에 따라 2개월분의 주거이전비를 보상하여야 한다. 다만, 건축물의 소유자가 해당 건축물 또는 공익사업시행지구 내 타인의 건축물에 실제 거주하고 있지 아니하거나 해당 건축물이 무허가건축물등인 경우에는 그러하지 아니하다. 〈개정 2016.1.6〉

②공익사업의 시행으로 인하여 이주하게 되는 주거용 건축물의 세입자(무상으로 사용하는 거주자를 포함하되, 법 제78조제1항에 따른 이주대책대상자인 세입자는 제외한다)로서 사업인정고시일등 당시 또는 공익사업을 위한 관계 법령에 따른 고시 등이 있은 당시 해당 공익사업시행지구안에서 3개월 이상 거주한 자에 대해서는 가구원수에 따라 4개월분의 주거이전비를 보상해야 한다. 다만, 무허가건축물등에 입주한 세입자로서 사업인정고시일등 당시 또는 공익사업을 위한 관계 법령에 따른 고시 등이 있은 당시 그 공익사업지구 안에서 1년 이상 거주한 세입자에 대해서는

본문에 따라 주거이전비를 보상해야 한다. 〈개정 2007.4.12, 2016.1.6, 2020.12.11〉

▶ 도시 및 주거환경정비법 시행령
[시행 2018. 2. 9.] [대통령령 제28628호, 2018. 2. 9., 전부개정]
제54조(손실보상 등)
③ 제2항에 따라 영업손실을 보상하는 경우 보상대상자의 인정시점은 제13조제1항에 따른 공람공고일로 본다.
④ 주거이전비를 보상하는 경우 보상대상자의 인정시점은 제13조제1항에 따른 공람공고일로 본다.

⓮ 대상자

세입자에 대한 주거이전비 보상은 2009. 11. 28. 구 도시정비법시행규칙 제9조의2 신설조문이 시행되기 전에는 "사업시행인가일 당시 해당 공익사업시행지구안에서 3개월 이상 거주한 자"라는 하급심 판결이 있었으나, 대법원은 사업시행인가일이 아닌 공람공고일이라고 판시하였고, 나아가 구 도시정비법시행규칙 제9조의2는 2009. 11. 28.부터 아예 공람공고일이라고 명시하였다.

다만, 구 도시정비법시행규칙 제9조의2는 "주거이전비의 보상은 영 제11조에 따른 공람공고일 현재 당해 정비구역에 거주하고 있는 세입자"라고 표현하여 해당 공익사업시행지구안에서 3개월 이상 거주한 자라는 요건을 삭제한 것으로 볼 여지도 있으나, 국토부는 이에 대해 도시정비법이 위 3개월 소급요건을 삭제한 것이 아니라 단지 "도시정비법시행규칙 제9조의2 개정사항은 적용대상을 변경하는 것으로 거주시점을 당초 사업시행인가시점에서 정비계획 공람공고일 현재 거주자를 대상으로 변경된 사항"이라고 한다(국토교통부 2017. 8. 29.).

> **대법원 2010. 9. 9. 선고 2009두16824 판결**
> 공익사업을 위한 토지 등의 취득 및 보상에 관한 법률 제78조제5항, 같은 법 시행규칙 제54조제2항, 구 도시 및 주거환경정비법(2008. 3. 28. 법률 제9047호로 개정되기 전의 것) 제4조제1항, 제2항, 같은 법 시행령 제11조제1항 등 각 규정의 내용, 형식 및 입법경위, 주거이전비는 당해 공익사업시행지구 안에 거주하는 세입자들의 조기이주를 장려하여 사업추진을 원활하게 하려는 정책적인 목적과 주거이전으로 인하여 특별한 어려움을 겪게 될 세입자들을 대상으로 하는 사회보장적인 차원에서 지급하는 성격의 것인 점 등을 종합하면, <u>도시정비법상 주거용 건축물의 세입자에 대한 주거이전비의 보상은 정비계획이 외부에 공표됨으로써 주민 등이 정비사업이 시행될 예정임을 알 수 있게 된 때인 정비계획에 관한 공람공고일 당시 당해 정비구역 안에서 3월 이상 거주한 자를 대상</u>으로 한다.
>
> ※ 원심은 공람공고일이 아닌 사업시행인가일이라고 판시하였으나, 대법원이 파기한 것임

> **서울고등법원 2009. 8. 21. 선고 2008누38287 판결**
> 주택재개발사업의 경우 사업인정고시일로 간주되는 <u>사업시행인가고시일 당시 당해 정비구역 안에서 3월 이상 거주한 주택세입자는 사업시행인가고시일에 재개발정비사업조합에 대하여 주거이전비 보상청구권을 취득한</u>다고 해석함이 상당하다.

▶ 계속 거주 여부

대법원은 도시정비법상 주거용 건축물의 세입자가 주거이전비를 보상받기 위하여 반드시 정비사업의 시행에 따른 관리처분계획인가고시 및 그에 따른 주거이전비에 관한 보상계획의 공고일 내지 그 산정통보일까지 계속 거주하여야 할 필요는 없다고 한다(대법원 2012. 2. 23. 선고 2011두23603 판결).

> **대법원 2012. 2. 23. 선고 2011두23603 판결**
> 주거이전비는 당해 공익사업시행지구 안에 거주하는 세입자들의 조기이주를 장려하여 사업을 원활하게 추진하려는 정책적인 목적을 가지면서 동시에 주거이전으로 인하여 특별한 어려움을 겪게 될 세입자들을 대상으로 하는 사회보장적인 차원에서

지급하는 성격의 것인 점(대법원 2006. 4. 27. 선고 2006두2435 판결 등 참조) 등을 종합하면, 도시정비법상 주거용 건축물의 세입자가 주거이전비를 보상받기 위하여 반드시 정비사업의 시행에 따른 관리처분계획인가고시 및 그에 따른 주거이전비에 관한 보상계획의 공고일 내지 그 산정통보일까지 계속 거주하여야 할 필요는 없다고 할 것이다.

같은 취지에서 원심이 피고의 주장, 즉 원고 1, 2 및 원고 3이 이 사건 정비사업에 관한 관리처분계획인가고시일까지 계속 거주하여야 함을 전제로 관리처분계획인가고시나 그에 따른 보상계획이 공고되기 전까지는 주거이전비의 지급을 구할 수 없다는 주장을 배척하고, 위 원고들에 대한 주거이전비의 지급을 명한 것은 정당한 것으로 수긍할 수 있다. 거기에 도시정비법상 주거이전비의 지급에 관한 법리를 오해한 위법이 있다고 할 수 없다.

> **하급심 서울고등법원 2011. 8. 31. 선고 2011누5591 신길○조합**
> 사업시행자는 사업시행인가고시로써 비로소 수용을 할 수 있는 권리를 취득하게 되는 점, 그 반면 정비구역지정을 위한 공람공고일 당시에는 세입자가 주거이전비의 지급을 청구할 수 있는 상대방이 존재하지 않는 점 등에 비추어 볼 때, 세입자는 사업시행인가 이후에는 언제든지 사업시행인가고시일을 기준으로 산정한 주거이전비의 지급을 청구할 수 있다고 봄이 타당하다.

대법원 2006. 4. 27. 선고 2006두2435 판결

공익사업을 위한 토지 등의 취득 및 보상에 관한 법률 제78조제5항 및 같은 법 시행규칙 제54조제2항, 제55조제2항의 각 규정에 의하여 공익사업의 시행에 따라 이주하는 주거용 건축물의 세입자에게 지급하는 주거이전비와 이사비는, 당해 공익사업 시행지구 안에 거주하는 세입자들의 조기이주를 장려하여 사업추진을 원활하게 하려는 정책적인 목적과 주거이전으로 인하여 특별한 어려움을 겪게 될 세입자들을 대상으로 하는 사회보장적인 차원에서 지급하는 금원의 성격을 갖는다 할 것이므로, 같은 법 시행규칙 제54조 제2항에 규정된 '공익사업의 시행으로 인하여 이주하게 되는 주거용 건축물의 세입자로서 사업인정고시일 등 당시 또는 공익사업을 위한 관계 법령에 의한 고시 등이 있은 당시 당해 공익사업 시행지구 안에서 3월 이상 거주한 자'에 해당하는 세입자는 이후의 사업시행자의 주거이전비 산정통보일 또는 수용개시일까지 계속 거주할 것을 요함이 없이 <u>위 사업인정고시일 등에 바로 같은 법 시행규칙 제54조제2항의 주거이전비와 같은 법 시행규칙 제55조 제2항의 이사비 청구권을 취득한다</u>고 볼 것이고, 한편 이사비의 경우 실제 이전할 동산의 유무나 다과를 묻지 않고 같은 법 시행규칙 제55조 제2항 [별표 4]에 규정된 금액을 지급받을 수 있다.

부산지방법원 2008. 8. 22. 선고 2008나2279 판결 서대신1구역
공익사업을 위한 토지 등의 취득 및 보상에 관한 법률 시행규칙 제54조 제2항은 세입자에 대한 주거이전비 보상대상을 "사업인정고시일 등 당시 또는 공익사업을 위한 관계 법령에 의한 고시 등이 있은 당시 당해 공익사업시행지구 안에서 3월 이상 거주한 자"로 규정하는바, 위 규정이 주거이전비 보상기준일을 "고시가 있은 날"이 아니라 "고시 등이 있은 날"로 규정한 취지는, 토지수용절차에 같은 법을 준용하는 '관계 법령' 중에는 바로 사업인정고시를 할 뿐 고시 이전에 주민 등에 대한 공람공고를 예정하지 아니한 법률이 있는 반면, 사업인정고시 이전에 주민 등에 대한 공람공고를 예정한 법률도 있기 때문에, 그러한 경우를 모두 포섭하기 위한 것으로 보일 뿐만 아니라, 고시가 있기 전이라도 재개발사업의 시행이 사실상 확정되고 외부에 공표되어 누구나 사업 시행 사실을 알 수 있게 된 후 재개발사업지역 내로 이주한 자를 주거이전비 보상 대상자로 보호할 필요는 없는 데다가, 재개발사업이 있을 것을 알고 보상금을 목적으로 재개발사업예정지역에 이주, 전입하는 것을 방지함으로써 정당한 보상을 하기 위함이라고 볼 것이므로, "고시 등이 있은 날"에는 재개발사업지역 지정 고시일뿐만 아니라 고시를 하기 전에 관계 법령에 의해 공람공고 절차를 거친 경우에는 그 공람공고일도 포함된다고 보아야 할 것이어서, <u>고시 전에 관계 법령에 따른 공람공고 절차를 거친 때에는 그 공람공고일을 보상기준일로 볼 수 있다. 또한, 위 규정의 "3월 이상 거주"라 함은 실제로 그곳에 거주하는 것을 말하는 것이지, 그곳에 주민등록이 되어 있는 것을 말하는 것이 아니므로, 주민등록상 등재 여부 및 다른 여러 가지 사정에 비추어 실제 거주 여부를 판단하여야 한다.</u>

<u>조합원 겸 세입자는 주거이전비를 지급받지 못한다.</u> 즉, 도시정비법에 따른 주택재개발정비사업의 사업구역 내 주거용 건축물을 소유하면서 같은 구역 내 타인의 주거용 건축물에 세 들어 거주하는 주택재개발정비

조합원은 '세입자로서의 주거이전비(4개월분)' 지급대상이 아니다(대법원 2017. 10. 31. 선고 2017두40068 판결).

> **대법원 2017. 10. 31. 선고 2017두40068 판결**
>
> 구 도시정비법이 적용되는 주택재개발정비사업의 사업구역 내의 주거용 건축물을 소유하는 주택재개발정비조합원이 사업구역 내의 타인의 주거용 건축물에 거주하는 세입자일 경우(이하 '소유자 겸 세입자'라 한다)에는 구 도시정비법 제40조제1항, 구 토지보상법 시행규칙 제54조제2항에 따른 '세입자로서의 주거이전비(4개월분)' 지급대상은 아니라고 봄이 타당하다. 그 이유는 다음과 같다.
>
> **(1)** 구 토지보상법령의 규정에 의하여 공익사업 시행에 따라 이주하는 주거용 건축물의 세입자에게 지급하는 주거이전비는 공익사업 시행지구 안에 거주하는 세입자들의 조기 이주를 장려하고 사업추진을 원활하게 하려는 정책적인 목적과 주거이전으로 특별한 어려움을 겪게 될 세입자들에게 사회보장적인 차원에서 지급하는 금원이다(대법원 2006. 4. 27. 선고 2006두2435 판결 등 참조).
>
> 그런데 주택재개발정비사업의 개발이익을 누리는 조합원은 그 자신이 사업의 이해관계인이므로 관련법령이 정책적으로 조기 이주를 장려하고 있는 대상자에 해당한다고 보기 어렵다. 이러한 조합원이 그 소유 건축물이 아닌 정비사업구역 내 다른 건축물에 세입자로 거주하다 이전하더라도, 일반 세입자처럼 주거이전으로 특별한 어려움을 겪는다고 보기 어려우므로, 그에게 주거이전비를 지급하는 것은 사회보장급부로서의 성격에 부합하지 않는다.
>
> **(2)** 주택재개발사업에서 조합원은 사업 성공으로 인한 개발이익을 누릴 수 있고 그가 가지는 이해관계가 실질적으로는 사업시행자와 유사할 뿐 아니라, 궁극적으로는 공익사업 시행으로 생활의 근거를 상실하게 되는 자와는 차이가 있다. 이러한 특수성은 '소유자 겸 세입자'인 조합원에 대하여 세입자 주거이전비를 인정할 것인지를 고려할 때에도 반영되어야 한다. 더욱이 구 도시정비법 제36조 제1항은 사업시행자가 주택재개발사업 시행으로 철거되는 주택의 소유자 또는 세입자에 대하여 그 정비구역 내·외에 소재한 임대주택 등의 시설에 임시로 거주하게 하거나 주택자금의 융자알선 등 임시수용에 상응하는 조치를 하여야 한다고 정하고 있고, 이러한 다양한 보상조치와 보호대책은 소유자 겸 세입자에 대해서도 적용될 수 있으므로 그 최소한의 보호에 공백이 있다고 보기 어렵다.

(3) 조합원인 소유자 겸 세입자를 주택재개발정비사업조합의 세입자 주거이전비 지급대상이 된다고 본다면, 그 지급액은 결국 조합·조합원 모두의 부담으로 귀결될 것인데, 동일한 토지등 소유자인 조합원임에도 우연히 정비구역 안의 주택에 세입자로 거주하였다는 이유만으로 다른 조합원들과 비교하여 이익을 누리고, 그 부담이 조합·조합원들의 부담으로 전가되는 결과 역시 타당하다고 볼 수 없다.

㉴ 보상내용 및 절차

보상의 내용은 그 사업시행인가고시 당시 시행 중인 토지보상법에서 규정한 바에 따라 정해진다. 가구원수에 따라 4개월분의 주거이전비를 지급한다.

주택재개발정비사업의 경우에는 토지보상법에 따라 보상계획을 공고하고 토지소유자 및 관계인에게 보상계획을 통지하는 절차가 아니라 <u>도시정비법에 규정된</u> 사업시행인가에 관한 고시·공고·통지의 절차를 거치는 것으로 충분하다(대법원 2012. 9. 27. 선고 2010두13890 판결 등).

토지보상법시행규칙 제54조(주거이전비의 보상)
② 공익사업의 시행으로 인하여 이주하게 되는 주거용 건축물의 세입자(무상으로 사용하는 거주자를 포함하되, 법 제78조제1항에 따른 이주대책대상자인 세입자는 제외한다)로서 사업인정고시일등 당시 또는 공익사업을 위한 관계 법령에 따른 고시 등이 있은 당시 해당 공익사업시행지구안에서 3개월 이상 거주한 자에 대해서는 가구원수에 따라 4개월분의 주거이전비를 보상해야 한다. 다만, 무허가건축물등에 입주한 세입자로서 사업인정고시일등 당시 또는 공익사업을 위한 관계 법령에 따른 고시 등이 있은 당시 그 공익사업지구 안에서 1년 이상 거주한 세입자에 대해서는 본문에 따라 주거이전비를 보상해야 한다. 〈개정 2007. 4. 12., 2016. 1. 6., 2020. 12. 11.〉
③ 제1항 및 제2항에 따른 거주사실의 입증은 제15조제1항 각 호의 방법으로 할 수 있다. 〈신설 2020. 12. 11.〉

대법원 2012. 9. 27. 선고 2010두13890 판결

정비계획에 관한 공람공고일 당시에는 주거이전비의 지급을 청구할 상대방인 사업시행자가 확정되어 있지 아니하고 사업시행 여부도 확실하지 아니한 상태인 점, 주택재개발정비사업을 시행하기 위해서는 정비사업조합의 설립인가와 사업시행계획에 대한 인가를 받아야 하고 사업시행자는 사업시행계획의 인가·고시가 있은 후에 비로소 정비사업을 위하여 필요한 경우에는 토지·물건 그 밖의 권리를 수용할 수 있게 되는 점 등을 종합하여 보면, 구 도시정비법상 주거용 건축물의 세입자에 대한 주거이전비의 보상은 정비계획에 관한 공람공고일 당시 당해 정비구역 안에서 3월 이상 거주한 자를 대상으로 하되, 그 보상의 방법 및 금액 등의 보상내용은 정비사업의 종류 및 내용, 사업시행자, 세입자의 주거대책, 비용부담에 관한 사항, 자금계획 등이 구체적으로 정해지는 사업시행계획에 대한 인가고시일(이하 '사업시행인가고시일'이라고 한다)에 확정된다고 할 것이다. 또한 구 도시정비법에 의한 주택재개발정비사업의 경우에는 공익사업법 제15조(제26조 제1항에 따라 준용되는 경우를 포함한다)에 따라 보상계획을 공고하고 토지소유자 및 관계인에게 보상계획을 통지하는 절차가 아니라 구 도시정비법 제31조, 구 도시정비법 시행령 제42조 등에 규정된 공고 및 통지절차를 거치는 것으로 충분하다고 보아야 한다.

대법원 2012. 9. 27. 선고 2011두32966 판결

구 도시정비법상 주거용 건축물의 세입자에 대한 주거이전비 등의 보상대상자에 해당하는지 여부는 정비계획에 관한 공람공고일을 기준으로 3월 이상 당해 정비구역 안에 거주한 자에 해당하는지 여부에 따라 판단할 것이고(대법원 2010. 9. 9. 선고 2009두16824 판결 등 참조), 그 보상의 내용은 그 사업시행인가 고시 당시 시행 중인 공익사업법 시행규칙에서 규정한 바에 따라 정해진다고 할 것이다. 그리고 이 경우에는 구 도시정비법 제31조 및 그 시행령(2009. 8. 11. 대통령령 제21679호로 개정되기 전의 것) 제42조 등에 따라 사업시행인가에 관한 고시·공고·통지의 절차를 거치는 외에 그와 별도로 공익사업법 제15조(제26조 제1항에 따라 준용되는 경우를 포함한다)에 따라 보상계획을 공고하거나 임차인 등에게 보상계획을 통지할 것까지 요구되지는 않으므로 개정 시행규칙 부칙 제4조가 준용될 여지는 없다고 할 것이다.

(3) 이사비

기존에는 주거이전비 지급대상자는 모두 이사비를 지급하여 왔다. 그러나 법은 주거이전비와는 달리 기준일이 없고, 단지 공익사업시행지구에 편입되는 주거용 건축물의 거주자로만 규정하고 있다. 또한 소유자와 세입자에 대한 차별도 없다.

대법원은, 이사비의 경우는 기준일이 없이 단지 정비구역안의 주거용 건축물에 전입하여 거주하다가 그 사업시행인가고시일 후 이사하면 지급대상자라고 본다(대법원 2012. 8. 30. 선고 2011두22792 판결, 대법원 2016. 12. 15. 선고 2016두49754 판결).

서울고등법원은 이사비 보상대상자가 되기 위해서는 적어도 사업인정 고시일, 즉 사업시행인가 고시일 이전부터 정비구역 내에 거주할 것이 요구된다고 봄이 타당하다고 한다(2018. 12. 13. 선고 2018누63831). 사업시행인가 고시일 이후에 거주하기 시작한 자에 대해 이사비 보상대상자가 아니라고 판단한 사안이다(대법원 2019두30928, 2019. 4. 25. 심리불속행기각).

한편 토지보상법시행규칙 제55조제1항은 "토지등의 취득 또는 사용에 따라 이전하여야 하는 동산(제2항에 따른 이사비의 보상대상인 동산을 제외한다)에 대하여는 이전에 소요되는 비용 및 그 이전에 따른 감손상당액을 보상하여야 한다."라고 규정하여, 이사비를 지급받으면 동산의 이전비는 당연히 받지 못한다.

마. 금액

(1) 이주정착금

보상대상인 이주정착금은 보상대상인 주거용 건축물에 대한 평가액의 30퍼센트에 해당하는 금액으로 하되, 그 금액이 1천2백만원 미만인 경우에는 1천2백만원으로 하고, 2천4백만원을 초과하는 경우에는 2천4백만원으로 한다(토지보상법시행규칙 제53조제2항).〈개정 2012. 1. 2., 2020. 12. 11.〉

실제 거주한 면적을 기준으로 산정하는 것이 아니다(서울행정법원 2014. 11. 13. 선고 2014구합1086).

(2) 주거이전비

도시가계조사통계의 근로자 가구의 가구원수별 월평균 가계지출비 × 2월분(세입자는 4월분)

2022년 10월 기준으로 한 지급금액[23]		
가구원수당 주거이전비(소유자 2월분) : 세입자는 4월분이므로 곱하기 2		
1인 / 4,555,520원	4인 / 11,338,830원	7인 / 14,782,288원
2인 / 6,668,438원	5인 / 11,536,748원	8인 / 16,405,058원
3인 / 9,330,932원	6인 / 13,159,518원	9인 / 18,027,828원

(3) 이사비

공익사업시행지구에 편입되는 주거용 건축물의 거주자가 해당 공익사업시행지구 밖으로 이사를 하는 경우에는 별표 4의 기준에 의하여 산정한 이사비(가재도구 등 동산의 운반에 필요한 비용을 말한다. 이하 이 조에서 같다)를 보상하여야 한다(토지보상법시행규칙 제55조제2항).〈개정 2012. 1. 2.〉

이사비의 보상을 받은 자가 당해 공익사업시행지구안의 지역으로 이사하는 경우에는 이사비를 보상하지 아니한다(토지보상법시행규칙 제55조제3항).
가재도구 등 동산의 운반에 필요한 실비로 하되 주거용 건물 점유면적 기준에 의하여 지급한다. 자가 주택거주자와 세입자 이사비는 동일하다.

---

23) 한국토지주택공사 택지보상 홈페이지 자료.

주택건평별 이사비(2022년 1-8월 기준)

주택건평	33㎡(10평)미만	33㎡(10평)~49.5㎡(15평)미만	49.5㎡(15평)~66㎡(20평)미만	66㎡(20평)~99㎡(30평)미만	99㎡(30평)이상
금액(원)	752,709	1,163,846	1,454,807	1,745,769	2,327,692

주택연면적 이사비 기준(개정 2021. 8. 27.)

■ 공익사업을 위한 토지 등의 취득 및 보상에 관한 법률 시행규칙 [별표 4] 〈개정 2021. 8. 27.〉

이사비 기준(제55조제2항 관련)

주택연면적기준	이사비			비고
	임금	차량운임	포장비	
1. 33제곱미터 미만	3명분	1대분	(임금 + 차량운임) × 0.15	1. 임금은 「통계법」 제3조제3호에 따른 통계작성기관이 같은 법 제18조에 따른 승인을 받아 작성·공표한 공사부문 보통인부의 임금을 기준으로 한다. 2. 차량운임은 한국교통연구원이 발표하는 최대적재량이 5톤인 화물자동차의 1일 8시간 운임을 기준으로 한다. 3. 한 주택에서 여러 세대가 거주하는 경우 주택연면적기준은 세대별 점유면적에 따라 각 세대별로 계산·적용한다.
2. 33제곱미터 이상 49.5제곱미터 미만	4명분	2대분	(임금 + 차량운임) × 0.15	
3. 49.5제곱미터 이상 66제곱미터 미만	5명분	2.5대분	(임금 + 차량운임) × 0.15	
4. 66제곱미터 이상 99제곱미터 미만	6명분	3대분	(임금 + 차량운임) × 0.15	
5. 99제곱미터 이상	8명분	4대분	(임금 + 차량운임) × 0.15	

※ 공사부문 보통인부 임금 : 148,510원 (2022년 1/2)

※ 2016. 1. 6. 규칙 개정으로 인하여 차량운임은 한국교통연구원이 발표하는 최대적재량이 5톤 화물자동차의 1일 8시간 운임을 기준으로 한다.
[5톤 화물자동차 운임 : 209,000원 (2021년 상반기)]

바. 합의로 포기가 가능한가?

이주정착금, 주거이전비, 이사비 지급조항은 강행규정으로 봐야 한다 (대법원 2011. 7. 14. 선고 2011두3685).

따라서 비록 전에 조합에게 포기각서를 제출하였다고 하더라도 청구가 가능하다.

사. 인도의무와 선 이행 또는 동시이행관계 문제

대법원은 "<u>토지보상법 제78조 등에서 정한 주거이전비, 이주정착금, 이사비(이하 '주거이전비 등'이라 한다)도 구 도시정비법 제49조제6항 단서에서 정한 '토지보상법에 따른 손실보상'에 해당한다. 그러므로 주택재개발사업의 사업시행자가 공사에 착수하기 위하여 현금청산대상자나 세입자로부터 정비구역 내 토지 또는 건축물을 인도받기 위해서는 협의나 재결절차 등에 의하여 결정되는 주거이전비 등도 지급할 것이 요구된다</u>. 만일 사업시행자와 현금청산대상자나 세입자 사이에 주거이전비 등에 관한 협의가 성립된다면 사업시행자의 주거이전비 등 지급의무와 현금청산대상자나 세입자의 부동산 인도의무는 동시이행의 관계에 있게 되고, 재결절차 등에 의할 때에는 주거이전비 등의 지급절차가 부동산 인도에 선행되어야 할 것이다(대법원 2021. 8. 26. 선고 2019다235153 판결).

> <u>주거이전비 지급이 선행되어야 인도청구 가능</u>
> **대법원 2021. 8. 26. 선고 2019다235153 판결**
> 1. 구「도시 및 주거환경정비법」(2017. 2. 8. 법률 제14567호로 전부 개정되기 전의 것, 이하 '구 도시정비법'이라 한다) 제49조제6항은 '관리처분계획의 인가·고시가 있은 때에는 종전의 토지 또는 건축물의 소유자·지상권자·전세권자·임차권자 등 권리자는 제54조의 규정에 의한 이전의 고시가 있는 날까지 종전의 토지 또는 건축물에 대하여 이를 사용하거나 수익할 수 없다. 다만 사업

시행자의 동의를 받거나 제40조 및 「공익사업을 위한 토지 등의 취득 및 보상에 관한 법률」(이하 '토지보상법'이라 한다)에 따른 손실보상이 완료되지 아니한 권리자의 경우에는 그러하지 아니하다.'고 규정하고 있다. 따라서 사업시행자가 현금청산대상자나 세입자에 대해서 종전의 토지나 건축물의 인도를 구하려면 관리처분계획의 인가·고시만으로는 부족하고 구 도시정비법 제49조제6항단서에서 정한 토지보상법에 따른 손실보상이 완료되어야 한다.

구 도시정비법 제49조제6항 단서의 내용, 그 개정경위와 입법취지를 비롯하여 구 도시정비법 및 토지보상법의 관련 규정들을 종합하여 보면, 토지보상법 제78조 등에서 정한 주거이전비, 이주정착금, 이사비(이하 '주거이전비 등'이라 한다)도 구 도시정비법 제49조제6항단서에서 정한 '토지보상법에 따른 손실보상'에 해당한다. 그러므로 주택재개발사업의 사업시행자가 공사에 착수하기 위하여 현금청산대상자나 세입자로부터 정비구역 내 토지 또는 건축물을 인도받기 위해서는 협의나 재결절차 등에 의하여 결정되는 주거이전비 등도 지급할 것이 요구된다. 만일 사업시행자와 현금청산대상자나 세입자 사이에 주거이전비 등에 관한 협의가 성립된다면 사업시행자의 주거이전비 등 지급의무와 현금청산대상자나 세입자의 부동산 인도의무는 동시이행의 관계에 있게 되고, 재결절차 등에 의할 때에는 주거이전비 등의 지급절차가 부동산 인도에 선행되어야 할 것이다(대법원 2021. 6. 30. 선고 2019다207813 판결 등 참조).

2. 따라서 관리처분계획의 인가·고시가 있은 후 사업시행자가 토지보상법에 따른 손실보상의 완료를 주장하며 현금청산대상자에 대하여 민사소송으로서 종전의 토지나 건축물에 관한 인도청구의 소를 제기하고, 그 소송에서 현금청산대상자가 재결절차에서 주거이전비 등을 보상받지 못하였음을 이유로 인도를 거절한다고 선이행 항변하는 사건을 심리하는 민사법원은, 위 항변의 당부를 판단하기 위한 전제로 현금청산대상자가 토지보상법 제78조, 같은 법 시행령 제40, 41조, 같은 법 시행규칙 제53 내지 55조 등이 정한 요건을 충족하여 주거이전비 등의 지급대상에 해당하는지 여부를 심리·판단하여야 하고, 주거이전비 등의 지급대상인 경우 주거이전비 등의 지급절차가 선행되었는지 등을 심리하여야 한다.

3. 다만 위 주거이전비 보상청구권은 공법상의 권리로서 그 보상을 구하는

소송은 행정소송법상 당사자소송에 의하여야 하고, 소유자의 주거이전비 보상에 관하여 재결이 이루어진 다음 소유자가 다투는 경우에는 토지보상법 제85조에 규정된 행정소송을 제기하여야 한다(대법원 2019. 4. 23. 선고 2018두55326 판결 등 참조). 그러므로 위와 같이 사업시행자가 현금청산 대상자를 상대로 종전의 토지나 건축물의 인도를 구하는 민사소송에서 법원이 직접 주거이전비 등의 지급을 명하거나 주거이전비 등의 보상에 관한 재결에 대한 다툼을 심리·판단할 수는 없다.

☞ 대법원은 이미 주거이전비 등도 토지보상법에 따른 손실보상에 해당하므로 그 지급이 선행되어야 부동산의 인도를 구할 수 있다고 판단한 바 있으나(대법원 2021. 6. 30. 선고 2019다207813 판결), 법원이 구체적으로 어떤 사안에 대해 심리·판단하여야 하는지에 대해서는 구체적으로 언급되지 않았음

☞ 이 사건에서 대법원은 위 2019다207813 판결의 법리를 적용하여 주거이전비 등의 지급이 선행되지 않아도 인도의무 있다고 본 원심판결 부분을 파기환송 하면서, 환송 후 원심이 구체적으로 어떤 사항을 심리하여 어떻게 판단하여야 하는지, 특히 어떠한 부분이 민사소송에서 심리되어야 하는지, 행정소송에 의해 심리·판단되어야 할 부분과의 차이는 무엇인지 등에 대해 구체적으로 설시함

재개발 주거이전비를 선지급하여야 함

대법원 2021. 7. 29. 선고 2019다300484 부당이득금 (가) 상고기각
[재개발사업 사업시행자가 현금청산대상자를 상대로 부당이득반환을 구하는 사건]

1. 구 「도시 및 주거환경정비법」(2017. 2. 8. 법률 제14567호로 전부개정되기 전의 것, 이하 '구 도시정비법'이라 한다) 제49조제6항은 '관리처분계획의 인가·고시가 있은 때에는 종전의 토지 또는 건축물의 소유자·지상권자·전세권자·임차권자 등 권리자는 제54조의 규정에 의한 이전의 고시가 있는 날까지 종전의 토지 또는 건축물에 대하여 이를 사용하거나 수익할 수 없다. 다만 사업시행자의 동의를 받거나 제40조 및 「공익사업을 위한 토지 등의 취득 및 보상에 관한 법률」(이하 '토지보상법'이라 한다)에 따른 손실보상이 완료되지 아니한 권리자의 경우에는 그러하지 아니하다.'고 정한다. 이 조항은 토지보상법 제43조에 대한 특별규정으로서, 사업시행자가 현금청산대상자나 임차인 등에 대해서 종전의 토지나 건축물의 인도를 구하려면 관리처분계획

의 인가·고시만으로는 부족하고 구 도시정비법 제49조 제6항 단서에서 정한 대로 토지보상법에 따른 손실보상이 완료되어야 한다.

구 도시정비법 제40조제1항본문은 '정비사업의 시행을 위한 수용 또는 사용에 관하여 도시정비법에 특별한 규정이 있는 경우를 제외하고는 토지보상법을 준용한다.'고 정한다. 토지보상법 제78조 제1항은 '사업시행자는 공익사업의 시행으로 인하여 주거용 건축물을 제공함에 따라 생활의 근거를 상실하게 되는 자를 위하여 대통령령으로 정하는 바에 따라 이주대책을 수립·실시하거나 이주정착금을 지급하여야 한다.'고 정하고, 토지보상법 시행령 제41조는 '사업시행자가 이주대책을 수립·실시하지 아니하는 경우 또는 이주대책대상자가 이주정착지가 아닌 다른 지역으로 이주하려는 경우에는 이주대책대상자에게 국토교통부령으로 정하는 바에 따라 이주정착금을 지급하여야 한다.'고 정한다. 또한 토지보상법 제78조제5항은 '주거용 건물의 거주자에 대하여는 주거 이전에 필요한 비용과 가재도구 등 동산의 운반에 필요한 비용을 산정하여 보상하여야 한다.'고 정한다. 이러한 법령 조항의 내용과 체계, 그 개정 경위와 입법 취지를 종합하면 토지보상법 제78조 등에서 정한 주거이전비, 이주정착금, 이사비(이하 '주거이전비 등'이라 한다)는 구 도시정비법 제49조제6항단서에서 정한 '토지보상법에 따른 손실보상'에 해당한다고 보아야 한다(대법원 2021. 6. 30. 선고 2019다207813 판결 참조).

2. 구 도시정비법 제49조제6항단서에서 정한 토지보상법에 따른 손실보상이 완료되려면 협의나 수용재결에서 정해진 토지나 건축물 등에 대한 보상금의 지급 또는 공탁뿐만 아니라 주거이전비 등에 대한 지급절차까지 이루어져야 한다. 만일 협의나 재결절차 등에 따라 주거이전비 등의 지급절차가 이루어지지 않았다면 관리처분계획의 인가·고시가 있더라도 분양신청을 하지 않거나 철회하여 현금청산대상자가 된 자는 종전의 토지나 건축물을 사용·수익할 수 있다(위 대법원 2019다207813 판결 참조). 위와 같이 주거이전비 등을 지급할 의무가 있는 주택재개발정비사업의 시행자가 종전 토지나 건축물을 사용·수익하고 있는 현금청산대상자를 상대로 부당이득반환을 청구하는 것은 허용되지 않는다.

☞ 재개발사업의 사업시행자인 원고가 수용을 통하여 현금청산대상자인 피고의 건물의 소유권을 취득하였으나 피고는 원고에게 건물을 인도하지 않고 점유·

사용하였음. 이에 대해 원고가 피고를 상대로 소유권 취득 이후부터 피고의 점유·사용 완료일까지 차임 상당의 부당이득을 구하는 사안임

☞ 대법원은 재개발사업의 사업시행자가 주거이전비 등을 지급하지 않았다면 구 도시정비법 제49조 제6항 단서에서 정한 손실보상의 완료 요건을 충족하지 않았다고 보아야 하므로 현금청산대상자는 종전의 토지나 건축물을 사용·수익할 수 있다고 판단하였음

주거이전비 받지 못하면 인도 의무가 없으므로 형사책임도 없다.
대법원 2021. 7. 29. 선고 2019도13010 공익사업을위한토지등의취득및보상에관한법률위반 (가) 파기환송

◇ 현금청산대상자나 임차인이 주거이전비 등을 지급받지 못한 경우에도 사업시행자에게 수용개시일까지 토지 등을 인도하지 아니하였음을 이유로 「공익사업을 위한 토지 등의 취득 및 보상에 관한 법률」 제43조, 제95조의2 위반죄로 처벌할 수 있는지 여부(소극) ◇

구 「도시 및 주거환경정비법」(2017. 2. 8. 법률 제14567호로 전부개정되기 전의 것, 이하 '구 도시정비법'이라 한다) 제49조제6항단서의 내용, 그 개정경위와 입법취지, 구 도시정비법과 토지보상법의 관련 규정의 체계와 내용을 종합하면, 토지보상법 제78조 등에서 정한 주거이전비, 이주정착금, 이사비(이하 '주거이전비 등'이라 한다) 등도 구 도시정비법 제49조제6항단서에서 정하는 '토지보상법에 따른 손실보상'에 해당한다. 따라서 주택재개발사업의 사업시행자가 공사에 착수하기 위하여 현금청산대상자나 임차인 등으로부터 정비구역 내 토지 또는 건축물을 인도받기 위해서는 협의나 재결절차 등에서 결정되는 주거이전비 등을 지급할 것이 요구된다. 사업시행자가 수용재결에서 정한 토지나 지장물 등 보상금을 지급하거나 공탁한 것만으로 토지보상법에 따른 손실보상이 완료되었다고 보기 어렵다(대법원 2021. 6. 30. 선고 2019다207813 판결 참조).

사업시행자가 수용재결에 따른 보상금을 지급하거나 공탁하고 토지보상법 제43조에 따라 부동산의 인도를 청구하는 경우 현금청산대상자나 임차인 등이 주거이전비 등을 보상받기 전에는 특별한 사정이 없는 한 구 도시정비법 제49조제6항단서에 따라 주거이전비 등의 미지급을 이유로 부동산의 인도를 거절할 수 있다. 따라서 이러한 경우 현금청산대상자나 임차인 등이 수용개시일까지 수용대상 부동산을

인도하지 않았다고 해서 토지보상법 제43조, 제95조의2제2호 위반죄로 처벌해서는 안 된다.

☞ 원심은 현금청산대상자인 피고인이 수용개시일까지 수용대상 부동산을 인도하지 않은 행위가 토지보상법 제43조, 제95조의2제2호 위반죄에 해당한다고 보아 이 사건 공소사실을 유죄로 인정하였는데, 주거이전비 등은 사전보상의 원칙이 적용되는 손실보상금에 해당하기 어렵다는 이유로 주거이전비 등이 지급되었는지 여부에 대해서는 심리하지 않았음

☞ 대법원은, 원심판결에 토지보상법 제43조, 제95조의2 제2호 위반죄의 성립에 관한 법리를 오해하여 필요한 심리를 다하지 않아 판결에 영향을 미친 잘못이 있다고 판단하였음(파기환송)

아. 주거이전비, 이사비 지급시기

가옥소유자에 대한 주거이전비는 토지보상법시행규칙 제54조제1항 법문상 명백히 당해 건축물에 대한 보상을 하는 때이다. 그러나 세입자에 대해서는 침묵을 지키고 있다. 이사비 지급시기도 같다.

대법원은 채무자가 <u>이행청구를 받은 다음날</u>이라고 한다. 즉, 대법원은 "…공익사업의 시행에 따라 이주하는 주거용 건축물의 세입자에게 지급해야 하는 주거이전비 및 이사비의 지급의무는 <u>사업인정고시일 등 당시 또는 공익사업을 위한 관계 법령에 의한 고시 등이 있은 당시에 바로 발생한다. 그러나 그 지급의무의 이행기에 관하여는 관계 법령에 특별한 규정이 없으므로, 위 주거이전비 및 이사비의 지급의무는 이행기의 정함이 없는 채무로서 채무자는 이행청구를 받은 다음날부터 이행지체 책임이 있다</u>(2012. 4. 26. 선고 2010두7475).

따라서 대상자는 사업시행자에게 <u>사업시행계획인가·고시가 되면 즉시 주거이전비, 이사비의 지급청구를 하여야 한다.</u>

24. 현금청산대상자 정보공개청구 가능

　<u>소유권 상실 전까지는 가능하다.</u> 현금청산대상자가 아직 현금청산을 받지 못하여 소유권을 상실하지 아니한 경우, 법 제124조에 따라 정비사업 시행에 관한 서류와 관련 자료에 대한 열람·등사를 요청할 수 있다.

> **대법원 2012. 7. 26. 선고 2011도8267 판결 [도시및주거환경정비법위반]**
>
> 도시 및 주거환경정비법(이하 '도시정비법'이라 한다) 제2조제9호(가)목에서 주택재개발사업의 경우 토지 등 소유자의 개념에 관하여 '정비구역 안에 소재한 토지 또는 건축물의 소유자 또는 그 지상권자'라고 규정하고 있고, 도시정비법 제81조와 제86조 제6호에서 규정한 토지 등 소유자도 이와 같은 의미라고 보아야 하는 것이 위 각 조항의 문언에 부합하는 점, 도시정비법 제47조에 의하여 분양신청을 하지 아니하였거나 분양신청기간 종료 이전에 분양신청을 철회한 토지 등 소유자가 현금청산을 하여야 하는 경우에 해당하여 조합원 지위를 상실하였더라도 주택재개발사업에서 그에 관한 현금청산 절차에 관하여 보면 주택재개발정비사업조합은 현금청산대상자에게 그 해당하게 된 날부터 150일 이내에 토지·건축물 또는 그 밖의 권리에 대하여 현금으로 청산하되, 청산금액은 재개발정비사업조합과 현금청산대상자가 협의하여 산정하게 되고, 협의가 성립되지 않을 때에는 '공익사업을 위한 토지 등의 취득 및 보상에 관한 법률'에 의한 수용절차로 이행되므로, 재개발정비사업조합과 협의하여 청산금을 지급받거나, 협의가 성립되지 않을 경우 '공익사업을 위한 토지 등의 취득 및 보상에 관한 법률'에 의한 수용절차를 거쳐 보상금을 지급받을 때까지는 조합의 운영상황, 자산 등의 현황 등에 관하여 이해관계를 여전히 가지고 있는 점 등에 비추어 보면, 도시정비법 제47조에 의하여 분양신청을 하지 아니하였거나 분양신청기간 종료 이전에 분양신청을 철회한 토지 등 소유자라도 아직 현금청산이 이루어지지 않아 토지 등의 소유권을 상실하지 아니한 경우에는 <u>도시정비법 제81조와 제86조 제6호가 규정한 토지 등 소유자에 해당한다고 보아야 하므로 도시정비법 제81조에 의하여 정비사업 시행에 관한 서류와 관련 자료에 대한 열람·등사를 요청할 권한이 있다.</u>

25. 현금청산금 증액 여부

부동산 가격 변동에 따라 결정된다. 다만, 통상적으로는 약간은 증액되는 경우가 많다.

재개발등에 있어서는 종전자산 감정평가 기법과 보상을 위한 평가기법이 차이가 있다.

재건축등에 있어서도 현금청산금에는 개발이익이 포함되어야 하므로, 통상 오르는 경우가 많다.

실무적으로도 교회 등 특수한 경우를 제외하고는 협의에 의하여 현금청산이 종료되는 경우는 많지 않고, 보통 수용재결, 또는 소송까지는 간다. 이 때 전문변호사에게 의뢰하는 것은 필수이다.

다만 처음 손실보상금(매매대금)이 정해지면, 그 이후 모든 절차를 다 진행(즉 대법원까지 진행)해도 10%를 증액시키기가 어렵다.

26. 조합해산 매몰비용 부담 여부

가. 머리글

참 말도 많고 탈도 많았던 매몰비용 부담 문제가 어느 정도 정리가 된 것 같다. 즉, 조합해산 시 그동안 쓴 돈을 조합원들이 부담하여야 하는지에 대해서 최근 이를 정면으로 다룬 판결이 선고되었다.

도시정비법이 2012. 2. 1. 개정되어, 구법 제4조의3, 법 제16조의2, 2018. 2. 9.부터 시행되는 전부개정법 제20조, 제21조, 제22조에 소위 '출구전략' 규정이 시행되고 있다.

출구전략이 시행될 경우 소위 매몰비용(그간 추진위원회나 조합이 사용한 돈)을 누가 부담하여야 하는지에 대해서 많은 논란이 있다. 이를 두고 조합을 해산하려는 측과 조합을 유지하려는 측간에 법리 논쟁이 있고, 일부는 조합원들에 대한 가압류가 허용되면서, 매몰비용을 조합원들이 부담하여야 한다고 주장하여 왔다.

그러나 법무법인강산은 그동안 줄기차게 매몰비용에 대해 연대보증을 하지 않는 한 토지등소유자(조합원)는 부담이 없다는 주장을 펼쳐왔다. 이러한 주장은 대법원 판례와 단체법의 법리를 근거로 한 것이다. 즉, 법인격이 있는 조합이나, 비법인사단인 추진위원회는 각 토지등소유자와 별개의 단체이므로, 단체가 사용한 돈은 당연히 단체가 부담하고, 이를 단체의 구성원 개인들이 부담하려면, 총회의 구체적인 의결이 있어야 한다는 간단한 논리이다.

이렇게 주장하자 ○○비상대책위원회는 김은유 변호사와 당시 김문수 경기도지사를 업무방해죄로 형사고소를 한 적도 있다. 그런데 조합해산

제도가 없었을 때에는 매몰비용을 부담하지 않는다는 말이 사업을 반대하는 비대위들에게 매우 아픈 말이었지만, 막상 조합해산제도가 생기자 이제는 거꾸로 조합을 해산해도 매몰비용을 부담하지 않아도 된다는 말은 비대위에 엄청나게 도움이 되는 것이다. 그래서 매몰비용을 부담하지 않는다는 김은유 변호사의 강의 동영상이 전국 비대위에 자발적으로 유포되고, 그러자 많은 조합들은 왜 말도 안되는 강의를 하느냐며 항의를 하는 일도 있었다. 반면, 추진위나 조합을 설립하려는 측은 매몰비용을 부담하지 않는다는 강의내용을 전단지로 만들어 유포하면서 동의서를 내줄 것을 요청하는 진풍경도 연출되었다.

어찌되었든 세월이 흘러 실제로 조합이 해산되었고, 매몰비용을 청구하자, 매몰비용을 부담하지 않아도 된다는 김은유 변호사의 강의동영상을 본 조합원들이 찾아와 재판을 의뢰하였고, 최근 결과가 난 것이다.

즉, 법무법인강산은 하급심이지만 조합해산에 동의한 조합원들을 상대로 매몰비용을 부담하라는 재판에서 일반 조합원은 매몰비용을 부담할 필요가 없다는 판결을 이끌어 내었다. 비록 하급심이지만 이 판결로서 매몰비용 법리 논쟁은 종지부를 찍었다고 보아야 한다.

나. 판결 소개

인천지방법원 부천지원은 2015. 12. 18. 다음과 같이 판시하였다. "도시정비법에 의해 설립된 이 사건 조합은 법인으로서(도시정비법 제18조 제1항) 그 구성원인 조합원들과는 별개로 권리의무의 주체가 되므로, 이 사건 조합의 채무에 대하여 곧바로 그 조합원들에게 책임을 물을 수는 없는 것이고, 이는 이 사건 조합의 조합원들이 이 사건 정비사업의 추진을 위해 내부적으로 이 사건 조합에 분담금을 납부할 의무를 부담하고 있다고 하여 달리 볼 것은 아니다. 따라서 설령 이 사건 조합의 ○건설, ○○

건설에 대한 이 사건 계약상 대여원리금반환채무를 연대보증한 원고들이 과실없이 ○건설, ○○건설로부터 가압류를 당하였다고 하더라도, 이 사건 도급계약상 주채무자인 이 사건 조합에 대한 구상권(민법 제442조제1항제1호)을 행사함은 별론으로 하고, 이 사건 조합의 조합원들인 피고들에 대하여 직접 구상권을 행사할 수는 없다고 할 것이므로, 이와 다른 전제에 선 원고들의 위 주장은 더 나아가 살펴볼 필요 없이 이유 없다[그렇지 않더라도, 이 사건 조합의 정관은 조합의 내부 관계를 규율하는 것에 불과하고 그 정관 조항에 의하여 곧바로 조합원들이 조합에 대하여 구체적인 채무를 부담한다고 볼 수 없는 점, 도시정비법 제24조제3항제2호, 제60조제1항, 제61조제1항, 제3항의 각 규정 내용과 그 취지에 비추어 볼 때 공법인인 이 사건 조합의 채무를 그 구성원인 조합원들이 어떻게 분담할 것인지는 조합원총회 등에서 조합의 자산과 부채를 정산하여 조합원들이 납부하여야 할 금액을 결정하고 이를 조합원들에게 분담시키는 결의를 한 때에 비로소 확정적으로 발생하고, 이와 같은 결의 등의 절차를 거치지 아니하였다면 조합원의 이 사건 조합에 대한 부담금 채무는 아직 발생한 것으로 볼 수 없다고 봄이 타당(대법원 1998. 10. 27. 선고 98다18414 판결 등 참조)한데, 원고가 제출한 증거들만으로는 이 사건 조합의 조합원총회에서 위와 같은 내용의 의결을 하였다는 점을 인정하기에 부족하다."라고 판시하였다 (인천지방법원 부천지원 2015. 12. 18. 선고 2015가합600 판결, 확정).

거듭 말하지만 이는 당연한 판결이다. 오히려 만일 매몰비용을 부담하라고 하면, 추진위원회나 조합설립은 불가하다고 보아야 할 것이다.

대법원 판결도 같은 취지이다(대법원 1997. 11. 14. 선고 95다28991 판결, 1998. 10. 27. 선고 98다18414 판결, 2015. 1. 15. 선고 2014다65748 판결).

다. 결론

매몰비용은 연대보증을 하지 않는 한, 총회 의결을 하지 않는 한, 조합원들이 부담하지 않는다.

결국 매몰비용은 돈을 벌려고 사업을 추진했던 세력, 즉 돈을 빌려주거나 댄 자가 부담하는 것이 맞다. 그들은 후일 이를 받을 수 없다는 점까지도 고려하면서 돈을 대고 사업을 추진하기 때문이다. 간단한 이치 아닌가. 주식회사가 망한다고 주주가 책임지지는 않는 것과 같은 이치이다.

27. 대응방법 종합정리

가. 재개발 등

사업시행계획 인가 전에 실시하는 이해관계인 의견청취와 중앙토지수용위원회 협의 절차, 그리고 조합이 최초의 협의보상을 위한 가격평가 시에 총력대응을 하는 것이 좋다.

2018. 2. 9.부터 시행되는 도시정비법시행령 전부개정법 제60조 제1항은 "사업시행자가 법 제73조제1항에 따라 토지등소유자의 토지, 건축물 또는 그 밖의 권리에 대하여 현금으로 청산하는 경우 청산금액은 사업시행자와 토지등소유자가 협의하여 산정한다. <u>이 경우 재개발사업의 손실보상액의 산정을 위한 감정평가업자 선정에 관하여는 「공익사업을 위한 토지 등의 취득 및 보상에 관한 법률」 제68조제1항에 따른다.</u>"라고 규정하고 있다.

따라서 그간 비판의 대상이 되었던 대법원 판결[24]은 재개발에서 협의보상금 산정을 위한 감정평가사 추천에 있어서는 만큼은 시행령 개정으로 인하여 폐기된 것이다.

최근 실무 추세는 대법원 판결에도 불구하고 토지보상법이 정한 협의절차를 모두 거치고 있다는 점을 유의하여야 한다.

---

[24] "토지보상법상 협의 및 그 사전절차를 정한 각 규정은 도시정비법 제40조 제1항 본문에서 말하는 '이 법에 특별한 규정이 있는 경우'에 해당하므로 도시정비법상 현금청산대상자인 토지등소유자에 대하여는 준용될 여지가 없다고 보아야 한다."라고 판시하였다(대법원 2015. 11. 27. 선고 2015두48877 판결).

협의보상금이 산정되면 그 이후 수용재결, 이의재결, 행정소송을 거쳐도 10%를 증액하기가 어렵다. 따라서 이 협의과정에 최선을 다하여 대응을 하여야 한다.

대책위를 구성하였으면 대책위 차원에서 대응을 하여야 하고, 또한 개인 차원에서 대응을 병행하여야 한다. 대책위 차원에서는 사업시행계획 인가 전에 실시하는 이해관계인 의견청취와 중앙토지수용위원회 협의 대응, 감정평가사 추천과, 실제거래사례 수집, 감정평가과정에서 집단적인 대응이 가장 중요한 대응이다. 개인차원에서는 제대로 된 전문변호사를 선임하는 것이 가장 중요한 대응책이다. 어차피 보상소송은 개인이 직접 수행하기가 어려운 현실을 고려하면 전문변호사 선임이 가장 중요한 것이다. 토지등소유자가 감정평가를 미리 받아두는 것도 하나의 방법이다. 다만 종전 담보감정이나 경매 감정한 것이 있다면 이를 제출하는 것이 도움이 될 수도 있다.

재개발등의 경우는 조합이 수용에 착수하면, 수용준비절차 및 수용 절차를 제대로 지키는지 살펴보아야 하고, 보상금액이 통보되면 이를 증액 시키기 위한 불복절차를 진행한다. 또한 주택외관, 공시지가, 비교표준지, 거래시가, 보상사례 등이 문제된다.

나. 재건축

재건축등의 경우는 매도청구권 행사요건, 감정평가 등 전문적인 법률 지식이 필요하다. 재건축은 개발이익을 포함하므로, 시세에 대한 정보수집이 매우 중요하다. 역시 전문변호사 선임이 가장 중요하다. 나아가 법원이 선임하는 감정평가사 선정문제, 조건부 감정 등에 세심한 주의를 하여야 한다.

다. 분쟁조정위원회 활용

재개발에서 1차 협의보상 평가 전에, 재건축에서 조합이 매도청구소송을 제기하기 전에 법 제117조에 의한 조정위원회 개최를 요구해 볼 필요도 있다.

> **도시정비법 제117조(조정위원회의 조정 등)** ① 조정위원회는 정비사업의 시행과 관련하여 다음 각 호의 어느 하나에 해당하는 분쟁 사항을 심사·조정한다. 다만, 「주택법」, 「공익사업을 위한 토지 등의 취득 및 보상에 관한 법률」, 그 밖의 관계 법률에 따라 설치된 위원회의 심사대상에 포함되는 사항은 제외할 수 있다.
> 1. 매도청구권 행사 시 감정가액에 대한 분쟁
> 2. 공동주택 평형 배정방법에 대한 분쟁
> 3. 그 밖에 대통령령으로 정하는 분쟁
>
> > **령 제91조(분쟁조정위원회의 조정 대상)** 법 제117조제1항제3호에서 "대통령령으로 정하는 분쟁"이란 다음 각 호의 어느 하나에 해당하는 분쟁을 말한다.
> > 1. 건축물 또는 토지 명도에 관한 분쟁
> > 2. 손실보상 협의에서 발생하는 분쟁
> > 3. 총회 의결사항에 대한 분쟁
> > 4. 그 밖에 시·도조례로 정하는 사항에 대한 분쟁

라. 현금청산대응방법 요약

	재개발등	재건축등
①분양미신청자 또는 분양신청기간 내 철회한 자	○ 조합에 의한 협의가격 산정 시 대응	○ 매도청구소송에 대비
②분양계약미체결로 현금청산을 받고자 하는 자[25]	○ 조합이 제기하는 건물인도청구소송에서 합의 또는 조정 유도 ○ 위법 발견 시 관리처분계획인가처분취소소송 제기 ○ 필요시 <u>현금청산대상자 지위확인의 소 제기</u>[26] ○ 이주정착금, 주거이전비 : ×	○ 신탁등기 전에는 좌(左)동 ○ ★만일 신탁등기를 경료하여 주었다면, <u>현금청산금지급청구소송 즉시 제기</u>
③관리처분에서 배제된 자	○ 수용에 대비	○ 신탁등기를 하지 않았다면, 매도청구 소송에 대비 ○ 이미 신탁등기를 하였다면, 현금청산금지급청구소송제기
▶ 사업비 분담의무	○ 처음부터 정관에 규정이 없는 한 없다.[27]	○ 좌동
▶ 이주비이자납부의무	○ 없다.[28]	○ 좌동

---

25) 대법원 2012. 5. 9. 선고 2010다71141 판결, 조합이 실제로 분양계약체결기간을 정하고 이 기간이 지나야 현금청산대상자임
26) 서울행정법원 2013. 10. 31. 선고 2012구합42090 판결
27) 서울행정법원 2013. 11. 7. 선고 2013구합54595 판결
28) 대법원 2009. 9. 10. 선고 2009다32850, 32867 판결

PART 3

재개발등 강제수용 현금청산 특별노하우

PART 3. 재개발등 강제수용 현금청산 특별노하우

제1장. 서론

28. 강제수용을 못하게 하는 방법은?

가. 개설

강제수용을 아예 못하게 하려면, ① 조합설립인가 취소(이 소송은 인가·고시일로부터 90일내에 제기하여야 함) 또는 무효 확인의 소를 제기하여 아예 조합을 없애 버리는 방법, ② 사업시행계획인가 취소소송을 제기하여 승소하는 방법(사업시행계획기간 만료여부도 정확히 따져보아야 한다), ③ 수용재결 취소를 구하는 방법이 있다.

통계적으로 이 소송에서 승소할 확률은 높지 않지만, 승소사례는 여러 건이 있다.

나. 판례

① 토지등소유자들에게 분양신청기간의 통지 등 절차를 이행하지 아니한 채 한 수용재결은 위법하다.

> **대법원 2007. 3. 29. 선고 2004두6235 판결 【토지수용이의재결처분취소】**
> 2000. 3. 21.자 사업시행변경인가 고시가 새로운 사업시행인가 고시로서의 효력이 있는 것이라면, 사업시행자인 원고로서는 그와 같은 새로운 사업시행인가 고시 이후에 법 제33조제1항이 규정한 분양신청기간의 통지 등 절차를 밟아야 할 것인 바, 기록에 의하면 원고가 위 고시 이후에 이 사건 재개발사업 구역 내 토지 등 소유자들에게 하였다는 통지는 그 내용이 수용 전 매수협의를 요청하는 것으로 보일 뿐 분양신청기간이나 그 기간 내에 분양신청 할 수 있음을 통지한 것으로는 도저히 볼 수 없는 것일 뿐만 아니라(갑 제7호증의 29 내지 36 참조), 분양신청 기간의 공고도 하지 않았다는 것이므로, <u>원고는 법 제33조 제1항 소정의 분양 신청기간의 통지 등 절차를 제대로 이행하지 아니한 상태에서 이 사건 각 부동산에 대한 수용재결신청을 한 것으로 볼 수밖에 없다. 그렇다면 이 사건 수용재결은 위 절차를 이행하지 아니한 하자가 있어 위법하다고 할 것이므로,</u> 위 수용재결을 취소한 이 사건 이의재결은 결과적으로 적법하다고 할 것이다.

② 관리처분이 위법하다면 이를 기초로 한 수용재결도 취소되어야 한다. 단, 사업시행인가는 당연 무효가 아닌 한 하자가 승계되지는 않는다.

> **서울고등법원 2011. 6. 14. 선고 2010누40986(확정)**
> 이 사건 수용재결은 <u>원고들을 분양대상에서 제외하는 내용의 관리처분계획에 터 잡아 이루어진 것으로서</u> 관리처분계획이 위법하여 취소된다면 이 사건 수용재결처분도 그 존립의 근거를 상실하게 되어 취소를 면할 수 없다고 할 것이므로, 이 사건 수용재결처분이 별도의 사유로 인해 실효될 가능성이 있는지 여부에 관계없이, 원고들에게 이 사건 수용재결처분의 취소를 구할 법률상 이익이 있다고 인정되므로, 피고 위원회의 위 주장은 이유 없다.

③ 사업시행인가는 그 후 일정한 절차를 거칠 것을 조건으로 하여 일정한 내용의 수용권을 설정하여 주는 행정처분의 성격을 띠는 것으로서 그 사업시행인가를 받음으로써 수용할 목적물의 범위가 확정되고 목적물에 관한 현재 및 장래의 권리자에게 대항할 수 있는 일종의 공법상의 권리

로서의 효력이 발생하므로, 사업시행인가 단계에서 그 하자를 다투지 않고 이미 쟁송기간이 초과한 단계에서는 그 인가처분이 당연 무효가 아닌 이상 그 처분의 불가쟁력에 의하여 그 위법 부당함을 다툴 수 없다(대법원 1989. 6. 27. 선고 87누743 판결, 대법원 2000. 10. 13. 선고 2000두5142 판결). 즉, 사업시행인가처분 자체의 위법을 이유로 수용재결 처분을 다툴 수 없다.

④ 사업구역 밖 수용은 위법하다.

> **서울고등법원 1999. 2. 2 선고 97구31542 판결**
> 일반적으로 기업자가 지적법에 의한 지적측량을 실시하여 수용대상 목적물의 위치·면적을 확인할 필요는 없다고 할 것이나, 수용대상이 무허가건물인 경우에는 그 위치·면적을 확인할 공부가 없으므로 지적법령이 규정하는 경계복원측량·현황측량을 실시하여 이를 확인하여야 함에도 불구하고 담당공무원 등이 목측이나 줄자 등을 이용하여 어림짐작으로 그 위치·면적을 정하고 이에 터잡아 토지수용위원회가 손실보상액을 정하였다면, 이와 같이 재결에서 정한 손실보상액이 지적측량에 의하여 확인된 위치·면적을 기초로 산정한 손실보상액보다 많다는 등의 특별한 사정이 없으면 그 소유자에 대한 관계에서 그 재결 중 위 부족부분은 위법하다고 할 것이고, 나아가 어느 무허가건물이 사업구역 안과 밖에 걸쳐서 건립된 경우에는 그 소유자의 청구가 없는 한 사업구역 밖의 부분은 수용대상으로 삼아야 하지 아니함에도 불구하고 재결에서 그 무허가건물 전부를 수용대상으로 삼고 사업구역 안·밖의 구분 없이 전체로서 손실보상액을 정하였다면 이는 가분적 행정처분이라고 할 수 없으므로 사업구역 밖의 부분을 수용하였음을 이유로 취소함에 있어서는 이에 대한 재결 전부를 취소하여야 할 것이다.

29. 토지보상법상 수용절차

가. 도표로 보는 수용절차

토지보상법 협의절차는 다음과 같다.

이 중 사업시행계획 인가 전에 실시하는 이해관계인 의견청취와 중앙토지수용위원회 협의절차, 감정평가사 추천이 가장 중요하다.

1. 토지 및 물건 등 기본조사	※ 사진 및 비디오 촬영 ※ 조사를 위한 출입 허가
↓	
2. 보상계획공고·통지 후 열람	※ 토지 및 물건조서 서명·날인
↓	
3. 감정평가로 협의보상금 산정 **(1차평가)**	→ ※ 감정평가사 추천 안내(30일 이내)
↓	
4. 손실보상 협의요청 **(사업시행자)**	※ 협의경위서 서명·날인
협의불성립 ↓	
5. 수용재결 (1)수용재결 열람공고 (지자체, 예외적 위원회) (2)수용재결 **감정평가(2차평가)** (3)수용재결(토지수용위원회)	→ ※ 지방토지수용위원회 ※ 보상대상자는 열람공고(14일간) 기간 내 의견서 관청에 제출
	※ 수용재결서 송달일 30일 이내 이의신청서 제출 ※ "이의유보"하고 보상금 수령 가능
수용재결불복 ↓	
6. 이의재결 (1)이의신청(소유자) (2)**감정평가(3차평가)** (3)이의재결(토지수용위원회)	※ 중앙토지수용위원회
이의재결불복 ↓	
7. 행정소송 제기(4차평가)	→ ※ 수용재결서 정본 수령일로부터 90일 이내 또는 이의재결서 정본 수령일로부터 60일 이내 행정소송 제기**(2019. 7. 1. 이후 재결서 정본을 받은 경우)**

나. 알기 쉽게 풀어 쓴 수용절차

○ 사업시행자는, 보상대상을 확정하기 위해, 출입을 통지하고, 출입에 장애가 되는 물건이 있는 경우 이를 제거하고 출입하는데 허가를 받아야 하고(사업시행자가 시장·군수·구청장이면 장애물제거에 토지소유자 및 점유자의 의견청취 및 3일전 통지), 실제 출입 시에는 증표와 허가증을 휴대하고 이를 제시하여야 하며, 이를 통하여 최종적으로 **토지조서와 물건조서를 작성**하여 서명 또는 날인을 하고 <u>토지소유자와 관계인의 서명 또는 날인</u>을 받아야 한다. 다만, 토지소유자 및 관계인이 정당한 사유 없이 서명 또는 날인을 거부하는 경우에는 서명 또는 날인을 받지 않아도 되나, 이 경우 사업시행자는 해당 토지조서와 물건조서에 그 사유를 적어야 한다(법 제14조).

▶ 임의기재 시에는 허위공문서작성죄로 형사고발 검토

○ 사업시행자는, **보상계획공고(20인 이하는 생략)**하고, 통지를 하고, **열람** (14일 이상)을 시켜야 하고,

○ 보상대상자는, 공고되거나 통지된 토지조서 및 물건조서의 내용에 대하여 **이의** (異議)가 있는 경우 열람기간 이내에 사업시행자에게 서면으로 이의를 제기할 수 있으나(법 제15조), 이는 반드시 전문변호사와 상의를 하고 이의를 하여야 한다. 통상은 하지 않는 것이 좋다.

○ 사업시행자는, 열람기간 만료일로부터 30일 이내에 **감정평가사 추천**을 받고, 10만㎡ 이상으로서 50인 이상이면 **보상협의회를 설치**하며,

○ 사업시행자는, 그 이후 <u>1차 감정평가</u>를 하고, 평가된 보상금을 가지고 통지를 하여 30일 이상 협의를 하고, 협의경위서에 토지소유자 및 관계인의 서명 또는 날인을 받아야 하고, 정당한 사유 없이 거부 시는 사유를 기재한다.

▶ 임의기재 시에는 "허위공문서작성죄"로 형사고발 검토

○ 사업시행자는, 협의가 이루어지지 않으면 **수용재결을 신청**하고, 그러면 관할 토지수용위원회는 재결신청서를 시장·군수·구청장에게 송부하고,

○ 시장·군수·구청장은, **재결신청서를 공고·열람(공고한 날로부터 14일 이상)** 시키고, 만일 시장·군수·구청장이 공고·열람 거부 시는 토지수용위원회가 직접 공고·열람시키고,

○ 보상대상자는, 열람기간내에 시장·군수·구청장에게, 만일 토지수용위원회가 공고·열람시킨 것이면 토지수용위원회에게 본인의 주장을 담은 **의견서를 제출**하여야 하고,

○ 토지수용위원회는, <u>2차 감정평가</u>를 하여 **수용재결**을 하고,

○ 사업시행자는, 수용개시일까지 **보상금을 공탁**하거나 지급하여야 하고(보상금이 지급되거나 공탁될 것을 조건으로 수용개시일 다음날 소유권은 등기이전이 없어도 사업시행자에게로 자동으로 넘어간다), 그러면 보상대상자는 보상금을 "이의유보"하고 찾아도 된다.

○ 보상대상자는, 증액을 하려면 수용재결서를 받은 날로부터 **30일**내에 **이의신청**(지방토지수용위원회는 지방토지수용위원회에, 중앙토지수용위원회는 중앙토지수용위원회에 이의신청서 제출)을 하고, 그러면 다시 중앙토지수용위원회가 <u>3차 감정평가</u>를 거쳐, **이의재결**을 하고,

○ 보상대상자는, 이의재결도 불만이면 이의재결서를 받은 날로부터 **60일**내에 행정소송을 제기하고(만일 **이의재결을 거치지 않으면 수용재결 후 90일내**), 그러면 법원이 <u>4차 감정평가를</u> 하여 보상금액을 최종 결정한다.

30. 개략적인 현금청산방법

> **요약 :** 실무적으로 토지보상법상 협의절차가 그대로 적용된다. 다만 다음의 점이 재개발사업에서 특별하다. 즉 2015. 11. 27. 대법원 판결로 토지보상법상 협의절차가 생략된다고 하였으나, 2018. 2. 9.부터 법 개정으로 인하여 감정평가사 추천권이 부활되어, 사실상 이제는 위 대법원 판결은 운명을 다한 것이다.
> ① 협의시작은 분양신청기간종료일 다음날부터 가능하고, 협의는 관리처분계획이 인가·고시된 다음 날부터 90일 이내에 하여야 하고, 이 기간에 협의가 성립되지 아니하면 그 기간의 만료일 다음 날부터 60일 이내에 수용재결을 신청하여야 한다.
> ② 그 기간을 넘겨서 수용재결을 신청한 경우에는 해당 토지등소유자에게 지연일수(遲延日數)에 따른 이자를 지급하여야 한다(법 제73조제3항). 이 경우 이자는 100분의 15 이하의 범위에서 대통령령으로 정하는 이율을 적용하여 산정한다.
> ③ 현금청산대상자는 토지보상법상 감정평가사 추천권이 있다.

가. 대법원 2015. 11. 27. 선고 2015두48877 판결 전(前)

대법원 판결 이전에는 재개발등은 조합이 토지보상법이 정한 바에 따라 협의절차를 거치고, 그 이후 협의가 성립하지 않을 경우 **강제수용**을 하는 것이다.

토지보상법상 협의방법은 보상계획을 공고하고, 감정평가를 거쳐 나온 가격으로 협의를 하여야 하는데, 조합과 시·도지사, 토지등소유자(현금청산대상자 숫자와 면적의 2분의 1 이상 추천)가 각 1곳의 감정평가사를 추천하여 산술평균하여 나온 가격으로 협의를 한다.

이때 가장 중요한 것은 바로 토지등소유자가 협의가격을 산정하기 위하여 감정평가사 추천권을 가지고 있다는 것이고, 조합은 이 점을 개별

통지하여야 하며, 이 절차는 반드시 보장하여야 한다. 나아가 토지조서·물건조서에 대한 서명·날인권, 협의경위서에 대한 서명·날인권이 있다.

토지등소유자는 정당한 보상을 받기 위해서는 감정평가사 추천을 하는 것이 가장 중요하였다.

그런데 이러한 협의절차를 거치지 않아도 된다는 아래 대법원 판결이 있었다.

나. 대법원 2015. 11. 27. 선고 2015두48877 판결 후(後)

(1) 판결 내용

대법원은 "토지보상법상 협의 및 그 사전절차를 정한 각 규정은 도시정비법 제40조제1항본문에서 말하는 '이 법에 특별한 규정이 있는 경우'에 해당하므로 도시정비법상 현금청산대상자인 토지등소유자에 대하여는 준용될 여지가 없다고 보아야 한다."라고 판시하였다. 이 판결 이후 대법원은 이 판결을 인용하면서 같은 내용으로 판결을 하기도 하였다(대법원 2015. 12. 23. 선고 2015두50535 판결).

이는 재개발등에 있어서 수용권을 행사함에 있어서는 토지보상법상의 협의절차는 필요 없고, 오로지 도시정비법에 의한 협의절차만 거치면 되고, 따라서 현금청산기산일(구법은 분양신청기간만료일 다음 날로부터 150일)이 지나서 현금청산대상자가 조속재결신청청구를 하면, 사업시행자가 60일 내에 토지수용위원회에 수용재결신청을 하지 않으면, 수용재결신청을 할 때까지의 기간 동안 지연가산금(2022년 3월 현재는 12%)을 지급하여야 한다는 의미이다.

대법원 2015. 11. 27. 선고 2015두48877

원심은, 도시정비법상 현금청산대상자와 사업시행자 사이의 청산금 협의 절차와 토지보상법상 수용재결의 전치절차인 수용보상금 협의 절차가 엄격히 구분되는 별도의 절차임을 전제로, 현금청산대상자인 토지등소유자는 도시정비법상의 청산금 협의가 성립되지 않았다고 하여 곧바로 토지보상법에 의한 재결신청을 청구할 수 있는 것이 아니라, 토지보상법상 수용보상금 협의절차 및 그 사전절차로서의 토지조서 및 물건조서의 작성(제14조), 보상계획의 공고·통지 및 열람(제15조), 감정평가사를 통한 보상액의 산정(제68조) 및 이를 기초로 한 사업시행자와의 협의(제16조) 등 토지보상법이 정하고 있는 각 단계별 절차를 모두 거쳤음에도 최종적으로 협의가 성립되지 아니하였을 경우(사업시행자의 협의 요구가 없거나 협의를 할 수 없는 경우를 포함)에 비로소 사업시행자에게 재결신청을 청구할 수 있다고 보았다.

그에 따라 원심은, 원고가 위와 같은 토지보상법상의 단계별 수용절차를 거치지 아니한 채 피고와 사이에 도시정비법상 청산금 협의가 성립될 가능성이 없다는 이유만으로 피고에게 이 사건 재결신청청구를 하였으므로, 이 사건 재결신청청구는 그 요건을 갖추지 못하여 효력이 없다고 봄이 상당하고, 따라서 이 사건 재결신청청구에 대하여 재결신청을 하지 아니한 피고의 부작위가 위법하다고 볼 수 없다고 판단하였다.

그러나 원심의 이러한 판단은 받아들이기 어렵다

도시정비법령의 체계와 내용, 일반적인 공익사업과 구별되는 도시정비법상 정비사업의 절차진행의 특수성과 아울러, ① 도시정비법상 정비사업의 단계별 진행과정을 보면, 현금청산대상자와 사업시행자 사이의 청산금 협의에 앞서 사업시행인가 신청과 그 인가처분·고시 및 분양신청 통지·공고 절차가 선행하게 되는데, 이를 통하여 수용의 대상이 되는 토지 등의 명세가 작성되고 그 개요가 대외적으로 고시되며, 세부사항이 토지등소유자에게 개별적으로 통지되거나 공고되는 점, ② 따라서 토지등소유자에 대하여는 위와 같은 도시정비법 고유의 절차와 별도로 토지보상법상 토지조서 및 물건조서의 작성(제14조)이나 보상계획의 공고·통지 및 열람(제15조)의 절차를 새로이 거쳐야 할 필요나 이유가 없는 점, ③ 토지보상법상 손실보상의 협의는 사업시행자와 토지등소유자 사이의 사법상 계약의 실질을 갖는다(대법원 2014. 4. 24. 선고 2013다218620 판결 참조)는 점에서 도시정비법상 협의와 그 성격상 구별된다고 보기 어려운 점, ④ 또한, <u>도시정비법은</u>

> 협의의 기준이 되는 감정평가액의 산정에 관하여 별도의 규정을 두고 있으므로, 토지보상법상 감정평가사를 통한 보상액의 산정(제68조)이나 이를 기초로 한 사업시행자와의 협의(제16조) 절차를 따로 거칠 필요도 없는 점 등에 비추어 보면, 토지보상법상 협의 및 그 사전절차를 정한 위 각 규정은 도시정비법 제40조 제1항 본문에서 말하는 '이 법에 특별한 규정이 있는 경우'에 해당하므로 도시정비법상 현금청산대상자인 토지등소유자에 대하여는 준용될 여지가 없다고 보아야 한다.
>
> 그럼에도 원심은 이와 달리, 도시정비법상 정비사업인 이 사건 주택재개발사업에 위 각 토지보상법상 절차규정이 그대로 준용됨을 전제로, 그와 같은 절차를 거치지 않은 채 이루어진 이 사건 재결신청청구가 효력이 없으므로 그에 대하여 재결신청을 하지 아니한 피고의 부작위가 위법하지 않다고 판단하였다. 이러한 원심의 판단에는 도시정비법상 준용되는 토지보상법 규정의 범위에 관한 법리를 오해하여 판결에 영향을 미친 위법이 있다.

(2) 현금청산절차 변화

그동안 재개발등에서 사업시행자가 수용재결을 신청하려면 토지보상법상 협의절차 즉, ① 토지조서 및 물건조서 작성, ② 보상계획공고 및 열람 통지, ③ 감정평가사 추천, ④ 협의평가, ⑤ 협의경위서 작성, ⑥ 보상협의회 개최 절차를 거쳐야 했었다.

그러나 위 대법원 판결에 따르면, <u>위 모든 절차는 필요 없고, 단지 도시정비법에 의한 협의절차 즉, 구 도시정비법 시행령 제48조가 정한 절차[29]만 거치면 된다는 것이다.</u>

물론 사업시행자가 스스로 토지보상법이 정한 협의절차를 거치는 것은 당연히 가능하다.

---

[29] 사업시행자가 법 제47조의 규정에 의하여 토지등소유자의 토지·건축물 그 밖의 권리에 대하여 현금으로 청산하는 경우 청산금액은 사업시행자와 토지등소유자가 협의하여 산정한다. 이 경우 시장·군수가 추천하는 「감정평가 및 감정평가사에 관한 법률」에 의한 감정평가사 2인 이상이 평가한 금액을 산술평균하여 산정한 금액을 기준으로 협의할 수 있다.

하지만 대법원 판결에도 불구하고, 실무적으로 각 토지수용위원회는 조합이 수용재결을 신청할 경우 토지보상법이 정한 협의절차에 따라 협의를 거칠 것을 요구하여, 조합과 마찰이 생기는 곳이 여러 곳 있었다.

(3) 위 대법원 판결에 대한 비판

그러나 위 대법원 판결은 문제점을 내포하고 있다. 즉, 대법원이 보상실무를 간과한 판결을 한 것이다.

먼저 조속재결신청권 행사시기를 앞당긴 것이 현금청산대상자에게 유리해 보이나, 실상은 그렇지도 않다. 오히려 조합이 조속재결신청을 받은 후부터 60일만 지켜 수용재결을 청구하면, 토지보상법상 현금청산대상자의 감정평가사 추천권 등 협의과정에서의 일체의 권리가 없어져, 보상금액 산정에 있어서 현금청산대상자에게 매우 불리해 진 것이다. 정비사업은 신도시와 달리 자신이 살고 있는 '집'이 수용되는 것이므로, 생활자체가 파괴된다. 따라서 더 더욱 재산권을 보호하여야 하는데, 정비사업에서는 오히려 토지보상법상 현금청산대상자에게 유리한 협의절차가 생략된다는 것은 도저히 이해하기 어렵다. 그것도 법개정을 통해서가 아니라 대법원 판결을 통해서 말이다.

또한 토지보상법상 협의절차가 생략되므로, 조합은 사업시행인가를 받음에 있어서 법 시행규칙 제9조제1항제4호가 규정한 "수용 또는 사용할 토지 또는 건축물의 명세 및 소유권외의 권리의 명세서"를 작성하여, 첨부하여야 한다. 그런데 사업인정 전(재개발은 사업시행인가고시가 사업인정으로 의제된다)에 출입을 하여 조사를 하려면 시장·군수·구청장을 허가를 받기 전에는 출입권도 없는데, 어떻게 정비사업에서 사업시행인가 고시 시에 수용재결대상을 확정하라는 것인지도 알 길이 없다. 또한 영업보상의 경우 4개월치 영업이익 자료 등을 보상대상자가 임의로 제출하지 않으면, 조합이 도저히 확보할 수 없는데, 이를 어찌하라는 것인지도 알 길이 없다.

특히 시공자가 자력이 없는 경우는 조합이 보상금을 마련할 길이 없으므로, 그동안 당연히 조합은 재개발 진행 상태를 보아가며, 시공자와 모든 협상을 마치고 관리처분인가를 받거나 받을 즈음에 보상에 착수하여 왔는데, 앞으로는 이런 것이 불가능하다는 것이고, 이것이 조합에게 불리함은 두말할 필요도 없다.

다. 2018. 2. 9. 전부개정법 시행 후

위 대법원 판결에 대한 비판이 계속되자 정부는 법을 개정하여, 다소나마 제도개선을 하였다.

(1) 감정평가사 추천권 부활

도시정비법시행령 제60조제1항은 "사업시행자가 법 제73조제1항에 따라 토지등소유자의 토지, 건축물 또는 그 밖의 권리에 대하여 현금으로 청산하는 경우 청산금액은 사업시행자와 토지등소유자가 협의하여 산정한다. 이 경우 재개발사업의 손실보상액의 산정을 위한 감정평가업자 선정에 관하여는 「공익사업을 위한 토지 등의 취득 및 보상에 관한 법률」 제68조제1항에 따른다."라고 규정하고 있다.

> **토지보상법 제68조(보상액의 산정)** ① 사업시행자는 토지등에 대한 보상액을 산정하려는 경우에는 감정평가법인등 3인(제2항에 따라 시·도지사와 토지소유자가 모두 감정평가법인등을 추천하지 아니하거나 시·도지사 또는 토지소유자 어느 한 쪽이 감정평가법인등을 추천하지 아니하는 경우에는 2인)을 선정하여 토지등의 평가를 의뢰하여야 한다. 다만, 사업시행자가 국토교통부령으로 정하는 기준에 따라 직접 보상액을 산정할 수 있을 때에는 그러하지 아니하다. 〈개정 2012. 6. 1., 2013. 3. 23., 2020. 4. 7.〉
>
> ② 제1항 본문에 따라 사업시행자가 감정평가법인등을 선정할 때 해당 토지를 관할하는 시·도지사와 토지소유자는 대통령령으로 정하는 바에 따라 감정평가법인등을 각 1인씩 추천할 수 있다. 이 경우 사업시행자는 추천된 감정평가법인등을 포함하여 선정하여야 한다. 〈개정 2012. 6. 1., 2020. 4. 7.〉
>
> ③ 제1항 및 제2항에 따른 평가 의뢰의 절차 및 방법, 보상액의 산정기준 등에 관하여 필요한 사항은 국토교통부령으로 정한다. 〈개정 2013. 3. 23.〉

<u>따라서 2018. 2. 9. 이후부터는 위 대법원 판결 중 감정평가사 선정 부분에 대해서는 효력이 없어지는 것이고, 법에 따라 현금청산대상자의 감정평가사 추천권은 보장이 되는 것이다.</u>

(2) 현금청산일 변화

사업시행자는 <u>관리처분계획이 인가·고시된 다음 날부터 90일 이내</u>에 다음 각 호에서 정하는 자와 토지, 건축물 또는 그 밖의 권리의 손실보상에 관한 협의를 하여야 한다. <u>다만, 사업시행자는 분양신청기간 종료일의 다음 날부터 협의를 시작할 수 있다</u>(법 제73조제1항).

1. 분양신청을 하지 아니한 자
2. 분양신청기간 종료 이전에 분양신청을 철회한 자
3. 제72조제6항 본문에 따라 분양신청을 할 수 없는 자
4. 제74조에 따라 인가된 관리처분계획에 따라 분양대상에서 제외된 자

따라서 2018. 2. 9. 이후부터는 협의는 분양신청기간의 종료일의 다음날부터 가능하고, 다만 <u>관리처분계획이 인가·고시된 다음 날부터 90일 이내까지 하여야 한다.</u>

만일 위 기간까지 협의를 하지 못한 경우에는, 그 기간의 만료일 다음 날부터 60일 이내에 수용재결을 신청하거나 매도청구소송을 제기하여야 한다(법 제73조제2항).

(3) 지연가산금 변화

사업시행자는 <u>관리처분계획이 인가·고시된 다음 날부터 90일 이내에 협의를 하여야 하고, 협의가 성립되지 않으면,</u> 그 기간의 만료일 다음 날부터 60일 이내에 수용재결을 신청하거나 매도청구소송을 제기하여야 하고, 그 기간을 넘겨서 수용재결을 신청하거나 매도청구소송을 제기한 경우에는 해당 토지등소유자에게 지연일수(遲延日數)에 따른 이자를 지급하여야 한다(법 제73조제3항).

이 경우 이자는 100분의 15 이하의 범위에서 대통령령으로 정하는 이율을 적용하여 산정한다.

> **령 제60조** ② 법 제73조제3항 후단에서 "대통령으로 정하는 이율"이란 다음 각 호를 말한다.
> 1. 6개월 이내의 지연일수에 따른 이자의 이율: 100분의 5
> 2. 6개월 초과 12개월 이내의 지연일수에 따른 이자의 이율: 100분의 10
> 3. 12개월 초과의 지연일수에 따른 이자의 이율: 100분의 15

이 규정은 토지보상법상의 조속재결신청제도에 대한 특별규정이므로, 2018. 2. 9. 이후부터는 조속재결신청과 무관하게 위 규정에 따라 지연가산금이 산정된다.

(4) 사견

2018. 2. 9. 이후부터는 법 개정으로 대법원 판결(2015두48877 판결)이 상당부분 효력을 상실하였다. 하지만 사견으로는 추후 위 대법원 판결은 전원합의체 판결로서 폐기되어야 한다고 본다.

즉, 토지보상법상 협의절차를 모두 거치도록 하는 것이 완전보상 법리에 부합한다.

이미 실무상 각 토지수용위원회에서 토지보상법상 협의절차를 거칠 것을 요구하므로, 사실상 대법원 판결은 폐기된 것이나 마찬가지이지만, 그래도 명시적으로 폐기되는 것이 타당하다.

조합입장에서는 토지보상법상 협의절차를 충실히 지키는 것이 안전하다.

결론적으로 현금청산대상자나 조합입장에서는 대법원 판결은 없었던 것으로 보고 업무를 처리하면 될 것이다.

라. 사업시행인가 시에 협의 및 의견청취 의무화

> 공익사업을 위한 토지 등의 취득 및 보상에 관한 법률
> [시행 2016. 6. 30.] [법률 제13677호, 2015. 12. 29., 일부개정]
> ◇ 개정이유 및 주요내용
> 이 법 별표에 따르지 아니하고는 개별 법률에 따라 토지등을 수용·사용하는 사업을 규정할 수 없도록 하고, <u>다른 법률에 따라 사업인정이 의제되는 경우에도 이해관계인 등의 의견청취를 의무화하며</u>, 「민법」 개정에 따라 토지수용위원회 위원의 결격사유 중 금치산자 및 한정치산자를 각각 피성년후견인 및 피한정후견인으로 개정하려는 것임.
> 제21조 제목 외의 부분을 제1항으로 하고, 같은 조에 제2항 및 제3항을 각각

다음과 같이 신설한다.

② 별표에 규정된 법률에 따라 사업인정이 있는 것으로 의제되는 공익사업의 허가·인가·승인권자 등은 사업인정이 의제되는 지구지정·사업계획승인 등을 하려는 경우 제1항에 따라 제49조에 따른 중앙토지수용위원회 및 사업인정에 이해관계가 있는 자의 의견을 들어야 한다.

③ 제49조에 따른 중앙토지수용위원회는 제1항 또는 제2항에 따라 의견제출을 요청받은 날부터 30일 이내에 의견을 제출하여야 한다. 이 경우 같은 기간 이내에 의견을 제출하지 아니하는 경우에는 의견이 없는 것으로 본다.

부칙

제1조(시행일) 이 법은 공포한 날부터 시행한다. 다만, 제21조의 개정규정은 공포 후 6개월이 경과한 날부터 시행한다.

제2조(의견청취에 관한 적용례) 제21조제2항의 개정규정은 같은 개정규정 시행 후 최초로 관계 법률에 따라 사업인정이 의제되는 지구지정·사업계획승인 등을 하는 경우부터 적용한다.

[시행 2019. 7. 1.] [법률 제16138호, 2018. 12. 31., 일부개정]

◇ 개정이유

공익사업 신설 등에 대한 개선요구 등의 근거를 마련하고, 사업인정 또는 사업인정이 의제되는 지구지정·사업계획승인 등에 대한 중앙토지수용위원회의 사전 협의절차 이행, 협의 시 검토기준 명시, 기간연장·서류 보완요구 등 근거 마련하는 한편, 사업인정 또는 사업인정이 의제되는 지구지정·사업계획 승인 등에 있어 중앙토지수용위원회와 사전에 협의절차를 이행하도록 하고, 토지수용위원회의 재결에 불복하는 경우 행정소송 제소기간을 확대하려는 것임.

다. 국토교통부장관이나 허가·인가·승인권자가 사업인정 또는 사업인정이 의제되는 지구지정·사업계획 승인 등에 있어 중앙토지수용위원회와 사전에 협의 절차를 이행할 것을 규정함(제21조제1항 및 제2항).

라. 사업인정 등에 대한 협의 시, 대상사업에 대한 검토기준으로 사업인정에 이해관계가 있는 자에 대한 의견 수렴절차, 허가·인가·승인대상 사업의 공공성, 수용의 필요성, 그 밖에 대통령령으로 정하는 사항을 명시함(제21조제3항).

제21조(협의 및 의견청취 등) ①국토교통부장관은 사업인정을 하려면 관계 중앙행정기관의 장 및 특별시장·광역시장·도지사·특별자치도지사(이하 "시·도지사"라 한다) 및 제49조에 따른 중앙토지수용위원회와 협의하여야 하며, 대통령령으로 정하는 바에 따라 미리 사업인정에 이해관계가 있는 자의 의견을 들어야 한다. 〈개정 2013. 3. 23., 2015. 12. 29., 2018. 12. 31.〉

② 별표에 규정된 법률에 따라 사업인정이 있는 것으로 의제되는 공익사업의 허가·인가·승인권자 등은 사업인정이 의제되는 지구지정·사업계획승인 등을 하려는 경우 제1항에 따라 제49조에 따른 중앙토지수용위원회와 협의하여야 하며, 대통령령으로 정하는 바에 따라 사업인정에 이해관계가 있는 자의 의견을 들어야 한다. 〈신설 2015. 12. 29., 2018. 12. 31.〉

③ 제49조에 따른 중앙토지수용위원회는 제1항 또는 제2항에 따라 협의를 요청받은 경우 사업인정에 이해관계가 있는 자에 대한 의견 수렴 절차 이행 여부, 허가·인가·승인대상 사업의 공공성, 수용의 필요성, 그 밖에 대통령령으로 정하는 사항을 검토하여야 한다. 〈신설 2015. 12. 29., 2018. 12. 31.〉

<u>2016. 6. 30.부터는 다른 법률에 따라 사업인정이 의제되는 경우에도 중앙토지수용위원회와 이해관계인 등의 의견청취를 의무화하였고, 2019. 7. 1.부터는 중앙토지수용위원회의 "의견청취"를 "협의"로 강화하였다.</u>

따라서 도시정비법 제65조제2항은 사업시행인가의 고시가 있은 때에는 토지보상법 제20조제1항 및 제22조제1항의 규정에 의한 사업인정 및 그 고시가 있은 것으로 본다고 규정하고 있으므로, <u>앞으로는 사업시행계획인가를 하려면, 인가권자는 반드시 개정된 토지보상법에 따라 중앙토지수용위원회와 협의를 하여야 하고, 사업인정에 이해관계가 있는 자의 의견을 들어야 한다.</u> 이를 어기면 절차규정을 위배한 것이 되어 수용권을 행사할 수 없게 된다.

과거에는 이러한 규정이 없어 토지등소유자가 후일 분양신청을 하지 않으면, 수용을 당한다는 점에 대해서 모르는 경우가 많았지만, 이번 개정으로 인하여 이러한 점을 알면서 사업시행계획인가나 분양신청에 대응을 하게 된 것이다.

마. 조합(사업시행자) 및 토지소유자 유의점

재개발사업은 사업에 반대하여도 법상 강제조합원 주의를 취한다. 그리고 정비사업은 사업시행인가 후에 분양신청을 받으므로, 그 이후에야 보상대상자가 결정된다. 따라서 아직 보상대상자가 누구인지가 결정되기 전인 사업시행인가 단계에서 인가권자가 중앙토지수용위원회와 협의를 하고, 이해관계인의 의견을 들어야 하므로, 고충이 크다.

토지보상법시행령 제11조에 따르면, 토지 등의 소재지를 관할하는 시장(행정시의 시장을 포함한다. 이하 이 조에서 같다)·군수 또는 구청장(자치구가 아닌 구의 구청장을 포함한다. 이하 이 조에서 같다)은 사업인정 신청서 및 관계 서류의 사본을 게시판에 공고하고, <u>공고한 날부터 14일 이상 그 서류를 일반인이 열람할 수 있도록 하여야 하고</u>, 그 공고의 내용과 의견이 있으면 의견서를 제출할 수 있다는 뜻을 <u>토지소유자 및 관계인에게 통지</u>(토지소유자 및 관계인이 원하는 경우에는 전자문서에 의한 통지를 포함한다. 이하 이 항에서 같다)하여야 하며, 토지소유자 및 관계인, 그 밖에 사업인정에 관하여 이해관계가 있는 자는 <u>열람기간에 해당 시장·군수 또는 구청장에게 의견서를 제출(전자문서에 의한 제출을 포함한다)할 수 있다.</u>

주의하여야 할 점은 관계인에게도 통지하여야 한다는 점이다. 따라서 관계인의 정의를 파악하여야 할 것이다.

토지보상법 제2조제5호는 "관계인이란 사업시행자가 취득하거나 사용할 토지에 관하여 지상권·지역권·전세권·저당권·사용대차 또는 임대차에 따른 권리 또는 그 밖에 토지에 관한 소유권 외의 권리를 가진 자나 그 토지에 있는 물건에 관하여 소유권이나 그 밖의 권리를 가진 자를 말한다. 다만, 제22조에 따른 사업인정의 고시가 된 후에 권리를 취득한 자는 기존의 권리를 승계한 자를 제외하고는 관계인에 포함되지 아니한다."라고 규정하고 있다.

<u>또한 수용명세서가 누락되지 않도록 주의하여야 할 것이다</u>(이 시기에는 아직 현금청산대상자가 결정되지 않았으므로, 모든 수용대상 목록을 작성하여야 할 것이다).

반면에 현금청산을 받으려는 자, 즉 보상대상자는 열람기간(최소 14일 이상)내에 자신의 의견을 충분히 피력하여야 할 것이다. <u>특히 중앙토지수용위원회의 협의 의견이 매우 중요하다. 따라서 법에는 없지만 현금청산 희망자는 중앙토지수용위원회에도 적극 의견을 개진하여야 할 것이다.</u>

제2장. 감정평가사 추천 및 대응

> ※ 요약 : 현금청산에서 가장 중요한 것은 감정평가사 추천이다. 그리고 감정평가 시에 어떻게 대응할 것인가이다.
> 1. 현금청산대상자들 숫자&면적의 과반수 이상이 동의하면 감정평가사를 추천할 수 있다. 현금청산대상자 명단에 대해 조합에 정보공개청구를 한다.
> 2. 감정평가사는 평가를 실시할 때 현지조사를 하여야 한다.
> 3. 감정평가를 거부할 것인지, 응할 것인지를 판단하여야 한다. 이는 전문변호사와 협의하여야 한다.
> 4. 평가에 응할 경우에는 주변 실제 거래사례, 자신의 부동산의 특이사례(건물 대수선, 최근 매수 시 매매가격 등)를 평가사에게 제시하여야 한다.

31. 감정평가사 현황

*2022. 10. 11. 현재
*정회원 기준이며 괄호안은 사무소 수임

구분	합계	법인				사무소
		계	평가법인			
				본사	지사	
합계	4,522(1,315)	3,732(561)	1,345(94)	2,387(467)		783(754)
서울	1,541(287)	1,333(96)	1,302(82)	31(14)		201(191)

2020. 7. 28. 아래 기준 개정 전에는 감정평가법인은 대형법인과 중소형법인이 있고, 대형법인은 「표준지공시지가 조사·평가를 위한 감정평가업자 선정에 관한 기준」 제4조에서 정하였는데, 기준 개정으로 "공시전문평가법인" 규정을 신설하였다.

표준지공시지가 조사·평가를 위한 감정평가업자 선정에 관한 기준

[시행 2021. 8. 13.] [국토교통부고시 제2021-1023호, 2021. 8. 13., 일부개정]

[시행 2020. 7. 28.] [국토교통부고시 제2020-529호, 2020. 7. 28., 일부개정]

◇ 제·개정 이유

표준지공시지가 조사·평가에 참여하는 감정평가법인등의 기준 중 인원수 요건을 삭제하는 「부동산 가격공시에 관한 법률 시행령」 개정('20.6.2.) 사항을 반영하고, 대형감정평가법인에 대한 표준지 물량 배정 인센티브를 폐지하는 등 제도 운영을 개선하기 위함

◇ 주요내용

가. 감정평가업자 명칭 변경(제1조 등)

「감정평가 및 감정평가사에 관한 법률」에서 "감정평가업자" 용어 "감정평가법인등"으로 정비('20.4.7.)함에 따라 동 개정사항 반영

나. 표준지 공시지가 조사·평가 의뢰대상 요건 개선(제3조)

표준지공시지가 조사·평가를 위한 감정평가법인등을 선정 시 인원수 기준을 폐지하고, 감정평가법인의 재무안정성 확인을 위해 '적정' 의견의 감사보고서만 인정하되 감정평가사사무소의 경우에는 표준재무제표 제출을 허용하는 한편, 독립적인 심사부서 설치가 어려운 경우에는 한국감정평가사협회 또는 다른 감정평가법인등에 의뢰하여 심사하는 경우도 인정

다. 대형감정평가법인 인센티브 폐지(제4조)

「부동산 가격공시에 관한 법률 시행령」 개정('20.6.2. 공포·시행)에 따라, 대형감정평가법인에 적용되어 온 업무물량 우선배정 규정을 폐지

라. 공시전문평가법인 규정 신설(제4조, 별표)

표준지 공시지가 조사·평가에 대한 경력을 갖춘 감정평가사를 보유하고 전국적인 조사체계를 갖춘 감정평가법인을 "공시전문평가법인"으로 하여 난이도가 높은 특수토지 및 대도시 토지 등에 대한 조사·평가 업무를 배정

제4조(공시전문평가법인) ① 제3조제1항에 따른 감정평가법인 중에서 다음 각 호를 모두 충족하는 감정평가법인(이하 "공시전문평가법인"이라 한다)에게는 「표준지공시지가 조사·평가 기준」제2조제5호에 해당하는 특수토지, 제3조제4항에 따라 하나의 감정평가법인등에게 의뢰하는 표준지, 7개 시·도(서울·부산·대구·인천·광주·대전·경기)의 조사·평가의 업무배정에 있어 우선 의뢰할 수 있다.

1. 주·분사무소별로 별표에서 정한 최소 주재 감정평가사를 확보하고 있는 감정평가법인
2. 제1호에 따른 최소 주재 감정평가사의 인원을 두고 있는 분사무소를 5개 이상 설치한 감정평가법인으로서 수도권 이외의 지역에 4개 이상 사무소(수도권 이외의 1개 광역시·도에 2개 이상의 사무소가 설치된 경우에도 1개 사무소로 인정)를 설치하여 전국적인 조직망을 확보한 감정평가법인

[별표] 공시전문평가법인의 최소 주재 감정평가사 요건

구 분		최소 주재 감정평가사
주사무소		20명 이상 (표준지공시지가 조사평가 경력이 5년 이상인 감정평가사 5명 이상 포함)
분사무소	서울, 부산, 대구, 인천, 광주, 대전, 경기	7명 이상 (표준지공시지가 조사평가 경력이 5년 이상인 감정평가사 2명 이상 포함)
	울산, 충남, 전남, 경북, 경남, 세종, 충북, 전북, 강원, 제주	5명 이상 (표준지공시지가 조사평가 경력이 5년 이상인 감정평가사 1명 이상 포함)

※ 주: 최소 주재 감정평가사는 「감정평가법」 제10조에 따른 감정평가업자의 업무와 다른 업무를 겸업(타업종에서 4대 보험을 납부하며 실질적으로 감정평가 업무에 종사하지 않는 경우)하지 아니하면서 최근 1년간 감정평가실적이 있는 사람을 말한다. 다만, 법인 임원, 주사무소 심사 전담 평가사, 출산·질병 등 법령상 허용자, 유학 및 한국감정평가사협회와 한국부동산연구원 파견자는 최근 1년간 감정평가실적이 없어도 주재인원에 포함할 수 있다.

32. 감정평가사 선정권자

가. 감정평가사 선정권자

선정 시기	선정권자
1차 협의평가	시·도지사 추천 1인, 사업시행자 1인, 현금청산대상자 추천 1인
2차 수용재결평가	지방토지수용위원회 2인
3차 이의재결평가	중앙토지수용위원회 2인
4차 법원 평가	판사 선정 1인

협의평가 시에 시·도지사와 조합은 통상 감정평가사 숫자가 150인 이상인 법인 13개 중에서 감정평가사를 추천한다. 사실 이는 법에 근거를 둔 것은 아니다. 이 점에 대해서 현금청산대상자는 침묵을 하지 말고 시·도지사에게 중소형법인이나 개인감정평가사를 추천하여 달라고 요구할 필요가 있다고 본다.

법원이 보상금증감소송을 심리함에 있어서 보상액의 평가를 명할 경우에는 토지보상법 제68조가 적용되지 않는 만큼 2인 이상의 감정평가사에게 감정을 의뢰하여 그 평가액의 산술평균치를 기준으로 하여야 하는 것은 아니므로 1명의 감정인을 선정함으로써 충분하다(대법원 1993. 4. 27. 선고 92누19507).

나. 재개발조합에서 현금청산을 위한 감정평가사 선정방법

(1) 법규정

법 제45조제1항제5호는 "시공자·설계자 및 감정평가법인등(제74조제4항에 따라 시장·군수등이 선정·계약하는 감정평가법인등은 제외한다)의 선정 및 변경. 다만, 감정평가법인등 선정 및 변경은 총회의 의결을 거쳐 시장·군수등에게 위탁할 수 있다.", 령 제60조제1항은 "사업시행자가 법

제73조제1항에 따라 토지등소유자의 토지, 건축물 또는 그 밖의 권리에 대하여 현금으로 청산하는 경우 청산금액은 사업시행자와 토지등소유자가 협의하여 산정한다. <u>이 경우 재개발사업의 손실보상액의 산정을 위한 감정평가법인등 선정에 관하여는 「공익사업을 위한 토지 등의 취득 및 보상에 관한 법률」 제68조제1항에 따른다.</u>"라고 규정하고 있다.

토지보상법 제68조제1항은 "사업시행자는 토지등에 대한 보상액을 산정하려는 경우에는 감정평가법인등 3인(제2항에 따라 시·도지사와 토지소유자가 모두 감정평가법인등을 추천하지 아니하거나 시·도지사 또는 토지소유자 어느 한쪽이 감정평가법인등을 추천하지 아니하는 경우에는 2인)을 선정하여 토지등의 평가를 의뢰하여야 한다. 다만, 사업시행자가 국토교통부령으로 정하는 기준에 따라 직접 보상액을 산정할 수 있을 때에는 그러하지 아니하다."라고 규정하고 있다.

(2) 총회에서 선정

따라서 현금청산을 위한 감정평가사는 사업시행자가 1곳, 시·도지사가 1곳, 현금청산대상자가 1곳을 선정할 수 있는 것이다. 국토교통부에 의하면, <u>이때 사업시행자가 1곳의 감정평가법인등을 선정할 경우에는 총회의 의결을 거쳐야 한다.</u>

> **국토교통부 유권해석**
>
> **1. 질의사항**
>
> 도시정비법 제24조제3항은 총회결의사항으로 "시공자·설계자 또는 감정평가업자(제48조제5항에 따라 시장·군수가 선정·계약하는 감정평가업자는 제외한다)의 선정 및 변경. 다만, 감정평가업자 선정 및 변경은 총회 의결을 거쳐 시장·군수에게 위탁할 수 있다."고 규정하고 있는데, 주택재개발사업 및 도시환경정비사업에서 현금청산을 위한 감정평가사를 선정할 경우(동법 시행령 제48조 후문에 의해 시장·군수가 추천하는 감정평가업자 2이상이 아니라, 「공익사업을 위한 토지 등의

취득 및 보상에 관한 법률」에 따라 조합이 1곳, 시·도지사가 1곳, 현금청산자가 1곳을 선정할 경우에 <u>조합이 1곳을 선정할 경우를 말함</u>)에도 반드시 총회 의결을 거쳐야 하는지, 아니면 동법 제25조제2항, 동법 시행령 제35조에 의하여 대의원회에서 대행이 가능한지 여부

2. 회신내용
「도시 및 주거환경정비법」제24조제3항제6호에 따르면 조합은 시공자·설계자 또는 감정평가업자의 선정 및 변경 등의 사항은 총회의 의결을 거치도록 하고 있으므로, 질의하신 현금청산을 위한 감정평가업자 선정에 대하여도 동 규정에 따라 <u>총회의 의결을 거쳐 선정하여야 함</u>을 알려드립니다(2016. 12. 8.).

실무적으로 정비기반시설 무상양수도를 위한 협의가격 산정을 위해 감정평가사를 선정할 때 현금청산까지 포함하여 선정·계약하는 것도 방법일 것이다.

(3) 사업시행자 유의사항

사업시행자는 현금청산을 위한 감정평가법인등을 미리 총회 의결을 거쳐 선정하여야 하므로, 총회 일정을 체크하여야 한다.(령 제24조제1항에 의한 수의계약대상이면 수의계약도 가능할 것이나, 대부분은 경쟁입찰 대상일 것이다).

나아가 이 총회 개최 시에 시·도지사와 현금청산대상자가 각 추천하는 감정평가법인등과의 계약을 위해 계약의 목적과 내용, 부담의 한도를 정하여 대의원회에 위임하는 안건을 같이 처리하거나, 예비비를 설정해 놓아야 할 것이다.

그리고 조합이 감정평가를 의뢰할 경우에는 토지보상법시행규칙 별지 제15호서식에 의하고, 특히 평가서 제출기한을 지키지 않을 경우에 대비한 특약을 체결하여야 할 것이다.

33. 감정평가사 추천권

가. 법 개정으로 추천권 보장

2018. 2. 9.부터 시행되는 도시정비법 전부개정법시행령 제60조제1항 단서는 "재개발사업의 손실보상액의 산정을 위한 감정평가업자 선정에 관하여는 「공익사업을 위한 토지 등의 취득 및 보상에 관한 법률」 제68조 제1항에 따른다."라고 규정하여, 현금청산대상자의 감정평가사 1인 추천권을 보장하고 있다.

나. 토지보상법 규정

> **토지보상법 제68조(보상액의 산정)** ① 사업시행자는 토지등에 대한 보상액을 산정하려는 경우에는 감정평가법인등 3인(제2항에 따라 시·도지사와 토지소유자가 모두 감정평가법인등을 추천하지 아니하거나 시·도지사 또는 토지소유자 어느 한쪽이 감정평가법인등을 추천하지 아니하는 경우에는 2인)을 선정하여 토지등의 평가를 의뢰하여야 한다. 다만, 사업시행자가 국토교통부령으로 정하는 기준에 따라 직접 보상액을 산정할 수 있을 때에는 그러하지 아니하다. 〈개정 2012. 6. 1., 2013. 3. 23., 2020. 4. 7.〉
>
> ② 제1항 본문에 따라 사업시행자가 감정평가법인등을 선정할 때 해당 토지를 관할하는 시·도지사와 토지소유자는 대통령령으로 정하는 바에 따라 감정평가법인등을 각 1인씩 추천할 수 있다. 이 경우 사업시행자는 추천된 감정평가법인등을 포함하여 선정하여야 한다. 〈개정 2012. 6. 1., 2020. 4. 7.〉
>
> ③ 제1항 및 제2항에 따른 평가 의뢰의 절차 및 방법, 보상액의 산정기준 등에 관하여 필요한 사항은 국토교통부령으로 정한다. 〈개정 2013. 3. 23.〉
>
> **령 제28조(시·도지사와 토지소유자의 감정평가업자 추천)** ① 사업시행자는 법 제15조제1항에 따른 보상계획을 공고할 때에는 시·도지사와 토지소유자가 감정평가법인등(「감정평가 및 감정평가사에 관한 법률」 제2조제4호의 감정평가법인등을 말하며, 이하 "감정평가법인등"이라 한다)을 추천할 수 있다는 내용을 포함하여 공고하고, 보상 대상 토지가 소재하는 시·도의 시·도지사와

토지소유자에게 이를 통지해야 한다. 〈개정 2016. 8. 31., 2021. 11. 23.〉

② 법 제68조제2항에 따라 시·도지사와 토지소유자는 법 제15조제2항에 따른 보상계획의 열람기간 만료일부터 30일 이내에 사업시행자에게 감정평가법인 등을 추천할 수 있다. 〈개정 2021. 11. 23.〉

③ 제2항에 따라 시·도지사가 감정평가법인등을 추천하는 경우에는 다음 각 호의 사항을 지켜야 한다. 〈개정 2021. 11. 23.〉

1. 감정평가 수행능력, 소속 감정평가사의 수, 감정평가 실적, 징계 여부 등을 고려하여 추천대상 집단을 선정할 것
2. 추천대상 집단 중에서 추첨 등 객관적이고 투명한 절차에 따라 감정평가법인등을 선정할 것
3. 제1호의 추천대상 집단 및 추천 과정을 이해당사자에게 공개할 것
4. 보상 대상 토지가 둘 이상의 시·도에 걸쳐 있는 경우에는 관계 시·도지사가 협의하여 감정평가법인등을 추천할 것

④ 제2항에 따라 감정평가법인등을 추천하려는 토지소유자는 보상 대상 토지 면적의 2분의 1 이상에 해당하는 토지소유자와 보상 대상 토지의 토지소유자 총수의 과반수의 동의를 받은 사실을 증명하는 서류를 첨부하여 사업시행자에게 감정평가법인등을 추천해야 한다. 이 경우 토지소유자는 감정평가법인 등 1인에 대해서만 동의할 수 있다. 〈개정 2021. 11. 23.〉

⑤ 제2항에 따라 감정평가법인등을 추천하려는 토지소유자는 해당 시·도지사와 「감정평가 및 감정평가사에 관한 법률」 제33조에 따른 한국감정평가사협회에 감정평가법인등을 추천하는 데 필요한 자료를 요청할 수 있다. 〈개정 2016. 8. 31., 2021. 11. 23.〉

⑥ 제4항 전단에 따라 보상 대상 토지면적과 토지소유자 총수를 계산할 때 제2항에 따라 감정평가법인등 추천 의사표시를 하지 않은 국유지 또는 공유지는 보상 대상 토지면적과 토지소유자 총수에서 제외한다. 〈신설 2019. 6. 25., 2021. 11. 23.〉

⑦ 국토교통부장관은 제3항에 따른 시·도지사의 감정평가법인등 추천에 관한 사항에 관하여 표준지침을 작성하여 보급할 수 있다. 〈개정 2019. 6. 25., 2021. 11. 23.〉

③ 제1항 및 제2항에 따른 평가 의뢰의 절차 및 방법, 보상액의 산정기준 등에 관하여 필요한 사항은 국토교통부령으로 정한다. 〈개정 2013. 3. 23.〉[전문개정 2011. 8. 4.]

다. 추천요건 : 숫자(과반수)+면적(과반수) 이상 추천

감정평가사를 추천하려는 현금청산대상자는 <u>보상 대상 토지면적의 2분의 1 이상에 해당하는 토지소유자와 보상 대상 토지의 토지소유자 총수의 과반수의 동의를 받은 사실을 증명하는 서류를 첨부하여 사업시행자에게 감정평가사를 추천하여야 한다. 이 경우 토지소유자는 감정평가사 1명에 대해서만 동의할 수 있다</u>(토지보상법시행령 제28조제4항).

<u>2019. 7. 1.부터는 시행령 개정으로 보상 대상 토지면적과 토지소유자 총수를 계산할 때 감정평가사 추천 의사표시를 하지 않은 국유지 또는 공유지는 보상 대상 토지면적과 토지소유자 총수에서 제외한다.</u>

라. 추천기한

<u>보상계획의 열람기간 만료일부터 30일 이내</u>에 사업시행자에게 감정평가사를 추천할 수 있다.

마. 교체요구권

감정평가사를 추천할 수 있는 권리를 넘어 그 추천에 따라 선정된 감정평가사를 교체하여 달라고 신청할 수 있는 권리까지 가진다고 볼 수 없다(대구지방법원 2018. 5. 2. 선고 2017구합1829 판결).

그러나 위와 같은 판례에 굴하지 말고 필요한 경우 감정평가사 교체 요구를 할 필요는 있다.

34. 감정평가 시 현지조사 원칙

가. 토지보상법 규정

감정평가사는 평가를 의뢰받은 때에는 대상물건 및 그 주변의 상황을 현지조사하고 평가를 하여야 한다.

> **토지보상법시행규칙 제16조** ③감정평가사는 제1항의 규정에 의하여 평가를 의뢰받은 때에는 대상물건 및 그 주변의 상황을 현지조사하고 평가를 하여야 한다. 이 경우 고도의 기술을 필요로 하는 등의 사유로 인하여 자기가 직접 평가할 수 없는 대상물건에 대하여는 사업시행자의 승낙을 얻어 전문기관의 자문 또는 용역을 거쳐 평가할 수 있다.

나. 「감정평가 실무기준」에 따른 변화

「감정평가실무기준」이 2014. 1. 1.부터 시행된다. [국토교통부고시 제2013-620호, 2013.10.22, 제정]

감정평가 실무기준 300.2.5.에 의하면 대상물건에 대한 조사가 불가능하거나 극히 곤란한 경우에는 감정평가사는 그 업무를 수임해서는 아니 된다고 규정하고 있다.

또한 감정평가기준 400.1.④.⑤는 물리적인 접근 곤란 등으로 실지조사가 불가능하거나 매우 곤란한 경우에는 실지조사를 하지 아니하고도 객관적이고 신뢰할 수 있는 자료를 충분히 확보할 수 있는 경우에만 실지조사를 하지 아니할 수 있다고 규정하고 있다.

300 감정평가 의뢰와 수임

2 수임제한 이유

감정평가사는 다음 각 호의 어느 하나에 해당하는 경우에는 <u>그 업무를 수임해서는 아니 된다.</u> 이 경우 수임할 수 없는 이유를 의뢰인에게 지체 없이 알려야 한다.

1. [200-4.2-②]에 해당하는 경우
2. 감정평가의 적정성을 검증하기 위한 목적의 감정평가(쟁송, 토지수용위원회의 재결 등을 위한 감정평가)로서 당초 감정평가를 수행한 감정평가사가 다시 의뢰받은 경우
3. 감정평가 의뢰의 내용이 감정평가관계법규나 이 기준에 위배되는 경우
4. 위법·부당한 목적으로 감정평가를 의뢰하는 것이 명백한 경우
5. <u>대상물건에 대한 조사가 불가능하거나 극히 곤란한 경우</u>
6. 의뢰받은 감정평가 수행에 필요한 인력과 전문성을 보유하지 못한 경우

7 감정평가 수임계약의 철회 등

① 감정평가사는 감정평가 수임계약이 성립하였으나 감정평가서가 발송되기 전에 수임제한 이유에 해당하는 것을 알게 된 경우에는 수임계약을 철회하여야 한다.

② 감정평가사는 의뢰서에 기재된 대상물건의 내용과 대상물건에 대한 실지조사 결과가 상호 동일성이 인정되지 아니한 경우에는 의뢰인에게 감정평가 수임계약의 기본적 사항을 보정할 것을 요구하고, 의뢰인이 보정하지 아니한 경우에는 수임계약을 철회할 수 있다.

③ <u>감정평가사는 감정평가조건의 합리성, 적법성이 결여(缺如)되거나 실현이 사실상 불가능하다고 판단할 때에는 의뢰를 거부하거나 수임(受任)을 철회할 수 있다.</u>

400 감정평가의 절차와 방법

(중략)

④ "대상물건의 확인"이란 다음 각 호의 절차를 말하며, 대상물건을 감정평가할 때에는 실지조사를 하기 전에 사전조사를 통해 필요한 사항을 조사한다.

1. 사전조사 : 실지조사 전에 감정평가 관련 구비서류의 완비 여부 등을 확인하고, 대상물건의 공부 등을 통해 토지등의 물리적 조건, 권리상태, 위치, 면적 및 공법

상의 제한내용과 그 제한정도 등을 조사하는 절차

2. 실지조사 : 대상물건이 있는 곳에서 대상물건의 현황 등을 직접 확인하는 절차

⑤ <u>감정평가사가 감정평가를 할 때에는 대상물건의 확인을 위하여 실지조사를 하여야 한다.</u> 다만, 다음 각 호의 어느 하나에 해당하는 경우로서 실지조사를 하지 아니하고도 <u>객관적이고 신뢰할 수 있는 자료를 충분히 확보할 수 있는 경우</u>에는 실지조사를 하지 아니할 수 있다.

1. 천재지변, 전시·사변, 법령에 따른 제한 및 <u>물리적인 접근 곤란 등으로 실지조사가 불가능하거나 매우 곤란한 경우</u>
2. 유가증권 등 대상물건의 특성상 실지조사가 불가능하거나 불필요한 경우

또한 「감정평가에 관한 규칙」 제10조는 다음과 같이 규정하고 있다.

제10조(대상물건의 확인) ① 감정평가업자가 감정평가를 할 때에는 실지조사를 하여 대상물건을 확인하여야 한다.

② 감정평가업자는 제1항에도 불구하고 다음 각 호의 어느 하나에 해당하는 경우로서 실지조사를 하지 아니하고도 객관적이고 신뢰할 수 있는 자료를 충분히 확보할 수 있는 경우에는 실지조사를 하지 아니할 수 있다.

1. 천재지변, 전시·사변, 법령에 따른 제한 및 물리적인 접근 곤란 등으로 실지조사가 불가능하거나 매우 곤란한 경우
2. 유가증권 등 대상물건의 특성상 실지조사가 불가능하거나 불필요한 경우

35. 감정평가사 기피 신청

법으로 감정평가사 기피 신청제도가 있는 것은 아니지만, 다음에 해당하면 현금청산대상자는 감정평가사를 다시 선정하여 줄 것을 요구할 수 있다고 본다.

감정평가실무기준 200,4.2는 ① 대상물건이 담당 감정평가사 또는 친족의 소유이거나 그 밖에 불공정한 감정평가를 할 우려가 있는 경우, ② 이해관계 등의 이유로 자기가 감정평가하는 것이 타당하지 아니하다고 인정되는 경우, ③ 감정평가의 적정성을 검증하기 위한 목적의 감정평가(쟁송, 토지수용위원회의 재결 등을 위한 감정평가)로서 당초 감정평가를 수행한 감정평가업자가 다시 의뢰받은 경우[30], ④ 대상물건에 대한 조사가 불가능하거나 극히 곤란한 경우에는 대상물건에 대해서는 감정평가를 해서는 아니 된다.

또한 위에 명시한 사유가 없다 하더라도 불공정한 감정평가를 실시할 우려가 있다면 현금청산대상자로서는 적극적으로 당해 감정평가사에 대해 기피신청을 하여야 할 것이다.

---

30) 실무기준 300.2

36. 재평가를 하는 경우

토지보상법에 의하면, ① 대상물건의 평가액 중 최고평가액이 최저평가액의 110퍼센트를 초과하는 경우, ② 평가를 한 후 1년이 경과할 때까지 보상계약이 체결되지 아니한 경우에 재평가를 한다.

'평가를 한 후 1년이 경과할 때'라는 것이 가격시점의 사이가 1년 이상 벌어진 경우를 말한다는 견해와 평가시점으로부터 1년이 경과된 경우를 말한다는 견해[31]가 있으나, "평가를 한 후"라는 문구가 있는 이상 <u>당초 평가(가격조사가 완료된 날)를 한 날로부터 1년으로 보는 것이 타당하다고 생각한다</u>. 또한 사업시행자의 귀책사유가 없더라도 1년이 경과하면 재평가를 하여야 한다(2010. 5. 26. 토지정책과-2818).[32]

비록 토지소유자 추천 감정평가사가 1명이라도 감정결과가 최고치와 최저치가 10% 이상 차이가 나면 재평가를 하여야 하므로 소유자 추천평가사가 충분히 그 주장을 펼칠 수 있다. 또한 실무상 1년이 지나면 재평가를 하여야 한다는 규정을 잘 활용하여야 한다.

> 규칙 제17조(재평가등) ①사업시행자는 제16조제4항의 규정에 의하여 제출된 보상평가서를 검토한 결과 그 평가가 관계법령에 위반하여 평가되었거나 합리적 근거 없이 비교 대상이 되는 표준지의 공시지가와 현저하게 차이가 나는 등 부당하게 평가되었다고 인정하는 경우에는 당해 감정평가법인등에게 그 사유를 명시하여 다시 평가할 것을 요구하여야 한다. 이 경우 사업시행자는 필요하면 국토교통부장관이 보상평가에 관한 전문성이 있는 것으로 인정하여 고시하는 기관에 해당 평가가 위법 또는 부당하게 이루어졌는지에 대한 검토를 의뢰할 수 있다. 〈개정 2013. 4. 25., 2022. 1. 21.〉

---

31) 임호정, 김원보, "공익사업용지보상법론", 부연사, 2003년, 288-299.
32) 국토교통부, 전계질의회신집, 51.

②사업시행자는 다음 각 호의 어느 하나에 해당하는 경우에는 다른 2인 이상의 감정평가법인등에게 대상물건의 평가를 다시 의뢰하여야 한다. 〈개정 2006. 3. 17., 2007. 4. 12., 2013. 4. 25., 2022. 1. 21.〉

1. 제1항 전단의 사유에 해당하는 경우로서 당해 감정평가법인등에게 평가를 요구할 수 없는 특별한 사유가 있는 경우
2. 대상물건의 평가액 중 최고평가액이 최저평가액의 110퍼센트를 초과하는 경우. 대상물건이 지장물인 경우 최고평가액과 최저평가액의 비교는 소유자별로 지장물 전체 평가액의 합계액을 기준으로 한다.
3. 평가를 한 후 1년이 경과할 때까지 보상계약이 체결되지 아니한 경우

③사업시행자는 제2항에 따른 재평가를 하여야 하는 경우로서 종전의 평가가 영 제28조에 따라 시·도지사와 토지소유자가 추천한 감정평가법인등을 선정하여 행하여진 경우에는 시·도지사와 토지소유자(보상계약을 체결하지 아니한 토지소유자를 말한다. 이하 이 항에서 같다)에게 영 제28조에 따라 다른 감정평가법인등을 추천하여 줄 것을 통지하여야 한다. 이 경우 시·도지사와 토지소유자가 통지를 받은 날부터 30일 이내에 추천하지 아니한 경우에는 추천이 없는 것으로 본다. 〈개정 2007. 4. 12., 2013. 4. 25., 2022. 1. 21.〉

④제1항 및 제2항의 규정에 의하여 평가를 행한 경우 보상액의 산정은 각 감정평가법인등이 다시 평가한 평가액의 산술평균치를 기준으로 한다. 〈개정 2022. 1. 21.〉

⑤제2항제2호에 해당하는 경우 사업시행자는 평가내역 및 당해 감정평가법인등을 국토교통부장관에게 통지하여야 하며, 국토교통부장관은 당해 감정평가가 관계법령이 정하는 바에 따라 적법하게 행하여졌는지 여부를 조사하여야 한다. 〈개정 2008. 3. 14., 2013. 3. 23., 2022. 1. 21.〉

이러한 재평가 규정이 있기 때문에 현금청산대상자가 반드시 감정평가사 추천권을 행사하여야 한다는 것이다. 즉, 사업시행자 1인, 시·도지사 1인, 즉 2인이 있어도 현금청산대상자가 추천한 감정평가사 1인의 평가금액과 비교하여 10%가 넘는 차이가 생기면 재평가를 하여야 하므로, 현금청산대상자가 추천한 감정평가사의 평가를 다른 2인이 무시할 수가 없는 것이다.

37. 감정평가서 공개

현금청산자대상자가 요구하면 본인에 대한 감정평가서는 공개하여야 한다는 판결이 있다(서울행정법원 2006. 5. 23. 선고 2005구합33241).

만일 사업시행자가 미공개시는 성실한 협의가 없었으므로 수용재결이 불가하다는 주장을 제기한다.

아래 유권해석은 법무법인강산 김은유 변호사가 직접 받은 것이고, 이 유권해석 이후에는 감정평가서를 공개하고 있다. 이 유권해석 전에는 평가서조차도 공개를 하지 않았던 시절이 있었다.

> **건설교통부 토지국 지가제도과 연락처 02-2110-8151~2**
> 접수일 2004.07.02/ 접수번호 2AA-0407-018096/
> 처리(예정)일 2004.07.05
>
> **처리결과(답변내용)**
> 「… 토지소유자가 자신의 토지에 대한 감정평가서 사본 공개요구에 대하여는 사업시행자는 공공기관의정보공개에관한법률에 의거 공개함이 타당할 것이라는 사항을 유선으로 통보하였음을 알려드립니다.」

38. 감정평가에 응할 경우 대응책

가. 감정평가관련 자주 묻는 질문

(1) 감정평가 기관이 3곳인가요?

현금청산대상자들이 감정평가사 추천권을 행사하면, 1차 협의보상 시는 3곳, 수용재결, 이의재결 시는 각 2곳, 법원은 1곳이다.

(2) 개인이 따로 사전에 감정평가를 받아도 그 내용이 효력이 있나요?

미리 개인이 사적으로 감정평가를 받았고, 그 가격에 조금이라도 만족을 한다면, 사견은 그 감정평가서를 1차 협의보상 시나 수용재결, 이의재결, 법원 감정 시 각 감정평가사에게 제출하는 것이 좋다고 본다.

다만 이를 반드시 감정평가사가 반영하여 평가하여야 하는 것은 아니다. 하나의 참고사항이 될 수는 있을 것이다.

(3) 감정평가가 나오면 어떤 준비를 해야 하며, 어필할 수 있는 사항을 옆에서 설명해야 하는지, 문서로 만들어 줘야 하는지요?

미리 감정의견서를 만들어 제출하는 것이 타당하고, 현장에서 간단명료하게 설명을 하면 될 것이다.

감정의견서는 특별한 양식이 없다. 제목만 감정의견서라고 기재한 후에 자신의 부동산에 대해 최소한 얼마를 받아야 하며, 그 이유를 기재하면 된다. 감정의견서를 잘 썼다고 하여 감정가격이 많이 달라지지는 않지만, 그래도 인근 부동산 거래사례, 경·공매 사례 등을 제시하면 감정평가사가 참작을 할 것이라고 본다.

(4) 감정평가의 체크리스트가 있나요?

특별한 체크리스트는 없다. 다만 감정평가에 응할지 여부를 결정하고, 응한다고 결정하면, 인근부동산 거래사례가 가장 중요한 자료이다.

나. 대응법

먼저 감정평가에 응할지 여부를 결정하여야 한다. 대책위 차원에서 집단적으로 대응을 하는 것이 타당하다.

감정평가사가 적법한 사유 없이 현지조사를 실시하지 않고 평가를 하면 이는 위법한 것이다. 그러므로 평가에 응하기로 의사결정을 하였다면, 적극적으로 감정평가사와 조율을 하여 현지조사에 참여하여야 한다.

그리고 현금청산대상자는 <u>현지조사 시에 감정평가사에게 당해 부동산 시세, 주변 부동산 거래사례, 경·공매 사례, 보상선례, 임대료, 선평가자료 (선평가를 하였을 경우만 해당)</u> 등을 제시하여야 한다. 특히 건물에 대해 대수선을 한 경우에는 그 사실을 감정평가사에게 알려야 하고, 최근 부동산을 매입한 경우에는 실제 매입가격을 알리는 것이 좋다. 기타 이외에도 자신의 부동산에 특이한 점이 있으면 감정평가사에게 알리는 것이 좋다.

영업보상의 경우에는 조합이나 감정평가사가 요구하는 자료를 충실히 준비하면 된다. 다만 실제 제출은 반드시 법무법인강산의 상담을 받고 하여야 한다(통상은 제출하지 않고 협상을 하는 것이다). 반드시 명심하여야 할 것은 절세나 현금거래등으로 자료가 없다고 하더라도, 보상은 완전보상이므로 자료가 없는 부분을 반영하여 영업이익 등을 제출하여야 할 것이다. 즉, 가사 탈세를 하기 위해 매출을 축소하여 신고를 하였다고 하더라도 보상 시에는 완전보상이므로, 그 부분을 반영한 금액을 제시하여야 한다는 것이다. 보상은 세금을 낸 자료를 가지고 하는 것이 아니다. 실제 완전보상을 하여야 하는 것이다. 나아가 세금 자료는 감정평가사가 입수할 길도 없다. 역으로 충실히 매출을 반영하여 세금신고를 하였다면 세금신고 자료를 제출하여야 할 것이다.

그리고 현지에서 말을 하는 것보다는 감정의견서라는 제목으로 장황하게 하지 말고 간단하게 자신의 의견을 요약하여 서면으로 제출하는 것이 좋다. 평가사가 감정평가를 수행할 때는 시원한 물이나 간단한 음료수 정도는 준비해 두는 것이 좋다.

만일 변호사를 선임하면 당연히 감정의견서는 변호사가 제출하는데, 협의보상 단계에서 변호사를 선임하지 않는 경향이 많으므로, 필히 본인이 준비하여 제시를 하여야 한다. 감정의견서 쓰는 요령은 제목만 감정의견서라고 쓰고, 내용은 자신의 부동산에 대해 ○○○원을 받아야 하고, 그 이유에 대해 기재하면 된다. 그리 어렵게 생각하지 말고 이야기하듯이 적어도 된다.

감정의견서를 대신 작성해 주어 보상금을 많이 받게 해 준다면서 접근하는 브로커들(변호사 이외)이 있는데, 여기에 맡길 이유는 하나도 없다. 30년 보상 경력에 비추어 보면 오히려 손해가 나는 경우가 많다. 감정평가사는 현금청산대상자 본인과 변호사만 만나준다. 차라리 그럴 바엔 다음에서 보는 바와 같이 평가를 거부하는 것이 더 나을 수도 있다.

가장 최강의 대응책은 자신의 욕심을 채우는 변호사가 아니고 먼저 의뢰인의 입장을 고려하는 변호사(1차 협의보상금이 중요한데 이를 설명해 주는 변호사가 많지 않다. 그 이유는 간단하다. 1차 협의보상금이 적게 나와야 그나마 법원에서 증액될 가능성이 크므로, 변호사가 성공보수를 더 받을 가능성이 크기 때문이다), 손실보상 분야에 정통한 변호사를 선임하는 것이다. 만일 협의보상부터 변호사를 선임하지 않는다면, 스스로가 자신의 부동산에 대한 가치를 주장 입증하는 것이 차선이다. '명의는 환자를 찾아다니지 않는다.', '맛집은 손님이 찾아간다.'는 평범한 교훈을 지키면 괜스레 손해를 보지 않을 것이다.

협의보상금이 제일 중요한 것은 사실이다. 그런데 협의보상금을 높이려면 단체적으로 대응하는 것이 제일 중요하다. 나만 노력한다고 보상금이 올라가지 않는다. 내 땅만 보상금액을 높게 책정을 할 수는 없는 것이다. 대책위를 구성하여 노력하되, 개인적으로도 노력을 병행하라는 것이다.

39. 감정평가 거부 시 대응책

가. 개설

자주 묻는 질문 중 하나가 바로 감정평가를 거부하고 싶은데, 거부를 하면 어떤 불이익을 받느냐는 것이다.

<u>결론부터 말하면 평가를 거부한다고 하여 보상금에 대해서 만큼은 불이익을 받지 않는다.</u> 불이익을 준다면 이는 위법한 것이다. 다만 감정평가사에게 자신의 주장을 하지 못할 뿐이다. 그런데 과연 자신의 주장을 한다고 하여 그게 얼마나 반영되는가? 이것을 생각해 보면 된다.

다만 평가를 거부할 경우 뒤에서 보는 바와 같이 200만원 이하의 벌금을 받을 수는 있다. 벌금 200만원이 무섭다면 더 할 말은 없다.

나. 토지, 건물

토지나 건물은 평가를 거부한다고 하여도 감정평가사가 얼마든지 평가를 할 수가 있다. 공부가 있고, 실물을 옆에서 볼 수가 있기 때문이다. 건물의 경우 반드시 내부를 보고 평가를 하여야 할 이유는 없다. 다만 대수선을 한 경우라든지 기타 특이한 경우에는 거부를 하지 말고 평가에 응하여 자료를 제출하여야 할 것이다. 따라서 토지 건물의 경우는 평가에 응하여 자료를 제출하는 것이 나을 수도 있다. 하지만 굳이 거부를 하고 싶다면 거부를 해도 무방하다. 거부를 하고 현지조사여부 등을 가지고 시시비비를 가리는 것도 하나의 방법이다. 사업시행자가 힘들어 하는 영업보상 등과 연계할 필요가 있다.

다. 영업보상

영업보상의 경우는 토지 건물과는 다르다. 영업보상은 토지 건물과는 달리 공부가 없기 때문이다. 뒤에서 설명하지만 영업보상은 4개월치 영업이익, 인건비 등 고정적 비용, 이전비 및 감손상당액, 부대비용, 영업이익감소액으로 구성된다. 대부분 보상대상자가 자료를 제출하지 않으면 감정평가사나 조합이 평가에 필요한 기본자료를 입수할 길이 없다.

영업보상의 경우 영업권자가 출입문을 봉쇄하고 감정평가를 거부할 경우 건물현황도 및 영업권조사서에 의하여 보상평가를 할 수 있는지가 문제된다. 국토교통부는 위와 같은 경우 지장물 및 영업손실에 대한 평가는 평가대상물건에 대해서 실지조사를 거쳐 평가함이 타당하다고 한다 (2005. 7. 21. 토지정책과-4448).[33]

한국감정평가사협회의 「영업손실보상평가지침」 제11조제4항은 다음과 같이 규정하고 있다.

제11조(영업이익) ③ 제1항과 제2항에 따른 연간 영업이익의 산정은 의뢰자 또는 영업행위자가 제시한 자료 등에 따른다. 다만, 다음 각 호의 어느 하나에 해당하는 경우에는 해당 영업의 가격시점 이전 최근 3년간의 평균 추정매출액 등에 인근지역 또는 동일수급권 안의 유사지역에 있는 같은 업종 비슷한 규모 영업의 일반적인 영업이익률을 적용하거나 국세청장이 고시한 표준소득률 등을 적용하여 해당 영업의 연간 영업이익을 산정할 수 있다. 이 경우에 추정매출액 등은 해당 영업의 종류·성격·영업규모·영업상태·영업연수·배후지상태 그 밖에 인근지역 또는 동일수급권 안의 유사지역에 있는 같은 업종 비슷한 규모 영업의 가격시점 이전 최근 3년간의 평균매출액 등을 고려하여 결정한다.

1. 영업이익 등 관련자료의 제시가 없는 경우
2. 제시된 영업이익 등 관련자료가 불충분하거나 신빙성이 부족하여 영업이익의 산정이 사실상 곤란한 경우
3. 그 밖에 제시된 영업이익 등 관련 자료에 따라 산정된 연간 영업이익이 같은 공익사업시행지구 등 해당 영업의 인근지역 또는 동일수급권 안의 유사지역에 있는 같은 업종 비슷한 규모 영업의 연간 영업이익과 비교하여 뚜렷이 균형을 이루지 못한다고 인정되는 경우

---

[33] 국토교통부, "사례를 통한 수용보상의 이해",(이하 '전게질의회신집'이라고만 함) 2012.7, 59.

영업보상의 경우 영업권자가 출입문을 봉쇄하고 감정평가를 거부할 경우 건물현황도 및 영업권조사서에 의하여 보상평가를 할 수 있는지가 문제된다. 국토교통부는 위와 같은 경우 지장물 및 영업손실에 대한 평가는 평가대상물건에 대해서 실지조사를 거쳐 평가함이 타당하다고 한다(2005. 7. 21. 토지정책과-4448).[34] 또한 영업손실평가시 실지조사가 불가능한 경우 어떤 방법으로 감정평가를 할 수 있는지 그리고 세무서 납세 자료를 근거로 감정평가를 할 수 있는지를 묻는 질의에, 실지조사를 거쳐 평가하여야 한다고 한다(2009. 8. 21. 토지정책과-3872).[35] 매우 타당한 유권해석이라고 본다.

실무적으로 특히 재개발지역에서 영업보상을 함에 있어서 대상자가 자료제출 및 감정평가를 거부한다는 이유로 공부상으로 조사한 자료와 주변 영업보상대상자들과 규모 등을 고려하여 평가를 실시하는 경우가 있으나, 이는 위법한 것이라고 본다.

이와 같이 자료제출 및 감정평가를 거부하는 경우에 감정평가법인등은 사업시행자에게 감정평가업무를 수행할 수 없음을 통보하고 감정평가를 실시하지 않는 것이 타당하다. 왜냐하면 영업보상은 규모가 같더라도 영업이익이나 설비가 얼마든지 달라질 수 있으므로, 실지조사를 하지 아니하고는 객관적이고 신뢰할 수 있는 자료를 충분히 확보할 수 있는 경우에 해당하지 않기 때문이다. <u>물론 실지조사를 하지 아니하고도 객관적이고 신뢰할 수 있는 자료를 충분히 확보할 수 있는 경우에 해당하면 자료제출을 거부한다고 하더라도 그 자료를 가지고 평가할 수 있을 것이다</u>(동지 : 2014. 1. 15. 공공지원팀-228, 한국감정평가사협회, 감정평가 관련 판례 및 질의회신집 Ⅰ, 67).

---

[34] 국토교통부, "사례를 통한 수용보상의 이해",(이하 '전게질의회신집'이라고만 함) 2012.7, 59.
[35] 국토교통부, 전게질의회신집, 416

실무상 실지조사를 하지 아니하고도 객관적이고 신뢰할 수 있는 자료를 충분히 확보할 수 있는 경우에 해당하는지 여부의 판단이 문제될 것이나, 이는 사업시행자가 제시한 자료나 감정평가사가 직접 구한 자료를 토대로 구체적·개별적으로 판단할 수밖에 없을 것이다. 그러나 영업보상 항목을 보면 실지조사를 하지 않고 「감정평가에 관한 규칙」 제10조제2항이 정한 객관적이고 신뢰할 수 있는 자료를 충분히 확보할 수 있는 경우는 없을 것이라고 본다. 영업이익은 개별사업장마다 다 다르기 때문이다.

그런데 「영업손실보상평가지침」 제11조제4항은 「감정평가에 관한 규칙」 제10조가 규정하고 있지도 않은 ① 영업이익 등 관련자료의 제시가 없는 경우, ② 제시된 영업이익 등 관련자료가 불충분하거나 신빙성이 부족하여 영업이익의 산정이 사실상 곤란한 경우, ③ 그 밖에 제시된 영업이익 등 관련 자료에 따라 산정된 연간 영업이익이 같은 공익사업시행지구 등 해당 영업의 인근지역 또는 동일수급권 안의 유사지역에 있는 같은 업종 비슷한 규모 영업의 연간 영업이익과 비교하여 뚜렷이 균형을 이루지 못한다고 인정되는 경우에는 해당 영업의 가격시점 이전 최근 3년간의 평균 추정 매출액 등에 인근지역 또는 동일수급권 안의 유사지역에 있는 같은 업종 비슷한 규모 영업의 일반적인 영업이익률을 적용하거나 국세청장이 고시한 표준소득률 등을 적용하여 해당 영업의 연간 영업이익을 산정할 수 있다고 하나,[36] 이는 법에도 없는 내용으로서 삭제되어야 마땅하다고 본다. 법 시행규칙 제16조제3항은 "감정평가법인등은 제1항의 규정에 의하여 평가를 의뢰받은 때에는 대상물건 및 그 주변의 상황을 현지조사하고 평가를 하여야 한다. 이 경우 고도의 기술을 필요로 하는 등의 사유로 인하여 자기가 직접 평가할 수 없는 대상물건에 대하여는 사업시행자의 승낙을 얻어 전문기관의 자문 또는 용역을 거쳐 평가할 수 있다."라고만

---

[36] 이러한 산정을 지지하는 견해도 있다. 사견은 반대이다. 김원보, "토지보상법해설" 제2편 손실보상 3, ㈜가람감정평가법인, 226, 227

규정하고 있고, 현지조사의 예외를 규정하고 있지 않다. 나아가 헌법 제23조제3항은 "정당한 보상"을 선언하고 있고, 헌법재판소는 "헌법 제23조 제3항에서 규정한 "정당한 보상"이란 원칙적으로 피수용재산의 객관적인 재산가치를 완전하게 보상하여야 한다는 <u>완전보상을 뜻하는 것</u>"이라고 판시하고 있는데(1990. 6. 25. 선고 89헌마107), 단지 자료를 제출하지 않았다고 하여 감정평가법인등이 개별사업장마다 천차만별일 수밖에 없는 영업이익, 이전비 등을 해당 영업의 가격시점 이전 최근 3년간의 평균 추정매출액 등에 인근지역 또는 동일수급권 안의 유사지역에 있는 같은 업종 비슷한 규모 영업의 일반적인 영업이익률을 적용하거나 국세청장이 고시한 표준소득률 등을 적용하여 해당 영업의 연간 영업이익을 산정한다면, 당연히 그 평가금액은 실제 영업보상금액보다 많거나 적을 수밖에 없는 것이고, 이는 감정평가법인등이 과다보상이나 과소보상을 야기한 것이므로, 헌법상 완전보상 원칙에도 반하고, 그에 따른 민·형사상 책임[37]을 져야 할 것이다. <u>영업보상대상자가 자료를 제출하지 않아 평가가 불가한 경우 그 문제는 입법으로 또는 사업시행자가 해결할 문제이지, 감정평가법인등이 해결할 문제는 아닌 것이다.</u>

사업시행자가 평가자료를 주지 않는다면 감정평가법인등은 당연히 평가를 거부하면 그만인 것이다.

---

[37] "감정평가 및 감정평가사에 관한 법률" 제49조제5호 위반죄나, "부동산 가격공시 및 감정평가에 관한 법률" 제43조제4항 위반죄, 업무방해죄, 손해배상책임등이 문제될 수 있을 것이다. 감정평가법인등의 처벌사례를 예시하면 다음과 같다. 대법원 2003. 6. 24. 선고 2003도1869 판결, 대법원 1986. 10. 14. 선고 86도1367 판결, 대법원 1983. 2. 28. 선고 81도2344 판결, 대법원 1982. 10. 12. 선고 82도988 판결

라. 인용의무

토지보상법 제11조(토지점유자의 인용의무) 토지점유자는 정당한 사유 없이 사업시행자가 제10조에 따라 통지하고 출입·측량 또는 조사하는 행위를 방해하지 못한다.[전문개정 2011.8.4]

제97조(벌칙) 다음 각 호의 어느 하나에 해당하는 자는 <u>200만원 이하의 벌금</u>에 처한다. 〈개정 2018. 12. 31., 2020. 4. 7.〉

1. 제9조제2항 본문을 위반하여 특별자치도지사, 시장·군수 또는 구청장의 허가를 받지 아니하고 타인이 점유하는 토지에 출입하거나 출입하게 한 사업시행자
2. 제11조(제27조제2항에 따라 준용되는 경우를 포함한다)를 위반하여 사업시행자 또는 감정평가법인등의 행위를 방해한 토지점유자
3. 삭제 〈2015. 1. 6.〉
4. 삭제 〈2015. 1. 6.〉

제3장. 보상금 산정방법

40. 개발이익 배제

　재개발등은 개발이익을 배제하고 평가한다. 그러나 재건축은 개발이익을 반영하여 평가한다.

　사견은 이런 원칙이 주택재개발사업에 적용된다면 위헌이라는 생각이다.

　개발이익을 배제하는 것은 대규모 신도시 개발사업 등에서 그 필요성이 제기되었다. 어느 정도 그 필요성에 대해서는 인정한다. 그런데 재개발사업에서는 현금청산대상자에 대하여 개발이익을 배제하는 것은 옳지 않다고 본다. 시대가 완전히 변하였다.
　지금은 재개발사업을 하여도 부동산 가격이 무조건 상승하는 것이 아니고, 오히려 재개발구역이 해제되면 부동산 가격이 상승하는 경우도 있는 실정이다. 그리고 무엇보다도 재개발사업에서 개발이익을 배제하면 안되는 이유는 개발이익을 배제할 경우 그 이익을 누리는 것은 공공이 아니라 개발에 찬성한 사람들인 것이다. 즉, 사익을 위하여 개발이익을 배제한다면 이는 위헌이라는 것이다. 특히 개발에 반대하는 사람들까지도 강제로 조합원으로 의제하여 수용권을 발동하면서 개발이익을 배제하여야 한다는 논리로 사인이 시장가격을 보상가격으로 주지 않는다면 이는 재산권보장 원칙을 설명할 길이 없다. 대규모 개발사업에서 개발이익을 배제하는 가장 큰 논리는 사업자가 공공이기 때문이다. 그런데 재개발사업에서는 그 이익을 누리는 것은 공공이 아님은 명백하다.

　또한 정비사업은 이미 토지에 대해서는 개발이 완료된 곳의 주택이 낙후되어 아파트를 짓는 사업이다. 따라서 개발이익이 토지에서 생기는 점을 고려하면 원천적으로 재개발사업에서는 개발이익이 발생하지 않는다. 따라서 법원의 전향적인 판결을 기대한다.

다만, 재개발사업에서 토지의 가격이 변동되었다고 인정받으려면, 토지보상법이 정하는 요건 3가지 요건을 모두 갖추어야 하는데, 첫째 요건, 즉 공익사업 면적이 20만㎡ 이상이라는 요건을 갖추어야 하는데, 이를 갖추지 못한 경우가 많다는 점을 유의하여야 한다.

토지보상법 제67조(보상액의 가격시점 등)
② 보상액을 산정할 경우에 해당 공익사업으로 인하여 토지등의 가격에 변동이 있는 때에는 이를 고려하지 아니한다.

토지보상법 제70조(취득하는 토지의 보상)
⑤ 제3항 및 제4항에도 불구하고 공익사업의 계획 또는 시행이 공고되거나 고시됨으로 인하여 취득하여야 할 토지의 가격이 변동되었다고 인정되는 경우에는 제1항에 따른 공시지가는 해당 공고일 또는 고시일 전의 시점을 공시기준일로 하는 공시지가로서 그 토지의 가격시점 당시 공시된 공시지가 중 그 공익사업의 공고일 또는 고시일과 가장 가까운 시점에 공시된 공시지가로 한다.

토지보상법시행령
◇ 개정이유 및 주요내용
공익사업에 편입되는 토지에 대한 보상평가 시 해당 공익사업의 시행으로 인한 지가변동분을 배제하기 위하여 해당 공익사업의 영향을 받지 아니하는 인근 시·군·구의 지가변동률을 적용하는 기준을 마련하고, 공익사업의 계획 또는 시행이 공고되거나 고시되어 토지의 가격이 변동된 경우 해당 공고일 또는 고시일 이전의 공시지가를 적용하는 기준을 정하는 한편,

제37조(지가변동률)
② 제1항을 적용할 때 비교표준지가 소재하는 시·군 또는 구의 지가가 해당 공익사업으로 인하여 변동된 경우에는 해당 공익사업과 관계없는 인근 시·군 또는 구의 지가변동률을 적용한다. 다만, 비교표준지가 소재하는 시·군 또는 구의 지가변동

률이 인근 시·군 또는 구의 지가변동률보다 작은 경우에는 그러하지 아니하다.

③ 제2항 본문에 따른 비교표준지가 소재하는 시·군 또는 구의 지가가 해당 공익사업으로 인하여 변동된 경우는 도로, 철도 또는 하천 관련 사업을 제외한 사업으로서 다음 각 호의 요건을 모두 충족하는 경우로 한다. 〈개정 2013.12.24〉

1. 해당 공익사업의 면적이 20만 제곱미터 이상일 것
2. 비교표준지가 소재하는 시·군 또는 구의 사업인정고시일부터 가격시점까지의 지가변동률이 3퍼센트 이상일 것. 다만, 해당 공익사업의 계획 또는 시행이 공고되거나 고시됨으로 인하여 비교표준지의 가격이 변동되었다고 인정되는 경우에는 그 계획 또는 시행이 공고되거나 고시된 날부터 가격시점까지의 지가변동률이 5퍼센트 이상인 경우로 한다.
3. 사업인정고시일부터 가격시점까지 비교표준지가 소재하는 시·군 또는 구의 지가변동률이 비교표준지가 소재하는 시·도의 지가변동률보다 30퍼센트 이상 높거나 낮을 것 [전문개정 2013.5.28.]

제38조의2(공시지가) ① 법 제70조제5항에 따른 취득하여야 할 토지의 가격이 변동되었다고 인정되는 경우는 도로, 철도 또는 하천 관련 사업을 제외한 사업으로서 다음 각 호를 모두 충족하는 경우로 한다.

1. 해당 공익사업의 면적이 20만 제곱미터 이상일 것
2. 해당 공익사업지구 안에 있는 「부동산 가격공시에 관한 법률」 제3조에 따른 표준지공시지가(해당 공익사업지구 안에 표준지가 없는 경우에는 비교표준지의 공시지가를 말하며, 이하 이 조에서 "표준지공시지가"라 한다)의 평균변동률과 평가대상토지가 소재하는 시(행정시를 포함한다. 이하 이 조에서 같다)·군 또는 구(자치구가 아닌 구를 포함한다. 이하 이 조에서 같다) 전체의 표준지공시지가 평균변동률과의 차이가 3퍼센트포인트 이상일 것
3. 해당 공익사업지구 안에 있는 표준지공시지가의 평균변동률이 평가대상토지가 소재하는 시·군 또는 구 전체의 표준지공시지가 평균변동률보다 30퍼센트 이상 높거나 낮을 것

② 제1항제2호 및 제3호에 따른 평균변동률은 해당 표준지별 변동률의 합을 표준지의 수로 나누어 산정하며, 공익사업지구가 둘 이상의 시·군 또는 구에 걸쳐

있는 경우 평가대상토지가 소재하는 시·군 또는 구 전체의 표준지공시지가 평균변동률은 시·군 또는 구별로 평균변동률을 산정한 후 이를 해당 시·군 또는 구에 속한 공익사업지구 면적 비율로 가중평균(加重平均)하여 산정한다. 이 경우 평균변동률의 산정기간은 해당 공익사업의 계획 또는 시행이 공고되거나 고시된 당시 공시된 표준지공시지가 중 그 공고일 또는 고시일에 가장 가까운 시점에 공시된 표준지공시지가의 공시기준일부터 법 제70조제3항 또는 제4항에 따른 표준지공시지가의 공시기준일까지의 기간으로 한다. [본조신설 2013.5.28]

41. 토지보상금

가. 토지보상금 산정방법

토지보상금은 <u>비교표준지 공시지가를 기준</u>으로 하여 감정평가사가 여러 가지 사정을 참작하여 평가를 하여 정한다.

> **토지보상법 제70조(취득하는 토지의 보상)**
> ① 협의나 재결에 의하여 취득하는 토지에 대하여는 「부동산 가격공시에 관한 법률」에 따른 **공시지가를 기준으로 하여 보상**하되, 그 공시기준일부터 가격시점까지의 관계 법령에 따른 그 토지의 이용계획, 해당 공익사업으로 인한 지가의 영향을 받지 아니하는 지역의 대통령령으로 정하는 지가변동률, 생산자물가상승률(「한국은행법」 제86조에 따라 한국은행이 조사·발표하는 생산자물가지수에 따라 산정된 비율을 말한다)과 그 밖에 그 토지의 위치·형상·환경·이용상황 등을 고려하여 **평가한 적정가격으로 보상**하여야 한다.
> ② 토지에 대한 보상액은 가격시점에서의 **현실적인 이용상황**과 **일반적인 이용방법에 의한 객관적 상황**을 고려하여 산정하되, 일시적인 이용상황과 토지소유자나 관계인이 갖는 주관적 가치 및 특별한 용도에 사용할 것을 전제로 한 경우 등은 고려하지 아니한다.

나. 실거래가 보상 여부

(1) 법 개정

2015. 12. 28. 「감정평가 및 감정평가사에 관한 법률」이 제정되었고, 동법 제3조제1항은 "감정평가사가 토지를 감정평가하는 경우에는 그 토지와 이용가치가 비슷하다고 인정되는 「부동산 가격공시에 관한 법률」에 따른 표준지공시지가를 기준으로 하여야 한다. <u>다만, 적정한 실거래가가 있는 경우에는 이를 기준으로 할 수 있다.</u>"라고 규정하고 있다.

그렇다면 공익사업에 따른 강제수용을 위한 보상평가도 실거래가를 기준으로 할 수 있는가가 문제된다.

(2) 사견

「감정평가 및 감정평가사에 관한 법률」이 제정·시행되어도 현행 토지보상법 제70조제1항은 아직도 표준지공시지가를 기준으로 보상평가를 하도록 되어 있다.

<u>따라서 현재는 보상평가를 실시함에 있어 실거래가를 평가기준으로 삼을 수 없는 것은 사실이다. 다만 기타요인으로 반영할 따름이다.</u>

그러나 이는 앞으로 개선될 것으로 보인다. 「감정평가 및 감정평가사에 관한 법률」이 시행되는 2016. 9. 1.부터는 표준지를 평가함에 있어서 실거래가를 기준으로 삼을 수 있는 것이므로, 실거래가는 보상평가에도 반영될 수밖에 없는 구조이다. 국토교통부는 "감정평가 이론상 인근 유사지역의 거래가격을 비교하여 평가하는 것이 원칙이나, 1989년 공시지가 제도 도입 당시에는 실거래가 자료 등이 부족하여 표준지공시지가만을 기준으로 평가하도록 하였다. 이후 2005년 부동산 거래가격 신고가 의무화되어 매년 약 70만 건의 토지 거래가격이 신고되고 있어, 이를 기준으로 평가할 수 있도록 제도 개선된 것이다. <u>적정한 실거래가격을 기준으로 감정평가하는 경우 평가의 객관성과 정확성이 크게 개선될 것으로 예상되며, 다양한 평가 세부기법들이 개발될 수 있는 기반이 될 것으로 기대된다.</u>"라고 밝히고 있다.

다. 보상액 산정 시 가격시점

(1) 관련 규정

> **토지보상법 제67조(보상액의 가격시점 등)**
> ① <u>보상액의 산정은 협의에 의한 경우에는 협의성립 당시의 가격을, 재결에 의한 경우에는 수용 또는 사용의 재결 당시의 가격을 기준으로 한다.</u>

② 보상액을 산정할 경우에 해당 공익사업으로 인하여 토지등의 가격에 변동이 있는 때에는 이를 고려하지 아니한다.

감정평가실무기준

730 도시정비평가

3.4 매도청구에 따른 감정평가

재건축사업구역 안의 토지등에 대한 도정법 제39조의 매도청구에 따른 감정평가는 법원에서 제시하는 날을 기준으로 한다. 다만, 기준시점에 현실화·구체화되지 아니한 개발이익이나 조합원의 비용부담을 전제로 한 개발이익은 배제하여 감정평가한다.

3.5 토지등의 수용등에 따른 감정평가

도시정비사업구역 안 토지등의 수용등에 따른 감정평가는 「공익사업을 위한 토지등의 취득 및 보상에 관한 법률」 및 [800 보상평가]에 따라 감정평가한다.

800 보상평가

810 취득하는 토지의 보상평가

5.6.3 적용공시지가의 선택

① 적용공시지가는 [610-1.5.2.2]에 따르되, 다음 각 호의 경우 그에 따른다.

 1. 사업인정(다른 법률의 규정에 따라 사업인정으로 보는 경우를 포함한다. 이하 같다) 전의 협의에 의한 취득의 경우에는 해당 토지의 기준시점 당시에 공시된 공시지가 중에서 기준시점에 가장 가까운 시점의 것으로 한다.

 2. 사업인정 후의 취득의 경우에는 <u>사업인정고시일 전의 시점을 공시기준일로 하는 공시지가로서, 해당 토지에 대한 협의 또는 재결 당시 공시된 공시지가 중에서 해당 사업인정고시일에 가장 가까운 시점의 것으로 한다.</u>

 3. 제1호와 제2호에도 불구하고 해당 공익사업의 계획 또는 시행이 공고되거나 고시됨에 따라 취득하여야 할 토지의 가격이 변동되었다고 인정되는 경우에는 해당 공고일 또는 고시일 전의 시점을 공시기준일로 하는 공시지가로서 해당 토지의 기준시점 당시 공시된 공시지가 중에서 해당 공익사업의 공고일 또는 고시일에 가장 가까운 시점의 것으로 한다.

> **610-1.5.2.2 적용공시지가의 선택**
>
> 공시지가기준법으로 토지를 감정평가할 때 적용할 공시지가는 기준시점에 공시되어 있는 표준지 공시지가 중에서 기준시점에 가장 가까운 시점의 것을 선택한다. 다만, 감정평가시점이 공시지가 공고일 이후이고 기준시점이 공시기준일과 공시지가 공고일 사이인 경우에는 기준시점 해당 연도의 공시지가를 기준으로 한다.
>
> **100**
>
> 5. "기준시점"이란 대상물건의 감정평가액을 결정하는 기준이 되는 날짜를 말한다.

(2) 적용 공시지가

사업시행계획인가고시일 전의 시점을 공시기준일로 하는 공시지가로서, 해당 토지에 관한 협의의 성립 또는 재결 당시 공시된 공시지가 중 그 사업인정고시일과 가장 가까운 시점에 공시된 공시지가로 한다(토지보상법 제70조제4항).

(3) 중대한 사업시행계획변경인가와 적용 공시지가

도시정비사업을 진행함에 있어 사업시행계획의 주요 내용을 실질적으로 변경하는 사업시행변경인가가 이루어진 경우 손실보상금 산정 기준일이 언제인지가 문제이다.

대법원은 도시정비법령과 토지보상법의 체계와 취지에 비추어 보면, 특정한 토지를 사업시행 대상 부지로 삼은 최초의 사업시행인가 고시로 의제된 사업인정이 그 효력을 유지하고 있다면, <u>최초의 사업시행인가 고시일을 기준으로 보상금을 산정함이 원칙이라고 한다.</u>

> **대법원 2018. 7. 26. 선고 2017두33978 판결**
> ◇ 도시정비사업을 진행함에 있어 사업시행계획의 주요 내용을 실질적으로 변경하는 사업시행변경인가가 이루어진 경우 손실보상금 산정 기준일 ◇

도시 및 주거환경정비법(이하 '도시정비법'이라 한다)상 사업시행인가는 사업시행계획에 따른 대상 토지에서의 개발과 건축을 승인하여 주고, 덧붙여 앞서 본 의제조항에 따라 토지에 대한 수용 권한 부여와 관련한 사업인정의 성격을 가진다. 따라서 어느 특정한 토지를 최초로 사업시행 대상 부지로 삼은 사업시행계획이 당연무효이거나 법원의 확정판결로 취소된다면, 그로 인하여 의제된 사업인정도 그 효력을 상실한다.

그러나 이와 달리 특정한 토지를 최초로 사업시행 대상 부지로 삼은 최초의 사업시행인가가 그 효력을 유지하고 있고 그에 따라 의제된 사업인정의 효력 역시 유지되고 있는 경우라면, 특별한 사정이 없는 한 <u>최초의 사업시행인가를 통하여 의제된 사업인정은 변경인가에도 불구하고 그 효력이 계속 유지된다.</u>

도시정비법령과 공익사업을 위한 토지 등의 취득 및 보상에 관한 법률의 체계와 취지에 비추어 보면, 특정한 토지를 사업시행 대상 부지로 삼은 최초의 사업시행인가 고시로 의제된 사업인정이 그 효력을 유지하고 있다면, 최초의 사업시행인가 고시일을 기준으로 보상금을 산정함이 원칙이다. 만일 이렇게 보지 않고 사업시행 변경인가가 있을 때마다 보상금 산정 기준시점이 변경된다고 보게 되면, 최초의 사업시행인가 고시가 있을 때부터 수용의 필요성이 유지되는 토지도 그와 무관한 사정으로 보상금 산정 기준시점이 매번 바뀌게 되어 부당할 뿐 아니라, 사업시행자가 자의적으로 보상금 산정 기준시점을 바꿀 수도 있게 되어 합리적이라고 볼 수 없다.

▶ 최초 사업시행계획의 건물층수, 건물동수, 세대수, 건폐율, 용적율, 연면적 등 그 주요내용이 변경되었으나 시행면적과 대지면적은 거의 차이가 없는 경우, <u>최초의 사업시행인가 고시로 의제된 사업인정이 그 효력을 유지하고 있는 것으로 보아 보상금 산정 기준일을 최초의 사업시행인가 고시일로 본 사안임</u>

서울고등법원 2012. 9. 28. 선고 2010누26331 판결[38]
실질적으로 새로운 사업시행인가 변경이 있더라도 종전의 사업시행인가가 당초부터 무효인 것은 아니므로, 수용권이 소급하여 소멸하지는 아니하고 사업시행자는 사업시행변경인가 이후에도 종전의 수용권을 유효하게 보유한다.

---

38) 이는 그 후 대법원 2013. 2. 28. 2012두25149 심리불속행기각, 피고 서울시토지수용위원회.

(4) 가격시점

대법원은 "도시정비법의 주택재개발사업에서 현금청산대상자들에 대한 청산금은 주택재개발정비사업조합과 현금청산대상자가 협의에 의해 금액을 정하되, 협의가 성립하지 않을 때에는 조합은 토지보상법에 따라 토지수용위원회의 재결에 의하여 현금청산대상자들의 토지 등의 소유권을 취득할 수 있다. 그런데 도시정비법령은 수용보상금의 가격산정기준일에 관한 규정을 두고 있지 않으므로 현금청산대상자들의 토지 등에 대한 수용보상금은 토지보상법 제67조 제1항에 따라 <u>토지 등의 수용재결일 가격을 기준으로 산정하여야 한다.</u>"라고 판시하였다(대법원 2016. 12. 15 선고 2015두51309 판결[39]).

라. 토지보상금 산정공식

보상금 산정은 먼저 당해 보상대상토지에 대해 비교표준지를 선정한다. **비교표준지 선정방법은** 용도지역, 현실이용상황, 지목, 지리적 접근성이 같은 순서로 선정하면 된다. 용도지역은 반드시 같아야 한다. 국토교통부 부동산공시가격알리미 사이트에서 자기 토지를 검색하면 인근에 있는 비교표준지가 나오고, 이를 보고 용도지역이 같은 토지, 다음으로 현실이용상황이 같은 토지, 그 다음으로 지목이 같은 토지를 비교표준지로 선정한다.

---

[39] 원심은 원고들에 대한 수용보상금을 <u>수용재결일이 아닌 분양계약 체결 기간의 종료일 다음 날을 기준으로 산정해야</u> 한다고 판단하였으므로, 이러한 원심의 판단에는 현금청산대상자에 대한 수용보상금 가격산정기준일에 관한 법리를 오해하여 판결에 영향을 미친 잘못이 있다.

▶ 처음화면

▶ 검색화면

그리고 비교표준지 가격은 공시기준일 년도 1월 1일자이므로, 평가를 하는 시점까지 지가변동율 등을 참작하여 시점 수정을 하고(이는 객관적인 수치임),

만일 비교표준지가 지리적으로 상당히 떨어져 있다면 지역요인을 보정하고(통상은 1 이다),

여러 가지 조건을 비교하여 개별요인을 보정하고,
개별요인 : 가로조건, 접근조건, 환경조건, 획지조건, 행정적조건, 기타조건

마지막으로 보상선례, 매매사례 등을 참작하여 기타요인을 산정한다.

보상금 = 면적 × 비교표준지공시지가 × 시점수정 × 지역요인 × 개별요인 × 기타요인

마. 지적불부합지(등록사항 정정대상 토지) 토지수용

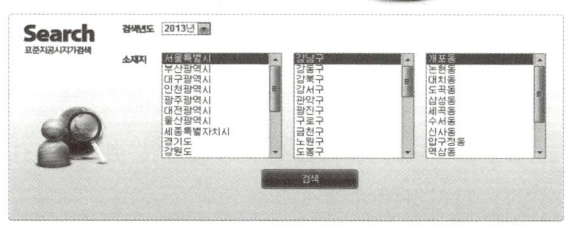

(1) 대위신청 불가

2015. 6. 4. 「공간정보의 구축 및 관리 등에 관한 법률」(이하 "공간정보관리법"이라고 한다) 개정 전에는 정정대상이 '면적'인 경우는 사업시행자의 대위신청이 가능하였다.

2015. 6. 4. 이전에는 정정대상이 '위치와 경계'인 경우에는 공간정보관리법 제84조제2항에 의하여 정정으로 인접 토지의 경계가 변경되는 경우에는 인접 토지소유자의 승낙서 또는 인접 토지소유자가 승낙하지 아니하는 경우에는 이에 대항할 수 있는 확정판결서 정본(正本)중 어느 하나에 해당하는 서류를 지적소관청에 제출하여야 하므로, 사업시행자의 대위신청이 불가하였다.

그러다가 2015. 6. 4. 공간정보관리법 제87조제1항이 개정되어, 사업시행자의 대위신청이 동법 제84조에 따른 등록사항 정정대상 토지는 제외하므로, 사업시행자의 대위신청은 앞으로 불가하다. 〈개정 2014. 6. 3. 시행 2015. 6. 4.〉

(2) 수용재결 가능 여부

① 등록사항 정정대상이 위치와 경계인 경우

이 경우는 인접 토지들의 위치와 경계를 확인할 수 없어 수용대상물이 특정되지 않았으므로 수용재결 자체가 불가하다. 이러한 토지가 재결신청된 경우는 토지수용위원회는 등록사항 정정 후 재결을 하든지 아니면 재결신청을 각하하여야 한다.

② 등록사항 정정대상이 토지면적인 경우

이 경우는 면적을 정정한 후에 수용재결을 신청하는 것이 원칙이다.

한편 국토교통부는 공부상 면적과 실측면적이 상이한 경우에는 실측면적에 의하여 보상을 하여야 한다고 하였으나(2004. 2. 3. 토관-440),[40] 나중에는 지적공부의 등록사항이 잘못되었을 경우에는 관계법령에 의한 등록사항 정정 이후 수용재결을 신청하여야 한다고 한다(2010. 11. 2. 토지정책과-5180).[41]

다만 해당 토지의 위치와 경계는 확정되어 있으나 공부상 토지면적과 실제면적이 상이한 경우로서 공간정보관리법 시행령 제82조제3항에 따라 지적소관청이 지적측량을 정지시키지 않아 편입부분의 면적 측량이 가능한 경우에는 예외적으로 신뢰할 수 있는 측량도면에 의해 확정된 면적으로 수용재결의 신청이 가능하다.

이 경우는 수용재결 이후에 사업시행자는 토지소유자로서 토지대장의 면적표시의 정정신청을 하여 실제면적으로 정정할 수 있다.

---

40) 국토교통부, 전계질의회신집, 19
41) 국토교통부, 전계질의회신집, 115

이에 대해 중앙토지수용위원회는 다음과 같이 해설하고 있다.

○ 다만, 수용 또는 사용되는 토지의 위치와 경계 등이 특정된 면적정정대상 토지에 대하여는 공신력 있는 자의 측량을 통하여 재결신청이 가능함

○ 보상액 산정의 기준이 되는 면적은 실제 취득면적이므로 지적불부합 토지도 실제면적으로 보상금을 산정하며, 공탁에 대비하여 재결서상의 보상금내역서에 공부상 면적과 실제면적을 기재하여 재결함(등록사항정정제도 개선 T/F 운영 결과[2010.04.28. 본부 지적기획과-1471] 반영)"

○ 실제면적 100㎡, 공부면적 110㎡, 위치와 경계는 확정된 경우로서, 실제 편입면적이 100㎡중 40㎡ 인 경우, 보상은 실제편입면적인 40㎡에 대해 실시하되, 공부상 취득은 110㎡의 면적 중 100분의 40에 해당하는 지분을 취득함

  - 이 경우 사업시행자는 협의 → 재결 → 소유권 지분취득 → 공유지분에 따른 분할 및 지적공부정정신청승낙 소송 → 판결을 통한 지적정리(종전에 지분으로 되어 있던 것을 확정면적으로 정정) 등의 절차를 거쳐 최종 정리함

42. 도로 보상금

가. 개설

사도법에 의한 사도는 인근토지가격의 1/5, 사실상의 사도는 1/3로 평가된다.

나. 1/3로 평가하지 않고 정상평가 하는 도로부지

① **공도** : 「도로법」 제10조의 규정에 의한 도로, 「도로법」 제108조, 「도로법 시행령」 제99조의 규정에 의한 준용도로(도시계획사업에 의하여 설치된 도로 등), 기타 「농어촌도로정비법」 제2조의 규정에 의한 농어촌 도로의 부지

② **예정공도** : 도시계획시설도로로 결정된 이후에 당해 도시계획시설 사업이 시행되지 아니한 상태에서 사실상 불특정 다수인의 통행에 이용되고 있는 토지(감정평가실무기준 810.3.6).

③ **지목은 도로이나 미 개설된 토지**(중토위 재결기준 2003. 6.)

④ **지적공부상 도로로 되어 있으나 가격시점 현재 도로로 이용되고 있지 아니하거나 사실상 용도폐지된 상태에 있는 것**(토지보상평가지침 제35조의2)

⑤ **통행제한 가능 토지** : 지적공부상으로 도로로 구분되어 있지 아니한 상태에서 가격시점 현재 사실상 통행에 이용되고 있으나 소유자의 의사에 의하여 법률적·사실적으로 통행을 제한할 수 있는 것(토지보상평가지침 제35조의2)

> **토지보상법시행규칙 제26조(도로 및 구거부지의 평가)** ① 도로부지에 대한 평가는 다음 각호에서 정하는 바에 의한다. 〈개정 2005.2.5〉
>
> 1. 「사도법」에 의한 사도의 부지는 인근토지에 대한 평가액의 5분의 1 이내
> 2. 사실상의 사도의 부지는 인근토지에 대한 평가액의 3분의 1 이내
> 3. 제1호 또는 제2호외의 도로의 부지는 제22조의 규정에서 정하는 방법
>
> ②제1항제2호에서 "사실상의 사도"라 함은 「사도법」에 의한 사도외의 도로(「국토의 계획 및 이용에 관한 법률」에 의한 도시·군관리계획에 의하여 도로로 결정된 후부터 도로로 사용되고 있는 것을 제외한다)로서 다음 각호의 1에 해당하는 도로를 말한다. 〈개정 2005.2.5, 2012.1.2, 2012.4.13〉
>
> 1. 도로개설당시의 토지소유자가 자기 토지의 편익을 위하여 스스로 설치한 도로
> 2. 토지소유자가 그 의사에 의하여 타인의 통행을 제한할 수 없는 도로
> 3. 「건축법」 제45조에 따라 건축허가권자가 그 위치를 지정·공고한 도로
> 4. 도로개설당시의 토지소유자가 대지 또는 공장용지 등을 조성하기 위하여 설치한 도로

그러나 위 정상평가를 하는 사례는 통상 도시지역 밖으로 보면 된다. 재개발지역의 도로인 경우[42]는 거의 대부분 토지보상법시행규칙 제26조 제2항이 적용되어, 3분의 1로 평가를 하게 된다. 그러나 재건축구역의 도로는 정상 평가한다(최근 이에 반하는 듯한 대법원 판례가 있음을 유의하여야 한다).

---

[42] 공도나 예정공도는 거의 없다. 즉, 건축법상가목도로는 거의 없다. 주택재개발정비사업구역 내에 있는 토지로서 도로관리청이 노선인정 공고 등을 하여 직접 그 토지를 공공용 도로로 사용하거나 도로법 제24조 및 동법 시행령 제19조에 따라 도로로 사용 또는 수용할 토지의 지번 및 소유자 등을 특정하여 도로구역으로 결정·고시한 근거가 없다. 도시계획시설도로를 생각해 볼 수 있으나, 도시관리계획수립절차를 이행한 근거가 없다는 것이다.

다. 평가사례

대상 토지	비교 표준지	시점 수정	지역 요인	개별요인 비교							기타 요인	산출 단가	결정 단가
				가로	접근	환경	획지	행정	기타	계			
00동 7◇-10 도로 216㎡	00동 5◇-3	1.0267	1	인근지가의 1/3								170,000
00동 7◇-10 잡종지 1350㎡	상동	상동	1	1.0	1.0	1.0	0.85	1.0	1.0	0.85	1.5	510,532	511,000

43. 건물 보상금

가. 이전비 보상 원칙, 예외적으로 취득비 보상

건축물은 대부분 취득비로 보상한다. 기타 지장물(특히 수목)은 취득비 보상인지 이전비 보상인지를 유의하여야 한다.

감정평가서에 취득비인지 이전비인지 명확히 기재하여 줄 것을 요구하여야 한다.

> **토지보상법 제75조(건축물등 물건에 대한 보상)** ① 건축물·입목·공작물 기타 토지에 정착한 물건(이하 "건축물등"이라 한다)에 대하여는 **이전에 필요한 비용**(이하 "이전비"라 한다)으로 보상하여야 한다. 다만, 다음 각 호의 어느 하나에 해당하는 경우에는 **해당 물건의 가격으로 보상**하여야 한다.
> 1. 건축물등을 이전하기 어렵거나 그 이전으로 인하여 건축물등을 종래의 목적대로 사용할 수 없게 된 경우
> 2. 건축물등의 이전비가 그 물건의 가격을 넘는 경우
> 3. 사업시행자가 공익사업에 직접 사용할 목적으로 취득하는 경우
>
> ⑤ **사업시행자는 사업예정지 안에 있는 건축물등이 제1항 제1호 또는 제2호에 해당하는 경우에는 관할 토지수용위원회에 그 물건의 수용 재결을 신청할 수 있다.** 〈신설 2007.10.17〉

나. 평가방법

건축물은 원칙적으로 원가법이고, 예외적으로 주거용 건물은 거래사례비교법과 원가법 중 큰 금액, 집합건물은 거래사례비교법으로 평가한다.

> **토지보상법시행규칙 제33조** ② 건축물의 가격은 원가법으로 평가한다. 다만, 주거용 건축물에 있어서는 거래사례비교법에 의하여 평가한 금액(공익사업의 시행에 따라 이주대책을 수립·실시하거나 주택입주권 등을 당해 건축물의 소유자에게 주는 경우 또는 개발제한구역안에서 이전이 허용되는 경우에 있어서의 당해 사유로 인한 가격상승분은 제외하고 평가한 금액을 말한다)이 원가법에 의하여 평가한 금액보다 큰 경우와 「집합건물의 소유 및 관리에 관한 법률」에 의한 **구분소유권의 대상이 되는 건물의 가격은 거래사례비교법으로 평가한다.**〈개정 2005.2.5〉

그런데 실무상은 주거용건물도 원가법만으로 평가하나 이는 위법하다. 토지보상법에 따라 원가법과 거래사례비교법에 의하여 평가한 금액 중 큰 금액이 맞다.

다. 건물 임대소득에 대해서도 보상이 되는가?

부동산임대소득에 대해 영업보상을 받을 수 있는지가 문제된다.

서울고등법원은 "부동산의 임대를 통하여 얻게 되는 수익은 다른 사람에게 이를 사용·수익하게 함으로써 얻는 부동산 자체의 과실(果實)에 불과한 것이므로 당해 부동산에 대한 정당한 보상이 이루어지는 경우에는 그 임대수익을 목적으로 하는 영업상의 손실에 대하여 별도로 보상할 필요가 없다."라고 한다(서울고등법원 2002. 11. 6. 선고 2002누2675 판결, 서울고등법원 1997. 5. 21. 선고 95구6924 판결). 물론 사업시행자가 임의로 해 주면 그건 별론이다.

부동산 임대소득에 대해서 영업보상을 받을 수 있다고 주장하는 경우 대법원 2008. 1. 31. 선고 2006두9535 판결이나, 대법원 2006. 7. 28. 선고 2004두3458 판결을 그 근거로 들고 있다. 그러나 위 첫째 대법원 판결은 재건축조합에서 조합이 법적 근거를 가지고 보상을 한 것이 아니라 임의로 영업보상을 실시한 것에 대해 세금이 사업소득이냐 부동산 양도소득이냐가 쟁점이 된 사안일 뿐이고, 재건축사업은 아예 영업손실 보상이 없는 사업이다. 둘째 대법원 판결은 잔여건물에 대한 임대소득 보상일 뿐이지 임대소득 자체에 대한 영업보상을 인정한 것이 아니다.

사견은 부동산 소유자의 임대소득이 원물에 대한 과실이라고 하여도 실질적으로 손해가 있다면 영업보상대상이라고 보는 것이 타당하다고 본다. 그것이 완전보상원칙을 선언하고 있는 헌법에 부합한다.

라. 부가가치세 납부 여부

부가가치세법시행령 제18조제3항은 「도시 및 주거환경정비법」, 「공익사업을 위한 토지 등의 취득 및 보상에 관한 법률」 등에 따른 수용절차에서 수용대상 재화의 소유자가 수용된 재화에 대한 대가를 받는 경우 재화의 공급으로 보지 아니한다.

따라서 재개발사업에서는 부가가치세 납부의무는 없다.

마. 무허가 건축물 보상 대상 여부

사업시행인가 후 허가 없이 건축한 건축물은 보상에서 제외된다.

사업시행인가 전 건축한 건축물중 주거용 건물은 허가 여부를 불문하고 보상대상이다(대법원 2000. 3. 10. 선고 99두10896 판결). 다만 조합원들의 경우 종전자산가격에는 포함되지 않는다. 「서울특별시 도시 및 주거환경정비 조례」제34조제3호는 "종전 건축물의 소유면적은 관리처분계획 기준일 현재 소유건축물별 건축물 대장을 기준으로 하되, 법령에 위반하여 건축된 부분의 면적은 제외한다. 다만, 정관 등이 따로 정하는 경우에는 재산세과세대장 또는 측량성과를 기준으로 할 수 있다."라고 규정하고 있다.

사업시행인가 전에 건축한 건축물중 주거용 건물이 아닌 위법 건축물은 그 위법의 정도가 관계 법령의 규정이나 사회통념상 용인할 수 없을 정도로 크고 객관적으로도 합법화될 가능성이 거의 없어 거래의 객체도 되지 아니하는 경우에는 예외적으로 수용보상 대상이 되지 아니한다(대법원 2001. 4. 13. 선고 2000두6411 판결).

바. 수목, 담장 등도 보상

수목, 담장 등은 조합원에 대한 종전자산평가 시는 평가에서 제외되나, 현금청산대상자에 대한 보상평가 시에는 평가하여 보상한다. 즉, 종전자산가격은 토지와 적법건물만 평가하나, 보상평가는 불법건물, 기타 지장물도 보상대상이다.

사진과 동영상을 촬영하여 누락 시에 대비하여 두는 것이 좋다.

44. 영업 보상금

가. 법 규정

도시정비법시행령 제54조(손실보상 등)

② 정비사업으로 인한 영업의 폐지 또는 휴업에 대하여 손실을 평가하는 경우 영업의 휴업기간은 <u>4개월 이내</u>로 한다. 다만, 다음 각 호의 어느 하나에 해당하는 경우에는 실제 휴업기간으로 하되, 그 휴업기간은 2년을 초과할 수 없다.

1. 해당 정비사업을 위한 영업의 금지 또는 제한으로 인하여 4개월 이상의 기간 동안 영업을 할 수 없는 경우
2. 영업시설의 규모가 크거나 이전에 고도의 정밀성을 요구하는 등 해당 영업의 고유한 특수성으로 인하여 4개월 이내에 다른 장소로 이전하는 것이 어렵다고 객관적으로 인정되는 경우

③ 제2항에 따라 <u>영업손실을 보상하는 경우 보상대상자의 인정시점은 제13조제1항에 따른 공람공고일로 본다</u>.

구 도시정비법시행규칙 제9조의2(손실보상 등) ① 영 제44조의2제2항에 따라 정비사업으로 인한 영업의 휴업 등에 대하여 손실을 평가하는 경우 「공익사업을 위한 토지 등의 취득 및 보상에 관한 법률 시행규칙」 제47조제1항에 따른 휴업기간은 같은 규칙 제47조제2항 본문에도 불구하고 4개월 이내로 한다. 다만, 다음 각 호의 어느 하나에 해당하는 경우에는 실제 휴업기간으로 하되, 그 휴업기간은 2년을 초과할 수 없다.

1. 해당 정비사업을 위한 영업의 금지 또는 제한으로 인하여 4개월 이상의 기간동안 영업을 할 수 없는 경우
2. 영업시설의 규모가 크거나 이전에 고도의 정밀성을 요구하는 등 해당 영업의 고유한 특수성으로 인하여 4개월 이내에 다른 장소로 이전하는 것이 어렵다고 객관적으로 인정되는 경우

② <u>제1항에 따라 영업손실을 보상하는 경우 「공익사업을 위한 토지 등의 취득 및 보상에 관한 법률 시행규칙」 제45조제1호의 사업인정고시일등은 영 제11조에 따른 공람공고일로 본다</u>. 〈신설 2012.8.2.〉

> **부칙**
>
> **제1조(시행일)** 이 규칙은 2012년 8월 2일부터 시행한다.
>
> 제2조(손실보상에 관한 적용례) 제9조의2제2항의 개정규정은 <u>이 규칙 시행 후 정비계획을 수립(변경수립은 제외한다)하기 위하여 영 제11조에 따라 공람공고를 하는 경우부터 적용한다.</u>

토지보상법

제77조(영업의 손실 등에 대한 보상) ① 영업을 폐업하거나 휴업함에 따른 영업손실에 대하여는 영업이익과 시설의 이전비용 등을 고려하여 보상하여야 한다. 〈개정 2020. 6. 9.〉

④ 제1항부터 제3항까지의 규정에 따른 보상액의 구체적인 산정 및 평가 방법과 보상기준, 제2항에 따른 실제 경작자 인정기준에 관한 사항은 국토교통부령으로 정한다. 〈개정 2013. 3. 23.〉

나. 영업보상 대상자 요건

(1) 원칙

① 판단기준일 문제

영업보상을 받으려면, ① 정비구역지정공람공고일 전부터 ② 적법한 장소에서 ③ 인적·물적시설을 갖추고 ④ 계속적으로 ⑤ 허가 등을 받아 행하고 있는 영업이어야 한다.

령 제54조제3항은 "영업손실을 보상하는 경우 보상대상자의 인정시점은 제13조제1항에 따른 공람공고일로 본다."라고 규정하고 있다.

<u>대법원은 공익사업의 시행으로 인한 영업손실 및 지장물 보상의 대상 여부는 사업인정고시일을 기준으로 판단해야 한다고 한 것이 있고</u>(대법원 2012. 12. 27. 선고 2011두27827[43]), 반면에, 대법원은 "… <u>'적법한 장소(무허가 건축물 등, 불법형질변경토지, 그 밖에 다른 법령에서 물건을</u>

쌓아놓는 행위가 금지되는 장소가 아닌 곳을 말한다)에서 인적·물적시설을 갖추고 계속적으로 행하고 있는 영업'에 해당하는지 여부는 협의성립, 수용재결 또는 사용재결 당시를 기준으로 판단하여야 한다."라고 판시하여 (대법원 2010. 9. 9. 선고 2010두11641, 2006. 9. 8 선고 2004두7672, 2001. 4. 27. 선고 2000다50237 참고), 다소 상반된 판시를 하고 있었다.

그런데 대법원은 2019. 12. 12. 토지보상법령은 사업인정고시일을 토지소유자 및 관계인에 대한 손실보상 여부 판단의 기준시점으로 규정하고 있다고 판시하였다. 이 판결이 전원합의체 판결은 아니지만, 앞으로는 영업손실 및 지장물 보상의 대상 여부는 사업인정고시일을 기준으로 판단해야 한다는 점을 명확히 한 것으로 평가한다.

> **대법원 2019. 12. 12. 선고 2019두47629 판결**
>
> ◇ 산업입지 및 개발에 관한 법률에 따라 산업단지개발사업이 진행될 경우, 개발사업에 따른 손실보상의 대상인지 여부를 산업입지 및 개발에 관한 법률에 따른 산업단지지정고시일을 기준으로 하여야 하는지, 실시계획 승인고시를 하면서 지형도면을 고시한 때를 기준으로 하여야 하는지(= 산업단지지정고시일 기준) ◇
>
> 토지보상법령은 아래와 같이 <u>사업인정고시일을 토지소유자 및 관계인에 대한 손실보상 여부 판단의 기준시점으로 규정하고 있다.</u>
>
> 이처럼 토지보상법령이 사업인정고시일을 토지소유자 및 관계인에 대한 손실보상 여부 판단의 기준시점으로 규정하고 있는 것은, 사업인정을 통해 수용 및 손실보상의 대상이 되는 목적물의 범위가 구체적으로 확정되며, 사업인정 사실을 토지소유자 및 관계인에게 통지하고 사업시행자의 성명이나 명칭, 사업의 종류, 사업지역 및 수용하거나 사용할 토지의 세목을 관보에 고시함으로써 토지소유자 및 관계인에게 '사업예정지 안에 있는 물건이나 권리를 해당 공익사업의 시행을 위하여 수용당하거나 사업예정지 밖으로 이전하여야 하고 그에 따라 손실보상을

---

43) 이 사안은 사업인정고시 후에 <u>사업지구 내</u> 다른 토지로 영업장소가 이전된 사안이고, 일반산업단지사업이다.

> 받을 수 있는 권리를 취득하며, 사업인정고시일 이후로는 사업예정지 안에서 해당 공익사업의 시행에 지장을 줄 우려가 있는 행위를 하지 않을 의무가 발생한다'는 점을 알리는 반면, 사업인정고시일 이후에 발생한 사정변경(권리의 취득, 허가받지 않은 개발행위, 영업의 개시)은 손실보상의 대상에서 배제하여 사업시행자가 해당 공익사업을 효율적 수행할 수 있도록 하려는 데에 그 입법취지가 있다.
>
> <u>토지보상법 시행규칙 제45조가 영업보상 여부의 판단 기준시점을 '사업인정고시일등'이라고 규정하여, 토지보상법 제15조 제1항에 따른 보상계획의 공고가 있었던 경우에는 사업인정고시일이 아니라 그보다 먼저 이루어진 보상계획 공고일로 앞당긴 것은 보상계획 공고를 통해 장차 공익사업이 시행되리라는 점을 알게 된 사람이 보상금을 받기 위하여 해당 공익사업의 예정지로 이주하거나 영업 등을 개시·확장하는 경우를 토지보상법령에 따른 손실보상의 대상에서 배제하기 위함이다.</u>
>
> → 원고가 산업입지법에 따른 산업단지개발사업이 실시됨을 이유로 영업손실보상을 청구하였는데, 피고가 원고의 사업이 산업단지 지정·고시일 이후에 사업자등록이 되었음을 이유로 거부한 사안에서, 영업손실보상 대상 여부는 산업단지 지정·고시일이 아니라 실시계획 승인·고시를 하면서 지형도면을 고시한 때를 기준으로 하여야 한다는 이유로 원고의 청구를 인용한 원심판결을 파기한 사례

사건은 ① <u>2012. 8. 2. 이후에 정비계획을 수립(변경수립은 제외한다)하기 위하여 공람공고를 하는 경우에는 도시정비법시행령 제54조제3항이 "영업손실을 보상하는 경우 보상대상자의 인정시점은 제13조제1항에 따른 공람공고일로 본다."라는 특칙을 두고 있으므로</u>[44], 재개발사업에서 영업보상대상은 정비구역공람공고일전부터 허가 등을 받아 협의성립일 또는

---

44) 구 도시정비법시행규칙 제9조의2가 처음 신설된 때에는 "사업인정고시일 등"을 영 제11조에 따른 공람공고일로 본다고 규정하고 있었고, 이를 이어 받은 현행법은 '인정시점'이라는 표현을 사용하고 있으므로, 이제는 명확히 정비구역공람공고일 전부터 허가 등을 받고 영업을 행하여야 한다고 본다. 다만 언제까지 영업을 행하여야 하는지가 문제되나, 보상의 원칙상 최소한 협의성립일 또는 수용재결일까지 행하여야 한다고 본다. 대법원 2011두27827 판결도 이전하여 결국 그때까지 영업행위는 한 것이다.

수용재결일까지 계속적으로 영업행위를 하여야 하고, ② 위 "①"에 해당하지 않을 경우(2012. 8. 2. 이전에 정비계획수립 공람공고가 된 사업)에는 법문언에 충실하게 '사업인정고시일' 전부터 허가 등을 받아 협의성립일 또는 수용재결일까지 계속적으로 영업행위를 하여야 한다고 본다.[45]

> **재개발사업 영업보상대상자**
>
> **서울행정법원 2022. 2. 25. 선고 2020구합71901 판결**
> 도시정비법상 재개발사업의 공람공고일 이후에 주점 영업을 양수한 원고가 자신이 실질사업주임을 주장하면서 손실보상을 받아야 함을 주장한 사안에서, 원고는 영업손실보상 대상을 정하는 기준일 이후에 영업을 양수한 자에 불과하여 영업손실보상 대상이 될 수 없는 자이고, 설령 해당 주점의 전전 업주가 공람공고일 이전부터 영업을 해오던 사람이었다고 하더라도 이러한 결론이 달라지지 않는다고 본 판결
> (원고는 재개발 사업이 진행될 것임을 알면서 영업을 양수한 자로서 법상 보상대상이 되지 않고, 상속과 같은 인적포괄승계와는 달리 보아야 한다는 취지의 판결)
> <u>영업손실을 보상받기 위한 보상대상자가 되기 위해서는 공람공고일에 영업을 하고 있을 것과 이 사건 사업으로 인하여 영업의 폐지 또는 휴업이 발생하였을 것이라는 요건을 충족하여야 한다.</u> 비록 기존에 영업을 하던 사람으로부터 사업장 시설 일체를 양수받았다고 하더라도, 공람공고일 이후에 영업을 시작하는 사람은 향후 정비사업으로 인하여 영업의 폐지 또는 휴업이 있을 것임을 알면서도 이를 감수하고 해당 장소에서 영업을 한 것이므로 영업손실 보상대상자에 해당한다고 보기 어렵다.

② 사업자등록 여부

부가가치세법에 의한 사업자등록은 영업보상의 요건이 아니다. 단, 무허가건물 임차인은 예외이다.

---

45) 동지, 이철현, 재개발재건축 감정평가론, 부연사, 453-455.

③ 사업인정을 받아야 하는지 여부

사업인정고시는 수용재결절차로 나아가 강제적인 방식으로 토지소유자나 관계인의 권리를 취득·보상하기 위한 절차적 요건에 지나지 않고 영업손실 보상의 요건이 아니다. 토지보상법령도 반드시 사업인정이나 수용이 전제되어야 영업손실 보상의무가 발생한다고 규정하고 있지 않다. 따라서 사업시행자가 시행하는 사업이 토지보상법상 공익사업에 해당하고 보상대상자들의 영업이 해당 공익사업으로 폐업하거나 휴업하게 된 것이어서 토지보상법령에서 정한 영업손실 보상대상에 해당하면, 사업인정고시가 없더라도 영업손실을 보상할 의무가 있다(대법원 2021. 11. 11. 선고 2018다204022 판결).

④ 영업이익은 배척되고 이전비만 재결된 경우

사업시행자가 신청한 영업보상 항목에 대한 수용재결에서 토지수용위원회가 휴업기간중 영업이익 보상은 배척하고 이전비만을 인정한 경우, 사업시행자가 영업이익금은 지급하지 않고 수용재결에서 정한 이전비를 공탁하면 「도시 및 주거환경정비법」에 정한 '손실보상 완료'로 보고, 세입자를 상대로 이사를 가라고 인도청구를 할 수 있는지가 문제된다. 이에 최근 대법원 판결이 나와 소개하고자 한다.

주택재개발 사업시행자인 원고는 사업구역 내 부동산의 임차인인 피고1에 대하여 영업보상 항목을 포함하여 재결을 신청하였고, 수용재결에서 휴업기간 중 영업이익 보상은 배척하고 이전비만을 인정함에 따라 원고가 수용재결에서 정한 이전비를 공탁한 다음 부동산 인도를 구하자, 피고들은 영업이익이 지급되지 않아 보상이 완료되지 않았다는 등의 이유로 인도를 거절한 사안이다. 2심은 인도청구를 기각하였으나, 대법원은 이 경우 도시정비법이 정한 손실보상이 완료되었다고 보아야 한다는 이유로, 원고의 청구를 기각한 원심판결을 파기환송한 사례이다.

즉, 결론은 손실보상이 완료되어, 인도청구가 가능하다는 것이다. 이 경우 세입자는 인도에는 응하고 사업시행자를 상대로 토지보상법 제85조제2항에 따른 보상금 증감의 소를 제기할 수 있을 뿐이다(대법원 2021. 11. 11. 선고 2020다217083 판결).

(2) 무허가 영업자
무허가영업자는 3인 가구 3개월분 가계지출비+이전비용을 받는다.

> ※ 2022년 10월 현재 3인 가구 3개월분 가계지출비 : 13,996,398원
> 1) 3인 가구 기준 도시근로자가구 월평균가계지출비: 4,665,466원
> 2) 산출식 : 3인 가구 기준 도시근로자가구 월평균가계지출비 × 3개월

단, 직계존비속등이 영업보상을 받은 경우는 이전비용만 보상한다.

즉, 무허가영업자도 최소한 이전비용은 받는다.

> **토지보상법 규칙 제52조(허가등을 받지 아니한 영업의 손실보상에 관한 특례)** 사업인정고시일등 전부터 허가등을 받아야 행할 수 있는 영업을 허가 등이 없이 행하여 온 자가 공익사업의 시행으로 인하여 제45조제1호 본문에 따른 적법한 장소에서 영업을 계속할 수 없게 된 경우에는 제45조제2호에 불구하고 「통계법」 제3조제3호에 따른 통계작성기관이 조사·발표하는 가계조사통계의 도시근로자가구 <U>월평균 가계지출비를 기준으로 산정한 3인 가구 3개월분 가계지출비에 해당하는 금액을 영업손실에 대한 보상금으로 지급하되</U>, 제47조제1항제2호에 따른 영업시설·원재료·제품 및 상품의 이전에 소요되는 비용 및 그 이전에 따른 감손상당액(이하 이 조에서 "영업시설등의 이전비용"이라 한다)은 별도로 보상한다. 다만, 본인 또는 생계를 같이 하는 동일 세대안의 직계존속·비속 및 배우자가 해당 공익사업으로 다른 영업에 대한 보상을 받은 경우에는 영업시설등의 이전비용만을 보상하여야 한다. 〈개정 2008.4.18〉[전문개정 2007.4.12]

(3) 무허가 건축물에서의 영업자

무허가건축물에서 하는 영업도 보상대상이 되는 것으로 개정하였다. 다만, 무허가건축물 등에서의 '임차인'만 해당되고, 그 '임차인'은 사업인정고시등 1년 이전부터 「부가가치세법」 제8조에 따른 사업자등록을 하였어야 한다는 것이다(규칙 제45조제1호).

1,000만원을 초과하지 못하되(2007.4.12. 개정), 폐업보상인 경우 임차인의 영업에 대한 보상액 중 영업용 고정자산·원재료·제품 및 상품 등의 매각손실액(규칙 제46조제항), 휴업보상인 경우 영업시설·원재료·제품 및 상품의 이전에 소요되는 비용 및 그 이전에 따른 감손상당액(규칙 제47조제6항)은 별도로 보상한다〈2008.4.18. 개정〉.

> **토지보상법 규칙**
>
> **제46조** ⑤ 제45조제1호 단서에 따른 임차인의 영업에 대한 보상액 중 영업용 고정자산·원재료·제품 및 상품 등의 매각손실액을 제외한 금액은 제1항에 불구하고 1천만원을 초과하지 못한다. 〈신설 2007.4.12., 2008.4.18.〉
>
> **제47조** ⑥ 제45조제1호 단서에 따른 임차인의 영업에 대한 보상액 중 제1항제2호의 비용을 제외한 금액은 제1항에 불구하고 1천만원을 초과하지 못한다. 〈신설 2007. 4. 12., 2008. 4. 18.〉

(4) 자유영업 등

자유영업은 별도로 허가 등을 요하지 않는 영업이므로 적법한 영업이고, 그러므로 보상대상이 될 것이다.

그리고 농작물의 재배보다 분재의 판매가 주된 기능인 농원은 영업보상의 대상이다.

(5) 영업보상 제외자

다음의 경우에 해당하면 영업보상 대상이 아니다.

| 영업보상 제외 사례 |

①단순 사무실로 사용하는 경우

②허가받은 대로(장소, 영업자, 영업내용) 영업을 하지 아니하는 경우

③허가 받은 창고건물에 판매영업의 등록을 하고 차를 이용하여 직접 구매자를 찾아다니며 운반 판매하는 경우(차량운반 판매업)에는 일정한 장소에서 영업시설을 갖추고 행하는 영업으로 볼 수 없으므로 영업보상이 불가하다.

④정비구역지정공람공고일 이후부터 행하고 있는 영업

⑤조건부 공장등록의 허가기간이 연장되지 아니한 경우

⑥무 보상 조건부 인·허가 등록 영업

⑦정비사업과 관계없이 휴업상태에 있거나 영업이익이 없는 경우

⑧일정한 장소에서 생산 또는 직접 소비하지 아니하고 구매자를 찾아다니며 운반 판매를 주목적으로 하는 경우. 즉, 일정한 영업장이 없는 경우. 예를 들어 중기임대업, 개별용달업

⑨부동산 임대업(고시원 운영도 임대업이다. 서울고등법원 2002. 11. 6. 선고 2002누2675 판결)

⑩건물이 화재로 소실된 경우 그 당시 영업자

<u>영업보상 미 해당자라고 해도 동산의 이전비는 보상받는다.</u>

토지보상법 시행규칙 제55조 제1항은 "동산의 이전비 보상 등"이라는 제목으로 "토지등의 취득 또는 사용에 따라 이전하여야 하는 동산(제2항에 따른 이사비의 보상대상인 동산을 제외한다)에 대하여는 <u>이전에 소요되는 비용 및 그 이전에 따른 감손상당액을 보상하여야 한다.</u>"라고 규정하고 있다.

다. 휴업보상금 내용

휴업보상은 ①+②+③+④+⑤이다.

> ① 영업이익 : 4개월(규칙 제9조의2제1항) 〈개정 2014.10.22.〉
> ② 휴업기간중의 영업용 자산에 대한 **감가상각비·유지관리비**와 휴업기간중에도 정상적으로 근무하여야 하는 최소인원에 대한 **인건비 등 고정적 비용**
> ③ 영업시설·원재료·제품 및 상품의 **이전에 소요되는 비용 및 그 이전에 따른 감손상당액**
> ④ 이전광고비 및 개업비 등 영업장소를 이전함으로 인하여 소요되는 **부대비용**
> ⑤ 영업장소 이전 후 발생하는 영업이익감소액 〈신설 2014.10.22.〉 : 영업장소 이전 후 발생하는 영업이익 감소액은 휴업기간에 해당하는 영업이익(제5항 후단에 따른 개인영업의 경우에는 가계지출비를 말한다)의 100분의 20으로 하되, 그 금액은 1천만원을 초과하지 못한다(규칙 제47조제7항).
>
> ▶ 개정 규정은 이 규칙 시행(공포한 날) 후 법 제15조제1항(법 제26조제1항에 따라 준용되는 경우를 포함한다)에 따라 최초로 보상계획을 공고하고 토지소유자 및 관계인에게 보상계획을 통지하는 공익사업부터 적용한다(부칙 제2조).

영업이익감소액에 대한 개정 규정은 이 규칙 시행(2014. 10. 22.) 후 토지보상법 제15조 제1항(법 제26조제1항에 따라 준용되는 경우를 포함한다)에 따라 최초로 보상계획을 공고하고 토지소유자 및 관계인에게 보상계획을 통지하는 공익사업부터 적용한다(부칙 제2조).

영업이익이 통계법의 도시근로자가구 3인가구 **4개월간** 가계지출비에 미달하는 경우 가계지출비를 영업이익으로 본다. 〈개정 2014.10.22.〉 즉, 영업보상 대상이 되면 영업이익이 없다고 하더라도 최소한 <u>18,661,864원 이상</u>은 보장된다.

> 2022년 10월 기준(가장 최근 통계 2021년)
> 3인가구 기준 도시근로자가구 월평균가계지출비: 4,665,466원
> 3인가구 기준 월평균가계지출비 × 휴업기간(4개월 이내)
> **결국 18,661,864원**

라. 영업보상금 불복방법

<u>주거이전비와는 달리 먼저 재결절차를 거친 후 보상금 증액소송을 하여야 한다.</u> 즉, 공익사업으로 인하여 영업을 폐지하거나 휴업하는 자가 사업시행자에게서 구 토지보상법 제77조제1항에 따라 영업손실에 대한 보상을 받기 위해서는 구 토지보상법 제34조, 제50조 등에 규정된 재결절차를 거친 다음 재결에 대하여 불복이 있는 때에 비로소 구 토지보상법 제83조 내지 제85조에 따라 권리구제를 받을 수 있을 뿐, 이러한 재결절차를 거치지 않은 채 곧바로 사업시행자를 상대로 손실보상을 청구하는 것은 허용되지 않는다고 보는 것이 타당하다(대법원 2011. 9. 29. 선고 2009두10963 판결).

사견은, 주거이전비와 달리 볼만한 합리적인 이유가 없고, 현재 보상대상자가 재결신청을 하는 것은 불가하므로, 곧바로 당사자소송으로 지급청구를 할 수 있다고 보는 것이, 두텁게 권리보호를 하는 것이므로, 판례가 변경되어야 한다고 본다.

마. 영업손실보상금 양도 및 압류 가능

영업손실보상대상자가 공익사업의 시행자로부터 수령하는 영업손실보상금의 일부를 건물 소유자 등 제3자에게 지급하기로 한 약정은 원칙적으로 유효하다. 아래 대법원 판결의 법리는 영업손실보상금 양도에도 그대로 적용될 것으로 보인다(수원지방법원 안양지원 2018. 2. 5.자 2018카단100084 결정).

대법원 2014. 12. 24. 선고 2012다107600,107617 판결

공익사업법 제77조제2항, 공익사업법 시행규칙 제48조제2항은 자경농지가 아닌 농지의 소유자가 해당 지역에 거주하는 농민이 아닌 경우 사업시행자는 그 농지에 대한 영농손실액을 농지 소유자가 아닌 실제 경작자에게 보상하여야 한다고 규정하고 있으나, 위와 같은 규정은 사업시행자와 영농손실액 보상대상자와의 관계를 규율하는 것일 뿐 영농손실액 보상대상자와 제3자의 사법관계를 규율하는 것은 아니라 할 것이고, 공익사업법이 영농손실보상금의 양도 및 압류 등을 금지하는 등 영농손실보상금의 구체적 사용을 제한하는 규정을 두고 있지 아니하므로, 실제 경작자는 그 영농손실보상금을 자유롭게 처분할 수 있다 할 것이다. 따라서 실제 경작자가 사업시행자로부터 수령하는 영농손실보상금의 일부를 농지 소유자 등 제3자에게 지급하기로 하는 약정을 체결하였다고 하더라도, 특별한 사정이 없는 한 그 약정이 공익사업법의 취지에 반하여 무효라고는 보기 어렵다."라고 판시하고 있다.

바. 인도청구

영업보상금을 지급하여야 인도청구가 가능하다.

대법원 2013. 11. 14. 선고 2011다27103 판결

사업시행자가 토지소유자 및 관계인에게 보상금을 지급하지 아니하고 그 승낙도 받지 아니한 채 미리 공사에 착수하여 영농을 계속할 수 없게 하였다면 이는 위 공익사업법상 사전보상의 원칙을 위반한 것으로서 위법하다 할 것이므로, 이 경우 사업시행자는 2년분의 영농손실보상금을 지급하는 것과 별도로, 공사의 사전 착공으로 인하여 토지소유자나 관계인이 영농을 할 수 없게 된 때부터 수용개시일까지 입은 손해에 대하여 이를 배상할 책임이 있다 할 것이다.

대법원 2011. 11. 24. 선고 2009다28394 판결 건물명도

사전보상의 원칙을 규정한 구 공익사업을 위한 토지 등의 취득 및 보상에 관한 법률(2011. 8. 4. 법률 제11017호로 개정되기 전의 것) 제62조를 비롯한 관계 규정들을 종합하여 보면, 도시환경정비사업의 사업시행자가 공사에 착수하기 위하여 임차인으로부터 정비구역 내 토지 또는 건축물을 인도받기 위하여는 관리처분계획이 인가·고시된 것만으로는 부족하고 협의 또는 재결절차에 의하여 결정되는 영업손실보상금 등을 지급할 것이 요구된다고 보는 것이 국민의 재산권을 보장하는

<u>헌법에 합치하는</u> 해석이라고 할 것이다. 만일 사업시행자와 임차인 사이에 보상금에 관한 협의가 성립된다면 조합의 보상금 지급의무와 임차인의 부동산 인도의무는 동시이행의 관계에 있게 되고, 재결절차에 의할 때에는 부동산 인도에 앞서 영업 손실보상금 등의 지급절차가 선행되어야 할 것이다.

대법원 2011. 7. 28. 선고 2008다78415 판결

주택재개발사업의 사업시행자가 공사에 착수하기 위하여 현금청산대상자로부터 그 소유의 정비구역 내 토지 또는 건축물을 인도받기 위해서는 관리처분계획이 인가·고시된 것만으로는 부족하고 협의 또는 수용절차에 의하여 결정되는 청산금을 지급할 것이 요구된다고 보는 것이 국민의 재산권을 보장하는 헌법에 합치하는 해석이라고 할 것이다. 만일, 조합과 현금청산대상자 사이에 청산금에 관한 협의가 성립된다면, 조합의 청산금 지급의무와 현금청산대상자의 토지 등 부동산 인도의무는 동시이행의 관계에 있게 되고, 수용절차에 의할 때에는 부동산 인도에 앞서 청산금 등의 지급절차가 선행되어야 할 것이다.

제4장. 협의절차에서의 대응방안

> **요약 :** 실무적으로 토지보상법상 협의절차가 그대로 적용된다. 다만 다음의 점이 재개발사업에서 특별하다. 즉 2015. 11. 27. 대법원 판결로 토지보상법상 협의절차가 생략된다고 하였으나, 2018. 2. 9.부터 법 개정으로 인하여 감정평가사 추천권이 부활되어, 사견은 사실상 이제는 위 대법원 판결은 운명을 다한 것으로 본다.
>
> ① 협의시작은 분양신청기간종료일 다음날부터 가능하고, 협의는 관리처분계획이 인가·고시된 다음 날부터 90일 이내에 하여야 하고, 이 기간에 협의가 성립되지 아니하면 그 기간의 만료일 다음 날부터 60일 이내에 수용재결을 신청하여야 한다.
>
> ② 그 기간을 넘겨서 수용재결을 신청한 경우에는 해당 토지등소유자에게 지연일수(遲延日數)에 따른 이자를 지급하여야 한다(법 제73조제3항). 이 경우 이자는 100분의 15 이하의 범위에서 대통령령으로 정하는 이율을 적용하여 산정한다.
>
> ③ 현금청산대상자는 토지보상법상 감정평가사 추천권이 있다.

45. 토지보상법상 협의절차 준수 의무

대법원은 2015. 12. 23. "토지보상법상 협의 및 그 사전절차를 정한 각 규정은 도시정비법 제40조제1항본문에서 말하는 '이 법에 특별한 규정이 있는 경우'에 해당하므로 도시정비법상 현금청산대상자인 토지등소유자에 대하여는 준용될 여지가 없다고 보아야 한다."라고 판시하였다. 이 판결 이후 대법원은 이 판결을 인용하면서 같은 내용으로 판결을 하기도 하였다(대법원 2015. 12. 23. 선고 2015두50535 판결).

그동안 재개발등에서 사업시행자가 수용재결을 신청하려면 토지보상법상 협의절차 즉, ① 토지조서 및 물건조서 작성, ② 보상계획공고 및 열람 통지, ③ 감정평가사 추천, ④ 협의평가, ⑤ 협의경위서 작성, ⑥ 보상협의회 개최 절차를 거쳐야 했었다.

그러나 위 대법원 판결에 따르면, <u>위 모든 절차는 필요 없고, 단지 도시정비법에 의한 협의절차 즉, 구 도시정비법 시행령 제48조가 정한 절차[46]만 거치면 된다는 것이다.</u>

물론 사업시행자가 스스로 토지보상법이 정한 협의절차를 거치는 것은 당연히 가능하다.

<u>하지만 대법원 판결에도 불구하고, 실무적으로 각 토지수용위원회는 조합이 수용재결을 신청할 경우 토지보상법이 정한 협의절차에 따라 협의를 거칠 것을 요구하여,</u> 조합과 마찰이 생기는 곳이 여러 곳 있었다.

---

46) 사업시행자가 법 제47조의 규정에 의하여 토지등소유자의 토지·건축물 그 밖의 권리에 대하여 <u>현금으로 청산하는 경우</u> 청산금액은 사업시행자와 토지등소유자가 협의하여 산정한다. 이 경우 시장·군수가 추천하는 「감정평가 및 감정평가사에 관한 법률」에 의한 감정평가사 2인 이상이 평가한 금액을 산술평균하여 산정한 금액을 기준으로 협의할 수 있다.

그런데 2018. 2. 9.부터 도시정비법 전부개정법이 시행되었다.

동법시행령 제60조제1항은 "사업시행자가 법 제73조제1항에 따라 토지등소유자의 토지, 건축물 또는 그 밖의 권리에 대하여 현금으로 청산하는 경우 청산금액은 사업시행자와 토지등소유자가 협의하여 산정한다. 이 경우 재개발사업의 손실보상액의 산정을 위한 감정평가업자 선정에 관하여는 「공익사업을 위한 토지 등의 취득 및 보상에 관한 법률」 제68조제1항에 따른다."라고 규정하고 있다.

따라서 2018. 2. 9. 이후부터는 위 대법원 판결 중 감정평가사 선정 부분에 대해서는 효력이 없어지는 것이고, 법에 따라 현금청산대상자의 감정평가사 추천권은 보장이 되는 것이고, 보상계획도 공고하여야 한다고 본다.

> **토지보상법 제68조(보상액의 산정)** ① 사업시행자는 토지등에 대한 보상액을 산정하려는 경우에는 감정평가법인등 3인(제2항에 따라 시·도지사와 토지소유자가 모두 감정평가법인등을 추천하지 아니하거나 시·도지사 또는 토지소유자 어느 한쪽이 감정평가법인등을 추천하지 아니하는 경우에는 2인)을 선정하여 토지등의 평가를 의뢰하여야 한다. 다만, 사업시행자가 국토교통부령으로 정하는 기준에 따라 직접 보상액을 산정할 수 있을 때에는 그러하지 아니하다. 〈개정 2012. 6. 1., 2013. 3. 23., 2020. 4. 7.〉
>
> ② 제1항 본문에 따라 사업시행자가 감정평가법인등을 선정할 때 해당 토지를 관할하는 시·도지사와 토지소유자는 대통령령으로 정하는 바에 따라 감정평가법인등을 각 1인씩 추천할 수 있다. 이 경우 사업시행자는 추천된 감정평가법인등을 포함하여 선정하여야 한다. 〈개정 2012. 6. 1., 2020. 4. 7.〉
>
> ③ 제1항 및 제2항에 따른 평가 의뢰의 절차 및 방법, 보상액의 산정기준 등에 관하여 필요한 사항은 국토교통부령으로 정한다. 〈개정 2013. 3. 23.〉
>
> **령 제28조(시·도지사와 토지소유자의 감정평가업자 추천)** ① 사업시행자는 법 제15조제1항에 따른 보상계획을 공고할 때에는 시·도지사와 토지소유자가 감정평가법인등(「감정평가 및 감정평가사에 관한 법률」 제2조제4호의 감정평가법인등을 말하며, 이하 "감정평가법인등"이라 한다)을 추천할 수 있다는

내용을 포함하여 공고하고, 보상 대상 토지가 소재하는 시·도의 시·도지사와 토지소유자에게 이를 통지해야 한다. 〈개정 2016. 8. 31., 2021. 11. 23.〉

② 법 제68조제2항에 따라 시·도지사와 토지소유자는 법 제15조제2항에 따른 보상계획의 열람기간 만료일부터 30일 이내에 사업시행자에게 감정평가법인등을 추천할 수 있다. 〈개정 2021. 11. 23.〉

③ 제2항에 따라 시·도지사가 감정평가법인등을 추천하는 경우에는 다음 각 호의 사항을 지켜야 한다. 〈개정 2021. 11. 23.〉

1. 감정평가 수행능력, 소속 감정평가사의 수, 감정평가 실적, 징계 여부 등을 고려하여 추천대상 집단을 선정할 것
2. 추천대상 집단 중에서 추첨 등 객관적이고 투명한 절차에 따라 감정평가법인등을 선정할 것
3. 제1호의 추천대상 집단 및 추천 과정을 이해당사자에게 공개할 것
4. 보상 대상 토지가 둘 이상의 시·도에 걸쳐 있는 경우에는 관계 시·도지사가 협의하여 감정평가법인등을 추천할 것

④ 제2항에 따라 <u>감정평가법인등을 추천하려는 토지소유자는 보상 대상 토지면적의 2분의 1 이상에 해당하는 토지소유자와 보상 대상 토지의 토지소유자 총수의 과반수의 동의를 받은 사실을 증명하는 서류를 첨부하여</u> 사업시행자에게 감정평가법인등을 추천해야 한다. 이 경우 토지소유자는 감정평가법인등 <u>1인에 대해서만 동의할 수 있다.</u> 〈개정 2021. 11. 23.〉

⑤ 제2항에 따라 감정평가법인등을 추천하려는 토지소유자는 해당 시·도지사와 「감정평가 및 감정평가사에 관한 법률」 제33조에 따른 한국감정평가사협회에 감정평가법인등을 추천하는 데 필요한 자료를 요청할 수 있다. 〈개정 2016. 8. 31., 2021. 11. 23.〉

⑥ 제4항 전단에 따라 보상 대상 토지면적과 토지소유자 총수를 계산할 때 제2항에 따라 <u>감정평가법인등 추천 의사표시를 하지 않은 국유지 또는 공유지는 보상 대상 토지면적과 토지소유자 총수에서 제외한다.</u> 〈신설 2019. 6. 25., 2021. 11. 23.〉

⑦ 국토교통부장관은 제3항에 따른 시·도지사의 감정평가법인등 추천에 관한 사항에 관하여 표준지침을 작성하여 보급할 수 있다. 〈개정 2019. 6. 25., 2021. 11. 23.〉

46. 수용대상 확정

대법원 2015. 11. 27. 선고 2015두48877 판결에 의하면, 수용대상의 확정은 <u>사업시행인가 신청과 그 인가처분·고시로 이루어진다고 한다.</u>

도시정비법시행규칙 제10조는 사업시행자의 사업시행인가신청 시 첨부서류로 "법 제63조에 따른 수용 또는 사용할 토지 또는 건축물의 명세 및 소유권 외의 권리의 명세서(재건축사업의 경우에는 법 제26조제1항 제1호 및 제27조제1항제1호에 해당하는 사업을 시행하는 경우로 한정한다)"를 규정하고 있고(제2항), 시장·군수가 사업시행인가처분에 따라 지방자치단체의 공보에 고시할 사항으로 '수용 또는 사용할 토지 또는 건축물의 명세 및 소유권외의 권리의 명세'를 규정하고 있다(제3항).

한편 도시정비법 제50조제1항후문단서는 "다만, 대통령령이 정하는 경미한 사항을 변경하고자 하는 때에는 시장·군수에게 이를 신고하여야 한다."라고 규정하고 있는데, 대통령령 제46조를 살펴보면, '수용 또는 사용할 토지 또는 건축물의 명세 및 소유권 외의 권리의 명세'가 변경된 경우를 경미한 변경으로 나열하지 않고 있다.

<u>따라서 결국 이제 수용대상은 사업시행인가 시에 확정·고시되는 것이고, 이의 변경이 있는 경우에는 경미한 변경이 아니므로, 다시 사업시행계획 변경절차를 거쳐야 한다.</u>

47. 토지조서 및 물건조서의 작성 및 서명·날인

토지보상법에 따르면, 조합은 토지조서와 물건조서를 작성하여 토지소유자와 관계인의 서명 또는 날인을 받아야 한다. 다만 대법원 2015. 12. 23. 선고 2015두50535 판결에 따르면 토지조서 및 물건조서 작성 및 서명날인 의무는 없는 것으로 판단되나, 이는 도시정비법이 전부 개정되기 전에 나온 것이므로, 앞으로의 판례 추이를 지켜보아야 할 것이다.

> **공익사업법 제14조(토지조서 및 물건조서의 작성)** ① 사업시행자는 공익사업의 수행을 위하여 제20조에 따른 사업인정 전에 협의에 의한 토지 등의 취득 또는 사용이 필요할 때에는 토지조서와 물건조서를 작성하여 서명 또는 날인을 하고 <u>토지소유자와 관계인의 서명 또는 날인을 받아야 한다</u>. 다만, 다음 각 호의 어느 하나에 해당하는 경우에는 그러하지 아니하다. 이 경우 <u>사업시행자는 해당 토지조서와 물건조서에 그 사유를 적어야 한다.</u>
> 1. 토지소유자 및 관계인이 <u>정당한 사유 없이 서명 또는 날인을 거부하는 경우</u>
> 2. 토지소유자 및 관계인을 알 수 없거나 그 주소·거소를 알 수 없는 등의 사유로 서명 또는 날인을 받을 수 없는 경우

서명·날인 미 이행시 추정력이 상실되나, 그렇다고 재결 취소사유는 아니라고 한다.

대법원은 "기업자가 토지조서나 물건조서를 작성함에 있어 소유자들의 입회와 서명날인이 있었는지의 여부는 그 기재의 증명력에 관한 문제이어서 입회나 서명날인이 없었다는 사유만으로는 중앙토지수용위원회의 이의재결이 위법하다 하여 그 취소의 사유로 삼을 수는 없다."고 판시(대법원 1990. 1. 23. 선고 87누947)하고 있으나, 이는 매우 잘못이라고 본다. 수용은 토지를 소유자의 의사에 반하여 취득하는 것이므로 최소한 수용절차는 철저히 지켜야 하고 아무리 사소한 절차라도 이를 지키지 않으면 수용재결 취소사유로 보아야 한다고 본다. 법원의 인식의 대전환을 촉구한다.

실무상 사업시행자는 토지조서 및 물건조서를 작성하여 공고와 통지를 하고, 소유자나 관계인이 적극적으로 이의를 제기하지 않으면, 정당한 사유 없이 거부하였다고 보고, 그 사유를 기재하고 있으나, 이에 대해서도 찬성하기 어렵다. <u>어느 경우에도 자신의 토지를 강제로 수용 당함에 있어서 소유자가 적극적으로 어떠한 행위 예를 들어 조합에게 전화를 걸거나 택시를 타고 조합 사무실로 찾아가 의견을 제시하는 행위를 할 의무는 없는 것이다. 거꾸로 조합이 적극적으로 소유자에게 의견을 실제로 구하였는데 그때 소유자가 거절한 경우에만 정당한 사유 없이 거절한 것으로 보아야 할 것이다. 사견은 그렇지 않다면 이는 수용재결 취소 사유라고 생각한다.</u> 소유자들은 특히 이 점을 재판과정에서 적극적으로 주장하여야 한다.

조사에서 누락되어 조서 자체에서 빠지면 보상을 못 받는다. 그러나 보상을 받지 않으면 소유자가 사진이나 비디오로 존재사실을 입증만 하면 소유권도 조합에게 넘어가지 않는다. 이를 취득하려면 다시 협의절차를 진행하는 것이 타당하다. 그런데 가끔 토지수용위원회가 누락지장물에 대해 그대로 수용재결을 하는 경우가 있는데, 이는 위법하다. 왜냐하면 협의절차가 없었기 때문이다.

> **토지보상법 제27조** ③사업인정고시가 된 후에는 제26조제1항에서 준용되는 제15조제3항에 따라 토지소유자나 관계인이 토지조서 및 물건조서의 내용에 대하여 이의를 제기하는 경우를 제외하고는 제26조제1항에서 준용되는 제14조에 따라 작성된 토지조서 및 물건조서의 내용에 대하여 이의를 제기할 수 없다. 다만, 토지조서 및 물건조서의 내용이 진실과 다르다는 것을 입증할 때에는 그러하지 아니하다. 〈개정 2018. 12. 31.〉

48. 적법한 출입 방법

가. 수용대상 확정을 위한 출입·조사 절차

(1) 서설

사업시행인가 시 첨부하여야 할 '수용 또는 사용할 토지 또는 건축물의 명세 및 소유권 외의 권리의 명세서'를 확정하기 위해서는, 대상물건에 출입하여 조사를 할 필요가 있다. 이에 대한 토지보상법의 제규정을 살펴보면 다음과 같다.

먼저 아래글은 실제 소유자가 붙인 경고 현수막이다. 이러한 팻말이나 현수막 등이 붙으면 법이 허용하는 방법으로만 출입하여야 한다.

사업시행자 무단 출입금지 경고문

1. 사업시행자나 사업시행자로부터 의뢰를 받은 자는 누구를 막론하고 본 건물에 출입을 할 수 없다. 만약 무단출입 시에는 주거침입죄 및 업무방해죄로 형사 고소한다.
2. 나아가 본 건물에는 맹견이 있으니 무단으로 출입하면 물릴 위험이 있음으로 절대로 무단출입을 하지 말아야 할 것을 경고한다.

무단으로 출입하면 (특수)주거침입죄로 처벌을 받는다.

토지보상법 제97조(벌칙) 다음 각 호의 어느 하나에 해당하는 자는 200만원 이하의 벌금에 처한다.
  1. 제9조제2항 본문을 위반하여 특별자치도지사, 시장·군수 또는 구청장의 허가를 받지 아니하고 <u>타인이 점유하는 토지에 출입하거나 출입하게 한 사업시행자</u>

형법 제319조(주거침입, 퇴거불응) ① 사람의 주거, <u>관리하는 건조물</u>, 선박이나 항공기 또는 점유하는 방실에 침입한 자는 3년 이하의 징역 또는 500만원 이하의 벌금에 처한다.
② 전항의 장소에서 <u>퇴거요구를 받고 응하지 아니한 자도 전항의 형과 같다.</u>

형법 제320조(특수주거침입) 단체 또는 다중의 위력을 보이거나 위험한 물건을 휴대하여 전조의 죄를 범한 때에는 5년 이하의 징역에 처한다.

(2) 출입의 허가(토지보상법 제9조 제2항)

① **사업인정 전** : 시장·군수 또는 구청장으로부터 출입할 토지의 구역 및 기간을 정하여 **출입의 허가**를 받아야 한다.

② **사업인정**[47] **후** : 법 제27조 제1항에 의거하여 출입허가가 없어도 가능하고, 단, 출입통지(10조), 증표 등의 휴대(법 제13조)는 하여야 한다.

그런데 정비사업은 사업시행인가 고시로 인하여 사업인정이 되므로, 그 이전에 출입을 하려면 무조건 시장·군수 또는 구청장으로부터 허가를 받아야 하는 것이다.

출입의 허가는 행정행위임으로 항고소송의 대상이 되는 처분이다. 기속행위인가, 재량행위인가의 논의가 있으나, 출입의 허가가 비록 특허의 성질을 갖는다 하더라도 한시적인 사용권이므로 기속행위로 보아야 할 것이다.

> 춘천지법 강릉지원 2015. 5. 21. 선고 2015구합1541 판결 [전원개발사업예정구역출입허가취소및전면중단처분무효확인등]: 확정
> 甲 시장이 원자력발전소 전원개발사업을 시행하는 乙 주식회사에 사업 예정구역에 대한 지적현황 측량 및 지장물 실태조사를 위한 출입허가를 하였다가, 민간기구 주관으로 실시한 원전 유치 찬반 주민투표 결과 원전 유치 반대의견이 압도적으로 높아 원전 건설사업이 더 이상 진행되기 어려운 상황이라는 등의 이유로 출입허가를 취소하는 처분을 한 사안에서, 공익사업의 시행에 관한 결정이 당연 무효에 해당하지 않고 취소 또는 철회되지 않아 효력을 유지하고 있다면 결정의 하자나 지역 주민 대다수가 사업의 추진을 반대하고 있다는 등의 사정을 들어 이미 확정된 공익사업의 준비를 위한 출입허가를 취소할 수 없으므로 위 처분은 정당한 처분사유를 갖추지 못하였고, 행정절차법 제21조에 따른 청문절차를 거치지 않아 절차상으로도 중대한 하자가 있어 위법하다고 한 사례.

---

47) 재개발등에서 사업인정은 사업시행인가고시일이다.

(3) 출입 통지, 공고, 통지
① **사업인정 전 (사업시행자 → 시장·군수 또는 구청장)**

사업시행자가 실제 **출입**하려면 출입하고자 하는 날의 **5일전**까지 그 일시 및 장소를 특별자치도지사, 시장·군수 또는 구청장에게 **통지**하여야 한다(법 제10조제1항).

시장·군수 또는 구청장은 지체없이 이를 **공고**하고, 그 **토지점유자**에게 **통지**하여야 한다. 일출전이나 일몰 후에는 토지점유자의 승낙없이 그 주거(住居)나 경계표·담 등으로 둘러싸인 토지에 출입할 수 없다(법 제10조제2항제3항).

여기서 특기할만한 점은 토지소유자가 아닌 토지점유자에게 통지하여야 한다는 점이다. 이 점 유의하여야 한다. 그러나 이 규정은 사업시행자가 토지점유자를 알지 못하는 경우에는 적법하게 출입을 하기 어려우므로 보완규정이 있어야 할 것이다.

부산광역시 동구 공고 제2017-865호

공익사업에 따른 토지 등 출입허가 및 통지 공고

「공익사업을 위한 토지 등의 취득 및 보상에 관한 법률」 제9조 및 제10조의 규정에 의거 부산광역시 동구 범일동 1407-9번지 일원 『가마뫼 역사마을 재생사업』 중 주차장 및 복합커뮤니티공간 조성에 편입되는 토지 등에 대하여 보상물건 조사 등을 위해 출입하고자 다음과 같이 공고합니다.

2017년 12월 14일

부산광역시 동구청장

1. 사 업 개 요

사 업 명	위 치	사업의 종류	사 업 량	사업시행자
가마뫼 역사마을 재생사업중 주차장 및 복합커뮤니티 조성사업	부산 동구 범일동 1407-9번지 일원	도시계획시설 (주차장)	주차면 14면	부산광역시 동구청장

2. 토지출입내용

   가. 토지출입목적 : 보상물건 조사 등

   나. 출입토지목록 : 동구 범일동
       1405-1, 1405-2, 1406-1, 1406-16, 1407-2, 1407-4, 1407-9,
       1407-28, 1407-29, 1407-30, 1407-31, 1407-33, 1635-2, 좌천동
       902-1번지

   다. 출입기간 : 2017. 12. 27. ~ 사업 완료일까지

3. 기타 자세한 사항은 부산광역시 동구청 창조도시추진단
   (☎ 051-440-4612)로 문의하시기 바랍니다.

② **사업인정 후** (사업시행자가 직접 통지) : 〈개정·시행 2018. 12. 31.〉

사업시행자는 해당 토지나 물건에 출입하려는 날의 5일 전까지 그 일시 및 장소를 토지점유자에게 통지하여야 한다(법 제27조제1항후문).

> **토지보상법 제11조(토지점유자의 인용의무)** 토지점유자는 정당한 사유 없이 사업시행자가 제10조에 따라 통지하고 출입·측량 또는 조사하는 행위를 방해하지 못한다.[전문개정 2011.8.4]

(4) 장애물의 제거 및 토지시굴

소유자 및 점유자의 동의를 얻어야 하고, 아니면 시장·군수 또는 구청장의 허가를 받아야 하고(법 제12조제1항), **허가를 하기 전에 미리 그 소유자 및 점유자의 의견을 들어야 하고**(법 제12조제2항), **실제 제거를 하려면 3일전까지 그 소유자 및 점유자에게 통지**(예외적으로 구술에 의한 통지 가능)하여야 한다(법 제12조제3항). 단, 특별자치도, 시·군 또는 구가 사업시행자인 경우에 특별자치도지사, 시장·군수 또는 구청장은 허가 없이 장해물 제거를 할 수 있다.

사업인정 후에도 마찬가지다. 법 제27조는 측량하거나 조사하는 경우만 적용되므로 장애물제거까지는 허용하지 않고 있다.

※ 지질조사에도 동의할 필요는 없다.

형사 처벌조항 신설 : 시장·군수 또는 구청장의 허가를 받지 않고 장애물을 제거하면 **1년 이하의 징역 또는 1천만원 이하의 벌금**에 처한다(법 제95조의2). 다만, 특별자치도, 시·군 또는 구가 사업시행자인 경우에 특별자치도지사, 시장·군수 또는 구청장은 허가 없이 장해물 제거등을 할 수 있으므로, 처벌받지 않는다(법 제12조제1항단서).

> **토지보상법 [시행 2015.1.6.] [법률 제12972호, 2015.1.6., 일부개정]**
> 제95조의2를 다음과 같이 신설한다.
> 제95조의2(벌칙) 다음 각 호의 어느 하나에 해당하는 자는 **1년 이하의 징역 또는 1천만원 이하의 벌금**에 처한다.
>   1. 제12조제1항을 위반하여 장해물 제거등을 한 자
>   2. 제43조를 위반하여 토지 또는 물건을 인도하거나 이전하지 아니한 자

(5) 증표등 휴대 및 제시의무

출입하려는 자는 그 신분을 표시하는 **증표와 허가증을 휴대**하여야 하고(법 제13조 제1항), 토지 또는 장해물의 **소유자 및 점유자 그 밖의 이해관계인**에게 **이를 내보여야 한다**(법 제13조 제3항).

이상의 통지는 서면으로 하되, 교부나 우편법에 의한 특별송달로 하여야 한다.

(6) 소결론

이처럼 현금청산대상자가 동의를 하지 않으면, 사업시행자는 출입단계부터 어려움을 겪는다.

출입 허가, 장애물제거 허가 등을 함부로 하지 말도록(예를 들어 의견청취 절차를 제대로 거치도록 하여야 하는 등) 시장·군수·구청장을 압박하여야 할 것이다.

| 토지 출입방법 총정리 |

단계	시장·군수·구청장	그 외 공사 등 사업시행자
①출입의 허가	▶ 사업인정 전 : × ▶ 사업인정 후 : ×	▶ 사업인정 전 : ○ (시장·군수·구청장으로부터 허가) ▶ 사업인정 후 : ×
②출입의 공고 + 통지	시장·군수·구청장(단, 국가·특별광역시·도는 시장·군수·구청장에	▶ 사업인정 전 : 허가 후 시장·군수·구청장→**토지점유자**(공고+통지)

단계	시장·군수·구청장	그 외 공사 등 사업시행자
(사업종류 + 구역 +기간)	게 통지) →**토지점유자**(공고+통지)	
③실제 출입통지 - 5일전까지 그 일시 + 장소	시장·군수·구청장 →**토지점유자** (공고+통지)	▶ 사업인정 전 : ①사업시행자 → 시장·군수·구청장 통지하고, ②시장·군수·구청장 →지체없이 토지점유자에게 공고+통지 ▶ 사업인정 후 : 사업시행자 → 토지점유자(통지) [시행 2018.12.31.]
④증표 휴대 + 제시	신분증: 휴대+제시(소유자+점유자 + **이해관계인**)	**허가증**+신분증: 휴대+제시(소유자+점유자+**이해관계인**)
⑤장애물제거	- **소유자+점유자** 동의 ○ - 허가 × 제거(단 의견청취 : 소유자+점유자) - 3일전까지 소유자+점유자에게 통지(말로 가능) - 손실보상	- **소유자+점유자** 동의 ○ - 시장·군수·구청장 허가 ○(허가시 의견청취 : 소유자+점유자) - 3일전까지 소유자+점유자에게 통지 (말로 가능) - 손실보상
⑥토지점유자 인용의무	토지점유자는 출입·측량 또는 조사하는 행위를 방해하지 못함	좌동
⑦출입의 제한	해가 뜨기 전이나 해가 진 후에는 출입 금지	좌동

나. 사업시행인가에서 누락되거나 잘못 확정된 경우 대응책

'수용 또는 사용할 토지 또는 건축물의 명세 및 소유권 외의 권리의 명세서'에서 누락되면, 당연히 보상을 받지 못할 것이다.

그러나 보상을 받지 않으면, 소유권도 사업시행자에게 넘어가지 않는다. 이를 취득하려면 사업시행인가 변경절차를 밟아야 하므로, 사업시행자로서는 엄청난 고통이다.

49. 보상계획 공고 및 통지

 사업시행자는 토지조서와 물건조서를 작성하였을 때에는 공익사업의 개요, **토지조서 및 물건조서의 내용**과 보상의 시기·방법 및 절차 등이 포함된 보상계획을 전국을 보급지역으로 하는 일간신문에 공고하고(단, 소유자와 관계인이 20인 이하면 생략가능), **토지소유자 및 관계인에게 각각 통지**하여야 한다.

> **토지보상법 제15조(보상계획의 열람 등)** ① 사업시행자는 제14조에 따라 토지조서와 물건조서를 작성하였을 때에는 공익사업의 개요, **토지조서 및 물건조서의 내용**과 보상의 시기·방법 및 절차 등이 포함된 보상계획을 전국을 보급지역으로 하는 일간신문에 공고하고, **토지소유자 및 관계인에게 각각 통지**하여야 하며, 제2항 단서에 따라 열람을 의뢰하는 사업시행자를 제외하고는 특별자치도지사, 시장·군수 또는 구청장에게도 통지하여야 한다. 다만, 토지소유자와 관계인이 <u>20인 이하인 경우에는 공고를 생략할 수 있다.</u>
>
> ② 사업시행자는 제1항에 따른 공고나 통지를 하였을 때에는 그 내용을 14일 이상 일반인이 열람할 수 있도록 하여야 한다. 다만, 사업지역이 둘 이상의 시·군 또는 구에 걸쳐 있거나 사업시행자가 행정청이 아닌 경우에는 해당 특별자치도지사, 시장·군수 또는 구청장에게도 그 사본을 송부하여 열람을 의뢰하여야 한다.

 현재 실무적으로 가끔 물건조서의 내용은 일간신문에 공고를 하지 않는데, 과연 적법한 것인지 의문이다. 물건조서 내용도 공고하여야 한다고 생각한다.[48] 이러한 절차가 생략되면 수용재결 취소사유라고 생각한다. 정비사업의 경우는 열람장소가 2곳이다. 또한 실무상 관계인에게 통지하는 절차가 생략되는 경우도 많은데, 이 또한 수용재결 취소사유라고 생각한다.

---

48) 법제처 22-0069, 2022.6.30. 일간신문에 공고하는 내용에 토지조서와 물건조서의 기재내용이 모두 포함될 필요는 없고, <u>보상대상에 포함되는 토지 및 물건의 범위 등이 포함</u>되어 해당 공익사업의 이해관계자가 권리행사의 기회를 가질 수 있도록 하려는 공고의 목적을 달성할 수 있으면 된다고 보아야 할 것이다.

50. 보상협의회

가. 서설

보상협의회는 면적이 10만㎡ 이상이고, 토지소유자가 50인 이상인 경우 필수적인 기관이다. 최근 이러한 보상협의회를 개최하지 않고 수용재결을 올린 사안에 대해 중앙토지수용위원회에서 각하재결을 한 사례(성남 중1구역)도 있다.

이러한 보상협의회는 매우 좋은 갈등해소방안이다. 중앙토지수용위원회에서 이러한 보상협의회가 성실하게 개최된 경우만 수용재결을 받아 주면, 아마도 수용재결은 획기적인 변화가 생길 것이다.

나. 보상협의회 구성

종전에는 보상심의위원회라는 명칭을 사용하였고, 일정규모 이상이 되면 필수적인 심의기관이었고, 시·군·구 또는 시·도에 설치하였고, 그 설치기한은 없었고, 15인 내지 23인으로 구성하였고, 출석위원 과반수를 의결정족수로 하였고, 그 운영과 관련하여 별도의 규정이 없었다.

현행법은 보상협의회라는 명칭을 사용하고 있다. 보상협의회는 임의적 협의회와 의무적 협의회가 있다. 여기서는 의무적 협의회를 살펴본다.

"해당 공익사업지구 면적이 10만 제곱미터 이상이고, 토지등의 소유자가 50인 이상인 공익사업"은 의무적으로, 시장·군수 또는 구청장(자치구를 말한다)이 설치한다.

여기서 "해당 공익사업지구 면적"이라 함은 보상대상자가 보유하고 있는 면적만을 의미한다고 보는 견해가 있으나, 이는 찬성할 수 없다. 사견은 법문 그대로 사업시행인가를 받은 "해당 공익사업면적"이라고 보아야 한다.

국토교통부도 "현재 1차선지방도를 2차선으로 확·포장 사업을 시행함에 있어 기존도로 대부분을 활용하는 것으로 전체면적은 15만㎡, 실제 협의보상면적은 약7만㎡로 10만㎡미만인 경우에도 의무적 보상협의회를 설치·구성하여야 하는지 여부에 대해, …보상대상 면적기준이 아닌 해당 공익사업면적이 10만㎡이상이고, 토지등의 소유자가 50인이상인 공익사업인 경우에는 보상협의회를 두어야 한다."고 하고 있다(2008. 10. 9. 토지정책과-3268). 또한 국토교통부는 국·공유지도 당연히 해당 공익사업면적에 포함된다고 하고(2008. 9. 30. 토지정책과-3119), 또한 송전선로 사업에 편입되는 선하지 면적이 10만㎡이상이고, 소유자가 50인 이상이면 의무적 보상협의회를 두어야 한다고 한다(2008. 6. 17. 토지정책과-1477).

따라서 재개발정비사업조합은 사업구역 면적이 10만㎡ 이상이면 반드시 보상협의회가 설치될 수 있도록 사전에 구청과 협의하여야 한다. 또한 부득이한 사유가 있어 구청이 설치하지 않으면 스스로 설치하여야 한다. 최근 성남지역에서 보상협의회를 구성하지 않아 수용재결신청이 각하된 사례가 있다(2017. 4. 13. 〈16수용1273호〉).

한편, 다음 각 호의 어느 하나에 해당하는 경우에는 사업시행자가 설치하여야 한다.
1. 해당 사업지역을 관할하는 특별자치도, 시·군 또는 구의 부득이한 사정으로 보상협의회 설치가 곤란한 경우
2. 공익사업을 시행하는 지역이 둘 이상의 시·군 또는 구에 걸쳐 있는 경우로서 보상협의회 설치를 위한 해당 시장·군수 또는 구청장(자치구의 구청장을 말한다. 이하 이 조에서 같다) 간의 협의가 법 제15조제2항에 따른 보상계획의 열람기간 만료 후 30일 이내에 이루어지지 아니하는 경우

특별자치도지사, 시장·군수 또는 구청장이 의무적 보상협의회를 설치하려는 경우에는 특별한 사유가 있는 경우를 제외하고는 <u>법 제15조제2항에 따른 보상계획의 열람기간 만료 후 30일 이내에 보상협의회를 설치하고,</u> 사업시행자에게 이를 통지하여야 한다. <u>따라서 특별한 사유가 있으면 설치시기는 제한이 없다. 이 점이 중요하다.</u> 보상협의회는 빠르면 빠를수록 좋다. 따라서 대책위는 이 규정을 근거로 조속한 보상협의회 구성을 요청하여야 한다.

사업시행자가 의무적 보상협의회를 설치하려는 경우에는 특별한 사유가 있는 경우를 제외하고는 지체 없이 보상협의회를 설치하고, 특별자치도지사, 시장·군수 또는 구청장에게 이를 통지하여야 한다(법 제82조, 령 제44조의2).

보상협의회 위원은 다음 각 호의 사람 중에서 해당 지방자치단체의 장이 임명하거나 위촉한다. 다만, 제1항 각 호 외의 부분 단서에 따라 보상협의회를 설치하는 경우에는 대통령령으로 정하는 사람이 임명하거나 위촉한다(법 제82조제2항).
  1. 토지소유자 및 관계인
  2. 법관, 변호사, 공증인 또는 감정평가나 보상업무에 5년 이상 종사한 경험이 있는 사람
  3. 해당 지방자치단체의 공무원
  4. 사업시행자

이때 통상 사업시행자는 보상협의회 구성을 토지소유자들에게 알리면서 위원은 추천이 많은 순, 면적이 큰 순으로 하겠다고 하여 분쟁을 예방하는 것이 좋다.

보상협의회는 위원장 1명을 포함하여 <u>8명 이상 16명 이내</u>의 위원으로 구성하되, 사업시행자를 위원에 포함시키고, <u>위원 중 3분의 1 이상은 토지소유자 또는 관계인으로 구성하여야 한다</u>(령 제44조제4항). 따라서 **위원 구성 숫자에 신경을 써야 한다**. 가장 토지소유자들에게 이상적인 방안은 토지소유자 측 위원과 나머지 위원을 동수로 구성하는 것이다.

보상협의회의 위원장은 해당 특별자치도, 시·군 또는 구의 부지사, 부시장·부군수 또는 부구청장이 되며, 위원장이 부득이한 사유로 직무를 수행할 수 없을 때에는 위원장이 지명하는 위원이 그 직무를 대행한다. 다만, 사업시행자가 구성하는 보상협의회의 경우 위원은 해당 사업시행자가 임명하거나 위촉하고, 위원장은 위원 중에서 호선(互選)한다(령 제44조의2제4항).

보상협의회의 위원장(서울시는 부구청장)은 회의에서 협의된 사항을 해당 사업시행자에게 통보하여야 하며, <u>사업시행자는 정당하다고 인정되는 사항에 대해서는 이를 반영하여 사업을 수행하여야 한다.</u> 사견은 이 규정을 개정하여야 한다고 본다. 우선 '정당하다'는 개념이 불확정 개념이고, 이에 대한 판단을 사업시행자가 한다는 것도 모순이다. 이 규정은 "사업시행자는 보상협의회가 의결하여 통보한 사항은 이를 반영하여야 한다."로 개정하여야 할 것이다.

다. 보상협의회의 협의사항

공익사업이 시행되는 해당 지방자치단체의 장은 필요한 경우에는 다음 각호의 사항을 협의하기 위하여 보상협의회를 둘 수 있다(법 제82조제1항).
① 보상액 평가를 위한 사전 의견수렴에 관한 사항
② 잔여지의 범위 및 이주대책의 수립에 관한 사항
③ 당해 사업지역내 공공시설의 이전 등에 관한 사항

④ 토지소유자 또는 관계인 등이 요구하는 사항 중 지방자치단체의 장이 필요하다고 인정하는 사항
⑤ 그 밖에 지방자치단체의 장이 회의에 부치는 사항

사업시행자는 법 제68조제1항의 규정에 의하여 대상물건에 대한 평가를 의뢰하고자 하는 때에는 별지 제15호서식의 보상평가의뢰서에 "보상액 평가를 위한 사전 의견수렴에 관한 사항"을 기재하여 감정평가업자에게 평가를 의뢰하여야 한다(규칙제16조제1항제7호).

따라서 보상협의회에서의 논의는 매우 중요한 것이고, 사업시행자는 이 규정을 유의하여야 한다.

라. 행정청 운영방안

<u>한편 행정청이나 사업시행자는 단순한 요식행위 정도로만 보상협의회를 운영하려고 한다. 즉, 1회 정도 개최하고 보상협의회를 마치는 경우가 있으나, 이는 위법이라고 본다.</u> 보상협의회는 갈등해소를 위해 매우 중요한 제도이다. 따라서 행정청으로서는 실질적으로 보상협의회를 운영하여야 한다. 토지소유자의 의견을 듣고 이를 반영하기 위해 사업시행자와의 사이에 적극적인 중재를 하여야 한다.

법이 보상협의회의 회의는 재적위원 과반수의 출석으로 개의(開議)하고, 협의사항을 규정하고, 보상협의회의 위원장은 회의에서 협의된 사항을 해당 사업시행자에게 통보하여야 하며, 사업시행자는 정당하다고 인정되는 사항에 대해서는 이를 반영하여 사업을 수행하여야 한다고 규정한 이유를 새겨야 한다. 그저 형식적인 보상협의회는 위 규정을 몰각시키는 것이므로 위법이다. 분쟁예방을 위해 마련한 보상협의회 제도를 요식행위 정도로 생각하면 곤란하다. 이와 같이 실질적으로 보상협의회가 개최되지 못한

경우에는 토지수용위원회는 수용재결을 각하하여야 하고, 각하를 하지 않으면 법원은 수용재결을 취소하여야 한다.

마. 대리인 허용 여부

보상협의회 구성에서 토지소유자의 자녀가 대리인으로 참여할 수 있는지가 문제된다. 토지소유자가 보통 나이가 많은 분들이라 의사표시에 한계가 있어 그 자식들이 참여하기를 바라는 것이다. 토지보상법 제7조는 "사업시행자, 토지소유자 또는 관계인은 사업인정의 신청, 재결(裁決)의 신청, 의견서 제출 등의 행위를 할 때 변호사나 그 밖의 자를 대리인으로 할 수 있다."라고 규정하고 있으므로, 가능하다고 본다. 굳이 대리하는 것을 막을 이유가 없다.

바. 결론

보상협의회에서 협의를 통해 갈등을 해소하는 것이 당사자에게 최고로 행복한 결말이다. 사업시행자나 행정청의 자세전환을 촉구한다. 특히 법원이 실질적인 보상협의회가 없었음을 이유로 수용재결을 한번이라도 취소해주면 대한민국 보상은 달라질 것인데, 안타깝다.

토지보상법 제82조(보상협의회) ① 공익사업이 시행되는 해당 지방자치단체의 장은 필요한 경우에는 다음 각 호의 사항을 협의하기 위하여 보상협의회를 둘 수 있다. 다만, <u>대통령령으로 정하는 규모 이상</u>의 공익사업을 시행하는 경우에는 대통령령으로 정하는 바에 따라 <u>보상협의회를 두어야 한다.</u>

1. <u>보상액 평가를 위한 사전 의견수렴에 관한 사항</u>
2. 잔여지의 범위 및 이주대책 수립에 관한 사항
3. 해당 사업지역 내 공공시설의 이전 등에 관한 사항
4. <u>토지소유자나 관계인 등이 요구하는 사항 중 지방자치단체의 장이 필요하다고 인정하는 사항</u>
5. 그 밖에 지방자치단체의 장이 회의에 부치는 사항

② 보상협의회 위원은 다음 각 호의 사람 중에서 해당 지방자치단체의 장이 임명하거나 위촉한다. 다만, 제1항 각 호 외의 부분 단서에 따라 보상협의회를 설치하는 경우에는 대통령령으로 정하는 사람이 임명하거나 위촉한다.

1. <u>토지소유자 및 관계인</u>
2. 법관, 변호사, 공증인 또는 감정평가나 보상업무에 5년 이상 종사한 경험이 있는 사람
3. 해당 지방자치단체의 공무원
4. 사업시행자

③ 보상협의회의 설치·구성 및 운영 등에 필요한 사항은 대통령령으로 정한다.
[전문개정 2011.8.4]

51. 서울시 현금청산협의체

가. 개설

서울시는 조례에 의하여, 현금청산대상자 및 세입자와 사업시행자간의 이주대책 및 손실보상 협의 등으로 인한 분쟁을 조정하기 위해서, 구청장이 협의체를 구성·운영할 수 있다(서울특별시 도시 및 주거환경정비조례 제67조제1항, 이하 조례라고만 한다).

이러한 협의체는 서울시에만 해당한다. 그리고 임의규정 형식으로 되어 있어 구청장이 협의체를 구성·운영하지 않을 수도 있다.

서울시 정비구역에 있는 현금청산대상자들은 협의체 구성·운영을 구청장에게 촉구할 필요가 있다.

나. 구성 시기 및 운영

협의체는 법 제72조에 따른 분양신청기간 종료일의 다음 날부터 구성하며, 관리처분계획 수립을 위한 총회 전까지 3회 이상 운영한다. 다만, 구청장이 필요하다고 인정하는 경우에는 관리처분계획인가 이후에도 운영할 수 있다(조례 제67조제2항).

현금청산대상자들이 협의체 참여를 거절함에도 불구하고 무조건 3회 이상 운영을 하도록 하는 것은 개선되어야 할 것이다. 사견은 이 경우는 1회로 충분하다고 본다.

다. 협의체 위원

협의체는 다음 각 호에 해당하는 사람 중 위원장을 포함하여 5명 이상 15명 이하의 위원으로 구성하고 위원장은 제2호의 전문가 중 1명을 호선한다(조례 제67조제3항).

1. 해당 자치구에서 정비사업 업무에 종사하는 6급 이상 공무원
2. 법률, 감정평가, 정비사업전문관리업 등 분야별 전문가

협의체 구성 시 성별을 고려하되, 「양성평등기본법」 제21조제2항에 따라 특정 성별이 위촉직 위원 수의 10분의 6을 초과하지 아니하도록 하여야 한다. 다만, 해당 분야 특정 성별의 전문인력 부족 등 부득이한 사유가 있다고 인정되어 양성평등실무위원회의 의결을 거친 경우에는 그러하지 아니하다.

라. 협의체 회의

(1) 회의참석자

협의체 회의에는 다음 각 호에 해당하는 자 전부 또는 일부가 참석한다(조례 제67조제4항).

1. 사업시행자
2. 법 제52조제1항에 따른 주거 및 이주 대책 수립 대상 세입자
3. 법 제73조에 따른 손실보상에 관한 협의 대상자
4. 법 제74조제2항, 영 제60조에 따라 재산 또는 권리 등을 평가한 감정평가업자
5. 그 밖에 구청장이 협의가 필요하다고 인정하는 자

(2) 협의사항

협의체는 다음 각 호의 사항을 협의 조정한다(조례 제67조제5항).
1. 주거세입자에 대한 손실보상액 등
2. 상가세입자에 대한 영업손실보상액 등
3. 법 제73조제1항 및 영 제60조에 따라 분양신청을 하지 않은 자 등에 대한 손실보상 협의 금액(토지·건축물 또는 그 밖의 권리에 대한 금액) 등
4. 그 밖에 구청장이 필요하다고 인정하는 사항

(3) 협의 불성립 시

협의체가 3회 이상 운영되었음에도 불구하고 합의가 이루어지지 않은 경우 구청장은 법 제117조제2항제2호 및 영 제91조제4호에 따라 <u>조정위원회를 개최하여 심사·조정할 수 있다</u>(조례 제67조제6항).

마. 회의결과 통보 등

구청장은 협의체 운영 결과 또는 조정위원회 조정 결과 등을 사업시행자에게 통보하여야 한다.

시장은 협의체 구성 방법 및 운영 등에 필요한 세부기준을 정하여 고시할 수 있으며, 협의체 운영에 소요되는 비용의 전부 또는 일부를 지원할 수 있다.

52. 손실보상 협의 통지

조합은 감정평가사를 선정하여 감정평가를 실시한 후에 그 가격으로 현금청산대상자에게 손실보상협의를 통보하여야 한다.

그리고 **협의경위서에 토지소유자 및 관계인의 서명 또는 날인**을 받아야 한다. 조합이 토지소유자와 협의를 거치지 아니한 채 토지의 수용을 위한 재결을 신청하였다면 이는 재결의 **취소를 구할 수 있는 사유이다.**

> **토지보상법 제16조(협의)** 사업시행자는 토지등에 대한 보상에 관하여 토지소유자 및 관계인과 성실하게 협의하여야 하며, 협의의 절차 및 방법 등 협의에 필요한 사항은 대통령령으로 정한다.[전문개정 2011.8.4]
>
>> **령 제8조(협의의 절차 및 방법 등)** ① 사업시행자는 법 제16조의 규정에 의한 협의를 하고자 하는 때에는 국토해양부령이 정하는 보상협의요청서에 다음 각호의 사항을 기재하여 토지소유자 및 관계인에게 통지하여야 한다. 다만, 토지소유자 및 관계인을 알 수 없거나 그 주소·거소 그 밖에 통지할 장소를 알 수 없는 때에는 제2항의 규정에 의한 공고로써 통지에 갈음할 수 있다. 〈개정 2008.2.29〉
>> 1. 협의기간·협의장소 및 협의방법
>> 2. 보상의 시기·방법·절차 및 금액
>> 3. 계약체결에 필요한 구비서류
>>
>> ②제1항 단서에 따른 공고는 사업시행자가 공고할 서류를 토지등의 소재지를 관할하는 시장(행정시의 시장을 포함한다)·군수 또는 구청장(자치구가 아닌 구의 구청장을 포함한다)에게 송부하여 해당 시(행정시를 포함한다)·군 또는 구(자치구가 아닌 구를 포함한다)의 게시판 및 홈페이지와 사업시행자의 홈페이지에 14일 이상 게시하는 방법에 의한다. 〈개정 2016.1.6〉
>>
>> ③제1항제1호의 규정에 의한 협의기간은 특별한 사유가 없는 한 30일 이상으로 하여야 한다.

④법 제17조의 규정에 의하여 체결되는 계약의 내용에는 계약의 해지 또는 변경에 관한 사항과 이에 따르는 보상액의 환수 및 원상복구 등에 관한 사항이 포함되어야 한다.

⑤사업시행자는 제1항제1호의 규정에 의한 협의기간내에 협의가 성립되지 아니한 경우에는 국토해양부령이 정하는 **협의경위서에 다음 각호의 사항을 기재하여 토지소유자 및 관계인의 서명 또는 날인을 받아야 한다.** 다만, 토지소유자 및 관계인이 정당한 사유없이 서명 또는 날인을 거부하거나 토지소유자 및 관계인을 알 수 없거나 그 주소·거소 그 밖에 통지할 장소를 알 수 없는 등의 사유로 인하여 서명 또는 날인을 할 수 없는 경우에는 서명 또는 날인을 받지 아니하되, 사업시행자는 해당 협의경위서에 그 사유를 기재하여야 한다.

1. 협의의 일시·장소 및 방법
2. 대상토지의 소재지·지번·지목 및 면적과 토지에 있는 물건의 종류·구조 및 수량
3. 토지소유자 및 관계인의 성명 또는 명칭 및 주소
4. 토지소유자 및 관계인의 구체적인 주장내용과 이에 대한 사업시행자의 의견
5. 그 밖에 협의와 관련된 사항

53. 손실보상 협의 통지에 대한 이의신청 여부

감정평가를 통하여 보상금액이 결정되면, 조합은 소유자에게 '<u>귀하의 토지에 대해 보상금액을 00원으로 정하였으니 협의에 응하여 주시기 바랍니다.</u>'라는 취지로 공문을 보내온다.

이 경우 소유자로서는 보상금액이 마음이 들지 않으면 협의요청에 대하여 <u>조합에게</u> '이의신청'을 하는 경우도 있으나, 굳이 이의신청을 할 필요는 없다. 해도 효과가 없다.

오히려 '이의신청'을 하면 조합만 편해진다. 즉, 이의신청을 하면 조합은 협의경위서를 받지 않아도 되는 것이다. 법적인 '이의신청'(행정심판)은 수용재결 후에 수용재결서를 받은 날로부터 30일 내에 하는 것이다.

54. 조합의 컨설팅 업체 선정 문제

보상은 법에 정하여진 기관인 LH공사, 특별시, 광역시 및 도가 설립한 지방공사, 한국부동산원 등에게만 위탁이 가능하고, 그 외 **변호사**를 제외한 자에게 위탁하는 것은 불가하다고 본다.

이에 대해서 행정청이나 민간사업시행자가 보상전문기관에 위탁하는 경우 그 법적 성격을 위임 또는 사법상의 위탁으로 보므로 수탁기관은 보상전문기관으로 한정되지 않는다는 견해가 있다.[49]

그러나 <u>사견은 보상전문기관에만 위탁이 가능하다고 본다.</u> 그렇게 해석하지 않으면 보상전문기관 제도를 둔 그 취지가 몰각되고, 굳이 개별법령에서 수탁기관을 정하여 위탁의 근거규정을 둘 이유는 없는 것이다. 예를 들어 공공주택특별법 제52조제1항은 "공공주택사업자는 토지매수업무·손실보상업무 및 이주대책업무 등을 「공익사업을 위한 토지 등의 취득 및 보상에 관한 법률」 제81조제1항에 따라 지방자치단체 등에 위탁할 수 있다.", 도시개발법 제12조제2항은 "시행자는 도시개발사업을 위한 기초조사, 토지 매수 업무, 손실보상 업무, 주민 이주대책 사업 등을 대통령령으로 정하는 바에 따라 관할 지방자치단체, 대통령령으로 정하는 공공기관·정부출연기관·정부출자기관 또는 지방공사에 위탁할 수 있다. 다만, 정부출자기관에 주민 이주대책 사업을 위탁하는 경우에는 이주대책의 수립·실시 또는 이주정착금의 지급, 그 밖에 보상과 관련된 부대업무만을 위탁할 수 있다."라고 규정하고 있다.

나아가 대법원은 개별법규에 근거가 있는 경우에만 시장·군수등에게 위탁할 수 있다고 한다(2000. 8. 22. 선고 98다60422).

---

49) 김원보, "토지보상법해설" 제2편 손실보상 3, ㈜가람감정평가법인, 697, 698

토지보상법 제81조(보상업무 등의 위탁) ① 사업시행자는 보상 또는 이주대책에 관한 업무를 다음 각 호의 기관에 위탁할 수 있다. 〈개정 2005.12.30, 2007.10.17〉

1. 지방자치단체
2. 보상실적이 있거나 보상업무에 관한 전문성이 있는 「공공기관의 운영에 관한 법률」 제4조에 따른 공공기관 또는 「지방공기업법」에 따른 지방공사로서 대통령령으로 정하는 기관

② 제1항의 규정에 의한 위탁시 업무범위, 수수료 등에 관하여 필요한 사항은 대통령령으로 정한다.

시행령 제43조(보상전문기관 등) ① 법 제81조제1항제2호에서 "대통령령으로 정하는 기관"이란 다음 각 호의 기관을 말한다. 〈개정 2014. 12. 23., 2016. 8. 31., 2020. 12. 8.〉

1. 「한국토지주택공사법」에 따른 한국토지주택공사
2. 「한국수자원공사법」에 따른 한국수자원공사
3. 「한국도로공사법」에 따른 한국도로공사
4. 「한국농어촌공사 및 농지관리기금법」에 따른 한국농어촌공사
5. 「한국부동산원법」에 따른 한국부동산원
6. 「지방공기업법」 제49조에 따라 특별시, 광역시, 도 및 특별자치도가 택지개발 및 주택건설 등의 사업을 하기 위하여 설립한 지방공사

최근에 나온 법무부 유권해석도 토지보상법에 규정한 위탁가능기관이 아님에도 비변호사가 수용재결과 관련된 재결신청서, 계약서 및 관계서류 작성, 재결신청, 재결에 대한 이의신청 등 법률업무를 하는 경우 변호사법 위반이라고 한다.

법무부 법무실 법무과

처리결과(답변내용) 2012.09.07.

안녕하십니까, 국민신문고를 찾아주셔서 감사합니다.

변호사법 상 변호사가 아니면서 금품·향응 또는 그 밖의 이익을 받거나 받을 것을 약속하고 또는 제3자에게 이를 공여하게 하거나 공여하게 할 것을 약속하고, ① 소송 사건, 비송 사건, 가사 조정 또는 심판 사건 ② 행정심판 또는 심사의 청구나 이의신청, 그 밖에 행정기관에 대한 불복신청 사건 ③ 그 밖에 일반의 법률사건에 관하여 대리·법률상담 또는 법률 관계 문서 작성 등 법률사무를 취급하거나 이러한 행위를 알선한 자는 형사처벌됩니다(제109조 제1호).

변호사법의 입법취지와 같은 법 제3조에서 일반 법률사무를 변호사의 직무로 규정하고 있는 점을 감안하여 보면, '기타 일반의 법률사건'이라 함은, 법률상의 권리·의무에 관하여 다툼 또는 의문이 있거나 새로운 권리·의무 관계의 발생에 관한 사건 일반을 말합니다(대법원 1998. 8. 21. 선고 96도2340 판결, 서울중앙지방법원 2006. 4. 21. 선고 2006고합88 판결 등).

「공익사업을 위한 토지 등의 취득 및 보상에 관한 법률」(이하 '토지보상법'이라 합니다) 제81조, 같은 법 시행령 제43조는 보상 또는 이주대책에 관한 업무를 위탁할 수 있는 업체를 한정하는 한편, 토지보상법 제7조는 사업시행자·토지소유자 또는 관계인은 사업인정의 신청, 재결의 신청, 의견서의 제출 등의 행위를 함에 있어서 변호사를 대리인으로 할 수 있도록 하여, 변호사법과 조화를 이루고 있습니다.

따라서 토지보상법에 규정한 위탁가능기관이 아님에도 비변호사가 수용재결과 관련된 재결신청서, 계약서 및 관계서류 작성, 재결신청, 재결에 대한 이의신청 등 법률업무를 하는 경우 변호사법에 위반될 여지가 있습니다. 다만, 개별 사건에 있어 변호사법위반 여부는 구체적 사실관계에 따라 수사기관이나 법원에 의하여 판단됨을 알려드립니다.

감사합니다.

대법원 판결도 같은 취지이다.

> **대법원 2013. 4. 26. 선고 2011두9874 판결 〔등록거부처분취소〕**
>
> [2] 사단법인 한국토지보상관리회가 교육과학기술부장관으로부터 민간자격 등록 업무를 위탁받아 수행하고 있는 한국직업능력개발원에 자신이 신설하여 관리·운영하고자 하는 보상관리사(보) 자격을 민간자격으로 등록해줄 것을 신청하였으나 한국직업능력개발원이 거부처분을 한 사안에서, 보상관리사(보) 자격의 직무내용 중 "보상협의, 계약체결 및 보상금의 지급", "보상 관련 민원처리 및 소송수행 관련 업무"는 구 변호사법(2008. 3. 28. 법률 제8991호로 개정되기 전의 것)에 따라, "토지 등의 등기 관련 업무"는 법무사법에 따라, "분할측량 및 지적등록에 관한 업무"는 구 행정사법(2008. 12. 26. 법률 제9212호로 개정되기 전의 것)에 따라 각 해당 법령의 직무내용과 저촉되어 무자격자의 행위가 금지되는 경우에 해당하므로 보상관리사(보) 자격은 자격기본법 제17조 제1항 제1호의 민간자격 제한 분야에 속한다는 이유로, 위 처분이 적법하다고 본 원심의 결론을 정당하다고 한 사례.

제5장. 수용재결에서의 대응방안

55. 현금청산금 증액절차

현금청산대상자는 ① **의견서 제출**, ② **이의신청**, ③ **행정소송**을 통하여 현금청산금을 증액시킬 수 있다.

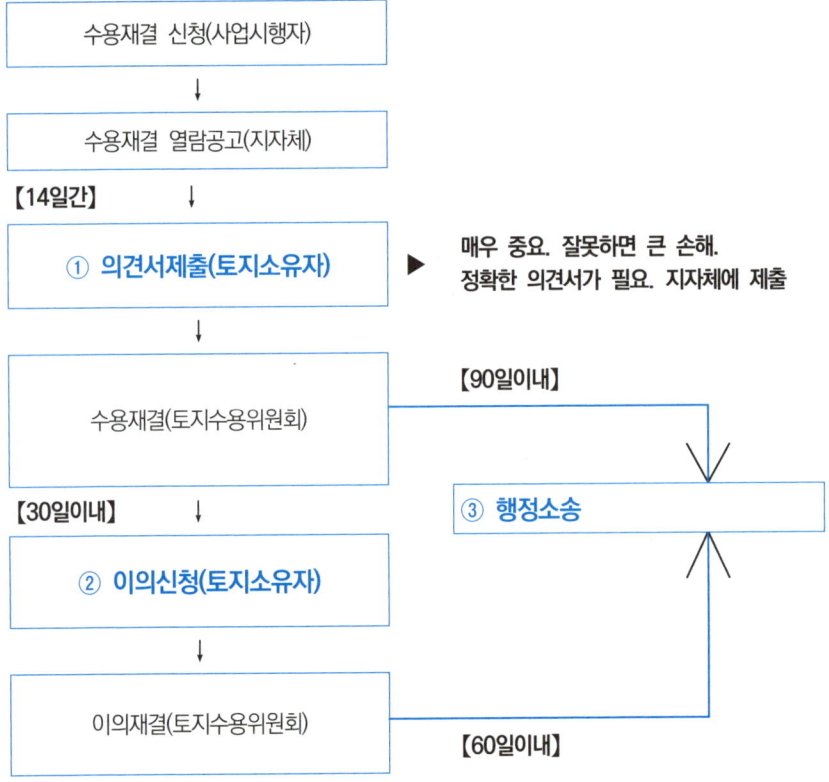

▶ 현금청산금 증액절차 개요

- 사업시행자는, 협의가 이루어지지 않으면 **수용재결을 신청**하고, 그러면 관할 토지수용위원회는 재결신청서를 시장·군수·구청장에게 송부하고,
- 시장·군수·구청장은, **재결신청서를 공고·열람(공고한 날로부터 14일 이상)**시키고, 만일 시장·군수·구청장이 공고·열람 거부 시는 토지수용위원회가 직접 공고·열람시키고,
- 보상대상자는, 열람기간내에 시장·군수·구청장에게, 만일 토지수용위원회가 공고·열람시킨 것이면 토지수용위원회에게 본인의 주장을 담은 의견서를 제출하여야 하고,
- 토지수용위원회는, **2차 평가**를 하여 **수용재결**을 하고,
- 사업시행자는, 수용개시일까지 **보상금을 공탁**하거나 지급하여야 하고(보상금이 지급되거나 공탁될 것을 조건으로 수용개시일 다음날 소유권은 등기이전이 없어도 사업시행자에게로 자동으로 넘어간다), 그러면 보상대상자는 보상금을 "이의유보"하고 찾아도 된다.
- 현금청산대상자(이하 '보상대상자'와 같이 씀)는, 증액을 하려면 수용재결서를 받은 날로부터 **30일** 내에 이의신청(지방토지수용위원회는 지방토지수용위원회에, 중앙토지수용위원회는 중앙토지수용위원회에 이의신청서 제출)을 하고, 그러면 다시 중앙토지수용위원회가 **3차 평가**를 거쳐, 이의재결을 하고,
- 보상대상자는, 이의재결도 불만이면 이의재결서를 받은 날로부터 **60일** 내에 행정소송을 제기하고(이의재결을 거치지 않고 수용재결 후 직접 행정소송 제기시에는 **90일** 이내), 그러면 법원이 **4차 평가**를 하여 보상금액을 최종 결정한다.

56. 토지수용위원회의 위원 구성

중앙·지방토지수용위원회는 위원장 1명을 포함한 20명 이내의 위원으로, 중앙토지수용위원회는 위원장 및 상임위원 1명과 위원장이 회의마다 지정하는 위원 7명으로, 지방토지수용위원회는 위원장과 위원장이 회의마다 지정하는 위원 8명(다만, 2012. 12. 2. 이전에는 5인)으로 구성한다. <u>다만, 위원장이 필요하다고 인정하는 경우에는 중앙토지수용위원회는 위원장 및 상임위원을 포함하여, 지방토지수용위원회는 위원장을 포함하여 10명 이상 20명 이내로 구성할 수 있다</u>(법 제52조제6항 단서 및 제53조제4항 단서 신설). 단서 신설규정은 토지수용위원회에서 위원장이 필요하다고 인정하는 경우 회의 구성을 위한 위원정수를 20명 이내에서 확대할 수 있도록 하여 위원회 운영에 탄력성을 부여한 것이다. 〈개정·시행 2018. 12. 31.〉

위원장이 회의마다 지정하는 위원에 대해 미리 정보공개를 청구하여 자기 토지에 대한 토지수용위원을 고정시켜 놓을 필요가 있다.

57. 수용재결이 신청되면 현금청산대상자가 할 일

가. 의견서 제출

조합은, 협의가 이루어지지 않으면 수용재결을 신청하고, 그러면 관할 토지수용위원회는 재결신청서를 시장·군수·구청장에게 송부하고,

시장·군수·구청장은, <u>재결신청서를 공고·열람(공고한 날로부터 14일 이상)</u>시키고[50],

현금청산대상자는, <u>열람기간내(공고한 날로부터 14일 이상)</u>에 <u>시장·군수·구청장에게</u>, 본인의 주장을 담은 의견서를 제출하여야 한다.[51]

나. 정보공개청구

즉시, 토지수용위원 명단에 대해 정보공개 청구를 한다.

다. 기타 요구

토지수용위원회에 참가하여 진술하게 해달라는 요구, 복잡한 사정이 있는 경우는 토지수용위원회가 현지에 나와서 조사를 해달라고 요구, 소위원회를 구성하여 달라는 요구, 재결이 아닌 화해를 시켜달라는 요구 등을 할 수도 있다.

해보지도 않고 불가하다고 말하지 말고 일단 해보자.

---

50) 만일 시장·군수·구청장이 공고·열람 거부 시는 토지수용위원회가 직접 공고·열람시킨다.
51) 만일 토지수용위원회가 공고·열람시킨 것이면 토지수용위원회에게 제출

58. 기준시점 등 수용재결 방법

 사업시행자가 수용재결을 신청하면, 토지수용위원회는 현금청산대상자나 사업시행자로부터 의견서를 제출받고 이를 토대로 다시 감정평가를 실시한다.

 협의가 성립하지 않을 때에는 조합은 토지보상법에 따라 토지수용위원회의 재결에 의하여 현금청산대상자들의 토지 등의 소유권을 취득할 수 있다(대법원 2008. 3. 13. 선고 2006두2954 판결 참조). 그런데 도시정비법령은 수용보상금의 가격산정기준일에 관한 규정을 두고 있지 않으므로 현금청산대상자들의 토지 등에 대한 수용보상금은 토지보상법 제67조 제1항에 따라 토지 등의 수용재결일 가격을 기준으로 산정하여야 한다. 즉, 분양계약체결 기간의 종료일 다음날이 아니다(대법원 2016. 12. 15. 선고 2015두51309 판결).

 이때 감정평가사는 토지수용위원회에서 2곳을 선정하는데, 통상은 감정평가사 숫자가 150인 이상인 법인(이하 '대형법인[52]'이라고 한다)으로 한다. 관행적으로 대형법인으로 하는데, 이는 고민을 해 보아야 한다고 본다. 소형법인이나 개인감정평가사를 배제할 하등의 이유가 없다고 본다.

 수용재결기간은 통상 4-6개월 정도 소요된다. 별도의 재결번호가 부여되는 것은 아니고, 사업명칭으로 관리되므로, 문의를 하고자 한다면, 사업명칭으로 하여야 한다.

---

[52] "표준지공시지가 조사·평가를 위한 감정평가법인등 선정에 관한 기준"이 2020. 7. 28. 개정되면서, "대형법인"이라는 용어가 "공시전문평가법인"으로 개정되었으나, 여기서 대형법인이라 함은 감정평가사 숫자가 150인 이상 13개 법인을 말한다(이하 같다).

감정평가사는 현지조사를 하고 평가를 하여야 하고, 자료를 직접 보상대상자로부터 받는 것이 원칙이므로, 이때 자신의 주장을 잘 피력하여야 한다. 역시 감정평가가 전부이므로, 이 과정을 제일 유의하여야 한다.

59. 수용재결 이후 명도의무

수용재결이 나고 수용개시일까지 보상금이 공탁이 되면 수용개시일 다음날 소유권이 조합으로 넘어간다. 이때 등기이전을 하지 않아도 법률상 자동으로 넘어 간다. 따라서 원칙적으로는 이제는 조합 소유 집에서 살고 있는 것이므로 비워주어야 할 의무는 있다.

만일 스스로 비워주지 않으면 조합은 인도소송을 하여 승소판결을 받아 집행하여야 한다.

경우에 따라 재결금을 지급받았음에도 불구하고 인도하지 않으면 조합은 불법 점유로 인한 부당이득금반환청구도 한다. 다만 이 경우 해당 건물 부분을 단순히 점유하는 것을 넘어 적극적으로 사용·수익하지 않으면 부당이득금청구는 불가하다(서울행정법원 2014. 10. 8. 선고 2014구합57010 판결).

이때 행정대집행은 불가하다(대법원 2005. 8. 19. 선고 2004다2809 판결).

철거의무는 조합에 있다.

보상대상자가 영업보상대상자라면 영업보상금까지 받아야 인도의무가 있다. 나아가 토지보상법 제62조와 대법원 판례에 의하면, 만일 지급대상이 된다면, 이주정착금, 주거이전비, 이사비도 모두 지급받아야 명도의무가 있다고 보아야 할 것이다.

> **토지보상법 제62조(사전보상)**
>
> 사업시행자는 해당 공익사업을 위한 공사에 착수하기 이전에 토지소유자와 관계인에게 <u>보상액 전액을 지급하여야 한다.</u> 다만, 제38조에 따른 천재지변 시의 토지사용과 제39조에 따른 시급한 토지 사용의 경우 또는 토지소유자 및 관계인의 승낙이 있는 경우에는 그러하지 아니하다.[전문개정 2011.8.4]

최근 사업시행자들은 토지 인도의무를 이행하지 않을 경우 부당이득금 반환청구를 하고 있는 실정이므로, 이에 대한 본인의 대응 계획이 필요하다. 즉, 지장물 보상은 완료되었으나 영업권 보상이 완료되지 아니한 경우, 또는 토지 보상은 완료되었으나 지장물보상이 완료되지 아니한 경우에는 정당한 보상이 모두 완료될 때까지 인도의무를 부담하지 않는다고 본다. 이를 인정할 경우 토지보상법 제62조와 이주정착금, 주거이전비, 이사비도 모두 지급받아야 명도의무가 있다고 본 대법원 판례의 취지가 몰각될 위험이 있으므로, 사견은 인도의무를 부담하지 않는 한 임료 상당의 부당이득반환의무도 부담하지 않는다고 보는 것이 타당하다고 본다.

물론 재결에 대하여 불복절차를 취하지 아니함으로써 그 재결에 대하여 더 이상 다툴 수 없게 된 경우에는 사업시행자는 그 재결이 당연무효이거나 취소되지 않는 한, 이미 보상금을 지급받은 자에 대하여 민사소송으로 그 보상금을 부당이득이라 하여 반환을 구할 수 없고(대법원 2001. 1. 16. 선고 98다58511 판결 참조), 또한 계약이 무효이거나 취소되지 아니한 이상, 계약의 이행으로 지급된 금원을 그 수령자가 법률상 원인 없이 이익을 얻었다고 할 수는 없는 법리이므로, 사업시행자가 영업자들에게 지급한 휴업보상금을 부당이득이라고 할 수 없다(대법원 2001. 4. 27. 선고 2000다50237 판결).

한편 토지보상법이 위헌적으로 개정되었다. 법은 2015. 1. 6. 제95조의2를 신설하여, "제43조를 위반하여 토지 또는 물건을 인도하거나 이전하지 아니한 자"에 대해 "1년 이하의 징역 또는 1천만원 이하의 벌금에 처한다."라고 규정하고 있으나, 이는 국민의 재판을 받을 권리를 침해하거나 명확성의 원칙에 위배되어 위헌이다. 이 조문은 개정 전에는 제97조제3호에 벌금 200만원으로 규정되어 있었으나, 사실상 사문화되어 적용되는 사례가 없었다. 그 이유는 앞에서 본 판례와 같이 토지나 건물에 대해 수용재결이 있다고 하더라도 영업보상 등이 시행되지 않거나 기타 다른 보상금이 지급되지 않으면 선이행 의무가 없었기 때문이다. 나아가 보상금증액을 위한 재판을 받을 권리는 기본권인데, 수용개시일까지 무조건 건물 등을 인도하여 주어 사업시행자가 철거를 해버리면 감정을 할 수가 없어 재판이 불가하기 때문이다. 당장 삭제되어야 할 조문이다. 그리고 과잉입법이다. 민사적인 문제로서 인도청구로 처리하면 그만이다. 더구나 최근에는 사업시행자가 위 벌칙규정으로 실제 형사고소를 한 사례도 생겼다. 사업시행자가 토지를 강제로 빼앗으면서 형사고소까지 한다는 것은 있을 수 없는 것이다. 다행히 법원이 무죄를 선고하였다(의정부지방법원 2017. 5. 18. 선고 2016고정2364 판결). 그나마 법원이 현명한 판단을 해주어 다행이다. 앞으로 이와 같이 고소를 일삼는 사업시행자에게는 무고죄와 강요죄로 대응하면 된다.

가급적 행정소송 감정 시까지는 집이 존재하는 것이 현금청산대상자에게는 유리하다. 그래야 건물에 대한 감정이 가능하다. 그래서 증거보전신청을 하기도 한다.

한편 주택재개발정비사업구역 내에 거주하는 자가 토지보상금을 수령한 후에도 그 소유 부동산을 명도하지 않다가 주택재개발정비사업조합으로부터 이주관리 용역업무를 위탁받은 용역업체로부터 합의금을 지급받은 후 부동산을 명도한 경우, 그 합의금은 양도소득세 과세대상인 양도소득이 아니라 종합소득세 과세대상인 기타소득에 해당한다(서울행정법원 2021. 7. 9. 선고 2020구합4543 판결).

60. 행정대집행 문제

　빈집에 대한 대집행은 일단 가능하다. 그러나 재개발조합은 법원에 명도소송을 제기하여 해결한다.

> **토지보상법 제89조(대집행)** ① 이 법 또는 이 법에 따른 처분으로 인한 의무를 이행하여야 할 자가 그 정하여진 기간 이내에 의무를 이행하지 아니하거나 완료하기 어려운 경우 또는 그로 하여금 그 의무를 이행하게 하는 것이 현저히 공익을 해친다고 인정되는 사유가 있는 경우에는 사업시행자는 시·도지사나 시장·군수 또는 구청장에게 「행정대집행법」에서 정하는 바에 따라 대집행을 신청할 수 있다. 이 경우 신청을 받은 시·도지사나 시장·군수 또는 구청장은 정당한 사유가 없으면 이에 따라야 한다.
>
> ② 사업시행자가 국가나 지방자치단체인 경우에는 제1항에도 불구하고 「행정대집행법」에서 정하는 바에 따라 직접 대집행을 할 수 있다.
>
> ③ 사업시행자가 제1항에 따라 대집행을 신청하거나 제2항에 따라 직접 대집행을 하려는 경우에는 국가나 지방자치단체는 의무를 이행하여야 할 자를 보호하기 위하여 노력하여야 한다.[전문개정 2011.8.4]

　<u>사람이 점유하여 항거를 하는 경우에 행정대집행은 불가능하다</u>(대법원 1998. 10. 23. 선고 97누157 판결, 대법원 2005. 8. 19. 선고 2004다2809 판결 등 다수). 이 경우에는 법원에 인도의 소를 제기하여 승소 후 강제집행을 하여야 한다. 존치물건의 반출도 건물의 명도에 수반하는 필수적 행위이지 그것 자체가 독립하여 의무 내용을 이루는 것이 아니므로 대집행은 불가하다.

대법원 2012. 4. 13. 선고 2010다94960 판결

법 제75조 제1항 단서 제2호에 따라 이전에 소요되는 실제 비용에 못 미치는 물건의 가격으로 보상한 경우, 사업시행자가 물건을 취득하는 제3호와 달리 <u>수용절차를 거치지 아니한 이상</u> 사업시행자가 보상만으로 물건의 소유권까지 취득한다고 보기는 어려우나, 수용절차를 거친 경우에는 <u>사업시행자는 재결에 따른 보상금을 공탁함으로써 사업시행구역 내 위치한 지장물에 대하여 스스로의 비용으로 이를 제거할 수 있는 권한과 부담을 동시에 갖게 되었고,</u> 소유자로서도 그 이전의무를 면하는 대신 피고의 지장물 제거를 수인하여야 할 지위에 놓이게 되었다고 소유자의 소유권을 침해하는 위법한 행위라고 평가할 수 없다

61. 공탁금 수령

"이의유보하고 수령함"이라고 반드시 기재하고 수령한다. 이를 기재한 서류를 복사(또는 사진촬영)하여 한 부 가지고 있는 것이 좋다.

찾지 않는다고 다른 법적 효력이 있는 것은 아니다. 일단 이의유보하고 수령하는 것이 좋다.

제6장. 이의재결에서의 대응방안

62. 이의신청 절차

현금청산대상자는, 증액을 하려면 수용재결서를 받은 날로부터 **30일 내**에 **이의신청**(지방토지수용위원회는 지방토지수용위원회에, 중앙토지수용위원회는 중앙토지수용위원회에 이의신청서 제출)을 하고, 그러면 다시 중앙토지수용위원회가 <u>3차 평가(감정평가사는 토지수용위원회가 2곳 선정)</u>를 거쳐, **이의재결**을 한다.

이의재결과정에서 보상금이 증액되면 "이의유보하고 수령함"이라고 기재하고 수령한다. 이 역시 한 부 복사해 두는 것이 좋다.

수용재결이나 이의재결 모두 사업시행자가 모든 비용을 부담하므로, 보상대상자는 전혀 비용을 내지 않아도 된다.

이의재결기간은 통상 4-6개월 정도 소요된다.

이의재결을 거치지 않고, 행정소송을 바로 제기해도 된다. 이때는 수용재결서를 받은 날로부터 60일 이내에 행정소송을 제기하여야 한다.

감정평가사는 현지조사를 하고 평가를 하여야 하고, 자료를 직접 보상대상자로부터 받는 것이 원칙이므로, 이때 자신의 주장을 잘 피력하여야 한다. 역시 감정평가가 전부이므로, 이 과정을 제일 유의하여야 한다.

63. 이의재결에서 할 일

이의신청서나 또는 그 후 감정평가를 다시 하기 전에 이의신청사유를 제대로 기재하여 서면으로 제출하여야 한다.

즉시, 중앙토지수용위원회 위원 명단에 대해 정보공개 청구를 한다. 기타, 수용재결과 같이 토지수용위원회에 참가하여 진술하게 해달라는 요구, 복잡한 사정이 있는 경우는 토지수용위원회가 현지에 나와서 조사를 해달라고 요구, 소위원회를 구성하여 달라는 요구, 재결이 아닌 화해를 시켜달라는 요구 등을 할 수도 있다.

제7장. 행정소송 특별노하우

64. 현금청산금 증액소송의 전문성

현금청산금 증액소송은 매우 전문분야이다. 아마 이 소송만큼 어느 변호사를 만나느냐에 따라 그 결과가 달라지는 소송은 없을 것이다. 따라서 현금청산금증액소송은 반드시 전문변호사를 선임하여야 한다. 특히 수용재결 취소소송은 전문변호사가 아니면 거의 승소가 불가능하다. 예를 들어 지적불부합지나 사업시행인가 등에 하자가 있는 경우에는 수용재결 자체를 취소할 수가 있다.

반대로 법조브로커에게 맡기면 매우 쉬운 소송이 된다. 소장을 작성하여 제출하고, 그 후 감정평가 신청을 하여 나온 결과를 가지고 청구취지 변경을 하면 된다. 그러나 이렇게 하면 증액가능성은 뚝 떨어진다. 이의재결을 거칠지 여부, 가장 중요한 감정평가사 선정에 대한 대비, 감정평가 과정에 대한 대비, 재감정 여부 등 무수한 문제들이 도사리고 있다. 최근에는, 현금청산금이 많이 증액되지는 않는 경향이므로, 더더욱 주의가 요망된다.

보상관련소송은 토지보상법에 대한 해박한 지식과 경험의 전제하에 종전 감정평가사가 작성한 감정평가서를 분석하는 능력, 사업시행자의 현황에 대한 적절성 분석능력, 소송 및 감정절차 진행능력을 갖춘 전문변호사의 조력이 필요한 전문분야임을 잊지 말자.

이때도 역시 감정인 선정이 매우 중요하다. 또한 선정된 감정평가사와의 교감이 중요하다.

감정인의 감정 결과는 그 감정방법 등이 경험칙에 반하거나 합리성이 없는 등의 현저한 잘못이 없는 한 이를 존중하여야 한다(대법원 2007. 02. 22. 선고 2004다70420 판결, 대법원 1997. 2. 11. 선고 96다1733 판결 등 참조). 따라서 법원 감정 결과가 나오면 판사는 그 결과에 따라 재판을 한다.

65. 현금청산금 증액 가능성

가격시점을 기준으로 한 부동산의 등락 추세, 종전 감정평가의 위법성 및 부당성, 무엇보다 부동산의 현황 등에 따라 결정된다.

증액되는 경우가 많기는 하다. 다만 그 폭이 크지는 않다. 통상 10% 미만인 경우가 대부분이다.

즉, 사업시행인가고시일을 기준으로 비교표준지를 선정하고 이에 대해 시점수정을 하므로, 부동산 가격이 하락하는 시기가 아니라면 증액 가능성은 크다.

66. 행정소송 제기기간 및 재판 준비서류

가. 소제기 기간

수용재결서를 받은 날로부터 90일 내에 소를 제기하여야 한다.

이의재결을 거친 후 제기해도 된다. 이때는 이의재결서를 받은 날로부터 60일 내에 제기하여야 한다.

나. 보상금 증액 재판을 위한 준비서류

- 협의요청서 사본
- 감정평가서(입수된 경우)
- 자신의 주장 요약서면
- 수용재결서 사본 및 수용재결시 제출하였던 의견서
- 이의재결서 사본 및 이의신청서

다. 보상금을 받고 재판해도 되는지?

행정소송은 1심에서 통상 6개월 정도 걸린다.

'이의유보'하고 돈을 수령하거나 공탁금을 찾아도 소송 제기가 가능하다.

제8장. 재개발등 현금청산전략 요약

67. 재개발등 현금청산전략 요약

(1) 내 집이나 땅을 재개발구역에서 제척하여 달라는 요구는 정비기본계획 고시 때부터 정비구역지정 공람·공고 시까지 하여야 하고, 제척소송은 정비구역지정고시일로부터 90일 내에 제기하여야 한다. 그 이후로는 승소가 매우 어렵다.

(2) 종교시설 소유자는 정비구역 지정 시에 같이 수립되는 정비계획을 살펴서 대토부지가 있는지 등을 알아보고, 정비계획수립 시부터 적극적으로 의견을 개진하여야 한다. 특히 각 지방자치단체의 태도를 살펴서 대비책을 마련하여야 한다.

(3) 재개발구역내 자신의 토지가 지적불부합토지에 해당하는지를 파악하여 두고, 지적불부합토지라면 반드시 법무법인강산과 협의하여야 할 것이다[53].

(4) 조합이 진행하는 사업시행계획인가 과정을 주시하여야 한다. **특히 사업시행계획인가에 앞서서 인가권자가 진행하는 이해관계인 의견청취와 중앙토지수용위원회 협의절차가 매우 중요하다.** 이때 자신의 의견이 관철되도록 모든 노력을 다하여야 한다. 사업시행계획인가를 받았다면, 이를 열람하여, 첨부서류 중 하나인 수용명세서를 확인하여야 한다. 이때 중요한 것은 만일 수용명세서가 잘못되었다면, 절대로 조합에 알리지 말고,

---

53) 강산은 지적불부합지 관련하여 획기적인 판결을 받아두고 있으나, 사회적 파장을 고려하여 대외적으로 공표를 하지는 못하고 있다.

가만히 있어야 한다. 그리고 나중에 수용재결 시에 담당변호사에게 그 사실을 고지하여 대응책을 강구하여야 한다.

 (5) 사업시행계획의 인가가 고시되면, 사업시행계획인가의 고시가 있은 날(사업시행계획인가 이후 시공자를 선정한 경우에는 시공자와 계약을 체결한 날)부터 <u>120일 이내</u>에, 조합은 토지등소유자에게 종전가격, 분담금 추산액, 분양신청기간을 통지 하여야 하고(법 제72조제1항), 분양신청기간은 <u>30일 이상 60일 이내</u>로 하여야 하고 다만 관리처분계획의 수립에 지장이 없다고 판단하는 경우에는 분양신청기간을 <u>20일의 범위에서 한 차례만 연장</u>할 수 있다(법 제72조제2항). 법 제72조 제1항의 개정규정은 <u>이 법 시행 후 최초로 사업시행계획인가를 신청하는 경우부터 적용</u>한다(부칙 제17조).

 (6) 이렇게 분양신청 통지를 받게 되면, 토지등소유자는 먼저 현금청산을 받을 것인지, 분양신청을 하여 아파트를 받을 것인지를 결정하여야 한다. <u>현금청산을 받는 것으로 결정을 하였다면 분양신청을 하지 않는 것이 좋다.</u> 분양신청을 한 후에 분양계약을 체결하지 않는 방법으로 현금청산을 하는 것은 현금청산금에서 손해를 볼 가능성이 크다.

 (7) 사업시행자는 <u>분양신청기간 종료일의 다음 날</u>부터 협의를 시작하여, <u>관리처분계획이 인가·고시된 다음 날부터 90일 이내</u>에 손실보상에 관한 협의를 하여야 한다(법 제73조). 사업시행자는 협의가 성립되지 아니하면 그 기간의 만료일 다음 날부터 <u>60일 이내에 수용재결을 신청</u>하여야 한다.

 사업시행자는 위 기간을 넘겨서 수용재결을 신청한 경우에는 해당 토지등소유자에게 지연일수(遲延日數)에 따른 이자를 지급하여야 하는데, 이자는 ① 6개월 이내의 지연일수에 따른 이자의 이율은 5%, ② 6개월 초과 12개월 이내의 지연일수에 따른 이자의 이율은 10%, ③ 12개월 초과의 지연일수에 따른 이자의 이율은 15%이다.

수용재결 지연에 따른 이자는 도시정비법에 토지보상법(조속재결 제도)에 대한 특별 규정이 있으므로, 2012년 8월 2일 이후 최초로 조합 설립 인가를 신청한 조합으로서, 2018. 2. 9. 이후 관리처분인가를 신청하는 조합의 경우에는 현금청산자가 조속재결을 신청할 필요는 없다.

(8) 지연 이자 지급, 현금청산기산일 결정을 위하여 조합설립인가신청일을 알아야 한다.

지연 이자 지급에 대해서는 **부칙 제9조**에 따라 법 제73조제3항의 개정규정은 법률 제11293호 도시 및 주거환경정비법 일부개정법률의 시행일인 2012년 8월 2일 이후 최초로 조합 설립인가(같은 개정법률 제8조제3항의 개정규정에 따라 도시환경정비사업을 토지등소유자가 시행하는 경우나 같은 개정법률 제7조 또는 제8조제4항의 개정규정에 따라 시장·군수가 직접 정비사업을 시행하거나 주택공사등을 사업시행자로 지정한 경우에는 사업시행계획인가를 말한다)를 신청한 정비사업부터 적용하여 이자를 지급하여야 하나, **부칙 제18조**에 따라 2018. 2. 9일 이후 최초로 관리처분계획인가를 신청하는 경우에는 개정규정 제73조 제3항에 따라 100분의 15 이하의 범위에서 대통령령으로 정하는 이율을, 그렇지 않은 경우에는 종전의 규정에 따라 정관등으로 정하는 바에 따라 이자를 지급해야 한다.

분양신청을 하지 아니한 자, 분양신청기간 종료 이전에 분양신청을 철회한 자 또는 인가된 관리처분계획에 따라 분양대상에서 제외된 자에 대해서는 관리처분계획 인가를 받은 날의 다음 날로부터 **90일 이내에 손실보상에 관한 협의를 하여야 하는 대상은 부칙 제19조에 따라 법률**

제12116호 도시 및 주거환경정비법 일부개정법률의 시행일인 2013년 12월 24일 이후 최초로 조합설립인가를 신청하는 경우부터 적용하되, 이외의 경우는 분양신청을 하지 아니한 자 또는 분양신청기간 종료 이전에 분양신청을 철회한 자는 제46조제1항에 따른 분양신청기간 종료일의 다음 날부터 150일 이내에, 인가된 관리처분계획에 따라 분양대상에서 제외된 자는 그 관리처분계획의 인가를 받은 날의 다음 날부터 150일 이내에 현금으로 청산하여야 한다(국토교통부 유권해석 2017.5.11.).

■ 지연 이자 지급

▶ 15% 이하에서 령이 정한 지연이자 지급하는 조건 = ㉮ & ㉯ & ㉰

  ㉮ 2012년 8월 2일 이후 최초로 조합 설립인가(같은 개정법률 제8조제3항의 개정규정에 따라 도시환경정비사업을 토지등소유자가 시행하는 경우나 같은 개정법률 제7조 또는 제8조제4항의 개정규정에 따라 시장·군수가 직접 정비사업을 시행하거나 주택공사등을 사업시행자로 지정한 경우에는 사업시행계획인가를 말한다)를 신청한 정비사업

  ㉯ 2018. 2. 9일 이후 최초로 관리처분계획인가를 신청하는 경우

  ㉰ 토지등소유자가 「공익사업을 위한 토지 등의 취득 및 보상에 관한 법률」 제30조제1항의 재결 신청을 청구 하지 아니한 경우

▶ 종전의 규정에 따라 정관등으로 정하는 바에 따라 이자지급 : 위 조건을 갖추지 못한 경우

■ 현금청산기산일

▶ 관리처분계획 인가를 받은 날의 다음 날로부터 90일 이내에 손실보상에 관한 협의를 하여야 하는 대상 : 2013년 12월 24일 이후 최초로 조합설립인가를 신청하는 경우부터 적용 ▶ 그 이외의 경우는 분양신청을 하지 아니한 자 또는 분양신청기간 종료 이전에 분양신청을 철회한 자는 제46조제1항에 따른 분양신청기간 종료일의 다음 날부터 150일 이내에, 인가된 관리처분계획에 따라 분양대상에서 제외된 자는 그 관리처분계획의 인가를 받은 날의 다음 날부터 150일 이내에 현금으로 청산(국토교통부 유권해석 2017.5.11.).

(9) 현금청산을 받는다면 가장 중요한 것은 **1차 협의보상금액이 제대로 평가되도록 하여야 한다.** 1차 협의보상금액이 나오면 그 이후 수용재결, 이의재결, 행정소송을 진행해도 10%를 증액시키기 어렵다.

(10) 1차 협의보상금액이 제대로 평가되도록 하려면, 현금청산자 숫자와 면적의 과반수 이상이 반드시 감정평가사를 추천하여야 한다. 감정평가사 추천을 위해 현금청산대상자 명단 및 과반수가 얼마인지에 대해 정보공개를 청구하여야 한다. 그리고 **추천하는 감정평가사를 신중하게 선택하여야 한다.** 이것이 가장 중요하다. 감정평가사에 대한 정보가 부족하면 법무법인강산이 제공할 수도 있다.

(11) 당해 사업구역 또는 인근의 실제 거래사례나 호가, 경매감정가격, 선(先)평가를 받았다면 그 평가서, 자신의 건물에 대한 대수선 자료 등 특이사항, 고가의 임대료를 받는다면 그 임대료 등을 수집하여 감정평가사에게 제공하고, 간단하게 요약하여 자신의 부동산이 어떤 이유로 최소 얼마를 받아야 하는지를 개진하는 것이 좋다.

(12) 특히 영업보상대상자라고 한다면, 반드시 법무법인강산으로부터 상담을 받고, 그에 따라 대응을 하여야 한다. 상담 전에는 아무자료도 제출하지 말아야 한다.

(13) 대책위에서는 1차 협의보상 평가 전에, 법 제117조에 의한 조정위원회 개최, 서울시의 경우 협의체 회의 개최를 요구해 볼 필요도 있다.

(14) 1차 협의보상금액이 통지되면, 협의여부(매매계약 체결 여부)를 결정하여야 하는데, 특별히 급한 사정이 아니라면 굳이 협의에 응할 이유는 없고, 협의에 응하지 않기로 하였으면, 가만히 있으면 된다. 이의

신청서를 내거나 조합 사무실을 방문하여 항의를 할 필요가 없다. 그래 봐야 변하는 것은 없고, 오히려 손해이다.

(15) 변호사는 보통 1차 협의보상금액이 통지되거나 수용재결금액이 통지되면 선임을 하게 되나, 대책위 차원에서는 미리 전문변호사를 선임하여 조력을 받는 것이 좋다. 변호사 보수는 당사자 사이에 협의에 의하여 결정된다[54].

(16) 수용재결이나, 이의재결, 행정소송은 전문변호사를 선임하여 진행하는 것이 좋다. 즉, 수용재결 이후에는 전문변호사를 선임하는 것이 최선의 대응책이다. 그래야 그 이후에서 일어나는 절차에 신속·정확하게 대응을 할 수 있다.

(17) 전문변호사는 의뢰인과 협의하여, 절차 위반 시 가처분신청 여부, 사업시행인가 취소(무효) 소송 또는 관리처분인가 취소(무효) 소송 제기 여부, 증거보전 신청 여부, 이주정착금, 주거이전비, 이사비 항변 여부 등을 결정하고, 진행하여야 한다.

---

[54] 법무법인 강산의 경우에는 수도권일 경우에 1인을 기준으로 착수금은 400만원에서 500만원 사이에서 결정하고(부가세 별도, 인원수에 따라 다름, 인원수가 많으면 당연히 감액됨), 성공보수는 통상 증액된 금원의 7%에서 15% 사이에서 정하지만, **최종적으로는 청구금액, 난이도, 관할 등의 조건에 따라 협의에 의해 결정된다**. 수임료 조건이 맞는다면 지방도 법무법인 강산을 선임할 수는 있다.

PART **4**

재건축등 매도청구
현금청산 특별노하우

PART 4 재건축등 매도청구 현금청산 특별노하우

68. 재건축 현금청산방법(매도청구소송)

　도시정비법에 의한 주택재건축사업, 「빈집 및 소규모주택 정비에 관한 특례법」에 의한 소규모재건축사업과 가로주택정비사업(관리지역에서 공공이 시행하는 경우는 제외), 주택법에 의한 지역주택조합사업이나 리모델링사업, 주택건설사업에서 사업에 동의를 하지 않거나 분양신청을 하지 않는 등으로 현금청산대상자가 된 경우 현금청산방법은 강제수용이 아니라, <u>법원에 매도청구소송을 제기하여 현금으로 청산한다.</u>

　위 사업들에 대해서 매도청구 요건은 조금씩 다르나, 그 요건을 갖춘 경우 법원에 제기하는 매도청구 소송의 내용이나 현금청산자의 대응방법은 모두 같다.

　따라서 이하에서는 각 사업들에 의한 매도청구 요건을 살펴보고, 그 다음에 재건축사업에서의 매도청구소송을 중심으로 토지등소유자의 대응방안을 설명하고자 한다.

　한편 조합이 매도청구소송이 아닌 더 간편한 현금청산금지급청구소송으로 소유권을 확보할 수는 없다(대법원 2010. 12. 23. 선고 2010다73215 판결).

대법원 2010. 12. 23. 선고 2010다73215 판결

1. 도시 및 주거환경정비법(이하 '도시정비법'이라고만 한다) 제47조는 사업시행자인 재건축조합이 분양신청을 하지 아니한 토지등소유자 등에 대하여 부담하는 현금청산 의무를 규정하는 것에 불과하므로(이하 위 토지등소유자 등을 '현금청산 대상자'라고 한다), <u>재건축조합이 위 조항을 근거로 하여 곧바로 현금청산 대상자를 상대로 정비구역 내 부동산에 관한 소유권이전등기를 청구할 수는 없다.</u> 한편 사업시행자인 재건축조합에게는 원칙적으로 정비구역 내 부동산에 관한 수용권한도 인정되지 않는 것이고(도시정비법 제38조 참조), 도시정비법 제39조에서 규정하는 사업시행자의 매도청구권도 원칙적으로 조합원이 아닌 자를 상대로 하는 것으로서 조합설립에 동의한 조합원이었던 현금청산 대상자에 대하여 바로 적용할 수는 없는 것이나, 현금청산 대상자는 분양신청을 하지 않는 등의 사유로 인하여 분양대상자의 지위를 상실함에 따라 조합원 지위도 상실하게 되어 조합탈퇴자에 준하는 신분을 가지는 것이므로, <u>매도청구에 관한 도시정비법 제39조를 준용하여 재건축조합은 현금청산 대상자를 상대로 정비구역 내 부동산에 관한 소유권이전등기를 청구할 수 있다고 봄이 상당하다.</u>

69. 주택재건축사업, 소규모재건축사업, 가로주택정비사업 매도청구 요건

가. 도시정비법에 의한 주택재건축사업

(1) 2018. 2. 8. 전부개정법

도시정비법에 의한 주택재건축사업에서 조합설립에 동의를 하지 않거나 분양신청을 하지 않는 자에 대한 현금청산방법은 조합이 현금청산대상자를 상대로 법원에 매도청구 소송을 제기하여 판결로 현금청산대상자의 부동산을 취득하는 것이다.

그런데 이러한 재건축사업에서 매도청구는 2018. 2. 9.부터 전부개정법이 시행됨에 따라 많은 변화를 가져 왔다.

가장 큰 변화는 집합건물법을 준용하지 않고 공법인 도시정비법에 매도청구권을 직접 규정하고, 조합설립 후 지체 없이 촉구를 하던 것을 사업시행인가 후 30일 이내로 변경한 것이다.

▶ 주요 개정사항

개정 전	개정 후(2018. 2. 9.부터)
○ 재건축사업의 시행자는 조합설립 미동의자 등에 대하여 **집합건물법을 준용**하여 **매도청구** 할 수 있음 - 조합설립 후 지체 없이 촉구	○ 매도청구는 **집합건물법을 준용하지 않고** 필요한 절차는 도시정비법에서 **직접 규정** - (제1항) <u>사업시행인가고시후 30일 이내</u> 조합설립 동의 여부 촉구 - (제2항) 2개월 내 회답하여야 함 - (제3항) 회답이 없으면 동의하지 않은 것으로 봄 - (제4항) 제2항 기간 만료 후 2개월 이내 매도청구 가능

▶ **개정이유**

> ○ **재건축사업**은 공공성을 가진 **공법적 성격의 사업**이나, 매도청구는 **사법인 집합건물법**을 **준용**하고 있어, 매도청구대상 등 **일부 규정***은 준용하기에 적합하지 않음
> * (도시정비법) 매도청구 대상은 토지 또는 건축물의 소유권과 그 밖의 권리 (집합건물법) 구분소유권과 대지사용권
> ○ 도시정비법상 **정비사업의 특성에 맞게** 매도청구 관련 절차 등 규정을 **별도로 규정**

대법원은 "구 도시 및 주거환경정비법(2007. 12. 21. 법률 제8785호로 개정되기 전의 것, 이하 '구 도시정비법'이라 한다)상 주택재건축정비사업조합이 공법인이라는 사정만으로 조합설립에 동의하지 않은 자의 토지 및 건축물에 대한 주택재건축정비사업조합의 매도청구권을 둘러싼 법률관계가 공법상의 법률관계에 해당한다거나 그 매도청구권 행사에 따른 소유권이전등기절차 이행을 구하는 소송이 당연히 공법상 당사자소송에 해당한다고 볼 수는 없고, 위 법률의 규정들이 주택재건축정비사업조합과 조합설립에 동의하지 않은 자와의 사이에 매도청구를 둘러싼 법률관계를 특별히 공법상의 법률관계로 설정하고 있다고 볼 수도 없으므로, 주택재건축정비사업조합과 조합설립에 동의하지 않은 자 사이의 매도청구를 둘러싼 법률관계는 사법상의 법률관계로서 그 매도청구권 행사에 따른 소유권이전등기의무의 존부를 다투는 소송은 민사소송에 의하여야 할 것이다."라고 판시하고 있다(대법원 2010. 4. 8. 선고 2009다93923 판결).

그러나 위 판례는 도시정비법이 매도청구권을 직접 규정하지 않은 시절에 나온 판결이므로, 앞으로도 매도청구소송을 민사소송으로 한다고 장담할 수는 없는 것이다. 왜냐하면, 전부개정법은 공법인 도시정비법에 매도청구권을 직접 규정하고 있으므로 이제는 공법상법률관계라고 보아야 하기 때문이다. 판례의 동향을 주시하여야 한다.

사견은 전부개정법 시행 이후에는 공법상당사자소송으로 하는 것이 타당하다고 본다(하지만 2022년 현재 실무는 민사소송이 대세이다).[55] 그래야 매도청구소송 제기 시에 항변으로서 조합설립무효 또는 사업시행계획취소 또는 무효를 주장하여 일괄적으로 해결하는 것이 소송경제적으로 더 낫다. 그리고 매도청구소송을 정비사업에 정통한 행정법원에서 다루는 것이 더 전문적임은 더 말할 필요도 없다.

(2) 조합설립 부동의자 매도청구

재건축사업의 사업시행자는 <u>사업시행계획인가의 고시가 있은 날부터 30일 이내에</u> 다음 각 호의 자에게 조합설립 또는 사업시행자의 지정에 관한 동의 여부를 회답할 것을 서면으로 <u>촉구하여야 한다</u>(법 제64조).
1. 제35조제3항부터 제5항까지에 따른 조합설립에 동의하지 아니한 자
2. 제26조제1항 및 제27조제1항에 따라 시장·군수등, 토지주택공사등 또는 신탁업자의 사업시행자 지정에 동의하지 아니한 자

촉구를 받은 토지등소유자는 촉구를 받은 날부터 <u>2개월 이내에 회답</u>하여야 하고, 그 기간 내에 회답하지 아니한 경우 그 토지등소유자는 조합설립 또는 사업시행자의 지정에 동의하지 아니하겠다는 뜻을 회답한 것으로 본다.

사업시행자는 그 기간(2개월의 회답기간)이 만료된 때부터 <u>2개월 이내에</u> 조합설립 또는 사업시행자 지정에 동의하지 아니하겠다는 뜻을 회답한

---

55) 동지, 강신은, "재개발·재건축 개정조문 해설", 77-78, 도시개발신문.
저자는 개정 도시정비법은 집합건물법과 절연하였고, 도시정비법은 공법이며, 매도청구권 행사의 기산점이 사업시행계획인가고시가 있는 때로 변경되었으며, 매도청구소송 시 상대방은 조합설립인가 취소 또는 무효소송, 사업시행계획인가 취소 또는 무효소송을 제기하는데, 이의 병합을 위해서 행정소송이 효율적이며, 사업시행자가 매도청구소송을 제기하지 않는 경우 청산금소송을 제기하는데, 재개발사업의 경우 청산금소송이 행정소송이므로 민사소송에서 행정소송으로 변경될 여지가 있다고 한다.

토지등소유자와 건축물 또는 토지만 소유한 자에게 건축물 또는 토지의 소유권과 그 밖의 권리를 매도할 것을 청구할 수 있다.

법 제64조의 개정규정은 <u>이 법 시행 후 최초로 조합설립인가를 신청하거나 사업시행자를 지정하는 경우부터 적용한다</u>(부칙 제16조).

> ▶ **조합설립 부동의자 매도청구소송 제소기간**
> 〈사업시행계획인가·고시 날부터 30일 이내 촉구 + 2개월 회답기간 + 2개월 이내 소송제기〉

따라서 조합은 조합설립에 부동의한 자를 상대로 반드시 위 제소기간을 준수하여 매도청구소송을 제기하여야 한다. 이 기간이 지나면 매도청구소송이 불가하다.

그런데 구법시대에 대법원은 "제척기간이 도과하였다고 하여 매도청구권이 종국적으로 소멸한다고 볼 것은 아니고, 재건축 참가자 등은 다시 조합설립변경동의 및 조합설립변경인가 등의 절차를 밟아 새로이 매도청구권을 행사할 수 있다고 봄이 상당하다."라고 판시하였다(대법원 2012. 12. 26. 선고 2012다90047 판결, 대법원 2009. 1. 15. 선고 2008다40991 판결, 대법원 2010. 7. 15. 선고 2009다63380 판결 등 참조). 그렇다면 2018. 2. 9. 도시정비법 전부개정법 시행 후에도 위 판례는 적용이 가능할 지가 문제된다. 사견은 전부개정법이 사업시행계획인가고시일로부터 30일 이내에 촉구하도록 변경하고 있으므로, 앞으로는 위 판례가 적용될 여지가 없다고 하는 견해도 가능하다고 보나, 전부개정법 시행 후에도 위 판례처럼 제척기간을 지키지 못하였을 경우에 다시 조합설립변경동의 및 조합설립변경인가 등의 절차를 밟은 후에 다시 사업시행계획변경인가를 받은 이후에 새로이 매도청구권을 행사할 수 있다고 본다. 그렇게 보는 것이 재건축참가자나 불참가자 모두에게 합리적이라고 본다. 나아가 조합설립동의 및 변경인가를 받지는 않았지만 사업시행계획이 중대하게 변경되어 다시 새로운 사업시행계획의 인가를 받은 경우에 제척기간이 경과한 매도청구를 다시 할 수 있는지가 문제되나, 사견은 조합설립동의 및 변경인가를 다시 받아야만 가능하다고 본다. 하지만 이러한 것은 사견임을 유의하여야 하고, 앞으로 나올 판례 동향을 주시하여야 한다.

한편 조합설립에 부동의 한 자등을 상대로 매도청구소송의 제척기간을 넘긴 경우에, 다시 조합설립동의 및 변경인가 절차를 밟지 않고, 분양신청 통지를 하여 분양신청을 하지 않은 경우, 법 제73조에 의한 매도청구가 가능한지가 문제된다. 이는 전부개정법인 도시정비법이 법 제64조에 매도청구를 규정하고, 이어서 법 제73조에 다시 매도청구를 규정하고 있기 때문에 생기는 문제이다. 사견은 앞에서 본 바와 같이 제척기간이 경과한 경우에 다시 조합설립 동의 및 변경인가를 거치지 않는 한 법 제73조에 의한 매도청구는 불가하다고 본다. 법 제73조에 의한 매도청구는 조합설립에 동의를 하였다가 분양신청을 하지 않는 등으로 현금청산자가 된 경우에 적용되는 규정이기 때문이다. 물론 이 경우도 사견이므로, 판례의 동향을 주시하여야 한다.

(3) 분양신청을 하지 아니한 자 등에 대한 매도청구
① 손실보상 협의 의무

재건축사업과 관련하여, 법 제73조제1항은 '사업시행자는 <u>관리처분계획이 인가·고시된 다음 날부터 90일 이내</u>에 분양신청을 하지 않은 자등과 토지, 건축물 또는 그 밖의 권리의 손실보상에 관한 협의를 하여야 한다. 다만, 사업시행자는 분양신청기간 종료일의 다음 날부터 협의를 시작할 수 있다.'라고 규정하고, 동조 제2항은 '사업시행자는 제1항에 따른 협의가 성립되지 아니하면 그 기간의 만료일 다음 날부터 60일 이내에 매도청구소송을 제기하여야 한다.'라고, 동조 제3항은 "사업시행자는 제

2항에 따른 기간을 넘겨서 매도청구소송을 제기한 경우에는 해당 토지등소유자에게 지연일수(遲延日數)에 따른 이자를 지급하여야 한다."라고 규정하고 있다.

즉, 2018. 2. 9. 이후 시행되는 도시정비법 전부개정법은 이전과는 달리 재건축사업에서 먼저 손실보상 협의의무를 규정하고, 협의기간 만료 후 60일 내에 매도청구소송을 제기하고, 그 기간을 지키지 아니하면 지연이자를 지급하도록 하고 있다.

그리고 동법 시행령 제60조제1항은 '사업시행자가 법 제73조제1항에 따라 토지등소유자의 토지, 건축물 또는 그 밖의 권리에 대하여 현금으로 청산하는 경우 청산금액은 사업시행자와 토지등소유자가 협의하여 산정한다.'라고 규정하고 있다.

그렇다면 2018. 2. 9. 이후부터 관리처분인가가 신청되는 경우에는, 재건축사업에서 분양신청을 하지 아니한 자등에 대해서 사업시행자는 관리처분계획인가일 다음날부터 90일 내에 먼저 협의를 하여야 할 것이다.

사업시행자로서는 협의의무를 지키기는 것이 안전한 업무처리방법일 것이다.

나아가 2018. 2. 9. 이후부터 관리처분인가가 신청되는 경우에는, 재건축사업에서 분양신청을 하지 아니한 자등에 대해서 협의를 할 때 도시정비법시행령 제60조제1항에 의하면 '청산금액은 사업시행자와 토지등소유자가 협의하여 산정한다. 이 경우 재개발사업의 손실보상액의 산정을 위한 감정평가업자 선정에 관하여는 「공익사업을 위한 토지 등의 취득 및 보상에 관한 법률」 제68조 제1항에 따른다.'라고만 규정하고 있다.

따라서 법 규정 형식을 보면 재건축사업에서는 도시정비법 제73조제1항이 정한 협의 의무를 지키기 위한 손실보상협의를 위한 청산금액은 사업시행자가 도시정비법 제45조제1항제5호에 따라 총회 의결을 거쳐 감정평가사 1곳을 임의로 선정하여 나온 금액을 가지고 협의해도 무방한 것처럼 보인다.

사견은 이 규정은 개정되는 것이 타당하다고 본다. 즉, 재개발사업이나 재건축사업을 달리 규정할 이유가 없다. 매도청구소송도 강제수용의 실질을 가지는 것이다. 그런데 협의를 위한 청산금액 산정은 후일 매도청구소송에서의 법원감정결과에 지대한 영향을 미친다. 그런데 이를 일방적으로 사업시행자가 선정한 감정평가사만으로 평가한 금액으로 한다면 재건축사업의 현금청산대상자가 너무 불리하다. 보상계획공고를 하지 않는 재건축사업을 고려하여 별도의 감정평가사 추천 규정을 두는 것이 타당하다고 본다.

현금청산대상자로서는 대책위를 구성하여 재건축에서 손실보상협의 의무를 다하기 위한 청산금액 산정을 위한 감정평가사 선정에 있어서 1명의 추천권을 줄 것을 사업시행자에게 요구하여야 할 것이다. 이를 위해서 서울시의 경우 조례에 의한 현금청산협의체 구성이나 도시정비법 제116조, 제117조에 의한 조정위원회, 제117조의2에 의한 협의체를 활용할 필요가 있다.

② 소 제기 기간
사업시행자는 협의가 성립되지 아니하면 <u>그 기간의 만료일 다음 날부터 60일 이내에 매도청구소송을 제기</u>하여야 한다.

다만 분양신청을 하지 아니한 자에 대한 매도청구소송의 제소기간은 불변기간이 아니고, 지연이자를 지급할 뿐이다.

③ **지연이자 지급**

사업시행자는 그 기간을 넘겨서 매도청구소송을 제기한 경우에는 해당 토지등소유자에게 지연일수(遲延日數)에 따른 이자를 지급하여야 한다. 이 경우 이자는 100분의 15 이하의 범위에서 대통령령으로 정하는 이율을 적용하여 산정한다.

> 령 제60조 ② 법 제73조제3항 후단에서 "대통령으로 정하는 이율"이란 다음 각 호를 말한다.
> 1. 6개월 이내의 지연일수에 따른 이자의 이율 : 100분의 5
> 2. 6개월 초과 12개월 이내의 지연일수에 따른 이자의 이율 : 100분의 10
> 3. 12개월 초과의 지연일수에 따른 이자의 이율 : 100분의 15

④ **부칙**

> **국토교통부 질의회신**
>
> ○ 「도시 및 주거환경정비법」(법률 제14567호) 부칙 제9조, 제18조, 제19조에서 제73조의 개정규정에 관한 적용례의 구분은 부칙 조 제목 등을 토대로 구분해야 할 것으로 판단됩니다. 즉, 부칙 제9조에 따라 제73조제3항의 개정규정은 법률 제11293호 도시 및 주거환경정비법 일부개정법률의 시행일인 2012년 8월 2일 이후 최초로 조합 설립인가(같은 개정법률 제8조제3항의 개정규정에 따라 도시환경정비사업을 토지등소유자가 시행하는 경우나 같은 개정법률 제7조 또는 제8조제4항의 개정규정에 따라 시장·군수가 직접 정비사업을 시행하거나 주택공사등을 사업시행자로 지정한 경우에는 사업시행계획인가를 말한다)를 신청한 정비사업부터 적용하여 이자를 지급하여야 하나, 부칙 제18조에 따라 2018. 2. 9일 이후 최초로 관리처분계획인가를 신청하는 경우에는 개정규정 제73조제3항에 따라 100분의 15 이하의 범위에서 대통령령으로 정하는 이율을, 그렇지 않은 경우에는 종전의 규정에 따라 정관등으로 정하는 바에 따라 이자를 지급해야 하며, 분양신청을 하지 아니한 자, 분양신청기간 종료 이전에 분양신청을 철회한 자 또는 인가된 관리처분계획에 따라 분양대상에서 제외된 자에

대해서는 관리처분계획 인가를 받은 날의 다음 날로부터 90일 이내에 손실보상에 관한 협의를 하여야 하는 대상은 부칙 제19조에 따라 법률 제12116호 도시 및 주거환경정비법 일부개정법률의 시행일인 2013년 12월 24일 이후 최초로 조합설립인가를 신청하는 경우부터 적용하되, 이외의 경우는 분양신청을 하지 아니한 자 또는 분양신청기간 종료 이전에 분양신청을 철회한 자는 제46조제1항에 따른 분양신청기간 종료일의 다음 날부터 150일 이내에, 인가된 관리처분계획에 따라 분양대상에서 제외된 자는 그 관리처분계획의 인가를 받은 날의 다음 날부터 150일 이내에 현금으로 청산하여야 할 것으로 판단됩니다. [2017.5.11.]

■ **지연 이자 지급**

① 15% 이하에서 령이 정한 지연이자 지급하는 조건 = ㉮ & ㉯

㉮ 2012년 8월 2일 이후 최초로 조합 설립인가(같은 개정법률 제8조제3항의 개정규정에 따라 도시환경정비사업을 토지등소유자가 시행하는 경우나 같은 개정법률 제7조 또는 제8조제4항의 개정규정에 따라 시장·군수가 직접 정비사업을 시행하거나 주택공사등을 사업시행자로 지정한 경우에는 사업시행계획인가를 말한다)를 신청한 정비사업

㉯ 2018. 2. 9일 이후 최초로 관리처분계획인가를 신청하는 경우

② 종전의 규정에 따라 정관등으로 정하는 바에 따라 이자지급 : 위 조건을 갖추지 못한 경우

■ **현금청산기산일**

① 관리처분계획 인가를 받은 날의 다음 날로부터 90일 이내에 손실보상에 관한 협의를 하여야 하는 대상 : 2013년 12월 24일 이후 최초로 조합설립인가를 신청하는 경우부터 적용

② 그 이외의 경우는 분양신청을 하지 아니한 자 또는 분양신청기간 종료 이전에 분양신청을 철회한 자는 제46조제1항에 따른 분양신청기간 종료일의 다음 날부터 150일 이내에, 인가된 관리처분계획에 따라 분양대상에서 제외된 자는 그 관리처분계획의 인가를 받은 날의 다음 날부터 150일 이내에 현금으로 청산(국토교통부 유권해석 2017.5.11.).

나. 「빈집 및 소규모주택 정비에 관한 특례법」에 의한 매도청구 요건

○ 2021. 7. 20. 개정 내용 요약

1. 시장·군수등 또는 제18조제1항에 따라 공공시행자로 지정된 토지주택공사등이 관리지역에서 시행하는 가로주택정비사업인 경우에는 토지수용을 한다.
2. 소규모재개발사업은 토지수용을 한다.
3. 법 제22조제3항에 따라 관리지역에서 시행하는 자율주택정비사업은 매도청구를 한다.
   가로주택정비사업(수용의 경우 제외), 소규모재건축사업(토지등소유자 시행 제외)은 매도청구를 한다.

(1) 조합설립, 사업시행자 지정 부동의 자
① 촉구
㉠ 촉구의 당사자(토지등소유자 직접 시행은 제외)

가로주택정비사업(제35조의2에 따라 토지·물건 및 권리를 수용 또는 사용할 수 있는 경우는 제외한다) 또는 소규모재건축사업의 사업시행자(토지등소유자가 시행하는 경우는 제외한다)는 법 제26조에 따른 심의 결과를 받은 날부터 30일 이내에 다음 각 호의 자에게 조합설립 또는 사업시행자의 지정에 동의할 것인지 여부를 회답할 것을 서면으로 촉구하여야 한다(소규모주택정비법 제35조제1항, 이하 '나'항에서 같다). 〈개정 2021. 7. 20.〉

1. 제23조제1항·제2항·제4항 및 제5항에 따른 조합설립에 동의하지 아니한 자
2. 제18조제1항 및 제19조제1항에 따라 시장·군수등, 토지주택공사등 또는 지정개발자 지정에 동의하지 아니한 자

소규모주택정비법 제22조제3항에 따라 관리지역에서 시행하는 자율주택정비사업의 사업시행자는 주민합의체 구성에 동의하지 아니한 자에

대하여 주민합의체 구성에 동의할 것인지 여부를 회답할 것을 서면으로 촉구하여야 한다. 〈신설 2021. 7. 20.〉

가로주택정비사업 또는 소규모재건축사업은 ① 토지등소유자가 20명 미만인 경우에는 토지등소유자가 직접 시행하거나 해당 토지등소유자가 제1항 각 호의 어느 하나에 해당하는 자와 공동으로 시행하는 방법, ② 법 제23조에 따른 조합이 직접 시행하거나 해당 조합이 조합원의 과반수 동의를 받아 제1항 각 호의 어느 하나에 해당하는 자와 공동으로 시행하는 방법으로 시행할 수 있다.

> **소규모주택정비법 제17조제1항**
> 1. 시장·군수등
> 2. 토지주택공사등
> 3. 건설업자
> 4. 등록사업자
> 5. 신탁업자
> 6. 부동산투자회사

이 중 20명 미만으로서 토지등소유자가 시행하는 경우에는 매도청구권을 행사할 수가 없음을 유의하여야 한다. 법은 "토지등소유자가 시행하는 경우는 제외한다."라고 하므로, 토지등소유자가 공동시행하는 경우도 제외된다고 보아야 한다. 즉, 토지등소유자가 단독이나 공동시행인 경우는 결국 지주공동사업으로서 100%로 합의가 되어야 한다.

국토교통부 〉 도시재생사업기획단 〉 주거재생과 2019. 9. 5.

1. 민원요지

○ 20명 미만 토지등소유자가 가로주택정비사업 공동 추진이 가능한지 여부와 매도청구 가능여부 문의

2. 답변내용

○ 「빈집 및 소규모주택 정비에 관한 특례법」제17조제3항제1호에 의하면 가로주택정비사업 또는 소규모재건축사업은 다음 각 호의 어느 하나에 해당하는 방법으로 시행할 수 있다.

  1. 토지등소유자가 20명 미만인 경우에는 토지등소유자가 직접 시행하거나 해당 토지등소유자가 제1항 각 호의 어느 하나에 해당하는 자와 공동으로 시행하는 방법이라고 규정하고 있으므로, <u>상위 규정에 따라 공동으로 추진이 가능할 것</u>으로 보입니다.

  하지만, 이 법 제22조제1항제2호에 따라 가로주택정비사업 또는 소규모재건축사업을 시행하는 경우로서 <u>토지등소유자가 20명 미만인 경우에는 토지등소유자 전원의 합의를 거쳐 주민합의체를 구성하여야 함</u>을 알려드리니 이점 양지하시기 바랍니다.

또한 소규모주택정비법 <u>제35조제1항제1호에 동법 제23조제3항이 누락되어 있으므로,</u> 소규모재건축사업에서 주택단지가 아닌 지역이 사업시행구역에 포함된 경우 주택단지가 아닌 지역의 토지 또는 건축물 소유자의 4분의 3 이상 및 토지면적의 3분의 2 이상의 토지소유자의 동의를 받아야 하고, <u>이때 미동의자에 대해서는 매도청구가 누락되어 있어 불가하고, 협의에 의하여 매수하여야 할 것이다.</u>

> **국토교통부 주택정비과 2018. 3. 22.**
>
> **1. 질의요지**
>
> 주택단지가 아닌 지역의 편입 토지 및 건축물의 조합설립 미동의자에 대한 매도청구에 관한 사항
>
> **2. 회신내용**
>
> 소규모재건축정비사업은 정비기반시설이 양호한 주택단지를 재건축하는 사업으로 사업구역을 주택단지로 한정하고 있습니다. 다만, '빈집 및 소규모주택 정비에 관한 특례법' 제16조제3항에 따라 불가피한 경우 주택단지에 위치하지 않은 건축물도 포함할 수 있도록 하고 있습니다.
>
> 주택단지에 위치하지 아니한 건축물이 포함될 경우 동법 제23조제3항에 따른 동의요건을 충족하여야 하며, 미동의자에 대한 별도의 매도청구 규정이 없는바, 사업 추진과정에서 협의 매수하여야 할 것으로 판단됨을 알려드립니다.

가로주택정비사업은 도시정비법에 규정되었을 당시에는 임의가입제였으나, 소규모주택정비법상에서는 강제가입제를 취하고 있음에도 불구하고(소규모주택정비법 제24조제1항), 공공시행 관리지역에서는 수용권을 행사하나, 그 외에는 매도청구를 하고 있다. 이는 개선되어야 할 것으로 본다. <u>강제가입제를 취한다면 모든 가로주택정비사업에 대해 수용권을 행사하는 것이 타당하다고 본다.</u>

미동의자는 조합설립등기나 지정개발자 지정 고시가 나면 이로부터 90일 이내에 조합설립취소의 소나 지정개발자지정 취소의 소를 제기하여야 하고, 이때 동의율, 공사비 등 동의서의 적정성을 따져야 한다.

> **소규모주택정비법 제23조(조합설립인가 등)** ① 가로주택정비사업의 토지등소유자는 조합을 설립하는 경우 토지등소유자의 10분의 8 이상 및 토지면적의 3분의 2 이상의 토지소유자 동의를 받아 다음 각 호의 사항을 첨부하여 시장·군수등의

인가를 받아야 한다. 이 경우 사업시행구역의 공동주택은 각 동(복리시설의 경우에는 주택단지의 복리시설 전체를 하나의 동으로 본다)별 구분소유자의 과반수 동의(공동주택의 각 동별 구분소유자가 5명 이하인 경우는 제외한다)를, 공동주택 외의 건축물은 해당 건축물이 소재하는 전체 토지면적의 2분의 1 이상의 토지소유자 동의를 받아야 한다.

1. 정관
2. 공사비 등 소규모주택정비사업에 드는 비용(이하 "정비사업비"라 한다)과 관련된 자료 등 국토교통부령으로 정하는 서류

규칙 제9조(조합설립인가 등) ① 법 제23조제1항 각 호 외의 부분 전단 및 같은 조 제2항·제4항에 따른 조합설립인가와 같은 조 제5항 본문에 따른 변경인가를 신청하는 경우 그 신청서는 별지 제11호서식에 따른다.

② 법 제23조제1항제2호에서 "국토교통부령으로 정하는 서류"란 다음 각 호의 서류를 말한다.

1. 조합원 명부(조합원 자격을 증명하는 서류를 포함한다)
2. 공사비 등 소규모주택정비사업에 드는 비용 등이 기재된 토지등소유자의 조합설립 동의서 및 동의사항을 증명하는 서류
3. 토지·건축물 또는 지상권이 수인의 공유에 속하는 경우에는 그 대표자의 선임 동의서
4. 창립총회 회의록(창립총회 참석자 명부를 포함한다)
5. 창립총회에서 대의원을 선임한 경우에는 선임된 자의 자격을 증명하는 서류
6. 주택건설예정세대수, 사업시행구역의 지번·지목 및 등기명의자, 도시·군관리계획상의 용도지역, 대지(가로주택정비사업의 경우 해당 가로구역의 범위를 포함한다) 및 주변현황을 기재한 사업계획서
7. 인가받은 사항 중 변경내용 및 그 증명서류(법 제23조제4항 본문에 따른 변경인가로 한정한다)
8. 도로예정지를 입증하는 서류로서 다음 각 목의 어느 하나에 해당하는 서류(가로주택정비사업이 시행되는 가로구역의 일부나 소규모재개발사업

> 부지의 일부가 도로예정지에 접한 경우로 한정한다)
>
> 가. 너비 6미터 이상의 도시계획도로의 설치에 관한 도시·군관리계획의 입안을 제안하기 위한 「국토의 계획 및 이용에 관한 법률」 제26조제1항 각 호 외의 부분 후단에 따른 도시·군관리계획도서와 계획설명서
>
> 나. 너비 6미터 이상의 「사도법」 제 2조에 따른 사도의 개설허가 신청에 필요한 같은 법 시행규칙 제2조 각 호(제5호 및 제8호는 제외한다)의 서류
>
> 다. 그 밖의 관계 법령에 따라 너비 6미터 이상의 도로를 신설·변경하려는 경우 해당 법령에서 정한 계획도서와 계획설명서

3. 그 밖에 시·도조례로 정하는 서류

> **서울특별시 빈집 및 소규모주택 정비에 관한 조례**
>
> **제12조(조합설립인가 신청서류)** 법 제23조제1항제3호에서 "시·도조례로 정하는 서류"란 다음 각 호의 서류를 말한다.
> 1. 사업시행구역의 위치도 및 현황사진
> 2. 사업시행구역 안의 토지 및 건축물의 지형이 표시된 지적현황도
> 3. <u>매도청구대상명부 및 매도청구계획서</u>

상대방은 조합설립이나 사업시행자 지정에 찬성하지 않은 토지등소유자이다.

가로주택정비사업의 경우 토지등소유자는 소규모재건축사업에서 정한 토지등소유자(사업시행구역에 위치한 건축물 및 그 부속토지의 소유자)와 달리 소규모주택정비법 제2조제1항제6호가목에 따라 "사업시행구역에 위치한 토지 또는 건축물의 소유자, 해당 토지의 지상권자"로 규정되어 있으며, 소규모주택정비법 제24조(조합원의 자격)제1항에 따라 가로주택

정비사업의 조합설립에 동의하지 않은 토지등소유자 역시 조합원 자격이 있으며, 또한 공동주택의 분양대상 역시 서울시 조례 제37조(가로주택정비사업의 분양대상)에 따라 분양신청자가 "① 종전의 건축물 중 주택(주거용으로 사용하고 있는 특정무허가건축물 중 조합정관 등에서 정한 건축물을 포함한다)을 소유한 자, ② 분양신청자가 소유하고 있는 종전 토지의 총면적이 90제곱미터 이상인 자, 분양신청자가 소유하고 있는 권리가액이 분양용 최소규모 공동주택 1가구의 추산액 이상인 자. 다만, 분양신청자가 동일한 세대인 경우의 권리가액은 세대원 전원의 가액을 합산하여 산정할 수 있다."라고 함으로 <u>가로주택정비사업의 사업시행자는 조합설립에 동의하지 않은 건축물 또는 토지만 소유한 자에게도 매도청구를 할 수 있다.</u>

포괄승계인 및 특정승계인도 포함한다. 임차인 또는 전세권자는 승계인에 포함되지 않는다. 공유자는 공유자 전원에 대하여 촉구하여야 한다. 탈퇴한 조합원, 제명된 조합원은 최고가 필요 없다(인천지방법원 2008. 1. 17. 선고 2007가합12056, 2007가합12063).

ⓒ 촉구의 시기

소규모주택정비법 제26조에 따른 심의 결과를 받은 날부터 30일 이내에 하여야 한다.

ⓒ 촉구의 방식

촉구는 반드시 서면으로 하여야 한다.

한편, 실무적으로 촉구는 내용증명(배달증명)우편으로 하는데 반송된 경우에는 의사표시의 효력을 발생시킬 수가 없다. 이러한 경우에는 결국 민법 제113조와 민사소송법 제195조에 의한 의사표시 공시송달 제도를 이용하면 된다.

㉣ **무효인 동의 후 새로운 결의에 기하여 다시 매도청구를 하는 것이 가능한지 여부(적극)**

새로운 조합설립인가처분의 요건을 갖춘 조합설립변경인가에 터 잡아 새로이 매도청구권을 행사하는 것도 적법하다(대법원 2013. 2. 28. 선고 2012다74816 판결).

② **회답**

제1항 또는 제2항의 촉구를 받은 토지등소유자는 <u>촉구를 받은 날부터 60일 이내에 회답</u>하여야 한다(동조제2항). 회답기간의 단축은 불가하다. 다만, 연장은 가능하다고 본다.

제2항의 기간 내에 회답하지 아니한 토지등소유자는 주민합의체 구성, 조합설립 또는 사업시행자의 지정에 동의하지 아니하겠다는 뜻을 회답한 것으로 본다(동조제3항).

<u>참가한다는 취지의 회답은 반드시 서면으로 하여야 하는 것은 아니다.</u>

수차례의 촉구가 있는 경우는 최초 촉구의 수령일부터 기산하고, 촉구에 대해서 일단 불참을 회답하였다가 다시 이를 철회할 수 있다. 반면에 참가회답의 임의철회는 인정되지 않는다고 해석된다(재판실무편람 2006년 개정판, 64페이지).

③ **매도청구 기간**

사업시행자는 제3항에 따른 기간이 만료된 때부터 <u>60일 이내에</u> 주민합의체 구성, 조합설립 또는 사업시행자 지정에 동의하지 아니하겠다는 뜻을 회답한 토지등소유자와 건축물 또는 토지만 소유한 자에게 건축물 또는 토지의 소유권과 그 밖의 권리를 매도할 것을 청구할 수 있다(법 제35조제4항).

④ 경과조치

> **부칙 제2조(매도청구에 관한 적용례)** ① 제35조는 이 법 시행 후 최초로 조합설립인가를 신청하는 경우부터 적용한다.
> ② 제1항에도 불구하고 가로주택정비사업의 사업시행자는 이 법 시행 전에 조합설립인가를 신청한 경우에도 제35조에 따라 매도청구를 할 수 있으며, 이 경우 제35조제1항의 "심의 결과를 받은 날"은 "이 법 시행일"로 본다.

경과조치를 둔 이유는 과거 가로주택정비사업을 도시정비법에 둘 당시에 입법실수로 가로주택정비사업 조합의 경우 매도청구를 누락하였기 때문이다.

주의하여야 할 사항은 이 법 시행전에 조합설립인가를 신청한 조합의 경우 "건축심의 결과를 받은 날"이 "이 법 시행일"이므로, 이 법 시행일인 2018. 2. 9.부터 다시 촉구를 하고, 회답기간 만료일부터 60일 이내에 소송을 제기하여야만 매도청구가 가능하다(서울북부지방법원 2019. 8. 22. 선고 2017가합26229 판결).

만일 이 기간을 놓쳤다면, 다시 조합설립동의절차를 밟고, 매도청구를 하여야 할 것이다.

> **대법원 2012. 12. 26. 선고 2012다90047 판결**
> 재건축조합이 조합설립인가 후 매도청구권 행사기간을 도과한 경우 재건축 참가자 등이 다시 조합설립변경동의 및 조합설립변경인가 등의 절차를 밟아 새로이 매도청구권을 행사할 수 있는지 여부(적극)

한편 소규모주택정비법 시행 이전에 설립된 도시정비법에 따라 인가받은 소규모재건축을 위한 조합이 조합설립변경인가를 받아도 제정된 법 부칙 제2조제1항에 의하여 도시정비법에 따라 매도청구를 하여야 한다(국토교통부 주택정비과 2018.4.30.).[56]

(2) 분양신청을 하지 아니한 자
① 손실보상 협의의무
<u>가로주택정비사업 또는 소규모재건축사업</u>의 사업시행자는 법 제29조에 따라 <u>사업시행계획이 인가·고시된 날부터 90일 이내에</u> 다음 각 호에서 정하는 자와 토지, 건축물 또는 그 밖의 권리의 손실보상에 관한 협의를 하여야 한다. 다만, <u>사업시행자는 분양신청기간 종료일부터 협의를 시작할 수 있다</u>(법 제36조제1항).
1. 분양신청을 하지 아니한 자
2. 분양신청기간 종료 이전에 분양신청을 철회한 자
3. 제29조에 따라 인가된 관리처분계획에 따라 분양대상에서 제외된 자

조합설립부동의자에 대한 매도청구와는 달리 <u>현금청산자에 대한 매도청구는 먼저 손실보상 협의를 하여야 한다. 협의방법에 대해서는 특별한 규정은 없다. 따라서 조합이 적절한 방법으로 협의를 하면 된다</u>.

② 소 제기 기간
사업시행자는 협의가 성립되지 아니하면 <u>그 기간의 만료일 다음 날부터 60일 이내에 수용재결을 신청하거나 매도청구소송을 제기</u>하여야 한다.

다만 분양신청을 하지 아니한 자에 대한 매도청구소송의 제소기간은 불변기간이 아니고, 지연이자를 지급할 뿐이다.

---

56) 전연규, 전게서, 279

> ▶ **분양미신청자 매도청구**
> 〈사업시행계획인가·고시된 다음날부터 90일 이내 협의 + 그 다음날부터 60일 이내 소송 제기〉

(3) 지연이자 지급

사업시행자는 그 기간을 넘겨서 매도청구소송을 제기한 경우에는 해당 토지등소유자에게 지연일수(遲延日數)에 따른 이자를 지급하여야 한다. 이 경우 이자는 100분의 15 이하의 범위에서 대통령령으로 정하는 이율을 적용하여 산정한다.

> **령 제35조(지연일수에 따른 이자 산정)** 법 제36조제3항에 따른 지연일수에 따른 이자 산정을 위한 이율은 다음 각 호의 구분에 따른다.
> 1. 지연일수가 6개월 이내인 경우: 100분의 5
> 2. 지연일수가 6개월 초과 12개월 이내인 경우: 100분의 10
> 3. 지연일수가 12개월을 초과한 경우: 100분의 15

나머지 매도청구소송 내용 및 현금청산자 대응법은 도시정비법에 의한 주택재건축사업과 같다.

70. 지역주택조합 및 주택조합이 아닌 사업주체 매도청구 요건

가. 80% 또는 95% 이상 소유권 확보하여 적법한 사업계획승인

(1) 지역주택조합(95%)

주택조합이 지구단위계획의 결정(주택법 제19조제1항제5호에 따라 의제(擬制)되는 경우를 포함한다)이 필요한 주택건설사업의 해당 대지면적의 95% 이상의 소유권을 확보하여 사업계획승인을 받아야 한다(주택법 제21조제1항제1호).

한편 주택건설대지의 100분의 95 이상 소유권 확보여부를 판단함에 있어서, 예를 들어 집합건물(10가구)이 있는 대지의 경우, 4채는 승낙하고 나머지 6채는 승낙하지 않은 경우, 이를 어떻게 카운트 하여야 하는지에 대해서는, 사견은 승낙한 4채에 해당하는 대지 지분 면적은 승낙비율에 포함하여 산정하여야 한다고 본다.

(2) 주택조합이 아닌 사업주체(85%∽95%)

주택조합이 아닌 사업주체가 사업계획을 승인받으려면, 소유권을 확보하여야 하나, 다음의 경우에는 예외이다. 즉, 주택조합이 아닌 사업주체가 ①「국토의 계획 및 이용에 관한 법률」 제49조에 따른 지구단위계획(이하 "지구단위계획"이라 한다)의 결정[제19조제1항제5호에 따라 의제(擬制)되는 경우를 포함한다]이 필요한 주택건설사업의 해당 대지면적의 100분의 80 이상을 사용할 수 있는 권원(權原)을 확보하고(국공유지가 포함된 경우에는 해당 토지의 관리청이 해당 토지를 사업주체에게 매각하거나 양여할 것을 확인한 서류를 사업계획승인권자에게 제출하는 경우에는 확보한 것으로 본다), 확보하지 못한 대지가 제22조 및 제23조에 따른 매도청구 대상이 되는 대지에 해당하는 경우(주택건설대지면적 중 100

분의 95 이상에 대하여 사용권원을 확보한 경우에는 사용권원을 확보하지 못한 대지의 모든 소유자에게 매도청구 가능하고, 그 외의 경우에는 사용권원을 확보하지 못한 대지의 소유자 중 지구단위계획구역 결정고시일 10년 이전에 해당 대지의 소유권을 취득하여 계속 보유하고 있는 자(대지의 소유기간을 산정할 때 대지소유자가 직계존속·직계비속 및 배우자로부터 상속받아 소유권을 취득한 경우에는 피상속인의 소유기간을 합산한다)를 제외한 소유자에게 매도청구 가능), ② 사업주체가 주택건설대지의 소유권을 확보하지 못하였으나 그 대지를 사용할 수 있는 권원을 확보한 경우, ③ 국가·지방자치단체·한국토지주택공사 또는 지방공사가 주택건설사업을 하는 경우에는 소유권을 확보하지 못하였어도 사업계획승인이 가능하다. 그리고 사업계획승인을 받은 경우에는 매도청구가 가능한 것이다.

그런데 주택법 제19조제1항은 "사업계획승인권자가 제15조에 따라 사업계획을 승인 또는 변경 승인할 때 다음 각 호의 허가·인가·결정·승인 또는 신고 등(이하 "인·허가등"이라 한다)에 관하여 제3항에 따른 관계 행정기관의 장과 협의한 사항에 대하여는 해당 인·허가등을 받은 것으로 보며, 사업계획의 승인고시가 있은 때에는 다음 각 호의 관계 법률에 따른 고시가 있은 것으로 본다."라고 하고, 동조 제5호에 지구단위계획구역 및 지구단위계획을 규정하여, 결국 사업계획승인을 받은 경우는 지구단위계획구역과 지구단위계획이 의제된다.

나. 3개월 이상 실질적인 사전 협의

매도청구 대상이 되는 대지의 소유자와 매도청구를 하기 전에 3개월 이상 협의를 하여야 한다(주택법 제22조제1항).

그런데 과거에는 사업계획승인을 얻은 후(사업계획승인의 효력은 사업계획승인권자의 고시가 있은 후 5일이 경과한 날부터 발생) 사전협의 개시일로부터 3월이 경과한 때부터 매도청구를 할 수 있는데, '사업계획승인신청시'에 3개월 이상 협의한 증빙자료를 첨부하여야 하므로, 사전협의 없이 이미 사업계획승인을 신청하였다면 매도청구가 불가능하다는 견해가 있었으나, 이제는 대법원 판결로 정리되었다.

즉, 반드시 사업계획승인 고시 5일 후에 협의공문이 발송되어야 하고, 이로부터 3개월 간의 협의기간을 거쳐야 하고, 협의기간 중 실질적인 협의(가격 및 가격산정 근거 제시)가 있어야 하고, 협의기간 종료 후 2월 이내에, 매도청구를 하면 된다. 다만 그 협의는 매도청구권의 행사에 의한 권리를 주장하는 소제기 이후에 이루어져도 무방하고(대법원 2011. 11. 10. 선고 2010다97068 판결 등 참조), 소송절차 내·외를 불문하므로 소송과정에서 진행된 조정절차를 통하여도 이루어질 수 있다.

대법원은 "매도청구권 행사 요건으로서 3월 이상의 기간 동안 거쳐야 하는 '협의'는 사업주체와 대지 소유자 사이에서의 구체적이고 실질적인 협의를 뜻한다고 보아야 한다. 그리고 특별한 사정이 없는 한 그와 같은 협의 요건을 갖추었는지 여부를 판단할 때에는, 주택건설사업계획승인을 얻은 사업주체가 매매가격 또는 그 산정을 위한 상당한 근거를 제시하였는지, 사업주체가 협의 진행을 위하여 노력하였는지, 대지 소유자가 협의에 어떠한 태도를 보였는지 등의 여러 사정을 종합적으로 고려하여야 하며, 그 요건 충족에 대한 증명책임은 사업주체가 부담한다고 봄이 타당하다."라고 판시하고 있다[2013. 5. 9. 선고 2011다101315(본소) 소유권이전등기 2011다101322(반소)].

또한 대법원은 "매도청구대상이 되는 대지의 소유자와 매도청구를 하기 전에 3개월 이상 협의를 하여야 한다고 규정하고 있다. 그런데, 사업계획승인을 받은 사업주체가 매도청구대상이 되는 대지의 소유자를 상대로 위 조항에 의한 협의를 할 수 있는 것은 그 사업주체가 매도청구대상이 되는 대지의 소유자에게 사업계획승인의 효력을 주장할 수 있는 지위에 있음을 당연한 전제로 하므로, 위 조항에 의한 적법한 협의가 인정되기 위해서는, 적어도 사업주체의 협의의 의사가 매도청구대상이 되는 대지의 소유자에게 도달하기 이전에 사업계획승인의 효력이 발생하여 그 효력이 매도청구대상이 되는 대지의 소유자에게 미쳐야 한다. (중략) 사업계획승인의 효력은 사업계획승인권자의 고시가 있은 후 5일이 경과한 날부터 발생한다(대법원 2010. 12. 9. 선고 2009두4913 판결 등 참조)."라고 판시하고 있다(대법원 2013. 3. 28. 선고 2012다57231 판결).

또한 대법원은 "주택법 제18조의2 제1항 후문에서 3월 이상의 기간 동안 사전협의를 거치도록 규정하고 있는 취지 등에 비추어 볼 때, 구 주택법 제16조제2항의 규정에 의하여 사업계획승인을 얻은 사업주체는 **사업계획승인을 얻은 후 사전협의개시일로부터 3월이 경과한 때부터 매도청구를 할 수 있다**고 해석함이 상당하다."라고 판시하고 있다(2010. 4. 29. 선고 2009다71688 판결).

그리고 대법원은 주택법 제18조의2제1항은 "제16조제4항제1호에 따라 사업계획승인을 받은 사업주체는 해당 주택건설대지 중 사용할 수 있는 권원을 확보하지 못한 대지(건축물을 포함한다)의 소유자에게 그 대지를 시가로 매도할 것을 청구할 수 있다. 이 경우 매도청구 대상이 되는 대지의 소유자와 매도청구를 하기 전에 3개월 이상 협의를 하여야 한다."라고 규정하고 있을 뿐 협의의 방법이나 시한 등에 대해서는 아무런 제한을 두고 있지 아니하므로, 그 협의는 매도청구권의 행사에 의한 권리를 주장하는 소제기 이후에 이루어져도 무방하고(대법원 2011. 11. 10. 선고 2010다97068 판결 등 참조), 소송절차 내·외를 불문하므로 소송 과정에서 진행된 조정절차를 통하여도 이루어질 수 있다고 판시하고 있다(대법원 2014. 8. 26. 선고 2013다99256 판결).

다. 협의기간만료일로부터 2개월 내에 소 제기

주택법에 의한 매도청구는 집합건물법 제48조가 준용되므로(법 제22조 제3항), 집합건물법 제48조제4항에 의하여 <u>협의기간만료일로부터 2개월 내에 소제기를 하여야 한다.</u>

대법원은 "집합건물법 제48조제4항에서 매도청구권의 행사기간을 규정한 취지는, 매도청구권이 형성권으로서 재건축참가자 다수의 의사에 의하여 매매계약의 성립을 강제하는 것이므로, 만일 위와 같이 행사기간을 제한하지 아니하면 매도청구의 상대방은 매도청구권자가 언제 매도청구를 할지 모르게 되어 그 법적 지위가 불안전하게 될 뿐만 아니라 매도청구권자가 매수대상인 구분소유권 등의 시가가 가장 낮아지는 시기를 임의로 정하여 매도청구를 할 수 있게 되어 매도청구 상대방의 권익을 부당하게 침해할 우려가 있는 점에 비추어 매도청구 상대방의 정당한 법적 이익을 보호하고 아울러 재건축을 둘러싼 법률관계를 조속히 확정하기 위한 것이라고 봄이 상당하므로 매도청구권은 그 행사기간 내에 이를 행사하지 아니하면 그 효력을 상실한다고 할 것이고(대법원 2000. 6. 27. 선고 2000다11621 판결, 대법원 2002. 9. 24. 선고 2000다22812 판결 등 참조), 이러한 법리는 집합건물법 제48조제1항 소정의 최고절차를 요하지 않는다고 해석되는 구「주택법」제18조의2제1항의 규정에 의한 매도청구에 있어서도 마찬가지이다. 원심이 위와 같은 취지에서, 원고의 피고에 대한 구「주택법」제18조의2제1항의 규정에 의한 매도청구에 있어서 <u>집합건물법 제48조제1항 소정의 최고절차를 필요로 하지 않고, 원고가 사전협의개시일로부터 3월이 경과한 때로부터 2개월 내에 매도청구권을 행사하여 매도청구권의 행사기간을 준수하였다고 판단한 것은 정당하다.</u>"라고 판시한 바 있다(대법원 2010. 1. 14. 선고 2009다68651 판결).

라. 사용승낙을 한 경우

주택법 제21조제1항은 '「국토의 계획 및 이용에 관한 법률」 제49조에 따른 지구단위계획(이하 "지구단위계획"이라 한다)의 결정(제19조제1항제5호에 따라 의제되는 경우를 포함한다)이 필요한 주택건설사업의 해당 대지면적의 80퍼센트 이상을 사용할 수 있는 권원(權原)을 확보하고, 확보하지 못한 대지가 제22조 및 제23조에 따른 매도청구 대상이 되는 대지에 해당하는 경우'에는 주택건설대지의 소유권을 확보하지 않아도 사업계획의 승인이 가능하고, 동법 제22조제1항은 "제21조제1항제1호에 따라 사업계획승인을 받은 사업주체는 다음 각 호에 따라 해당 주택건설대지 중 사용할 수 있는 권원을 확보하지 못한 대지의 소유자에게 그 대지를 시가(市價)로 매도할 것을 청구할 수 있다."라고 규정하고 있다.

즉, 법은 "소유권을 확보하지 못한 대지의 소유자"가 아니라 "사용할 수 있는 권원을 확보하지 못한 대지의 소유자"에게 매도청구를 하는 것으로 규정하고 있다.

그 결과 토지사용승낙은 해 주었으나, 사업계획승인 후에 시가의 10배를 요구하면서 매매계약의 체결을 거부하는 사례가 생기고 있으며, 이 사람들은 자신들은 토지사용승낙은 해 주었기 때문에 매도청구대상도 아니라고 주장하고 있다. 사견은 사용승낙을 해 주었으나, 매매계약체결을 거부하는 경우에 매도청구 대상이라고 본다. 이렇게 해석하지 않으면 매도청구조항을 둔 취지가 몰각된다.

> **심화학습**
> - 매매계약 후 토지사용승낙서 주고 나서 사업계획승인 후에 잔금 미지급을 이유로 계약을 해제한 후에 사업계획승인 취소 소송을 제기
> - 매매계약은 체결하지 않고 단지 토지사용승낙서만 준 후 매도청구에 불응
> - 쟁점은 매도청구는 토지사용승낙을 하지 않은 자에게만 해당하는 것이라는 주장

마. 사용권원 미확보 토지 소유자 소재 확인 곤란 시 매도청구

사업계획승인을 받은 사업주체는 해당 주택건설대지 중 사용할 수 있는 권원을 확보하지 못한 대지의 소유자가 있는 곳을 확인하기가 현저히 곤란한 경우에는 전국적으로 배포되는 둘 이상의 일간신문에 두 차례 이상 공고하고, 공고한 날부터 30일 이상이 지났을 때에는 제22조에 따른 매도청구 대상의 대지로 본다(주택법 제23조 제1항).

사업주체는 매도청구 대상 대지의 감정평가액에 해당하는 금액을 법원에 공탁(供託)하고 주택건설사업을 시행할 수 있다(주택법 제23조 제2항).

대지의 감정평가액은 사업계획승인권자가 추천하는 「감정평가 및 감정평가사에 관한 법률」에 따른 감정평가업자 2명 이상이 평가한 금액을 산술평균하여 산정한다(주택법 제23조 제3항).

바. 행사효과

매도청구절차는 집합건물법이 적용된다.

나머지 매도청구소송 내용 및 현금청산자 대응법은 도시정비법에 의한 주택재건축사업과 같다.

법원에 소송을 제기하고, 시가감정을 받은 후, 그 감정가로 매수하는 판결을 받는 것이다. 통상 5-6개월이 걸린다. 상대방이 항소나 상고를 하면 최종 대법원판결을 받을 때까지는 소유권을 이전받을 수 없다.

그리고 매도청구소송을 제기하여 법원에서 감정평가금액이 나오고 승소판결(확정을 요하지는 않는다)을 받아 판결금액을 지급하거나 변제공탁하면 <u>일반분양승인[57]</u>을 내 준다(「주택공급에 관한 규칙」 제15조제1항제1호).

사업주체가 제16조제2항에 따라 신고한 후 공사를 시작하려는 경우 사업계획승인을 받은 해당 주택건설대지에 제22조 및 제23조에 따른 매도청구 대상이 되는 대지가 포함되어 있으면 해당 매도청구 대상 대지에 대하여는 <u>그 대지의 소유자가 매도에 대하여 합의를 하거나 매도청구에 관한 법원의 승소판결(판결이 확정될 것을 요하지 아니한다)을 받은 경우에만 공사를 시작할 수 있다</u>(법 제21조제2항).

<u>그러나 소유권을 확보하지 않으면 철거는 불가하다.</u> 따라서 건물철거가 필요한 경우에는 매도청구 소송이 확정되어야 사업을 진행할 수 있으므로, 이 점 유의하여야 할 것이다.

---

[57] 물론 저당권등은 말소되거나, 저당권등의 말소소송을 제기하여 법원의 승소 판결(판결이 확정될 것을 요구하지 아니한다)을 받은 경우이어야 한다(「주택공급에 관한 규칙」 제16조 제1항).

71. 리모델링조합 매도청구 요건

가. 근거

(1) 2020. 1. 23. 법 개정

주택법

[시행 2020. 1. 23.] [법률 제16870호, 2020. 1. 23., 일부개정]

마. 리모델링의 허가를 신청하기 위한 동의율을 확보하여 리모델링 결의를 한 리모델링주택조합이 그 리모델링 결의에 찬성하지 아니하는 자의 주택 및 토지에 대하여 매도청구를 하는 경우에는 주택건설사업계획 승인 시 해당 주택건설대지의 소유권을 확보하지 않아도 되도록 명확히 규정함(제21조제1항제4호 신설, 제22조제2항 및 제66조제2항).

제21조제1항에 제4호를 다음과 같이 신설한다.
   4. 제66조제2항에 따라 리모델링 결의를 한 리모델링주택조합이 제22조제2항에 따라 매도청구를 하는 경우

제22조제2항 중 "제11조제1항에 따라 인가를 받아 설립된 리모델링주택조합은"을 "제1항에도 불구하고 제66조제2항에 따른 리모델링의 허가를 신청하기 위한 동의율을 확보한 경우 리모델링 결의를 한 리모델링주택조합은"으로 한다.

제66조제2항 중 "경우에는"을 "기준 및 절차 등에 따라 리모델링 결의를 한"으로 한다.

개정 전	2020. 1. 23. 개정
법 제21조	법 제21조 제1항 4. 제66조제2항에 따라 리모델링 결의를 한 리모델링주택조합이 제22조제2항에 따라 매도청구를 하는 경우 〈신설〉
법 제22조 ② 제11조제1항에 따라 인가를 받아 설립된 리모델링주택조합은 그 리모델링 결의에 찬성하지 아니하는 자의 주택 및 토지에 대하여 매도청구를 할 수 있다.	법 제22조 ② 제1항에도 불구하고 제66조제2항에 따른 리모델링의 허가를 신청하기 위한 동의율을 확보한 경우 리모델링 결의를 한 리모델링주택조합은 그 리모델링 결의에 찬성하지 아니하는 자의 주택 및 토지에 대하여 매도청구를 할 수 있다. 〈개정 2020.1.23〉

개정 전	2020. 1. 23. 개정
법 제66조 ② 제1항에도 불구하고 대통령령으로 정하는 경우에는 리모델링주택조합이나 소유자 전원의 동의를 받은 입주자대표회의(「공동주택관리법」 제2조제1항제8호에 따른 입주자대표회의를 말하며, 이하 "입주자대표회의"라 한다)가 시장·군수·구청장의 허가를 받아 리모델링을 할 수 있다.	법 제66조 ② 제1항에도 불구하고 대통령령으로 정하는 기준 및 절차 등에 따라 리모델링 결의를 한 리모델링주택조합이나 소유자 전원의 동의를 받은 입주자대표회의(「공동주택관리법」 제2조제1항제8호에 따른 입주자대표회의를 말하며, 이하 "입주자대표회의"라 한다)가 시장·군수·구청장의 허가를 받아 리모델링을 할 수 있다. 〈개정 2020. 1. 23.〉

따라서 2020. 1. 23. 전까지는 조합설립 인가 후 매도청구를 하였으나, 주택법 개정으로 인하여 행위허가(사업계획승인)를 신청하기 위한 동의율을 확보한 후에 매도청구를 하여야 한다. 나아가 이때는 소유권을 확보하지 않아도 된다.

(2) 근거

주택법 제22조제2항은 "제1항에도 불구하고 제66조제2항에 따른 리모델링의 허가를 신청하기 위한 동의율을 확보한 경우 리모델링 결의를 한 리모델링주택조합은 그 리모델링 결의에 찬성하지 아니하는 자의 주택 및 토지에 대하여 매도청구를 할 수 있다.", 동조 제3항은 "제1항 및 제2항에 따른 매도청구에 관하여는 「집합건물의 소유 및 관리에 관한 법률」 제48조를 준용한다. 이 경우 구분소유권 및 대지사용권은 주택건설사업 또는 리모델링사업의 매도청구의 대상이 되는 건축물 또는 토지의 소유권과 그 밖의 권리로 본다."라고 규정하여 조합의 매도청구권을 규성하고 있다.

소유자 불명 토지의 경우도 매도청구가 가능하다. 즉, 주택법 제23조제1항은 "제21조제1항제1호에 따라 사업계획승인을 받은 사업주체는 해당 주택건설대지 중 사용할 수 있는 권원을 확보하지 못한 대지의 소유자가 있는 곳을 확인하기가 현저히 곤란한 경우에는 전국적으로 배포되는 둘 이상의 일간신문에 두 차례 이상 공고하고, 공고한 날부터 30일 이상이 지났을 때에는 제22조에 따른 매도청구 대상의 대지로 본다.", 동조 제2항은 "사업주체는 제1항에 따른 매도청구 대상 대지의 감정평가액에 해당하는 금액을 법원에 공탁(供託)하고 주택건설사업을 시행할 수 있다.", 동조 제3항은 "제2항에 따른 대지의 감정평가액은 사업계획승인권자가 추천하는 「감정평가 및 감정평가사에 관한 법률」에 따른 감정평가법인 등 2인 이상이 평가한 금액을 산술평균하여 산정한다."라고 규정하고 있다.

<u>사용검사 후 매도청구소송도 가능하다.</u>

> **주택법 제62조(사용검사 후 매도청구 등)** ① 주택(복리시설을 포함한다. 이하 이 조에서 같다)의 소유자들은 주택단지 전체 대지에 속하는 일부의 토지에 대한 소유권이전등기 말소소송 등에 따라 제49조의 사용검사(동별 사용검사를 포함한다. 이하 이 조에서 같다)를 받은 이후에 해당 토지의 소유권을 회복한 자(이하 이 조에서 "실소유자"라 한다)에게 해당 토지를 시가로 매도할 것을 청구할 수 있다.
> ② 주택의 소유자들은 대표자를 선정하여 제1항에 따른 매도청구에 관한 소송을 제기할 수 있다. 이 경우 대표자는 주택의 소유자 전체의 4분의 3 이상의 동의를 받아 선정한다.
> ③ 제2항에 따른 매도청구에 관한 소송에 대한 판결은 주택의 소유자 전체에 대하여 효력이 있다.
> ④ 제1항에 따라 매도청구를 하려는 경우에는 해당 토지의 면적이 주택단지 전체 대지 면적의 5퍼센트 미만이어야 한다.
> ⑤ 제1항에 따른 매도청구의 의사표시는 실소유자가 해당 토지 소유권을 회복한 날부터 2년 이내에 해당 실소유자에게 송달되어야 한다.
> ⑥ 주택의 소유자들은 제1항에 따른 매도청구로 인하여 발생한 비용의 전부를 사업주체에게 구상(求償)할 수 있다.

「집합건물의 소유 및 관리에 관한 법률」(이하 '집합건물법'이라 한다.) 제48조는 재건축결의에 찬성하지 아니한 구분소유자(그의 승계인을 포함한다.)에 대하여 그 결의내용에 따른 재건축 참가 여부를 회답할 것을 서면으로 최고하고, 위 최고를 받은 구분소유자는 최고수령일로부터 2월 이내에 회답하여야 하며, 위 기간 내에 회답하지 아니한 경우 그 구분소유자는 재건축에 참가하지 아니하는 뜻을 회답한 것으로 보고, 위 회답기간만료일로부터 2월 이내에 재건축에 참가하지 아니하는 뜻을 회답한 구분소유자(그의 승계인을 포함한다.)에 대하여 구분소유권 및 대지사용권을 시가에 따라 매도할 것을 청구할 수 있다고 규정하고 있다.

나. 매도청구 요건

(1) 매도청구 시기 : 입법으로 해결
① 문제의 제기

주택법 제11조제3항은 주택조합을 설립하려는 경우에는 주택단지 전체를 리모델링하고자 하는 경우에는 <u>주택단지 전체의 구분소유자와 의결권의 각 3분의 2 이상의 결의</u> 및 각 동의 구분소유자와 의결권의 각 과반수의 결의, 동을 리모델링하고자 하는 경우에는 그 동의 구분소유자 및 의결권의 각 3분의 2 이상의 결의를 증명하는 서류를 첨부하여 관할 시장·군수·구청장의 인가를 받아야 한다.

주택법 제66조제2항은 "제1항에도 불구하고 대통령령으로 정하는 기준 및 절차 등에 따라 리모델링 결의를 한 리모델링주택조합이나 소유자 전원의 동의를 받은 입주자대표회의(「공동주택관리법」제2조제1항제8호에 따른 입주자대표회의를 말하며, 이하 "입주자대표회의"라 한다)가 시장·군수·구청장의 허가를 받아 리모델링을 할 수 있다.", 동법 시행령 제75조제1항, 별표 4는 1) 리모델링 설계의 개요, 2) 공사비, 3) 조합원의 비용분담 명세가 적혀 있는 결의서에 주택단지 전체를 리모델링하는 경우에는 <u>주택단지 전체 구분소유자 및 의결권의 각 75퍼센트 이상의 동의</u>와 각 동별 구분소유자 및 의결권의 각 50퍼센트 이상의 동의를 받아야 하며(리모델링을 하지 않는 별동의 건축물로 입주자 공유가 아닌 복리시설 등의 소유자는 권리변동이 없는 경우에 한정하여 동의비율 산정에서 제외한다), 동을 리모델링하는 경우에는 그 동의 구분소유자 및 의결권의 각 75퍼센트 이상의 동의를 받아야 한다고 규정하고 있다.

즉, 주택법은 리모델링조합의 경우에는 조합설립 동의와 그 이후 행위허가 동의를 받도록 하고 있는 것이다.

그런데 2020. 1. 23. 개정되기 전 구 주택법 제22조제2항은 "제11조 제1항에 따라 인가를 받아 설립된 리모델링주택조합은 그 <u>리모델링 결의</u>에 찬성하지 아니하는 자의 주택 및 토지에 대하여 매도청구를 할 수 있다."라고 규정하고 있었다.

그래서 <u>리모델링주택조합의 매도청구권 발생 시기는 주택법 제11조에 따라 주택조합 설립인가(전체 3분의 2 이상 및 각동 과반수의 동의확보)를 받으면 발생하는 것인지, 아니면 주택법 제66조에 의한 행위허가(전체 75% 이상 및 각동 50% 이상 동의확보)까지를 받아야 발생하는 것인지가 쟁점이 되었었다.</u>

② **판례**

이에 대해 서울행정법원은 "주택법 시행령에서 조합설립 인가 시 및 행위허가 시 각 단계마다 이 사건 결의사항이 기재된 결의서를 바탕으로 일정한 동의요건을 요구하고 있는 이유는, 리모델링사업의 경우 해당 공동주택의 구분소유자들이 주거환경의 개선을 위하여 세대 수의 증가 없이 오로지 스스로의 부담으로 대수선 또는 증축을 하는 것이어서, 다른 정비사업에 비하여보다도 특히 소유자들의 진정한 의사에 따라 행하여야 할 필요성이 큰 반면, 리모델링조합이 설립 인가 후 행위허가를 받기까지 상당한 시간이 소요되어 총공사비, 조합원의 비용분담내역 등 사업시행내용이 변경될 수 있다는 점을 고려하여, <u>조합설립인가 신청 시 뿐만 아니라 행위허가 신청시에도 구분소유자들로 하여금 상당한 비용을 부담하면서 리모델링 사업에 참가할 것인지, 시가에 의하여 구분소유권을 매도하고 리모델링에 참가하지 않을 것인지를 결의서에 나타난 정보를 바탕으로 선택하도록 함으로써 구분소유자의 진정한 의사를 바탕으로 리모델링</u>

사업이 진행되도록 하여 이로 인한 주민분쟁을 최소화하고, 리모델링 사업의 원활하고도 적정한 수행을 도모하고자 함에 있다고 할 것이다."라고 판시하였고(서울행정법원 2008. 7. 25. 선고 2007구합47626 판결),

서울고등법원도 "주택법 제18조의2제2항이 명백하게 '리모델링 결의'에 찬성하지 않는 자를 상대로 매도청구권을 행사할 수 있다고 규정하고 있는 이상 매도청구권을 행사하기 위해서는 유효한 리모델링 결의가 선행되어야 할 것인바, 그 결의는 구 주택법 시행령 제47조제4항에 따라 구분소유자 및 의결권의 4/5 이상의 동의를 얻은 리모델링 행위허가 요건으로서의 결의라고 보아야 할 것이다(만약 이와 달리 조합설립에 필요한 2/3 이상의 결의만으로도 매도청구권을 행사할 수 있다고 한다면, 리모델링조합은 설립 후 매도청구권을 행사하여 리모델링행위허가에 필요한 동의 요건을 저절로 갖출 수 있으므로 결국 4/5 이상의 동의를 받지 않아도 리모델링 행위허가를 받을 수 있게 되어, 구분소유자의 의사를 존중하기 위하여 리모델링 행위허가 요건으로 구분소유자 및 의결권의 높은 동의율을 요구하고 있는 구 주택법 시행령 제47조를 사문화시키는 결과가 된다). 따라서 리모델링주택조합의 매도청구권 행사 요건으로서 리모델링 결의가 유효해지려면, …행위허가 요건을 동의를 각 얻어야 할 것이고, … 설립인가 당시에 4/5 이상의 동의가 있었다고 하여 매도청구권 행사에 필요한 행위허가 동의요건을 충족한 것으로 볼 수는 없다 할 것이다."라고 판시하였다(서울고등법원 2009. 11. 19. 선고 2009나19460, 19477 판결[58] 이촌동현대아파트리모델링조합)

즉, 판례는 리모델링주택조합의 경우에는 <u>행위허가 이후에나 매도청구가 가능하다고 보는 것이 타당하다</u>. 특히 행위허가를 받기 전에는 리모델링

---

58) 대법원 2010. 3. 25. 선고 2009다103929 판결로 확정되었고(심리불속행기각), 한편 1심에서는 원고조합이 승소하였다(서울서부지방법원 2008. 12. 19. 선고 2006가합9606 판결).

진행여부가 불투명한 상황에서 매도청구를 하는 것은 조합입장에서도 득이 될 것이 없다.

③ 2020. 1. 23. 법 개정

법 제66조제2항에 따른 리모델링의 허가를 신청하기 위한 동의율을 확보한 경우 리모델링 결의를 한 리모델링주택조합은 그 리모델링 결의에 찬성하지 아니하는 자의 주택 및 토지에 대하여 매도청구를 할 수 있다(법 제22조제2항). 〈개정 2020. 1. 23.〉

즉, 2020. 1. 23. 법 개정으로 이제는 <u>행위허가를 신청하기 위한 동의율을 확보한 이후에 매도청구를 하는 것이다.</u>

주택법

[시행 2020. 1. 23.] [법률 제16870호, 2020. 1. 23., 일부개정]

마. 리모델링의 허가를 신청하기 위한 동의율을 확보하여 리모델링 결의를 한 리모델링주택조합이 그 리모델링 결의에 찬성하지 아니하는 자의 주택 및 토지에 대하여 매도청구를 하는 경우에는 주택건설사업계획 승인 시 해당 주택건설대지의 소유권을 확보하지 않아도 되도록 명확히 규정함(제21조제1항제4호 신설, 제22조제2항 및 제66조제2항).

제21조제1항에 제4호를 다음과 같이 신설한다.
  4. 제66조제2항에 따라 리모델링 결의를 한 리모델링주택조합이 제22조제2항에 따라 매도청구를 하는 경우

제22조제2항 중 "제11조제1항에 따라 인가를 받아 설립된 리모델링주택조합은"을 "제1항에도 불구하고 제66조제2항에 따른 리모델링의 허가를 신청하기 위한 동의율을 확보한 경우 리모델링 결의를 한 리모델링주택조합은"으로 한다.

제66조제2항 중 "경우에는"을 "기준 및 절차 등에 따라 <u>리모델링 결의를 한</u>"으로 한다.

한편 주택법 제22조제1항은 "제21조제1항제1호에 따라 사업계획승인을 받은 사업주체는 다음 각 호에 따라 해당 주택건설대지 중 사용할 수 있는 권원을 확보하지 못한 대지(건축물을 포함한다. 이하 이 조 및 제23조에서 같다)의 소유자에게 그 대지를 시가(市價)로 매도할 것을 청구할 수 있다. 이 경우 매도청구 대상이 되는 대지의 소유자와 매도청구를 하기 전에 3개월 이상 협의를 하여야 한다."라고 규정하여, 마치 사업계획승인을 받은 이후에 매도청구를 하는 것처럼 보일 수도 있다.

그러나 주택법 제15조제2항, 주택법시행령 제27조제6항제1호카목, 주택법시행규칙 제12조제4항제7호에 의하면, 사업계획승인신청서에 주택법시행규칙 제28조제2항이 정한 리모델링행위허가에 필요한 서류를 제출하도록 하여, 사업계획승인 시에 리모델링행위허가를 함께 처리하도록 하고 있고, 규칙 제28조제2항제2호에 "2. 영 별표 4 제1호에 따른 입주자의 동의서 및 법 제22조에 따른 매도청구권 행사를 입증할 수 있는 서류"라고 규정하여, 결국 매도청구는 행위허가를 신청하기 위한 동의율을 확보한 이후에 지체 없이 하면 될 것이다.

> **주택법 제15조** ② 제1항에 따라 사업계획승인을 받으려는 자는 사업계획승인신청서에 주택과 그 부대시설 및 복리시설의 배치도, 대지조성공사 설계도서 등 대통령령으로 정하는 서류를 첨부하여 사업계획승인권자에게 제출하여야 한다.
>
> **령 제27조(사업계획의 승인)** ⑥ 법 제15조제2항에서 "주택과 그 부대시설 및 복리시설의 배치도, 대지조성공사 설계도서 등 대통령령으로 정하는 서류"란 다음 각 호의 구분에 따른 서류를 말한다.
>   1. 주택건설사업계획 승인신청의 경우: 다음 각 목의 서류. 다만, 제29조에 따른 표본설계도서에 따라 사업계획승인을 신청하는 경우에는 라목의 서류는 제외한다.
>   카. 그 밖에 국토교통부령으로 정하는 서류

> **규칙 제12조(사업계획의 승인신청 등)** ④ 영 제27조제6항제1호카목에서 "국토교통부령으로 정하는 서류"란 다음 각 호의 서류를 말한다.
>   7. 제28조제2항 각 호의 서류(리모델링의 경우만 해당한다)
>
> **규칙 제28조(리모델링의 신청 등)** ② 영 제75조제2항에서 "국토교통부령으로 정하는 서류"란 다음 각 호의 서류를 말한다.
>   2. <u>영 별표 4 제1호에 따른 입주자의 동의서 및 법 제22조에 따른 매도청구권 행사를 입증할 수 있는 서류</u>

(2) 유효한 리모델링 결의

리모델링주택조합은 그 '리모델링 결의'에 찬성하지 아니하는 자의 주택 및 토지에 대하여 매도청구를 할 수 있다(법 제22조제2항).

주택단지 전체를 리모델링하고자 하는 경우에는 주택단지 전체의 구분소유자와 의결권의 각 3분의 2 이상의 결의 및 각 동의 구분소유자와 의결권의 각 과반수의 결의가 유효하게 성립하여야 한다.

위 결의서에는 리모델링 설계의 개요, 공사비, 조합원의 비용분담 명세가 기재되어야 한다(령 제20조제1항제1호나목).

또한 위 사항이 적혀 있는 결의서에 주택단지 전체를 리모델링하는 경우에는 <u>주택단지 전체 구분소유자 및 의결권의 각 75퍼센트 이상의 동의와 각 동별 구분소유자 및 의결권의 각 50퍼센트 이상의 행위허가 동의</u>를 받아야 하며(리모델링을 하지 않는 별동의 건축물로 입주자 공유가 아닌 복리시설 등의 소유자는 권리변동이 없는 경우에 한정하여 동의비율 산정에서 제외한다), 동을 리모델링하는 경우에는 그 동의 구분소유자 및 의결권의 각 75퍼센트 이상의 동의를 받아야 한다.

문제는 조합원의 비용분담내역이 어느 정도 기재되어야 하는지에 있다. 이에 관하여 정비사업에 있어서 대법원은 "재건축정비사업조합이 조합설립에 동의하지 않은 자 등에 대해 매도청구권을 행사하여 그에 따른 소유권이전등기절차 이행 등을 구하는 소송을 제기한 경우 그 소송절차에서 조합 설립에 동의하지 않은 자 등이 조합설립결의에서 정한 비용분담에 관한 사항 등이 구체성을 결여하여 위법하다는 점을 근거로 매도청구권 행사의 적법성을 다툴 수 있기 위해서는, 그와 같은 사정으로 조합설립결의가 효력이 없다는 것만으로는 부족하고 나아가 그로 인해 조합설립인가처분이 적법하게 취소되었거나 그 하자가 중대·명백하여 당연무효임을 주장·입증하여야 한다. 주택재건축정비사업조합설립동의서(표준동의서)에 의해 이루어진 경우 그 표준동의서상의 기재 내용이 조합원이 부담하게 될 사업비용의 분담기준이나 사업완료 후 소유권 귀속에 관한 사항 등에 관하여 구체적으로 정하지 않은 것이어서 위법하다고 볼 수 없다."라고 판시하여(대법원 2010. 4. 8. 선고 2009다10881 판결), 표준동의서에 의한 동의율이 달성되면 더 이상 비용분담내용이 정하여지지 않았다는 이유를 가지고 조합설립인가 취소를 다툴 수 없고, 매도청구 소송에서 항변으로 다툴 수 없다고 하였다.

그러나 위 대법원 판결은 리모델링에는 그대로 적용할 수 없다고 본다. 리모델링조합은 일단 표준동의서라는 것이 아예 없다. 따라서 위 대법원 판결 이전의 대법원 판결에 따르는 것이 타당하다고 본다.

즉, 대법원은 "집합건물의 소유 및 관리에 관한 법률 제47조 제3항에 의하면 재건축의 결의를 할 때에는 건물의 철거 및 신건물의 건축에 소요되는 비용의 분담에 관한 사항과 신건물의 구분소유권의 귀속에 관한 사항을 정하여야 한다고 규정하고 있는바, 위 재건축 비용의 분담에 관한 사항은 구분소유자들로 하여금 상당한 비용을 부담하면서 재건축에 참가할 것인지, 아니면 시가에 의하여 구분소유권 등을 매도하고 재건축에 참가하지 않을 것인지를 선택하는 기준이 되는 것이므로, 재건축의 실행단계에서 다시 비용 분담에 관한 합의를 하지 않아도 될 정도로 그 분담액 또는 산출기준을 정하면 족하다."라고 판시하고 있다(대법원 2002. 3. 15. 선고 2001다77819 판결).

72. 재건축 상가소유자 대응방법

가. 상반된 시각

상가소유자는 재건축사업으로 생계를 잃는다는 측면과 주택이외에 상가가 있으므로 부자라는 측면이 공존한다.

상가소유자들은 주택소유자들에 비해 수가 매우 적다. 따라서 조합설립이 되고 나면 조합총회에서 상가소유자들 의견을 반영하기가 매우 어렵다. 따라서 상가소유자들은 조합설립 동의를 하기 전에 매우 주의하여야 한다.

나. 재건축 조합설립동의 전 합의

(1) 재건축 동의

현재 재건축 조합설립 동의 요건이 "공동주택의 각 동(복리시설의 경우에는 주택단지 안의 복리시설 전체를 하나의 동으로 본다)별 구분소유자의 과반수 동의(공동주택의 각 동별 구분소유자가 5 이하인 경우는 제외한다)"로 요건이 완화되었다(법 제35조제3항).

하지만 상가소유자 과반수가 다결하여 재건축에 동의하지 않으면 아파트 재건축을 추진하는 경우에 분할소송을 통해 상가부분을 분할해야만 아파트 재건축이 가능하다. 그런데 상가부분 분할소송은 여러 가지로 어려움이 있다. 따라서 일단 상가소유자 과반수가 제대로 대응을 하면 된다.

그 방법은 간단하다. 조합설립동의를 하기 전에 상가협의회를 구성하여 추진위원회와 합의를 하고 나중 조합창립총회와 조합설립 등기 후 총회에서 합의서를 통과시키면 된다. 따라서 상가소유자들은 별도의 단체를 구성하여 대비하는 것이 좋다[59]. 단체 구성방법은 아무런 제한이 없다.

---

59) 법무법인강산은 구체적인 규약 등을 전문적으로 컨설팅한다.

민법상 비법인사단으로 인정받으면 그만이다. 즉, 최소한 규약(정관)은 마련하여야 할 것이다.

합의는 ① 종전자산가격, 종후자산가격, 배정방법 등을 합의하거나, ② 아예 상가조합을 결성하고 독립채산제를 채택하는 방법이다.

합의에 대한 구체적 내용은 전문변호사를 선임하여 반드시 조언을 받아야 할 것이다. 주의하여야 할 것은 합의서를 작성하여 공증하고, 조합설립동의서는 먼저 추진위원회에 주는 것이 아니라 상가측 변호사에게 맡겨두고, 조합설립창립총회에서 합의서가 통과되면 그때 조합에 주도록 하여야 한다. 나아가 후일 조합설립등기 후에 다시 총회 결의를 받아야 한다(합의서에 기한 합의내용이 효력이 있고 이를 조합이 지키는 것을 전제로만 재건축에 동의한다는 조항 필요, 조합이 후일 합의내용을 지키지 않을 경우에 대비한 위약금 약정).

나아가 상가협의회 내부 규약을 제대로 만들어야 한다. 조합과의 계약 체결은 대표자가 일방적으로 하지 못하고 반드시 상가조합 총회의 의결을 거쳐야 한다는 조항을 넣어야 한다.

(2) 존치 동의

도시정비법 제58조제1항은 "사업시행자는 일부 건축물의 존치 또는 리모델링(「주택법」 제2조제25호 또는 「건축법」 제2조제1항제10호에 따른 리모델링을 말한다. 이하 같다)에 관한 내용이 포함된 사업시행계획서를 작성하여 사업시행계획인가를 신청할 수 있다."라고 규정하고 있다.

존치 동의를 할 경우에는 그 구체적 조건을 명시하여 동의를 하여야 하고, 조합설립 이후 사업시행계획을 살펴서 존치 합의 내용이 이행되는

지를 살펴야 한다. 만일 존치 합의 내용이 이행되지 않으면 사업시행계획 및 인가 취소소송을 제기하여야 한다.

최초 존치계획이 바뀌지 않는 한 변경사업시행인가 시에 별도로 존치 건축물소유자의 동의를 받을 필요는 없다(서울행정법원 2017. 3. 24. 선고 2016구합71232 판결, 피고 서초구청장).

다. 상가 규모 등 불만

상가규모 등에 불만이 있는 경우에는 반드시 사업시행인가 단계에서 취소소송을 하여야 한다. 상가규모 등은 관리처분단계가 아니라 사업시행인가로 결정되는 것이기 때문이다. 다만 소송제기만으로 건축심의는 저지하지 못한다.

라. 종전자산가격 대응

합의를 하지 못하여 종전자산가격이 매우 적게 감정평가 되어 불만인 경우에는 관리처분일부취소소송이 가능하다. 다만 현재는 형평성을 입증하여야 하므로 승소가 쉽지 않다. 따라서 평가과정에서 최선을 다하여야 한다.

상가관리처분을 사후 MD구성 후 다시 하겠다고 하면서 공식만 나열한 경우에는 이는 위법하다. 관리처분취소소송을 제기하여야 할 것이다.

마. 결론

상가소유자들은 조합설립동의를 하기 전에 합의를 하고 이를 총회에서 통과시키는 것이 최선이다.

73. 매도청구소송 대응방안

가. 서설

이하에서는 이러한 매도청구소송을 당하였을 경우 소유자가 어떻게 대처하여야 하는지를 알아본다.

결론적으로 매도청구소송의 가장 강력한 대응방법은 소장을 받으면 전문변호사를 즉시 선임하여야 한다는 것이다. 현명한 사람은 조합설립이 되면 이때부터 전문변호사를 선임하여 매도청구에 대비를 한다.

대법원은 "재건축정비사업조합이 조합 설립에 동의하지 않은 자 등에 대해 매도청구권을 행사하여 그에 따른 소유권이전등기절차 이행 등을 구하는 소송을 제기한 경우 그 소송절차에서 조합 설립에 동의하지 않은 자 등이 조합설립결의에서 정한 비용분담에 관한 사항 등이 구체성을 결여하여 위법하다는 점을 근거로 매도청구권 행사의 적법성을 다툴 수 있기 위해서는, 그와 같은 사정으로 조합설립결의가 효력이 없다는 것만으로는 부족하고 나아가 그로 인해 조합설립인가처분이 적법하게 취소되었거나 그 하자가 중대·명백하여 당연 무효임을 주장·입증하여야 한다."라고 판시하고 있다(대법원 2010. 4. 8. 선고 2009다10881 판결).

위 판결의 의미는 이제 매도청구소송에서는 당연 무효사유가 아닌 이상 가격만을 다툴 수 있다는 의미임을 유의하여야 한다. 그러나 실무에서는 다양한 항변들을 하고, 법원은 이에 대해서 판단을 하고 있다.

한편 전부개정법 시행 후에는 매도청구소송은 공법상법률관계로서 공법상당사자소송으로 제기하는 것이 타당함은 이미 주장하였다(이는 사견이고, 아직 실무 대세는 민사소송이다).

나. 매도청구의 성질(강제수용과 같음)

매도청구권은 재건축사업의 원활한 진행을 위하여 같은 법이 재건축 불참자의 의사에 반하여 그 재산권을 박탈할 수 있도록 특별히 규정한 것으로서, 그 실질이 헌법 제23조제3항의 **강제수용과 같다**(헌법재판소 1999. 9. 16.자 97헌바73, 98헌바62, 98헌바60(병합) 결정, 대법원 2008. 7. 10. 선고 2008다12453 판결 등 참조).

따라서 소유자는 재판에서 패소하면 소유권을 강제로 상실하므로, 신중한 대응을 하여야 한다.

다. 매도청구 자체를 무력화 시키는 방법

조합설립인가 취소소송(이 소송은 인가일로부터 90일 내에 제기하여야 함)을 별도로 제기하여 승소하고, 그 승소판결문을 매도청구 소송에 제출하거나 또는 매도청구소송 자체에서 조합설립인가처분에 하자가 있고 그 하자가 중대·명백하여 당연무효임을 주장·입증하는 방법이 있다.

별도로 사업시행인가 취소 소송을 제기하여 승소하는 방법이 있다.

사견은 만일 전부개정법 시행 후에는 매도청구소송은 민사소송이 아닌 공법상당사자소송으로 하여야 한다면(2022년 현재 실무 대세는 민사소송이다), 당해 매도청구소송에서 항변으로 제기하는 것이 가능하다고 본다.

2018. 2. 9. 도시정비법 전부개정법이 시행되기 전에, 대법원은 조합설립에 부동의를 하여 매도청구를 하는 경우로서 최고를 거칠 필요가 없는 경우, 즉, 구역 내에 토지는 없고 건물만 소유한 경우에 조합설립 등기를 마친 때로부터 2개월 내에 조합이 소송을 제기하지 않는 경우에는, 매도청구가 불가하다고 판시하였었다(대법원 2008. 2. 29. 선고 2006다56572 판결). 현행 도시정비법 전부개정법에 의하면 재건축사업에서

매도청구는 '사업시행계획인가의 고시가 있은 날부터 30일 이내에' 촉구하고, 2개월의 회답기간을 거쳐, 2개월 내에 제기하므로, 위 대법원 판례는 도시정비법에 의한 재건축사업에서는 더 이상 효력이 없음을 유의하여야 한다.

한편 대법원에 의하면, 구역 내와 구역 밖에 토지가 걸쳐서 있는 경우도 매도청구가 불가하다.

라. 시가 보상 여부

(1) 시가로 받는다.
매도청구소송을 당하면 결국 <u>가격이 얼마인지가 재판의 핵심쟁점</u>이다.

매도청구를 하여 소유권을 취득하기 위해서는 당연히 반대급부로 종전자산 값을 주어야 한다. 이 종전자산 값은 법원이 감정평가사를 선정하여 감정평가를 거쳐 최종적으로 결정하는데, 감정을 실시함에 있어서 소위 개발이익이 포함된 "시가"로 정하여야 한다는 것이 대법원 판례이다. 즉, "시가"란 매도청구권이 행사된 당시 재건축으로 인하여 발생할 것으로 예상되는 **개발이익이 포함된 가격**을 말한다.

> **대법원 1996. 1. 23. 선고 95다38172 판결**
> 집합건물에 관하여 집합건물의소유및관리에관한법률 제47조 소정의 재건축 결의가 있은 후 그 재건축에 참가하지 않은 자에 대하여 같은 법 제48조 제4항에 의한 매도청구권이 행사되면, 그 매도청구권 행사의 의사표시가 도달함과 동시에 재건축에 참가하지 않은 자의 구분소유권 및 대지사용권에 관하여 시가에 의한 매매계약이 성립하게 되는 것인바, 이때의 시가란 매도청구권이 행사된 당시의 구분소유권과 대지사용권의 객관적 거래가격으로서, 노후되어 철거될 상태를 전제로 한 거래가격이 아니라 그 건물에 관하여 재건축 결의가 있었다는 것을 전제로 하여 구분소유권과 대지사용권을 일체로 평가한 가격, 즉 <u>재건축으로 인하여 발생할 것으로 예상되는 개발이익이 포함된 가격을 말한다.</u>

> **대법원 2014. 7. 24. 선고 2012다62561, 2012다62578(병합)**
> 주택재건축사업의 매도청구권 행사의 기준인 '시가'는 재건축으로 인하여 발생할 것으로 예상되는 개발이익이 포함된 가격을 말한다(대법원 2009. 3. 26. 선고 2008다21549, 21556, 21563 판결 참조).

개발이익을 포함하여 평가한다고 하여, 반드시 감정평가서에 개발이익을 따로 기재하지 않더라도 대법원은 적법하다고 한다.

> **대법원 2006. 2. 23. 선고 2005다19552, 19569 판결**
> 일반적으로 부동산중개업소를 통하여 형성된 재건축아파트의 실제거래가격은 개발이익이 반영되어 형성된 것이라는 점과 감정인에 대한 제1심 재판장의 지시사항이나 감정서에 기재된 감정인이 감정시 고려한 사항, 감정방법, 거래사례의 수집사례, 수집된 실제 거래사례에 나타난 평형별 거래가와 이 사건 각 아파트의 감정가가 비슷하다는 점 등을 고려하여 보면, <u>원심이 인정한 이 사건 아파트의 시가는 이 사건 매도청구의 대상 아파트에 대한 구분소유권과 대지사용권의 객관적 거래가격으로서, 개발이익을 충분히 고려한 것이라고 보이고</u>, 달리 그 감정 결과를 믿어서는 안 될 만한 사정이 보이지 아니하므로, 원심이 제1심 감정인의 감정 결과를 채택하여 판시와 같은 시가를 인정한 조치도 정당한 것으로 수긍할 수 있고, 거기에 매도청구의 시가에 대한 법리를 오해하였거나, 채증법칙을 위배하였거나 또는 판단을 유탈하는 등의 위법이 있다고 할 수 없다.

(2) 시가 산정기준일

매도청구소송에서 시가산정기준일이 언제인지가 문제된다. 특히 분양신청을 하지 아니한 자 등에 대해서 2018. 2. 9.부터 도시정비법 전부개정법이 시행됨에 따라, 기존 대법원 판례가 변경되어야 하는 것인지 여부가 문제된다.

① 조합설립 부동의자

조합설립 부동의자(사업시행자 지정에 부동한 자 포함, 이하 같다)는 매매계약체결의제일 즉, 매도청구의 의사표시가 담긴 소장 부본 송달일이거나, 촉구를 소장으로 하였으면 촉구서 송달일로부터 2개월이 경과한 다음날이 기준일이다(대법원 2010. 7. 15. 선고 2009다63380 판결).

② 분양신청을 하지 아니한 자 등
㉮ 법 연혁

현금청산에 대해서 도시정비법은 제정 당시와 비교하면, 3차례의 개정이 있었다.

[시행 2003.7.1.] [법률 제6852호, 2002.12.30., 제정]

제47조 (분양신청을 하지 아니한 자 등에 대한 조치) 사업시행자는 토지등소유자가 다음 각호의 1에 해당하는 경우에는 그 해당하게 된 날부터 150일 이내에 대통령령이 정하는 절차에 따라 토지·건축물 또는 그 밖의 권리에 대하여 현금으로 청산하여야 한다.

1. 분양신청을 하지 아니한 자
2. 분양신청을 철회한 자
3. 제48조의 규정에 의하여 인가된 관리처분계획에 의하여 분양대상에서 제외된 자

[시행 2012.8.2.] [법률 제11293호, 2012.2.1., 일부개정]

제47조(분양신청을 하지 아니한 자 등에 대한 조치) ①사업시행자는 토지등소유자가 다음 각 호의 어느 하나에 해당하는 경우에는 다음 각 호의 구분에 따른 날부터 150일 이내에 대통령령으로 정하는 절차에 따라 토지·건축물 또는 그 밖의 권리에 대하여 현금으로 청산하여야 한다. 〈개정 2012. 2. 1.〉

1. 분양신청을 하지 아니한 자 또는 분양신청기간 종료 이전에 분양신청을 철회한 자: 제46조제1항에 따른 분양신청기간 종료일의 다음 날
2. 제48조에 따라 인가된 관리처분계획에 따라 분양대상에서 제외된 자: 그 관리처분계획의 인가를 받은 날의 다음 날

3. 삭제 〈2012. 2. 1.〉

② 사업시행자는 제1항에 따른 기간 내에 현금으로 청산하지 아니한 경우에는 정관등으로 정하는 바에 따라 해당 토지등소유자에게 이자를 지급하여야 한다. 〈신설 2012. 2. 1.〉

[시행 2013.12.24.] [법률 제12116호, 2013.12.24., 일부개정]

제47조(분양신청을 하지 아니한 자 등에 대한 조치) ①사업시행자는 분양신청을 하지 아니한 자, 분양신청기간 종료 이전에 분양신청을 철회한 자 또는 제48조에 따라 인가된 관리처분계획에 따라 분양대상에서 제외된 자에 대해서는 <u>관리처분계획 인가를 받은 날의 다음 날로부터 90일 이내에</u> 대통령령으로 정하는 절차에 따라 토지·건축물 또는 그 밖의 권리에 대하여 <u>현금으로 청산하여야 한다.</u> 〈개정 2012. 2. 1., 2013. 12. 24.〉

1. 삭제 〈2013. 12. 24.〉
2. 삭제 〈2013. 12. 24.〉
3. 삭제 〈2012. 2. 1.〉

부칙 제4조(현금청산 시기에 관한 적용례) 제47조제1항의 개정규정은 이 법 시행 후 <u>최초로 조합설립인가를 신청하는 분</u>부터 적용한다.

[시행 2018.2.9.] [법률 제14567호, 2017.2.8., 전부개정]

제73조(분양신청을 하지 아니한 자 등에 대한 조치) ① 사업시행자는 <u>관리처분계획이 인가·고시된 다음 날부터 90일 이내에</u> 다음 각 호에서 정하는 자와 토지, 건축물 또는 그 밖의 권리의 <u>손실보상에 관한 협의를</u> 하여야 한다. 다만, 사업시행자는 분양신청기간 종료일의 다음 날부터 협의를 시작할 수 있다. 〈개정 2017. 10. 24.〉

1. 분양신청을 하지 아니한 자
2. 분양신청기간 종료 이전에 분양신청을 철회한 자
3. 제72조제6항 본문에 따라 분양신청을 할 수 없는 자
4. 제74조에 따라 인가된 관리처분계획에 따라 분양대상에서 제외된 자

부칙 제18조(분양신청을 하지 아니한 자 등에 대한 조치에 관한 적용례) 제73조의 개정규정은 <u>이 법 시행 후 최초로 관리처분계획인가를 신청하는 경우부터 적용</u>

한다. 다만, 토지등소유자가 「공익사업을 위한 토지 등의 취득 및 보상에 관한 법률」 제30조제1항의 재결 신청을 청구한 경우에는 제73조의 개정규정에도 불구하고 종전의 규정을 적용한다.

㉯ 구법시대 대법원 판례

구법이 적용되던 시기에 나온 대법원 판례는 <u>분양신청기간의 종료일 다음날</u>이라고 한다.

대법원 2011. 1. 27. 선고 2008두14340 판결

도시정비법 제47조 제1호의 규정에 따라 사업시행자는 토지 등 소유자가 분양신청을 하지 아니하는 경우에 '그 해당하게 된 날'부터 150일 이내에 대통령령이 정하는 절차에 따라 토지·건축물 또는 그 밖의 권리에 대하여 현금으로 청산하여야 하는데, 여기에서 분양신청을 하지 아니한 토지 등 소유자에 대하여 청산금 지급의무가 발생하는 시기는 도시정비법 제46조의 규정에 따라 사업시행자가 정한 '분양신청기간의 종료일 다음날'이라고 보아야 하므로, 현금청산의 목적물인 토지·건축물 또는 그 밖의 권리의 가액을 평가하는 기준시점은 청산금 지급의무가 발생하는 시기인 '분양신청기간의 종료일 다음날'로 봄이 상당하다(대법원 2009. 9. 10. 선고 2009다32850, 32867 판결, 대법원 2008. 10. 9. 선고 2008다37780 판결 등 참조).

대법원 2010. 12. 23. 선고 2010다73215 판결

현금청산 대상자에 대한 청산금 지급의무가 발생하는 시기는 도시정비법 제46조의 규정에 따라 사업시행자가 정한 '분양신청기간의 종료일 다음날'이라고 하여야 하고, <u>현금청산의 목적물인 토지·건축물 또는 그 밖의 권리의 가액을 평가하는 기준시점도 같은 날이므로, 현금청산 대상자에 대한 매도청구권의 행사로 매매계약의 성립이 의제되는 날도 같은 날로 보아야 하며, 그와 같이 보는 이상 위 매도청구권의 행사에 관하여는 그 최고절차 및 행사기간에 대하여 도시정비법 제39조에서 준용하는 집합건물의 소유 및 관리에 관한 법률 제48조의 규율이 없다고 보아야 한다.</u>

㉰ **2013. 12. 24. 이후 최초로 조합설립인가를 신청하는 경우**

도시정비법은 2013. 12. 24. 개정되면서, 분양신청을 하지 아니한 자, 분양신청기간 종료 이전에 분양신청을 철회한 자 또는 인가된 관리처분계획에 따라 분양대상에서 제외된 자는 관리처분계획의 인가를 받은 다음날부터 90일 이내에 현금으로 청산하도록 규정하고 있다(구법 제47조 제1항). 이 개정 규정은 이 법 시행(2013. 12. 24.) 후 최초로 조합설립인가를 신청하는 분부터 적용한다.

이 개정으로 인하여, 시가산정기준일이 관리처분계획인가를 받은 다음 날이라는 견해가 있다.[60] 사견도 뒤에서와 같은 이유로 같다.

㉱ **2018. 2. 9. 이후 관리처분인가를 신청하는 경우**

2018. 2. 9. 이후에 관리처분인가를 신청하는 경우에 분양신청을 하지 않은 자, 분양신청기간 내에 분양신청 철회자, 법 제72조 제6항 본문에 따라 분양신청을 할 수 없는 자, 인가된 관리처분계획에 따라 분양대상에서 제외된 자에 대한 시가 산정 기준일에 대해서 현재까지 학설이나 판례는 찾지 못하였다.

앞서서 법 개정 연혁을 살펴보았지만, 사견은 관리처분계획인가·고시일 다음날이라고 생각한다. 현행 전부개정법 제73조제1항이 "현금으로 청산하여야 한다."라고 표현하지 않고, "손실보상에 관한 협의를 하여야 한다. 다만, 사업시행자는 분양신청기간 종료일의 다음 날부터 협의를 시작할 수 있다."라고 규정하고 있지만, 현행법에 의한 현금청산은 결국 관리처분계획이 인가·고시된 다음 날부터 90일 이내에 현금으로 청산할 의무를 지운 것으로 볼 수 있기 때문이다. 분양신청기간만료 후부터 관리처분

---

60) 이철현, 재개발 재건축 감정평가론, 부연사, 2017년 간, 572. 저자는 전부개정법은 아니지만 그 이전 개정법률에 대해 사견과 같은 취지이다.

인가를 받기 까지는 상당한 시간이 소요된다. 극단적으로 말을 하면 관리처분인가를 받지 못하고 좌초하는 조합도 생길 수 있다. 그래서 불확실성을 제거하고자 법도 관리처분계획인가고시일로부터 90일 내에 협의하라고 한 것으로 보아야 한다. 분양신청기간만료일 다음날보다는 관리처분계획인가고시일 다음날로 보는 것이 현금청산대상자의 권리도 두텁게 보호하고, 완전보상의 원칙인 시가보상도 실현할 수 있다. 물론 부동산 가격이 하락하는 시기에는 오히려 분양신청기간만료일 다음날로 보는 것이 현금청산자의 권익보호측면에서는 나을 수도 있지만, 재건축에서 관리처분인가까지 난 구역의 부동산 가격이 하락할 가능성은 매우 낮다.

감정평가실무기준은 '법원에서 제시한 날'을 기준으로 한다고 한다.

감정평가 실무기준

[시행 2018. 1. 11.] [국토교통부고시 제2018-36호, 2018. 1. 11., 일부개정]

730 도시정비평가

3.4 매도청구에 따른 감정평가

재건축사업구역 안의 토지등에 대한 도정법 제39조의 매도청구에 따른 <u>감정평가는 법원에서 제시하는 날을 기준으로 한다</u>. 다만, 기준시점에 현실화·구체화되지 아니한 개발이익이나 조합원의 비용부담을 전제로 한 개발이익은 배제하여 감정평가한다.

국토교통부는 시가산정기준일에 대해, "도시 및 주거환경정비법 제73조 제1항에 따르면 사업시행자는 관리처분계획이 인가·고시된 다음 날부터 90일 이내에 다음 각 호에서 정하는 자와 토지, 건축물 또는 그 밖의 권리의 손실보상에 관한 협의를 하여야 한다고 규정하고 있을 뿐 <u>감정평가의 시점에 대해서는 구체적으로 명시하고 있지 않기 때문에 협의 시점을 기준으로 할지 그 외 시점으로 할지는 사업시행자와 당사자간에 협의하여 결정할 수 있을 것으로 사료됩니다.</u>"라고 유권해석을 하고 있다(2018.

10. 5.). 그러나 이러한 유권해석은 찬성하기가 어렵다. 물론 사업시행자와 당사자간에 협의가 되면 그 시점은 문제가 되지 않는다. 그러나 협의가 되지 않을 경우에는 당연히 어느 한 시점을 정해서 시가산정기준일로 삼아야 하는 것이다.

따라서 향후 판례의 추이를 잘 살펴보아야 할 것이다.

③ 분양계약을 체결하지 아니한 자

분양신청기간의 종료 후에 이루어지는 분양계약을 체결하지 아니한 자에 대하여 청산금 지급의무가 발생하는 시기는 <u>분양계약체결기간의 종료일 다음날</u>이다(대법원 2011. 12. 22. 선고 2011두17936 판결, 대법원 2008. 10. 9. 선고 2008다37780 판결).

④ 도시정비법 제39조제1항제3호

도시정비법 제39조제1항제3호와 관련하여 대표조합원을 선정하지 못한 경우가 문제된다. 도시정비법 제39조제1항제3호는 **조합설립인가 후** <u>1인의 토지등소유자로부터 토지 또는 건축물의 소유권이나 지상권을 양수하여 수인이 소유하게 된</u> 때에는 그 수인을 대표하는 1인을 조합원으로 본다고 규정하고 있다.

그런데 이러한 경우에 대표조합원만이 조합원이 아니라 대표가 아닌 자도 조합원은 맞다. 즉, 도시정비법 제39조제1항제3호는 수인의 소유자 중 대표조합원 1인 이외의 나머지 소유자를 조합과의 사단적 법률관계에서 완전히 탈퇴시켜 비조합원으로 취급하여 분양대상에서 제외하겠다는 취지로 해석할 수는 없고, <u>수인의 소유자 전원을 1인의 조합원으로 보되</u>, 수인의 소유자 전원을 대리할 대표조합원 1인을 선출하여 조합 운영의 절차적 편의를 도모함과 아울러, 수인의 소유자 전원을 1인의 조합원으로 취급하여 그에 따른 권리분배 등의 범위를 정한다는 의미로 보아야 한다 (헌법재판소 2012. 7. 26. 자 2011헌마169 결정, 대법원 2009. 2. 12. 선고 2006다53245 판결 참조).

그런데 만일 대표조합원을 선정하지 못하거나 대표조합원이 분양신청을 하지 않으면 현금청산을 받을 수밖에 없는데, 이 경우 시가산정기준일이 문제되는 것이다.

이 경우는 분양신청을 하지 못한 경우이므로 위 ②항과 같다. 다만 대표조합원을 선정하지 못한 채로 다른 조합원이 분양신청을 한 경우에는 조합이 분양미신청자로 보고 처리하면 된다고 본다.

⑤ 분양신청기간 분쟁으로 분양신청을 하지 못한 경우

분양신청기간을 전·후하여 재건축조합과 조합원 사이에 분쟁이 있어서 조합원이 분양신청을 할 수 없었던 경우에는 그 후 추가로 분양신청을 할 수 있게 된 조합원이 최종적으로 분양신청을 하지 않는 등의 사유로 인하여 분양대상자의 지위를 상실하는 때에 현금청산 대상자가 된다고 봄이 타당하고, 현금청산에 따른 토지 등 권리의 가액을 평가하는 기준시점과 현금청산 대상자에 대한 매도청구권의 행사로 매매계약의 성립이 의제되는 날도 같은 날로 보아야 한다. 그와 같이 보는 이상 위 매도청구권의 행사에 관하여는 그 최고절차 및 행사기간에 대하여 도시정비법 제39조에서 준용하는집합건물의 소유 및 관리에 관한 법률 제48조의 규율이 없다(대법원 2013. 9. 26. 선고 2011다16127 판결).

즉, 위 대법원 판결에 따르면, 분양신청 기간 전후 조합원 지위와 관련된 분쟁이 있어 분양신청을 할 수 없었던 조합원에 대해서는 '사업시행자가 추가로 부여한 분양신청 절차'에 따라 최종적으로 조합원 또는 현금청산 대상자로서의 지위가 결정되는 것이다.

대법원 2013. 9. 26. 선고 2011다16127 판결

2. 원심이 인용한 제1심판결 이유 및 기록에 의하면, 소외인은 원고 조합 설립에 관한 제1차 재건축결의에 동의하였고, 원고 조합은 2000. 2. 11. 관할 행정청으로부터 재건축조합설립인가를 받은 사실, 피고는 2001. 12. 28. 위 ○○아파트를 매수하여 소유권이전등기를 마쳤고, 그 후 2005. 10.경 원고 조합이 재건축결의 동의서 양식을 새로이 작성하여 제2차 재건축결의를 하였으나 피고는 제2차 재건축결의에 동의하지 아니한 사실, 피고는 분양신청기간 중이던 2006. 6.경 분양신청서를 제출하였으나 원고 조합은 피고가 제명당하여 조합원이 아니라는 이유로 이를 반려한 사실, 그 후 원고 조합이 피고를 상대로 제명에 따른 매도청구권 행사 또는 신탁을 원인으로 한 소유권이전등기 절차의 이행을 구한사건에서 2009. 7. 16. 원고의 청구를 기각하는 항소심판결이 선고되자, <u>원고 조합은 2009. 9. 3. 피고에게 추가로 재건축에 참가할 것인지를 최고하였고, 이에 대하여 재건축에 참여하지 않겠다는 취지의 피고의 답변서가 2009. 10. 27. 원고에 도달한 사실</u>, 원고 조합이 피고에 대하여 도시정비법 제39조의 매도청구권을 행사한다는 취지의 이 사건 소장을 제1심법원에 제출하였고, 2009. 11. 9.이 사건 소장이 피고에게 송달된 사실을 알 수 있다.

위 사실관계를 앞서 본 법리에 비추어 보면, 소외인은 제1차 재건축결의에 동의하고 원고 조합이 조합설립인가를 받음으로써 조합원의 지위를 취득하였고, 피고는 소외인으로부터 조합원 지위를 승계하였다고 할 것이며, 그 후 피고가 제2차 재건축결의에 동의하지 않았다는 사정만으로는 조합원의 지위를 상실하지 아니한다. 다만 분양신청기간을 전후하여 원고 조합과 피고 사이에 분쟁이 있어서 피고가 분양신청을 할 수 없었던 사정이 있었고, 그 후 원고 조합이 <u>피고에게 추가로 재건축에 참여할 기회를 제공하였음에도 피고가 이를 최종 거절하였으므로, 이때 비로소 피고는 원고 조합의 조합원 지위를 상실하여 현금청산대상자에 해당하게 되고,</u> 원고 조합의 위와 같은 매도청구에 기하여 현금청산 대상자인 피고는 원고로부터 청산금을 지급받음과 동시에 원고에게 이 사건 부동산에 관하여 <u>2009. 10. 27. 매매를 원인으로 한 소유권이전등기 절차를 이행할 의무가 있다고 할 것이다.</u>

⑥ 사견

위에서 분양신청기간만료일이나 관리처분계획인가고시일 등으로 현금청산기준시점을 정하는 것은 불합리하다. 즉, 대법원 판례는 특정시점을 현금청산기준일로 삼고 있는데, 부동산 가격은 변동한다. 그리고 일반 부동산 매매계약에서 "매매가격"을 정하지 않은 상태에서 "매매계약 체결이 완료"되었다고 보는 경우는 없다. 매매가격은 매매계약의 가장 본질적 요소 중 하나이기 때문이다. 그런데 매도청구소송에서는 "매매가격"이 정해지지 않은 상태에서, "분양신청기간 만료일 다음날 등"으로 매매계약이 체결이 완료되었다고 보는 것이다. 그래서 그날의 시가를 나중에 평가하여 매매가격으로 결정한다. 이것은 너무나 불합리하다. <u>따라서 사견은 매도청구의 경우 어느 경우나 매매대금은 '법원이 감정평가를 시행한 날'을 기준으로 하고, 이날을 "매매계약 체결 완료일"로 보는 것이 타당하다고 본다.</u> 그러나 이는 사견일 뿐임을 주의하여야 한다. 하지만 억울함을 당한 분들이 계속 항변을 하여야 대법원이 판례를 변경한다.

마. 도로부지 소유자 주의점

도로부지에 대해 조합은 3분의 1로 평가를 하여 현금청산을 하려고 한다. 그러나 이는 잘못이다. 대법원은 재건축의 경우에는 도로도 대지로 평가하여 보상을 실시하여야 한다고 한다. 물론 재개발은 3분의 1이다.

> **대법원 2014. 12. 11. 선고 2014다41698 판결 [소유권이전등기등]**
>
> [2] 도시 및 주거환경정비법에 의한 주택재건축사업의 시행자가 같은 법 제39조 제2호에 따라 乙 등이 소유한 토지에 대하여 매도청구권을 행사하였는데, 토지 현황이 인근 주민의 통행에 제공된 도로 등인 사안에서, 토지의 현황이 도로일지라도 주택재건축사업이 추진되면 공동주택의 일부가 되는 이상 시가는 재건축사업이 시행될 것을 전제로 할 경우의 인근 대지 시가와 동일하게 평가하되, 각 토지의 형태, 주요 간선도로와의 접근성, 획지조건 등 개별요인을 고려하여 감액 평가하는 방법으로 산정하는 것이 타당한데도, 현황이 도로라는 사정만으로 인근 대지 가액의 1/3로 감액한 평가액을 기준으로 시가를 산정한 원심판결에 법리오해의 잘못이 있다고 한 사례.
>
> **서울고등법원 2013. 9. 26. 선고 2012나86767 판결, 피고 등촌○재건축조합**
> 도로 1/3 평가는 위법하다.

그런데 최근 대법원은 아래와 같이 위 결론과는 다른 판결을 하였다.

> **대법원 2022. 7. 14. 선고 2020다2383****
>
> 도로로 점유·사용되는 토지의 거래가격은 당해 토지의 현실적 이용상황이 주위 토지와 같이 변경되었을 것임이 객관적으로 명백하게 된 때 등의 사정이 없는 한 원칙적으로 도로로 제한된 상태, 즉 도로인 현황대로 감정평가하여야 한다(대법원 2002. 4. 12. 선고 2001다60866 판결 참조).
>
> 원심판결 이유와 기록에 의하면, 이 사건 토지는 1970년대 아파트지구기본개발계획 당시부터 도로로 사용되어 왔고 2004. 12. 27. 도시계획시설(도로)로 결정·고시되었으며 2017. 4. 27. 이 사건 재건축사업구역 정비계획 고시에서도 도로로 결정·고시되었고 현재 지목도 도로인 사실, 원고가 이 사건 토지를 취득하여 정비기반시설로 새로 설치한 다음 지방자치단체에 무상 귀속시킴으로써 재건축사업 후에도 공동주택 부지가 아닌 도로로 사용될 예정임이 명백한 사실을 알 수 있다. 이러한 사정을 앞서 본 법리에 비추어 보면, 이 사건 토지의 거래가격은 도로인 현황대로 감정평가하여야 한다. 그런데도 원심은 이 사건 토지에 관하여 공동주택 부지의 일부가 된다고 보아 재건축사업이 시행될 것을 전제로 할 경우 인근 대지 시가와 동일하게 평가하여야 한다고 판단하였다. 원심판단에는 재건축사업 정비구역 내 편입되는 토지의 시가 평가 방법에 관한 법리를 오해하여 판결에 영향을 미친 잘못이 있다.

사견은, 위와 같은 대법원 판결은 유감이다. 거의 같은 사안에 대해 대법원은 결론이 다른 판결을 선고한 것이다. 대법원이 결론 자체는 다르게 할 수 있다고 하더라도, 그렇다면 그 이전의 대지로 평가하여야 한다는 대법원 판결을 전원합의체에서 폐기해주어야 혼란이 없는 것이다. 앞으로 극심한 혼란이 예상된다. 사견은 개발이익을 포함하여 평가하여야 한다는 대법원 판결이 바뀌지 않는 한 도로는 대지로 평가하여야 한다고 본다.

바. 소유자 대응방법

현금청산대상자들은 단체로 대응을 하여야 할 사항과 개인적으로 대응을 하여야 할 사항이 있다. 먼저 개인적으로 대응할 중요한 사항을 지적하면 다음과 같다.

(1) 즉시 대응을 하여야 한다.

소유자는 소장을 받는 날, 아니 받기 전부터 미리 대응을 하여야 한다. 어찌 보면 조합이 설립되기 전부터 대응(외관)을 시작하는 것이 좋다.

최선의 대응은 전문변호사를 빨리 선임하는 것이다. <u>처음부터 사전 준비하고, 나아가 소송에서는 감정인 선정절차부터 철저히 준비하여야 제대로 된 감정평가를 받을 수 있다. 가끔 감정평가가 나온 후에 대비한다는 생각, 2심에 가서 다시 재판하면 된다는 생각을 하는 경우가 있으나, 이는 매우 잘못이다.</u>

대부분은 법원에서 선정한 1심 감정인의 감정평가 결과가 나오면 그것으로 끝이다. 그 후에 결과는 바뀌지 않는 경우가 대부분이다.

(2) 전문변호사를 선임하여야 한다.

"아는 만큼 보인다."라는 말이 있다. 전문변호사의 눈에는 사소한 것부터 큰 것까지 볼 수 있는 능력과 경험이 있다. 매도청구소송을 법리적인 측면 및 감정평가에 대한 지식, 경험을 두루 갖춰야 하는 전문분야임을 잊지 않아야 한다.

(3) 조정위원회 개최 요구

대책위에서는 조합이 매도청구소송을 제기 하기 전에, 법 제117조에 의한 조정위원회 개최, 서울시의 경우 협의체회의 개최를 요구해 볼 필요도 있다.

(4) 감정평가가 전부이다.

시가는 감정평가에 의해 결정된다. 통상은 원고(조합) 측이 감정평가를 신청하여 감정절차를 주도하고 있다. 그러나 현금청산대상자도 감정절차에 적극적으로 대응함이 좋다. 즉 <u>공동 감정신청을 고려</u>하여야 하고, 감정인 선정, 감정비용, 시가에 대한 의견을 철저히 개진하여야 한다.

감정인의 감정 결과는 그 감정방법 등이 경험칙에 반하거나 합리성이 없는 등의 현저한 잘못이 없는 한 이를 존중하여야 한다(대법원 2007. 02. 22. 선고 2004다70420 판결, 대법원 1997. 2. 11. 선고 96다1733 판결 등 참조).

한편, 청산금의 지급을 구하는 소송에 있어서 법원은 반드시 시가감정에 의하여 청산금액을 평가하여야 하는 것은 아니고 <u>적절한 방법으로 청산금액을 평가할 수 있다</u>(대법원 2008. 10. 9. 선고 2008다37780 판결, 대법원 2010. 12. 23. 선고 2010다73215 판결 등 참조). 그러나 이러한 판결은 예외적인 것이다. 실무에서는 현금청산대상자가 시가감정을 주장하면 이를 채택하고 그 결과에 따른다.

> **대법원 2012. 5. 10. 선고 2010다47469,47476,47483 판결**
> <u>원고들의 현금청산액은 피고 조합의 분양신청기간 종료일 다음날인 2007. 1. 1.</u>을 기준으로 한 종전 자산의 시가로서 원고들이 조합에서 탈퇴하는 시점까지의 개발이익 등이 반영된 가격으로 산정하여야 할 것인데, 이는 <u>원고들의 종전 자산에 대한 평가금액에 당시 산정된 비례율을 곱하여 산출한 금액으로 봄이 상당하고</u>, 피고 조합의 조합원총회에서 2006. 11. 9. 의결된 이 사건 관리처분계획은 위와 같은 방식으로 원고들의 종전 자산에 대한 평가금액에 그 무렵의 개발이익을 평가하여 반영한 비례율(171.19%)을 곱하여 원고들의 권리가액을 산정하였으므로, 원고들의 현금청산액은 <u>이 사건 관리처분계획에서 인정한 원고들의 권리가액으로 볼 수 있다</u>는 취지로 판단하였다. 앞에서 본 법리와 기록에 비추어 살펴보면, 위와 같은 원심의 판단은 정당하고, 거기에 상고이유에서 주장하는 바와 같은 현금청산금 산정의 기준시기나 산정방법에 관한 법리오해 등의 위법이 없다.

(5) 반소 또는 별소 제기 여부

매도청구소송은 조합이 현금청산대상자에게 시가 감정액을 지급받음과 동시에 소유권을 이전하고 부동산을 인도하라는 것이다. 따라서 조합이 급하면 바로 돈을 지급하고 나가라고 하지만 급하지 않으면 판결이 있어도 돈도 주지 않고 그냥 세월을 보내는 것이다. 이러한 경우 현금청산대상자가 바로 돈을 받거나 이자를 받기 위해서는 반소나 별소를 제기하는 것이다.

사업시행자가 분양신청을 하지 아니하거나 분양신청을 철회한 토지 등 소유자에게 청산금의 지급의무를 부담하는 경우에, 공평의 원칙상 토지 등 소유자는 권리제한등기가 없는 상태로 토지 등의 소유권을 사업시행자에게 이전할 의무를 부담하고, 이러한 <u>권리제한등기 없는 소유권 이전의무와 사업시행자의 청산금 지급의무는 동시이행관계에 있는 것이 원칙이다.</u> 다만, 사업시행자는 사업수행을 위하여 필요한 경우에는 토지 등 소유자에게 청산금 중에서 권리제한등기를 말소하는 데 필요한 금액을 공제한 나머지 금액을 먼저 지급할 수 있고 이에 대하여 토지 등 소유자는 동시이행항변권을 행사할 수 없다. 한편, 토지 등 소유자가 그 소유 토지 등에 관하여 이미 사업시행자 앞으로 신탁을 원인으로 한 소유권이전등기를 마친 경우에는 청산금을 지급받기 위하여 별도로 소유권을 이전할 의무는 부담하지 아니한다(대법원 2008. 10. 9. 선고 2008다37780 판결).

따라서 현금청산대상자는 동시이행관계를 깨뜨리기 위해서는 이행의 제공을 하여야 한다. 현금청산대상자가 <u>부동산의 인도를 하고</u> 나아가 <u>소유권이전등기신청에 필요한 일체의 서류를 수리할 수 있을 정도로 준비하여 그 뜻을 상대방에게 통지하여 수령을 최고함으로써 이를 제공하여야 하는 것이 원칙이고</u>, 또 상당한 기간을 정하여 상대방의 잔대금 채무이행을 최고한 후 매수인이 이에 응하지 아니한 사실이 있어야 하는 것이며, 매도인이 제공하여야 할 소유권이전등기신청에 필요한 일체의 서류라 함은 등기권리증, 위임장 및 부동산매도용 인감증명서 등 등기신청행위에 필요한 모든 구비서류를 말한다(대법원 1992. 7. 14. 선고 92다5713 판결).

쌍무계약에 있어서 일방 당사자의 자기 채무에 관한 이행의 제공을 엄격하게 요구하면 오히려 불성실한 상대 당사자에게 구실을 주는 것이 될 수도 있으므로 일방 당사자가 하여야 할 제공의 정도는 그 시기와 구체적인 상황에 따라 신의성실의 원칙에 어긋나지 않게 합리적으로 정하여야 하고, 매수인이 계약의 이행에 비협조적인 태도를 취하면서 잔대금의 지급을 미루는 등 소유권이전등기서류를 수령할 준비를 아니한 경우에는 매도인으로서도 그에 상응한 이행의 준비를 하면 족하다 할 것인바, 매도인이 법무사사무소에 소유권이전등기에 필요한 대부분의 서류를 작성하여 주었고 미비된 일부 서류들은 잔금지급시에 교부하기로 하였으며 이들 서류는 매도인이 언제라도 발급받아 교부할 수 있다면 매도인으로서는 비록 일부 미비된 서류가 있다 하더라도 소유권이전등기의무에 대한 충분한 이행의 제공을 마쳤다고 보아야 할 것이고, 잔대금 지급기일에 이를 지급하지 않고 계약의 효력을 다투는 등 계약의 이행에 비협조적이고 매도인의 소유권이전등기서류를 수령할 준비를 하지 않고 있던 매수인은 이 점을 이유로 잔대금지급을 거절할 수 없다(대법원 2001. 12. 11. 선고 2001다36511 판결).

소 제기 전에 이와 같은 이행최고 절차 및 이행제공을 하지 아니하였다면 소 제기 이후라도 즉시 이와 같은 절차를 밟아야만 상대방의 귀책사유를 들어 계약을 해제할 수 있다.

즉, 먼저 소유권이전등기서류와 부동산을 인도하고 나서 돈 지급을 요구하였는데도 조합이 돈을 지급하지 않으면 지연이자를 조합으로부터 받기 위해서 반소나 별소를 제기하는 것이다.

한편 근저당권이 설정되어 있는 경우 채권최고액 범위에서만 동시이행 의무가 있다(대법원 2015. 11. 19. 선고 2012다114776 전원합의체 판결).

(6) 부가가치세 문제

사업용 건물인 경우 부가가치세 문제가 있다. 즉, 사업용 건물인 경우 매도청구 가격에 부가가치세가 포함되지 않으므로 이 돈을 받을 수 있도록 노력해 보아야 한다.

물론 헌법재판소는 부가가치세가 가산되지 않고 결정된 시가에 대해 적법하다고 한다. 그러나 헌법재판소도 "매도청구권 행사로 인하여 매매계약체결만이 의제되는 것이므로, 매매계약 체결 과정에서 부가가치세 약정을 할 수 없다고 하여 이 사건 매도청구권 행사의 법적 효과가 부가가치세 약정의 기회 상실까지 포함한다고 보기는 어렵다. <u>부가가치세 약정은 반드시 매매계약 체결 시에만 이루어질 수 있는 것은 아니고, 재화 또는 용역의 공급 당시에 있어야 하는 것도 아니며, 공급 후에 한 경우에도 유효하기 때문이다.</u>"라고 판시하고 있으므로(헌법재판소 2014. 3. 27.자 2012헌가21 결정), 재판과정에서나 이행과정에서 부가가치세를 부담하여 줄 것을 지속적으로 조합에게 요청해 볼 필요는 있다.

헌법재판소 2014. 3. 27.자 2012헌가21 결정

[2] 상대방이 누구인지와 관계없이 매도청구권행사로 인하여 시가에 의한 보상이 이루어지고, 매매계약 체결이 의제된다고 하여 부가가치세 약정의 기회가 상실되는 것은 아니며, 부가가치세약정이 체결되지 못한 경우에 상대방이 부가가치세를 부담하는 것은 납세의무자 등에 관한 부가가치세법 조항과 이에 대한 법원의 해석에 의한 문제이므로 심판대상조항이 재산권을 침해한다고 볼 수 없다.

[3] 상대방이 누구인지와 관계없이 동일하게 시가에 의한 매매계약 체결을 의제하고 있고, 별도의 약정이 없는 한, 사업자인 상대방이 부가가치세를 부담하는 것은 부가가치세법에 의한 것이므로 심판대상조항이 사업자인 상대방과 사업자 아닌 상대방을 다르게 취급하고 있다고 보기 어렵다.

(7) 토지·건물 외의 물건 문제

토지·건물 외의 지장물이 있는 경우 이 부분도 별도로 지급받을 수 있는지를 검토하여야 한다.

실무적으로는 별도의 경제적 가치가 있다고 한다면 완전보상의 법리에 비추어 당연히 보상이 되어야 한다고 본다. 예를 들어 부동산에 화체하여 평가가 되지 않으면서 경제적 가치가 있다면 보상을 요구하여야 할 것이다.

사. 매도청구 재판 절차 등 안내

매도청구소송은 실무상은 사업시행자가 법원에 민사소송의 방법(행정소송으로 하여야 한다는 주장이 제기되고 있다)으로 제기한다.

소 제기 후 원고인 사업시행자(이하 원고라고만 한다)는 법원에 시가감정신청을 하게 된다(피고도 공동신청을 할 필요가 있다). 법원에 따라 다르지만 감정기일을 지정하여 감정인을 소환하고 원·피고에게 진술을 할 기회를 주는 경우도 있다.

이때 감정목적물, 시가에 대한 견해, 개발이익 등에 대해 감정인에게 공식적으로 견해를 피력할 기회를 가지게 된다. 하지만 실무적으로 미리 감정의견서를 작성하여 제출하면, 감정인이 이를 복사하여 읽어보는 경우가 많으므로, 미리 감정의견서를 제출하는 것이 좋다.

감정인은 통상 원고나 피고 중 시가감정신청인을 먼저 방문하는 경향이 있고, 현장을 확인하고 평가를 한다. 감정인이 현장에 왔을 경우에 다시 한번 피고의 입장을 피력할 기회를 얻게 되는 것이다.

감정결과가 법원에 제출되면 이때부터 원고는 청구취지 변경을 하게 되고, 피고는 문제가 발견되면 재감정을 신청하거나 감정인에게 사실조회신청을 하게 된다. 그러나 통상 법원은 재감정신청을 채택하지 않는 경향이다.

감정은 통상 2주 내지 3주 정도면 그 결과가 나오고, 매도청구 재판기간은 상황에 따라 다르지만 6개월 정도에서 대부분 마무리된다.

한편 가끔 소유자는 소장에 기재되어 있는 소가에 의미를 두는 경우가 있으나, 이는 인지대를 계산하기 위한 가격일 뿐 시가산정과는 아무 상관이 없는 것이다.

아. 조합설립변경 인가 후 매도청구 가능 여부

재건축조합이 조합설립인가 후 매도청구권 행사기간을 도과한 경우 재건축 참가자 등이 다시 조합설립변경동의 및 조합설립변경인가 등의 절차를 밟아 새로이 매도청구권을 행사할 수 있다. 이에 대해서는 앞서의 사견(69. 매도청구 요건)을 참고하기 바란다.

> **대법원 2012. 12. 26. 선고 2012다90047 소유권이전등기등**
> 재건축조합이 조합설립인가 후 매도청구권 행사기간을 도과한 경우 재건축 참가자 등이 다시 조합설립변경동의 및 조합설립변경인가 등의 절차를 밟아 새로이 매도청구권을 행사할 수 있는지 여부(적극)
>
> **대전지방법원 천안지원 2014. 11. 7. 선고 2013가합5414**
> - 피고 천안○○재건축조합
> - 조합설립변경 인가 후 다시 최고하고 매도청구 승소사건(대법원 2013. 2. 28. 선고 2012다34146)
>
> **서울고등법원 2007. 8. 21. 선고 2007나13000 판결**
> 피고의 주장 즉, 조합의 매도청구권행사요건은 도시정비법 제39조에 규정되어 있는 '조합설립의 동의'이므로 매도청구권 행사기회는 조합설립시 1회 뿐이라는 주장에

대하여, '최초의 매도청구권행사가 제척기간의 도과 등으로 효력이 없는 경우라도 다시 매도청구권을 행사할 수 없는 것이 아니라 새로운 요건을 갖춘다면 매도청구권의 행사가 가능한 것이므로, 이 사건과 같이 이미 조합이 설립된 경우 새로이 매도청구권을 행사함에 있어서는 도시정비법에 규정한 조합설립의 동의에 준하는 방법으로 서면동의에 의한 재건축 결의를 하고 미동의자를 상대로 집합건물법 제 48조에 규정한 절차에 의하여 매도청구권을 행사할 수 있다.

대구지방법원 2005. 12. 21. 선고 2005가단59380 판결[61]

매도청구권 행사기간 내에 매도청구권을 행사하지 아니하였다가 다시 조합원들의 동의를 얻어 재건축결의를 한 후 최고절차를 거쳐 매도청구한 경우에, 적법한 매도청구라고 판단한 예가 다수 있다.

자. 근저당권 등 문제

근저당권, 압류 등기에 대해 소유자를 상대로 말소청구는 불가하다. 이는 단지 등기의무자이므로 그렇다(대법원 1974. 6. 25. 선고 73다211 판결).

양수인이(조합이) 주택임대차보호법이 적용되는 주택의 시가에서 대항력을 갖춘 임대차보증금 상당액을 공제한 돈을 매매대금으로 지급함과 상환으로 소유권이전등기를 경료하고 부동산을 인도받았을 경우, 조합은 주택의 소유권과 결합하여 피고의 임대차보증금반환채무를 면책적으로 인수하고 피고는 임대차관계에서 탈퇴하여 임차인에 대한 임대차보증금반환채무를 면하게 된다(서울북부지방법원 2018. 5. 3. 선고 2016가합23308 판결, 미아4조합).

---

61) 항소하지 않아 확정됨

대법원 2013. 1. 17. 선고 2011다49523 전원합의체 판결

【판시사항】

주택임대차보호법상 대항력을 갖춘 임차인의 임대차보증금반환채권이 가압류된 상태에서 임대주택이 양도된 경우, 양수인이 채권가압류의 제3채무자 지위를 승계하는지 여부(적극) 및 이 경우 가압류채권자는 양수인에 대하여만 가압류의 효력을 주장할 수 있는지 여부(적극)

【판결요지】

[다수의견] 주택임대차보호법 제3조 제3항은 같은 조 제1항이 정한 대항요건을 갖춘 임대차의 목적이 된 임대주택(이하 '임대주택'은 주택임대차보호법의 적용대상인 임대주택을 가리킨다)의 양수인은 임대인의 지위를 승계한 것으로 본다고 규정하고 있는바, 이는 법률상의 당연승계 규정으로 보아야 하므로, <u>임대주택이 양도된 경우에 양수인은 주택의 소유권과 결합하여 임대인의 임대차 계약상의 권리·의무 일체를 그대로 승계하며, 그 결과 양수인이 임대차보증금반환채무를 면책적으로 인수하고, 양도인은 임대차관계에서 탈퇴하여 임차인에 대한 임대차보증금반환채무를 면하게 된다.</u> 나아가 임차인에 대하여 임대차보증금반환채무를 부담하는 임대인임을 당연한 전제로 하여 임대차보증금반환채무의 지급금지를 명령받은 제3채무자의 지위는 임대인의 지위와 분리될 수 있는 것이 아니므로, 임대주택의 양도로 임대인의 지위가 일체로 양수인에게 이전된다면 채권가압류의 제3채무자의 지위도 임대인의 지위와 함께 이전된다고 볼 수밖에 없다. 한편 주택임대차보호법상 임대주택의 양도에 양수인의 임대차보증금반환채무의 면책적 인수를 인정하는 이유는 임대주택에 관한 임대인의 의무 대부분이 그 주택의 소유자이기만 하면 이행가능하고 임차인이 같은 법에서 규정하는 대항요건을 구비하면 임대주택의 매각대금에서 임대차보증금을 우선변제받을 수 있기 때문인데, 임대주택이 양도되었음에도 양수인이 채권가압류의 제3채무자의 지위를 승계하지 않는다면 가압류권자는 장차 본집행절차에서 주택의 매각대금으로부터 우선변제를 받을 수 있는 권리를 상실하는 중대한 불이익을 입게 된다. 이러한 사정들을 고려하면, 임차인의 임대차보증금반환채권이 가압류된 상태에서 임대주택이 양도되면 양수인이 채권가압류의 제3채무자의 지위도 승계하고, 가압류권자 또한 임대주택의 양도인이 아니라 양수인에 대하여만 위 가압류의 효력을 주장할 수 있다고 보아야 한다.

한편 재건축조합이 근저당권설정등기말소와의 동시이행을 주장하여 지급을 거절할 수 있는 청산금의 범위에 대해, 대법원은 <u>말소되지 아니한 근저당권의 채권최고액 또는 채권최고액의 범위 내에서 확정된 피담보채무액에 해당하는 청산금에 대하여만 동시이행의 항변권에 기초하여 지급을 거절할 수 있다</u>고 한다.

> **대법원 2015. 11. 19. 선고 전원합의체 판결 2012다114776**
>
> ◇ 소유자가 소유권이전등기 및 인도를 마쳤으나 근저당권설정등기를 말소하지 아니한 경우, 재건축조합이 근저당권설정등기말소와의 동시이행을 주장하여 지급을 거절할 수 있는 청산금의 범위 ◇
>
> 현금청산에서 토지 등 소유자가 토지 등에 관한 소유권이전등기 및 인도를 마쳤으나 근저당권설정등기를 말소하지 아니한 경우, 재건축조합은 말소되지 아니한 근저당권의 채권최고액 또는 채권최고액의 범위 내에서 확정된 피담보채무액에 해당하는 청산금에 대하여만 동시이행의 항변권에 기초하여 지급을 거절할 수 있다고 보는 것이 공평의 관념과 신의칙에 부합한다.
>
> 이와 달리 토지 등 소유자가 소유권이전등기 및 인도를 마친 때에도 근저당권설정등기가 말소되지 아니하였다면 재건축조합이 청산금 전부에 대하여 근저당권설정등기말소와의 동시이행을 주장하여 지급을 거절할 수 있다는 취지로 판시한 대법원 2009. 9. 10. 선고 2009다32850, 32867 판결 등은 이 판결의 견해에 배치되는 범위 내에서 변경하기로 한다.
>
> 구 도시정비법 제47조에 따른 현금청산대상자인 원고들이 사업시행자인 피고에 대하여 청산금 및 그에 대한 지연손해금의 지급을 구하자, 피고가 원고들 소유의 토지에 관하여 마쳐진 근저당권설정등기말소와 동시이행의 항변을 한 사안에서, 피고가 근저당권설정등기말소와의 동시이행을 주장하여 지급을 거절할 수 있는 청산금의 액수는 말소되지 아니한 근저당권의 채권최고액 또는 그 범위 내에서 확정된 피담보채무액에 한정된다고 한 사례

<u>매도청구로 가등기를 말소할 수는 없다.</u> 이 점 유의하여야 한다.

차. 1심 재판결과가 불만족스러울 때

당연히 항소를 하여야 한다. 항소심에서 가장 중요한 것은 재감정 채택 여부이다. 재감정이 채택되지 않으면 1심을 뒤집기가 어렵다. 따라서 2심에서는 재감정 채택에 올인하여야 하고, 만일 재감정 신청이 채택된다면 역시 감정인 선정 때부터 주의를 기울여야 한다. 2심에서는 더욱 더 전문변호사가 필요하다.

한편 인도청구부분에 대한 강제집행정지 신청을 할 필요도 있다. 나아가 신탁등기가 되지 않은 상태이므로, 철거 문제에 철저히 대응하여야 한다.

카. 선 매매계약 후에 매도청구 사건

실무상 추진위원회 단계에서 추진위원회와 소유자가 매매계약을 체결하였는데, 추진위원회를 승계한 조합이 매매계약을 무시하고 매도청구를 하여 올 경우가 있다. 이에 대해서 하급심은 매도청구는 이미 매매계약이 체결되어 있으므로, 매도청구는 불가하고, 기 체결된 매매계약에 의해 소유권이전등기를 명한 사례가 있다(수원지방법원 안양지원 2018. 2. 8. 선고 2017가합100272 판결).

매매계약을 체결할 경우 소유자로서는 지연손해금을 제대로 약정하여야 하고, 근저당권등 권리제한등기 인수조건으로 약정하여야 할 것이다. 반드시 전문변호사와 협의하여야 할 것이다.

타. 결론

매도청구소송에서 현금청산대상자는 일단 피고이므로 원고가 진행하는 대로 가만히 있어도 된다는 오해를 하기 쉬우나, 이는 비전문가 입장에서 보면 그렇게 보이는 것이다. 실제는 위에서 본 것처럼 할 일이 매우 많다.

결국 매도청구소송은 재건축 전반에 정통한 변호사를 선정하는 것이 좋다. 어차피 당사자가 직접 진행하기는 어려운 소송이다.

74. 매도청구소송 확정 전 철거 및 공사착공 문제

법제처는 매도청구 소송이 확정되어야만 공사시작이 가능하다고 유권해석을 하였다. 그러자 정부는 아예 주택법을 개정하여 확정판결이 필요하지 않은 것으로 개정하였다.

> 국토해양부 - 매도청구소송을 제기하여 판결이 확정되지는 아니하였으나 법원의 승소 판결을 받은 경우, 매도청구소송 대상 대지 부분에 공사 가부(「주택법」 제16조 등 관련)안건번호 12-0003 회신일자 2012.02.03.
>
> 1. 질의요지
>
> 사업주체가 「국토의 계획 및 이용에 관한 법률」 제49조에 따른 지구단위계획의 결정이 필요한 주택건설사업을 시행하기 위해 「주택법」 제16조에 따라 주택건설사업계획승인을 받고, 해당 주택건설대지의 일부에 대하여 같은 법 제18조의2에 따른 매도청구소송을 제기하여 법원의 승소판결을 받았으나 그 판결이 확정되지 아니하였고 착공신고필증을 교부받은 경우, 그 매도청구소송 대상 대지 부분에 공사를 시작할 수 있는지?
>
> 2. 회답
>
> 사업주체가 「국토의 계획 및 이용에 관한 법률」 제49조에 따른 지구단위계획의 결정이 필요한 주택건설사업을 시행하기 위해 「주택법」 제16조에 따라 주택건설사업계획승인을 받고, 해당 주택건설대지의 일부에 대하여 같은 법 제18조의2에 따른 매도청구소송을 제기하여 법원의 승소판결을 받았으나 그 판결이 확정되지 아니하였고 착공신고필증을 교부받은 경우, <u>그 매도청구소송 대상 대지 부분에 공사를 시작할 수는 없다고 할 것입니다.</u>

> **구 주택법 제16조** ⑪ 사업주체가 제10항에 따라 신고한 후 공사를 시작하려는 경우 사업계획승인을 받은 해당 주택건설대지에 제18조의2 및 제18조의3에 따른 매도청구 대상이 되는 대지가 포함되어 있으면 해당 매도청구 대상 대지에 대하여는 그 대지의 소유자가 매도에 대하여 합의를 하거나 <u>매도청구에 관한 법원의 승소판결 (판결이 확정될 것을 요하지 아니한다)</u>을 받은 경우에만 공사를 시작할 수 있다. 〈신설 2013.6.4.〉
>
> **부칙** 〈법률 제11871호, 2013.6.4〉
> 제1조(시행일) 이 법은 공포한 날부터 시행한다. 다만, 제16조제11항의 개정규정은 공포 후 3개월이 경과한 날부터 시행하고,
>
> **전면 개정 주택법 [시행 2016.8.12.] [법률 제13805호, 2016.1.19., 전부개정]**
> **제21조(대지의 소유권 확보 등)**
> ② 사업주체가 제16조제2항에 따라 신고한 후 공사를 시작하려는 경우 사업계획승인을 받은 해당 주택건설대지에 제22조 및 제23조에 따른 매도청구 대상이 되는 대지가 포함되어 있으면 해당 매도청구 대상 대지에 대하여는 그 대지의 소유자가 매도에 대하여 합의를 하거나 <u>매도청구에 관한 법원의 승소판결(판결이 확정될 것을 요하지 아니한다)</u>을 받은 경우에만 공사를 시작할 수 있다.

<u>그러나 문제는 아직 매도청구소송이 확정되지 아니하여 소유권을 확보하지 못한 상태에서 철거를 할 수 있는지 여부이다.</u>

이에 대해서는 ① 소유권의 핵심권능은 사용수익권과 처분권인데, 비록 관리처분인가로 사용수익권은 정지되었다고 하더라도, 처분권은 살아있으므로, 소유권을 확보하지 않는 한 철거는 불가하다는 견해, ② 공사 시작과 일반분양이 가능하다는 규정을 둔 이유는 당연히 철거도 가능하다는 취지이므로, 매도청구 소송에서 1심에서 승소하고, 해당 금액을 공탁한 경우에는 철거 및 착공이 가능하다는 견해가 있을 수 있다.

그러나 대법원 판례에 의하면, 조합원인 경우에는 가집행선고부 판결을 받아 인도 집행을 완료한 후에 철거를 한 사안에서 정당행위에 해당한다고 보고 있는 사안도 있고(대법원 2010. 2. 25. 선고 2009도8473 판결)[62], 현금청산대상자는 조합원이 아니므로 정관 규정이 적용될 여지가 없으므로, 역으로 해석하면, 현금청산대상자의 명시적인 승낙이나 가처분 판결을 받지 못한 이상 철거는 불가하다고 보는 것도 있다.

대구지방법원 2014. 11. 13. 선고 2014고단3549 재물손괴
비조합원에 대해 매도청구 후 공탁하고 인도집행하고, 사용하지 않는 상태에서 철거는 정당행위

부산지방법원 2014. 6. 27. 선고 2014고정159 재물손괴 무죄
비조합원을 상대로 매도청구 및 인도청구 후 1심 승소하고, 공탁후 인도집행하고 철거 정당행위로 무죄

서울남부지방법원 2010. 9. 16. 선고 2010노452 재물손괴 같은 취지로 무죄

그러나 대법원 2009도8473 판결 이후에, 하급심은 비조합원에 대해서도 1심 판결 후에 대금을 공탁하고 인도집행을 받아 집행 후에 철거하면 정당행위로 판시하고 있는 경향이다(부산지방법원 2014. 6. 27. 선고 2014고정159 재물손괴, 대구지방법원 2014. 11. 13. 선고 2014고단3549 재물손괴).

---

[62] 이 판결은 비어 있다고 해도 재물손괴죄의 객체가 된다는 판결(대법원 2007. 9. 20. 선고 2007도5207 판결)을 인용하고 있다.

대구지방법원 2014. 11. 13. 선고 2014고단3549 재물손괴

비조합원에 대해 매도청구 후 공탁하고 인도집행하고, 사용하지 않는 상태에서 철거는 정당행위

부산지방법원 2014. 6. 27. 선고 2014고정159 재물손괴 무죄

비조합원을 상대로 매도청구 및 인도청구 후 1심 승소하고, 공탁후 인도집행하고 철거 정당행위로 무죄

서울남부지방법원 2010. 9. 16. 선고 2010노452 재물손괴 같은 취지로 무죄

<u>일부 철거가 가능한지가 문제되나, 가능하다고 본다.</u>

청주지방법원 2007. 8. 23. 선고 2007고정272 판결[업무방해]

재건축조합이 아파트의 재건축결의에 반대한 일부 세대를 상대로 매도청구권을 행사하여 이전등기 및 명도소송을 계속하는 한편 입주자 전부가 퇴거한 동부터 철거를 완료한 후, 일부 재건축결의 반대 세대가 아직 퇴거하지 않고 있는 동에 대하여 해당 세대가 속한 수직라인을 제외한 나머지 수직라인을 뜯어내는 방식으로 철거작업을 시행하자, 위 반대 세대 구성원들이 철거용역업체가 위와 같은 방식의 추가철거작업을 하기 위해 아파트공사현장에 진입하려는 것을 막은 사안에서, 위와 같은 방식의 철거용역업무는 위법의 정도가 중하여 사회생활상 용인될 수 없는 것이어서 업무방해죄의 보호대상이 되는 '업무'에 해당한다고 볼 수 없다고 한 사례.

75. 매도청구소송 확정 전 일반분양가능 여부

가. 법 연혁

도시 및 주거환경정비법

[시행 2009. 2. 6.] [법률 제9444호, 2009. 2. 6., 일부개정]

제50조제5항후단을 다음과 같이 한다.

이 경우 주택의 공급방법·절차 등에 관하여는 「주택법」 제38조를 준용한다. 다만, 사업시행자가 제39조에 따른 매도청구소송을 통해 법원의 승소판결을 받은 후 입주예정자에게 피해가 없도록 청산금액을 공탁하고 분양예정인 건축물을 담보한 경우에는 법원의 승소판결이 확정되기 전이라도 「주택법」 제38조에도 불구하고 입주자를 모집할 수 있으나, 제52조에 따른 준공인가 신청 전까지 해당 주택건설 대지의 소유권을 확보하여야 한다.

[시행 2018. 7. 17.] [법률 제15356호, 2018. 1. 16., 타법개정]

제79조 ⑧ 제7항에 따른 주택의 공급 방법·절차 등은 「주택법」 제54조를 준용한다. 다만, 사업시행자가 제64조에 따른 매도청구소송을 통하여 법원의 승소판결을 받은 후 입주예정자에게 피해가 없도록 손실보상금을 공탁하고 분양예정인 건축물을 담보한 경우에는 법원의 승소판결이 확정되기 전이라도 「주택법」 제54조에도 불구하고 입주자를 모집할 수 있으나, 제83조에 따른 준공인가 신청 전까지 해당 주택 건설 대지의 소유권을 확보하여야 한다.

나. 승소판결금 공탁 후 모집 가능

매도청구소송을 통하여 법원의 승소판결을 받은 후 입주예정자에게 피해가 없도록 손실보상금을 공탁하고 분양예정인 건축물을 담보한 경우에는 법원의 승소판결이 확정되기 전이라도 「주택법」 제54조에도 불구하고 입주자를 모집할 수 있다.

다. 매도청구소송 대상 부동산에 근저당권, 가등기가 있는 경우

「주택공급에 관한 규칙」 제16조에 의하면, 사업주체는 주택이 건설되는 대지의 소유권을 확보하고 있으나 그 대지에 저당권·가등기담보권·가압류·가처분·전세권·지상권 및 등기되는 부동산임차권 등(이하 "저당권등"이라 한다)이 설정되어 있는 경우에는 <u>그 저당권등을 말소하여야 입주자를 모집할 수 있으나</u>, 다만, 저당권등의 말소소송을 제기하여 법원의 승소판결(판결이 확정될 것을 요구하지 아니한다)을 받은 경우에는 예외라고 규정하고 있습니다.

이에 대해 국토교통부는 <u>가등기를 말소하지 않는 한 일반분양을 할 수 없다고 한다</u>(국토교통부 주택기금과-8779, 2016. 11. 29).

76. 매도청구소송 후 계약해제, 경·공매 문제

가. 계약해제

매도청구권자가 매도인을 상대로 매도청구권의 행사에 기한 매매계약상의 의무에 관하여 이행청구소송을 제기하여 확정판결을 받았으나, 그 후 자신이 위 매매계약상의 의무를 이행하지 아니하고, 계약해제를 하는 것도 가능하다.

> **대법원 2013. 3. 26.자 2012마1940 결정 [가처분이의]**
>
> 구 주택법 제18조의2에서 정한 매도청구권의 행사에 따라 매매계약이 성립되었으나 일방 당사자가 이에 따른 채무를 이행하지 아니하는 경우, 상대방이 매매계약을 해제할 수 있는지 여부(적극) 및 이는 매도청구권자가 매도인을 상대로 매도청구권의 행사에 기한 매매계약상 의무에 관하여 이행청구소송을 제기하여 확정판결을 받은 후 자신이 매매계약상의 의무를 이행하지 아니하는 경우에도 마찬가지인지 여부(적극)
>
> 구 주택법(2012. 1. 26. 법률 제11243호로 개정되기 전의 것) 제18조의2에서 규정하고 있는 매도청구권의 행사에 따라 매매계약이 성립된 경우에 일방 당사자가 위 매매계약에 기하여 부담하는 채무를 이행하지 아니하는 때에는 상대방은 그 채무불이행을 이유로 계약의 해제에 관한 일반 법리에 좇아 위 매매계약을 해제할 수 있다고 할 것이다. 이는 매도청구권자가 매도인을 상대로 매도청구권의 행사에 기한 매매계약상의 의무에 관하여 이행청구소송을 제기하여 확정판결을 받았으나 그 후 자신이 위 매매계약상의 의무를 이행하지 아니하는 경우에도 다를 바 없다.

따라서 현금청산대상자로서는 매도청구 소송이 끝난 이후에 자신의 의무(인도 및 이전서류 제공)를 이행하고 조합에게 매매대금의 지급을 요구하고, 조합이 돈을 주지 않으면, 매매계약을 해제할 수도 있다.

나아가 현금청산대상자는 조합이 집행할 것을 대비하여 매매계약을 해제하고, 청구이의의 소를 제기하기도 한다.

나. 매도청구 후 경·공매에 붙여진 경우 입찰 참여 여부

 가끔 재건축사업구역내 이지만, 이미 매도청구소송의 1심 판결이 나온 이후에 매도청구권자로 소유권이 이전되기 전에 해당 부동산이 경매와 공매에 나오는 경우가 있다.

 이에 대해 대법원은 주택재건축사업 시행자가 조합설립에 동의하지 않은 토지 또는 건축물 소유자를 상대로 매도청구의 소를 제기하여 매도청구권을 행사한 이후 제3자가 매도청구 대상인 토지 또는 건축물을 특정승계한 경우, ① 이미 성립한 매매계약상의 의무가 그대로 승계인에게 승계된다고 볼 수 없고, ② 구 도시 및 주거환경정비법(2017. 2. 8. 법률 제14567호로 개정되기 전의 것) 제10조는 "사업시행자와 정비사업과 관련하여 권리를 갖는 자의 변동이 있는 때에는 종전의 사업시행자와 권리자의 권리·의무는 새로이 사업시행자와 권리자로 된 자가 이를 승계한다."라고 정하고 있다. <u>여기에서 '정비사업과 관련하여 권리를 갖는 자'는 조합원 등을 가리키는 것이고, 사업시행자로부터 매도청구를 받은 토지 또는 건축물 소유자는 이에 포함되지 않는다.</u> 따라서 매도청구권이 행사된 다음에 토지 또는 건물의 특정승계인이 이 조항에 따라 매매계약상의 권리·의무를 승계한다고 볼 수도 없고, ③ 사업시행자가 민사소송법 제82조제1항에 따라 제3자로 하여금 매도청구소송을 인수하도록 신청할 수 없다고 한다(대법원 2019. 2. 28. 선고 2016다255613 판결).

대법원 2019. 2. 28. 선고 2016다255613 판결

▶ **사건 경과**

(1) 원고(인수신청인)(이하 '원고'라 한다)는 ── 주택재건축조합으로서, 2011. 7. 27. 서울 광진구청장으로부터 조합설립인가를 받아 2011. 8. 3. 조합설립등기를 마쳤다. 한편 소외인은 원고의 조합 설립에 동의하지 않았다.

(2) 원고는 <u>2011. 10. 20.</u> 당시 이 사건 각 부동산을 소유하면서 점유하던 소외

인을 상대로 매매대금의 지급과 동시이행으로 위 각 부동산에 관한 소유권이전 등기절차의 이행과 인도를 구하는 이 사건 소를 제기하였다.
(3) 피인수신청인은 2012. 3. 14. 이 사건 각 부동산에 관하여 2012. 3. 13. 소외인과의 매매예약을 원인으로 한 소유권이전청구권 가등기를 마쳤다.
(4) 원고는 소외인에게 이 사건 소장부본 송달로써 재건축 참가 여부를 회답할 것을 촉구하고, 이 사건 소장부본을 송달받은 후 2개월 이내에 회답하지 않으면 매도청구권을 행사하겠다는 의사표시를 하였다. 이 사건 소장부본은 2012. 7. 3. 소외인에게 도달하였는데, 소외인은 이를 받고도 2개월이 지날 때까지 재건축 참가의 뜻을 밝히지 않았다.
(5) 피인수신청인은 2013. 4. 23. 이 사건 각 부동산에 관하여 2013. 3. 15. 매매를 원인으로 하여 위 가등기를 근거로 한 본등기를 마쳤다.
(6) 원고는 이 사건 제1심 소송 계속 중이던 2014. 4. 21. 민사소송법 제82조에 따라 피인수신청인을 상대로 이 사건 승계인수신청을 하였다.

따라서 조합으로서는 매도청구를 하여 판결을 받기 전이라면 반드시 처분금지가처분을 하여 두고 진행하여야 하고, 판결을 받은 이후에는 즉시 이전등기를 하여야 할 것이다.

반대로 경매나 공매에 참가하는 자는 처분금지가처분이 되지 않아 경매나 공매가 진행이 된다면 입찰에 참여하는 것도 가능하다고 본다. 즉, 조합이 새롭게 경매나 공매로 특정승계한 사람을 상대로 다시 매도청구를 하여야 하고, 이때 가격시점이 소송을 제기한 시점으로 되므로 부동산 가격이 상승시기라면 수익이 날 것이라고 본다.

그리고 아래 서울중앙지방법원 판결은 위 대법원 판결에 배치되므로 폐기되어야 할 것이다.

서울중앙지방법원 2019. 1. 24. 선고 2017가합575579 판결
서울고등법원 2019나2013252 (2020.02.01. 강제조정)

재건축조합이 구 도시정비법 제39조 등에서 정한 매도청구권을 행사함에 따라 체결된 매매계약의 효력은 매매계약 체결 이후 그 목적물의 소유권을 취득한 승계인에 대하여 승계된다고 할 것이고, <u>목적물에 관한 소유권의 승계가 매도청구 소송의 변론종결일 후에 이루어진 경우에는 매도청구 소송에서 내려진 판결의 효력이 승계인에게도 미친다고 봄이 타당하다.</u>

1) 구 도시정비법 제10조는 '사업시행자와 정비사업과 관련하여 권리를 갖는 자(이하 '권리자'라고 한다)의 변동이 있은 때에는 종전의 사업시행자와 권리자의 권리·의무는 새로이 사업시행자와 권리자로 된 자가 이를 승계한다'고 규정하고 있다. 이처럼 사업시행자나 권리자의 변동에도 새로운 법률행위 없이 그 지위가 당연승계되도록 한 취지는 대인이 아닌 대물이 목적인 정비사업의 성질에서 나온 것으로 정비사업의 연속성을 유지하기 위한 것이다. <u>위 규정에서는 권리자의 범위를 재건축조합이나 그 조합원에 한정하지 않고 있고, 승계되는 권리·의무도 특별히 제한하지 않고 있으므로 구 도시정비법 제39조에서 정한 매도청구권의 행사로 그 상대방이 취득한 매매대금채권이나 부담하게 된 소유권이전등기의무 등도 구 도시정비법 제10조에 따라 승계되는 권리·의무에 포함된다고 해석하는 것이 자연스럽다.</u>

2) 구 도시정비법 제39조에 의하여 준용되는 집합건물법 제48조 제1 내지 4항이 '재건축에 참가하지 아니하겠다는 뜻을 회답한 구분소유자'뿐만 아니라 '그 승계인'에 대하여도 매도청구권을 행사할 수 있다고 규정한 것은 이미 재건축에 참가하지 않겠다는 뜻을 회답한 구분소유자로부터 그 구분소유권과 대지사용권을 승계취득한 자에 대하여 다시 새로운 최고를 할 필요 없이 곧바로 매도청구권을 행사할 수 있도록 한 것이다. 매도 청구에 따른 매매계약이 체결된 이후에 승계가 이루어진 경우에는 다시 매도청구를 위한 절차를 밟아야 한다고 해석하는 것은 위 규정의 취지에 반한다.

3) 매도청구권이 제척기간 내에 유효하게 행사하게되었음에도 그 후에 상대방이 대상부동산을 제3자에게 양도한 경우 매도청구를 한 자가 대상 부동산을 취득할 수 없게 된다거나 다시 승계인을 상대로 집합건물법 제48조에서 정한 최고나 매도청구권 행사의 의사표시 등의 절차를 밟아야만 대상 부동산을 취득할 수

있게 된다면 사실상 매도청구의 상대방 측에서 매매계약 성립 시기를 좌우할 수 있게 되어, 매도청구권 행사에 제척기간을 두고 있는 취지에도 반하게 된다.

4) 전소의 소송물이 채권적 청구권인 소유권이전등기청구권인 경우에는 전소 변론종결 후에 그 목적물에 관한 소유권이전등기를 넘겨받은 사람은 전소 판결의 효력이 미치는 변론종결 후의 승계인에 해당하지 않으나(대법원 2003. 5. 13. 선고 2002다64184 판결), 승계인이 목적물과 함께 소유권이전등기의무까지 승계한 경우에는 전소의 소송물인 권리관계를 승계한 것이므로 전소 판결의 효력이 미친다고 보아야 한다.

동지 : 서울고등법원 2017. 9. 1 자 2017카기56 결정 [승계집행문부여에대한이의]

PART 5

분양계약 미체결자 현금청산 특별노하우

PART 5 분양계약 미체결자 현금청산 특별노하우

77. 분양계약미체결로 현금청산 가능

일단 분양신청을 한 자가 분양신청기간 내에 철회를 하지 못하고 다시 현금청산을 받기 위해서는 분양계약체결기간 동안 분양계약을 체결하지 아니하고 현금청산대상자로 되어야 하나, 이 경우에는 조합정관에 반드시 현금청산에 대한 근거조항이 있어야 하고, 조합이 분양계약체결기간을 설정하여야 한다.[63]

이러한 현금청산방법은 도시정비법에서 인정되는 것이 아니라 조합정관에서 인정하는 것이다. 대법원은 "조합원은 관리처분계획이 인가된 후라도 위와 같이 정관에서 정한 분양계약 체결기간 이내에 분양계약을 체결하지 아니함으로써 특별한 사정이 없는 한 현금청산대상자가 될 수 있다. 이러한 정관 규정은 조합원으로 하여금 관리처분계획이 인가된 이후라도 조합원의 지위에서 이탈하여 현금청산을 받을 기회를 추가적으로 부여하기 위한 데 그 취지가 있으므로 그 내용이 구 도시정비법에 위배되어 무효라고 볼 수 없다."라고 판시하였다(대법원 2011. 7. 28. 선고 2008다91364 판결).

<u>따라서 현금청산을 받으려면 아예 분양신청을 하지 않는 것이 좋다.</u> 실무적으로 분양신청기간 동안 토지등소유자들은 별로 고민을 하지 않고 분양신청을 하거나, 조합이 나중에 분양계약 체결을 하지 않아도 현금

---

[63] 다만, 최근에는 조합이 분양계약체결기간을 정하지 않고 신탁등기소송을 제기한 사안에서 신의칙상 분양계약체결기간을 정하지 않고 신탁등기만을 청구하는 것은 불가하다는 하급심 판결도 있다.

청산을 받을 수 있으므로 일단 분양신청을 하라는 말에 분양신청을 하는 경우가 많으나, 분양신청 여부는 매우 중요하므로, 신중한 판단을 하여야 한다. 조합은 반드시 분양계약을 체결하여야 하는 것이 아니라는 점을 명심하여야 한다. 일단 분양신청을 하면 조합이 분양계약체결기간을 설정하기 전까지는 조합원이므로, 조합원으로서의 의무를 다하여야 한다. 즉, 이주의무와 신탁등기 의무가 있는 것이다.

재개발등이나 재건축등 정비사업 모두에서 정관에 규정이 있다면 분양계약미체결로 현금청산을 받을 수 있다.

78. 분양계약체결기간을 설정하지 않은 경우 대처법

가. 서설

일단 분양신청을 하면 조합원이다. 따라서 분양계약미체결로 현금청산을 받고자 하는 마음을 먹고 있다고 하더라도 조합이 분양계약체결기간을 설정하지 않으면, 조합원으로서의 의무를 다하여야 한다. 즉, 이주비를 받고 이사를 가야하고, 재건축등의 경우는 신탁등기까지 해주어야 한다. 이를 이행하지 않으면 조합은 인도청구소송(소위 명도소송)과 신탁등기청구소송(재건축만 요구한다. 재개발은 신탁등기를 하지 않는다)을 제기하여 온다.

이러한 경우 대응방법은 다음과 같다.

나. 대응방법

어떤 사람은 일단 이주비를 받고 이주를 하여 이자 상당 수익을 누리고 나중에 현금청산금을 증액시키면 된다고 하는 경우가 있다. 그러나 이러한 생각은 매우 위험한 생각이다.

결론적으로 분양신청철회서와 분양계약체결기간 선포 요구서를 제출하고 조합이 제기하는 명도소송(재건축은 신탁등기 포함)에 적극 대응을 하여야 한다.

대법원 판례에 의하면, 분양계약체결기간이 도래 하지 않았지만 조합이 인정하면 현금청산자이다(대법원 2014. 8. 26. 선고 2013두4293 판결). 따라서 적극적으로 분양계약체결기간 선포와 현금청산을 요구하여야 한다.

대법원 2014. 8. 26. 선고 2013두4293 판결

[1] 구 도시 및 주거환경정비법 제47조 제2호에서 현금청산대상자로 정한 '분양신청을 철회한 자'에 분양신청기간이 종료된 후 임의로 분양신청을 철회한 자가 포함되는지 여부(원칙적 소극) 및 예외적으로 분양신청기간 종료 후 분양신청을 철회한 자가 위 현금청산대상자에 해당하는 경우

[2] 분양신청을 하였다가 분양계약을 체결하지 않거나 사업시행자에게 분양신청을 철회하는 등으로 분양계약의 체결의사가 없음을 명백히 표시하고 사업시행자가 이에 동의함으로써 추가로 현금청산대상자가 된 토지 등 소유자에 대하여, 분양계약 체결기간에 이르기 전에 사업시행자의 재결신청과 그에 따른 수용재결이 이루어진 경우 구 공익사업을 위한 토지 등의 취득 및 보상에 관한 법률 제30조 제3항에서 정한 사업시행자의 재결신청 지연을 이유로 한 가산금이 발생하는지 여부(소극)

사업시행자의 정관이나 관리처분계획에서 조합원들에 대하여 분양신청기간 종료 후 일정한 기간 내에 분양계약을 체결할 것을 요구하면서 그 기간 내에 분양계약을 체결하지 아니한 자에 대하여는 그 권리를 현금으로 청산한다는 취지를 정한 경우, 이는 사업시행자가 조합원이었던 토지 등 소유자에 대하여 해당 기간에 분양계약의 체결을 거절하는 방법으로 사업에서 이탈할 수 있는 기회를 추가로 부여한 것이므로, 분양신청을 한 토지 등 소유자가 분양신청기간이 종료된 이후 분양계약 체결기간 내에 분양계약을 체결하지 않거나, 사업시행자에게 분양신청을 철회하는 등으로 분양계약의 체결의사가 없음을 명백히 표시하고 사업시행자가 이에 동의한 경우에도 당해 토지 등 소유자는 현금청산대상자에 해당하게 된다고 보아야 한다(대법원 2011. 7. 28. 선고 2008다91364 판결 등 참조).

분양신청을 한 토지 등 소유자가 분양계약을 체결하지 않거나 사업시행자에게 분양신청을 철회하는 등으로 분양계약의 체결의사가 없음을 명백히 표시하고 사업시행자가 이에 동의함으로써 추가로 현금청산대상자가 된 경우, 그러한 현금청산대상자에 대한 사업시행자의 청산금 지급의무는 '분양계약 체결기간의 종료일 다음 날' 발생하므로, 분양계약 체결기간에도 이르기 전에 사업시행자의 재결신청과 그에 따른 수용재결이 이루어진 경우에는 사업시행자의 재결신청 지연을 이유로 한 공익사업법 제30조 제3항이 정한 가산금은 발생할 여지가 없다(대법원 2013. 1. 24. 선고 2011두22778 판결 등 참조).

조합원으로서 이주비를 받고 이주를 한 후에 분양계약을 체결하지 않음으로서 현금청산대상자가 되어 수용이 된 경우에는 이주정착금이나 주거이전비는 지급받을 수 없고, 이사비만 지급받을 수 있다(대법원 2016. 12. 15. 선고 2016두49754).

나아가 분양계약미체결로 현금청산을 하려면 부동산을 조합에 인도하여 주어야 하고, 이때 조합은 대부분 부동산을 철거한다. 부동산이 철거되면 나중에 집이 없는 상태에서 감정평가사가 감정을 하기도 곤란하고, 나아가 감정을 한다고 하더라도 종전자산가격보다 증액평가를 하기도 어렵다. 단독주택일 경우는 더 더욱 그렇다. 나아가 재건축의 경우 신탁등기를 받으면 조합은 소유권을 확보하였으므로 현금청산을 서두르지 않아 결국 애가 타는 현금청산자가 조합을 상대로 현금청산금지급청구소송을 제기하여야 한다. 어느 재건축조합의 경우는 현금청산자가 조합을 상대로 뒤늦게 현금청산금지급소송에서 승소를 하였으나 조합이 돈이 없어 집행이 불가한 경우도 있었다.

그런데 문제는 명도소송에 적극적으로 대응을 한다고 해도 <u>명도소송 중에 분양계약체결기간이 설정되지 않는 한 현금청산대상자가 승소를 장담할 수 없다는 데에 있다.</u>

정관 규정 형식을 보면 "관리처분계획인가일로부터 60일 내에 분양계약을 체결하여야 하고, 분양계약을 체결하지 않을 경우 전항을 준용한다."라고 규정하는 방식이 있는데, 이러한 경우 60일 지나면 자동으로 현금청산대상자가 되는지가 문제된 사안에서 대법원은 이 경우도 조합이 별도로 분양계약체결기간을 설정하고 이때 분양계약을 체결하지 않아야 비로소 현금청산대상자가 된다고 한다(대법원 2012. 5. 9. 선고 2010다71141 판결).

> **대법원 2013. 7. 11. 선고 2013다13023 판결**
>
> 사업시행자의 정관이나 관리처분계획에서 조합원들에 대하여 분양신청기간 종료 후 일정한 기간 내에 분양계약을 체결할 것을 요구하면서 그 기간 내에 분양계약을 체결하지 아니한 자에 대하여는 그 권리를 현금으로 청산한다는 취지를 정한 경우, 이는 사업시행자가 조합원이었던 토지 등 소유자에 대하여 해당 기간에 분양계약의 체결을 거절하는 방법으로 사업에서 이탈할 수 있는 기회를 추가로 부여한 것으로 볼 수 있고, 이에 따라 당초 분양신청을 했음에도 분양계약을 체결하지 아니함으로써 추가로 현금청산의 대상이 된 자에 대한 사업시행자의 청산금 지급의무는 '분양계약체결기간의 종료일 다음날' 발생하는 것으로 보아야 하지만(대법원 2011. 12. 22. 선고 2011두17936 판결 등 참조), 한편 위와 같은 정관조항은 조합이 조합원들에게 분양계약체결을 요구하는데도 그 분양계약체결 의무에 위반하여 분양계약을 체결하지 아니한 조합원을 현금청산대상자로 한다는 의미로 해석하는 것이 타당하고, 조합이 사업 진행상 여러 가지 사정으로 조합원들에게 분양계약체결 자체를 요구하지 아니한 경우에도 그 규정에 따라 분양계약체결기간 내에 분양계약체결이 이루어지지 않았다고 하여 모든 조합원들이 현금청산대상자가 된다고 볼 것은 아니다(대법원 2012. 5. 9. 선고 2010다71141 판결 참조).

그러나 위 판결과는 다른 판결도 있다. 즉, 정관이 정한 분양계약체결기간이 지나면 그대로 현금청산대상자로 인정한 사안과 분양계약체결기간을 선포하지 않고 일방적으로 명도나 신탁등기만을 구하는 것은 신의칙에 반한다는 판결이 있다.

> **부산지방법원 2008. 11. 7. 선고 2008나11013 판결 (장전1정비구역)**
>
> - 원고는 2006. 3. 7. 사업시행인가를 받은 후 2006. 4. 4. 같은 날부터 2006. 5. 4.까지를 분양신청기간으로 정함,
> - 피고는 2006. 5. 1. 수퍼마켓 30평, 부동산 사무실 20평 등 합계 50평형의 상가를 분양신청
> - 원고는 2006. 12. 19. 조합원들에게 "희망평형을 변경하는 기간을 2006.

- 12. 27.까지로 연기한다고 통지하면서 아울러 부득이한 사정으로 분양신청을 철회하고자 하는 조합원도 위 기간까지 분양신청 철회를 할 것"을 통보하였으며, 위 기간 안에 분양신청 철회의 의사를 밝힌 조합원들에 대하여는 현금청산을 위한 보상절차를 진행하였다.
- 2007. 4. 5. 관리처분계획을 인가받았고, 부산 금정구청장은 2007. 4. 11. 관리처분계획을 고시하였다.
- 피고는 <u>2007. 6. 13.</u> 원고에게 이 사건 부동산이 저평가되었고, 분양계약 체결이 지연된다는 등의 사유를 들어 위 분양신청을 철회

  ※ 1심판결을 입수해 보아도 조합이 분양계약체결기간을 선포하였는지는 나타나 있지 않음

피고가 2007. 6. 13. 분양신청의사를 철회하였을 뿐만 아니라, <u>이 사건 관리처분계획인가일부터 60일이 지난 현재까지도 원고와 분양계약을 체결하지 않았는데, 원고의 정관 규정에 따라 분양계약체결기간 내에 분양계약을 체결하지 아니하였으므로 현금청산대상자로 보아야 하는지 여부에 관하여 보면,</u> ① 도정법 제46조 제2항, 제48조 제1, 2항을 종합하면, 분양대상 조합원의 확정 등 관리처분계획의 내용은 분양신청기간 만료일을 기준으로 하여 정하도록 되어 있는 것으로 되어 있지만, 그렇다고 하여, 위와 같은 규정이 원고 정관 제42조 제5항, 제4항에서 <u>피고와 같은 조합원이 재개발조합과 사이에 관리처분계획인가 후 60일 이내에 분양계약을 체결하지 않은 경우를 현금청산대상자로 인정하고 있는 것을 배제하는 있는 것으로 보이지 않는 점</u>, ② 현실적으로 재개발조합 입장에서도 관리처분계획 인가 이후에 조합원의 분양계약 체결 여부에 따라 구체적인 분양대상 건축물의 규모와 분양금액을 정하고 만일 분양되지 않은 건축물의 경우 다시 일반인을 모집하는 방법으로 이를 분양하고 있고, 따라서 이런 사정을 감안하여 원고도 정관 제42조 제5항과 같은 규정을 둔 것으로 보이는 점 등에 비추어 보면, <u>피고의 경우 원고의 정관 제42조 제5항, 제4항에 따라 도정법 제48조의 현금청산대상자로 되었다고 할 것이다.</u> 도정법 제49조 제6항은 재개발조합이 조합원 중 분양대상자에 해당하는 경우에만, 일방적으로 토지, 건축물 등의 인도를 구할 수 있는 규정이라고 봄이 상당하다.

대법원 2011. 7. 28. 선고 2008다91364 판결로 확정

원고 조합의 정관 제45조는 제4항에서 구 도시정비법 제47조와 같은 내용을 규정한 다음, 제5항에서 관리처분계획의 인가 후 60일 이내에 분양계약을 체결하지 아니한 조합원에 대하여도 제4항을 준용한다고 규정하고 있다. 이에 따르면 원고 조합의 조합원은 관리처분계획이 인가된 후라도 위와 같이 정관에서 정한 분양계약 체결기간 이내에 분양계약을 체결하지 아니함으로써 특별한 사정이 없는 한 현금청산대상자가 될 수 있다. 이러한 정관 규정은 조합원으로 하여금 관리처분계획이 인가된 이후라도 조합원의 지위에서 이탈하여 현금청산을 받을 기회를 추가로 부여하기 위한 데 그 취지가 있으므로 그 내용이 구 도시정비법에 위배되어 무효라고 볼 수 없다.

원심이 같은 취지에서, 피고가 조합원의 지위에서 이탈할 것을 전제로 현금청산을 요구하며 정관에서 정한 기간 내에 분양계약 체결에 응하지 아니함으로써 현금청산대상자가 되었다고 판단한 것은 정당하다. 거기에 이 부분 상고이유로 주장하는 것과 같은 구 도시정비법상 현금청산대상자의 범위나 법적 지위에 관한 법리오해 또는 관련 정관 규정의 효력에 관한 법리오해 등의 위법이 없다.

서울중앙지방법원 2011. 10. 28. 선고 2011가단8285 판결[64]

위에서 본 바와 같이 피고(선정당사자) 등이 2010. 9.경 분양신청의사를 철회하였을 뿐만 아니라, 이 사건 관리처분계획인가일부터 60일이 훨씬 지난 현재까지도 원고와 분양계약을 체결하지 않았는데, 원고의 정관 규정에 따라 분양계약체결기간 내에 분양계약을 체결하지 아니하였으므로 현금청산대상자로 봄이 상당하여, 원고의 주위적 청구는 받아들이지 않는다.

이에 대하여 원고는, 정관에서 정한 내용은 분양계약 기간이 정해진 후 그 기간 내에 분양계약을 체결하지 아니한 자를 대상으로 한 것이고, 아직 원고는 조합원들에게 분양계약 체결기간을 정하여 공고하지 않아서 피고(선정당사자) 등의 분양신청 철회는 효력이 없다는 취지로 주장하나, 앞서 본 법리에 비추어 볼 때 향후 분양계약 기간이 정해지면 그 때 분양계약 체결을 거부함으로써 현금청산대상자가 될 수 있는 조합원에게, 원래 관리처분계획의 인가 후 60일 이내에 분양계약을 체결하도록 되어 있음에도 그 기간을 지키지 못한 원고의 내부 사정으로 인하여 현재 분양신청을 철회하고 현금청산대상자가 될 수 있는 길을 막는다는 것은 국민의 재산권을 보장한다는 측면에서 매우 불합리하므로, 이 부분 원고의 주장은 받아들이지 않는다.

분양계약체결을 미루고 소송을 한 조합이 패소한 사례

서울서부지방법원 2015. 12. 27. 선고 2015가합33374 판결, 동법원 2015. 10. 22. 선고 2015가합30442 판결

원고조합의 신탁등기청구를 배척

① 원고조합이 피고로부터 이 사건 부동산의 인도 및 신탁등기를 받은 후 분양계약 체결절차를 진행하는 경우, 피고는 결과적으로 장래에 현금청산자가 될 지위에 있었고 이를 객관적으로 예상할 수 있었음에도 청산금을 지급받기 전에 <u>원고에게 청산금 지급과 동시이행관계에 있는 인도 및 신탁등기의무를 선이행하도록 강제하는 결과가 된다.</u> 또한 부동산에 대한 인도 및 철거가 이루어진 후에는 피고가 현금청산자가 된다 하더라도 <u>시가감정 등을 통하여 부동산에 대한 청산금을 산정하기 어렵게 된다.</u> 이와 같이 분양계약 체결기간이 부동산 인도 및 철거의 이전인지 여부에 따라 피고의 법적지위에 큰 영향이 있게 된다.

② 원고조합은 분양신청을 모집하면서 피고에게 추후에 분양계약 체결기간이 진행될 때 현금청산을 받을 수 있는 기회가 있음을 알리고 분양신청을 독려하였다.

③ 피고로서도 이 사건 정관규정에 따라 이후 분양계약 체결절차에서 조합에서 탈퇴할 기회가 있을 것으로 예상하고 분양신청을 하였을 것이므로 도시정비법 규정과 같이 분양계약 체결절차를 별도로 두지 않은 경우보다는 더 적은 주의를 기울이고 분양신청 절차에 응하였다.

④ 그럼에도 <u>원고조합이 이 사건 정관규정에 따라 관리처분계획변경인가 이후 원고의 해산 전까지 아무 시점에나 분양계약 체결절차를 진행할 수 있다고 보면 조합원들이 분양계약 체결절차가 아예 마련되어 있지 않은 경우보다 더 불리한 위치에 놓이게 된다.</u>

이러한 점들을 고려하면, 원고조합이 이 사건 정관규정에도 불구하고 관리처분계획 변경인가 시점으로부터 상당한 기간이 지나도록 분양계약 체결절차를 진행하지 않음으로써 피고에게 현금청산자가 될 기회를 주지 않고 피고가 원고의 조합원임을 전제로 부동산에 대한 신탁을 원인으로 한 이전등기와 인도를 구하는 것은 신의칙에 반하여 허용되지 아니한다.

---

64) ○○주택재개발정비사업조합이 건물명도를 청구한 사건, 2심에서 강제조정으로 종국

그래서 현금청산대상자가 분양신청을 철회하고 분양계약체결기간 설정을 요구하면서 명도소송(재건축은 신탁등기 소송 포함)에서 응소를 하여야 하는 이유는 집이 철거되기 전에 감정평가를 받기 위함이고, 재건축의 경우에는 신탁등기를 해주지 않으면(1심 판결이 아니라 확정되어야 등기가 넘어간다), 철거 문제가 걸림돌로 작용할 수도 있고, 준공검사 전까지는 소유권을 확보하여야 하므로, 이 문제를 가지고 다투기 위해서이다.

한편 분양계약을 체결하지 아니한 자에 대하여 청산금 지급의무가 발생하는 시기는 분양계약체결기간의 종료일 다음날이다(대법원 2011. 12. 22. 선고 2011두17936 판결, 대법원 2008. 10. 9. 선고 2008다37780 판결).

위법한 사항을 발견 시 관리처분계획인가 취소소송을 제기하거나, 분양계약체결기간을 조속히 설정하도록 압박을 하거나, 필요시 현금청산대상자 지위 확인의 소를 제기하기도 한다(서울행정법원 2013. 10. 31. 선고 2012구합42090 판결).

다. 신탁등기

신탁등기는 재개발사업에서는 하지 않고 재건축사업에서 한다.

재건축조합의 조합원들은 재건축을 목적으로 비법인사단인 재건축조합을 설립하여 대지 등에 관한 공유지분을 재건축조합에게 신탁한 것인데, 이러한 신탁은 위탁자 자신이 수익자가 되는 이른바 자익(自益)신탁으로서 특별한 사정이 없는 한 "위탁자가 신탁이익의 전부를 향수하는 신탁"에 해당하므로, 신탁법 제56조에 의하여 원칙적으로 위탁자가 언제든지 해지할 수 있다(대법원 2003. 8. 19. 선고 2001다47467 판결).

재건축 조합원은 법률상 신탁등기 의무가 있는 것이 아니라 정관상 신탁등기 의무가 있다. 즉, 재건축정비사업에 동의하여 재건축정비사업 조합의 조합원이 된 甲 등이 조합 정관에서 조합원의 신탁등기의무 등을 규정하고 있는데도 아직 의무가 발생하지 않았다는 이유로 이를 이행하지 않은 사안에서, 甲 등은 그들이 소유한 재건축정비사업구역 내 부동산에 관하여 정관 효력 발생일인 2004. 12. 27.자 신탁을 원인으로 한 소유권이전등기절차를 이행하고 이를 인도할 의무가 있다(대법원 2012. 05. 09. 선고 2010다71141 판결).

현금청산대상자는 신탁등기 의무가 당연히 없다. 그런데 문제는 재건축사업에서 분양신청을 하여, 조합원이 되었으나, 그 이후 마음이 변하여 분양계약을 체결하지 않는 방법으로 현금청산을 받고자 하는데, 조합이 분양계약체결기간은 선포하지 않고 무조건적으로 명도와 신탁을 이행하라는 소송을 제기하는 경우이다. 이러한 경우는 위에서 본 바와 같이 신의칙 항변으로 대응을 하여야 한다.

한편 토지 등 소유자가 그 소유 토지 등에 관하여 이미 사업시행자 앞으로 신탁을 원인으로 한 소유권이전등기를 마친 경우에는 청산금을 지급받기 위하여 별도로 소유권을 이전할 의무는 부담하지 아니한다(대법원 2008. 10. 9. 선고 2008다37780 판결).

또한 자기 소유의 토지 지분에 관하여 아파트 재건축 정비사업 시행자인 조합 명의로 신탁을 원인으로 한 소유권이전등기를 마친 조합원이 조합에게 적법한 분양신청을 하지 않아 현금청산 대상자가 됨으로써 위 신탁이 종료한 경우 신탁재산이었던 위 토지 지분은 조합에 귀속하므로, 조합원이 조합으로부터 신탁등기의 말소등기 및 소유권이전등기의 신청절차를 인수하고 다시 조합에게 현금청산을 원인으로 한 소유권이전등기절차를 이행할 의무는 인정되지 않는다(대법원 2010. 9. 9. 선고 2010다19204 판결). 따라서 조합은 신탁등기가 이루어지면 청산금 지급에 소홀한 경향이 있다.

따라서 <u>이미 현금청산대상자가 신탁등기를 하였다면 적극적으로 현금청산금지급소송을 제기하여야 한다</u>.

79. 분양계약체결기간 만료 후 대응방법

조합이 분양계약체결기간을 설정하여 만료되어 분양계약을 체결하지 않으면 그때부터 앞에서 살펴 본 매도청구소송 대응방법에 따르면 된다.

다만 재건축등은 신탁등기가 된 경우에는 적극적으로 현금청산대상자가 현금청산금지급소송을 즉시 제기하여야 한다. 조합은 이미 소유권을 확보하였기 때문에 아쉬울 것이 없다. 이 점을 가장 유의하여야 한다.

반대로 재개발사업등은 강제수용을 하여야 하므로, 조합이 급하다. 현금청산대상자가 서두를 이유가 없다.

PART 6

각종 서식

PART 6 각종 서식

80. 정보공개청구서(감정평가서)

정보공개청구서

청 구 인   별지 기재와 같음
피청구인   ○○정비사업조합
              조합장

청구인들은 「도시 및 주거환경정비법」 제124조 또는 「공공기관의 정보공개에 관한 법률」 제10조에 의하여 다음과 같이 정보공개를 청구하오니 공개하여 주시기를 바랍니다.

- 다　　음 -

1. **청구내용**
   ○ 별지 기재 청구인들은 귀 조합이 실시하는 ○○사업구역에 주택등을 소유하고 있는 현금청산대상자들인바, 귀 조합이 현금청산을 위해 청구인들 소유의 주택 등에 대해서 협의를 위한 감정평가를 실시하였는바, 별지 기재 청구인들 소유의 토지, 지장물 등 현금청산대상물에 대한 협의를 위한 3곳 감정평가사의 감정 평가서

2. **공개형태 및 수령방법**
   ○ 사본하여 우편으로 수령하고자 함
   ○ 우편물 수령 장소 :

3. **사용목적**
   ○ 감정평가서를 분석하여 협의 여부를 판단하기 위함

4. **기타**
   ○ 수수료는 적정금액을 조합이 청구하면 입금하고자 함
   ○ 청구서를 수령한 날로부터 일주일 이내에 공개하여 주시기 바랍니다.

2022.　　3.　　.
청구인 별지 기재와 같음
○○정비사업조합　　귀 중

81. 정보공개청구서(현금청산대상자 명단)[65]

정보공개청구서

청 구 인 ㅇㅇㅇ
피청구인 ㅇㅇ 주택재개발정비사업조합
　　　　　조합장

청구인은 「도시 및 주거환경정비법」 제124조, 동법시행령 제60조, 「공익사업을 위한 토지 등의 취득 및 보상에 관한 법률」 제68조, 또는 「공공기관의 정보공개에 관한 법률」 제10조에 의하여 다음과 같이 정보공개를 청구하오니 공개하여 주시기를 바랍니다.

- 다　　　음 -

1. 청구내용
 (1) 「공익사업을 위한 토지 등의 취득 및 보상에 관한 법률」에 의한 보상대상자(현금청산대상자) 명단(즉, 보상을 받을 토지등소유자 명부)
　　- 주민등록번호를 제외하고 성명, 주소, 전화번호 등 조합이 보유하고 있는 정보를 모두 공개하여 주시기 바랍니다.
 (2) 현금청산대상자 숫자의 과반수 및 면적의 과반수가 얼마인지

2. 공개형태 및 수령방법
　○ 사본하여 우편으로 수령하고자 함
　○ 우편물 수령 장소 :

3. 사용목적
　○ 보상대상자를 알아야 면적 및 숫자의 1/2 이상의 동의로 감정평가사 추천권을 행사하는데 사용하고자 함

4. 기타
　○ 수수료는 적정금액을 조합이 청구하면 입금하고자 함
　○ 청구서를 수령한 날로부터 일주일 이내에 공개하여주시기 바랍니다.

　　　　　　　　　　　　2022.　．　．
　　　　　　　　　　　　　청구인
　　　　　　　　　　ㅇㅇ주택재개발정비사업조합　　귀 중

---

[65] 이 정보공개청구는 재건축이 아닌 재개발에서만 유효함.

82. 정보공개청구서(법 제124조에 정한 서류)

정보공개청구서

청 구 인 ㅇㅇㅇ
피청구인 ㅇㅇ 정비사업조합
　　　　　　조합장

청구인은 「도시 및 주거환경정비법」 제124조 또는 「공공기관의 정보공개에 관한 법률」 제10조에 의하여 다음과 같이 정보공개를 청구하오니 공개하여 주시기를 바랍니다.

- 다　　음 -

1. 청구내용(법 제124조제1항, 제4항에 따른 문서)

> 1. 설계자·시공자·철거업자 및 정비사업전문관리업자 등 용역업체의 선정계약서
> 2. 시공자 선정 및 계약과 관련된 조합총회 및 조합의 이사회·대의원회의 의사록
> 3. 사업시행계획서
> 4. 해당 정비사업의 시행에 관한 공문서
> 5. 회계감사보고서
> 6. 월별 자금의 입금·출금 세부내역
> 7. 결산보고서
> 8. 조합원 명부

2. 공개형태 및 수령방법
  ○ 사본하여 우편으로 수령하고자 함
  ○ 우편물 수령 장소 :

3. 사용목적
  ○ 시공자 선정 및 계약이 적법한지,
  ○ 기타 조합운영이 적법한지를 점검하기 위함

4. 기타
  ○ 수수료는 적정금액을 조합이 청구하면 바로 입금하고자 함
  ○ 청구서를 수령한 날로부터 일주일 이내에 공개하여 주시기 바랍니다.

2022.　 .　 .
청구인

ㅇㅇ정비사업조합　　귀 중

83. 감정평가사 추천서(연명방식)

감정평가사 추천서

「공익사업을 위한 토지 등의 취득 및 보상에 관한 법률」 제68조에 따라 감정평가사 1인을 다음과 같이 추천하오니, 사업시행자는 추천된 감정평가사를 선정하여 토지 등의 평가를 의뢰하여 주시기를 요청합니다.

- 다 음 -

▷ 사업명 : ○○주택재개발사업
▷ 추천 감정평가사
  - 성명 :
  - 연락처 :
▷ 붙임 : 추천에 참가한 토지소유자 명부

2022.

토지소유자 대표

- 성   명 :
- 주   소 :
- 전화번호 :

조합 귀중

〈붙임〉 소유자 연명부

연번	토지 소재지	면적 (㎡)	소유자 성명		서명 날인
			성명	주소	
1					

84. 감정평가사 추천서(각자 방식)

감정평가사 추천서

■ 토지현황

구분	소재지	지번	편입면적(㎡)
1			
2			
3			
4			

■ 토지소유자
- ○ 성명 :
- ○ 생년월일 :
- ○ 주소 :
- ○ 연락처 :

■ 감정평가사 추천
- ○ 상기 본인은   을 토지소유자 감정평가사로 추천합니다.

2022.

한국토지주택공사 사장 귀중

85. 수용재결의견서

수용재결에 대한 의견서			처리기간 120일
신 청 인	성명 또는 명칭		
	주 소	1. 서울 관악구 성현로 2. 서울 강서구 양천로	
상 대 방	성명 또는 명칭	○○주택재개발정비사업조합	
	사 업 명	○○주택재개발정비사업	
이의신청대상 토지 및 물건		신청사유서 참조	
신청의 요지		신청사유서 참조	
신청의 이유		신청사유서 참조	
수용재결열람공고		2021. 11. 28. ~ 2021. 12. 12.	

「공익사업을위한토지등의취득및보상에관한법률」 제31조 및 동법 시행령 제15조의 규정에 의하여 토지수용위원회에 위와 같이 의견서를 제출합니다.

2022년   월   일
신청인들의 대리인 법무법인강산
담당변호사 김 은 유   ⑨

서울특별시 지방토지수용위원회   귀 중

구비서류	재결감정의견서 1부	수수료 없음

210㎜×297㎜(일반용지 60g/㎡)

※ 신청사유서를 잘 기재하여야 한다. 이것이 핵심이다.
※ 신청서는 열람기간(14일 이상) 내에 시장·군수·구청장(자치구가 아닌 구청장 포함)에게 제출하고, 배달증명 우편물로 제출하거나 직접 제출할 경우 접수증을 반드시 받아두어야 한다.

86. 이의신청서

[별지 제21호서식] (앞 쪽)

이 의 신 청 서			처리기간 120일
신청인	성명 또는 명칭		
	주 소		
상대방	성명 또는 명칭		
	주 소		
이의신청대상 토지 및 물건			
이의신청의 요지			
이의신청의 이유			
재 결 일			
재결서 수령일			

「공익사업을 위한 토지 등의 취득 및 보상에 관한 법률」제83조 및 동법시행령 제45조제1항의 규정에 의하여 토지수용위원회의 재결에 대하여 위와 같이 이의를 신청합니다.

년   월   일

신청인   ㊞

중앙토지수용위원회위원장 귀하

구비서류	재결서 정본의 사본 1부	수수료 없음

210mm×297mm
(일반용지 60g/㎡)

※ 수용재결서 정본을 받은 날로부터 반드시 30일 내에 이의신청을 하여야 한다.

법무법인강산을 선임하여야 하는 이유

1 전문성

○ 강산은 국내 최초로 손실보상 전문서적인 「실무 토지수용보상」을 저술하였고, 재개발·재건축 전문서적인 「재건축·재개발 총회진행, 임원 선임·해임, 시공자 선정실무」를 저술하였습니다.

○ 강산은 1995년부터 『토지보상』 분야를 특화하여 업무를 취급하였고, 『주택재개발, 주택재건축, 주거환경개선사업, 도시환경정비사업』, 『도시개발사업』에 관한 한 타의 추종을 불허하는 전문지식과 네트워크 및 경험을 갖추고 있습니다. 한번이라도 상담을 받아보시면 그 지식과 경험의 깊이를 느끼실 수 있을 것입니다.

○ 강산은 '보상'분야에 주력하고 있으므로, **보상분야에서는 대형로펌보다도 더 전문화된 서비스를 제공합니다.** 보상사건을 비롯한 전문분야는 전관(前官)보다는 전문(專門)이 최고라고 사료합니다(교통사고 사건에서 의사가 감정한 내용대로 판결하는 것과 같습니다).

○ **강산은 보상분야에 대해서는 현직 변호사 및 담당공무원들에게도 강의를 하고, 동료변호사가 추천을 하는 곳입니다. 또한 사단법인 한국전문기자협회가 그 전문성을 인정하는 곳입니다.**

2 정직

○ 강산은 젊고 정직합니다. <u>강산은 수임을 위해 여러분들을 찾아다니는 브로커가 없습니다.</u> **강산은 오직 저희를 믿고 찾아오는 분들만을 수임합니다.**

○ 강산은 전문분야만을 집중적으로 다루는 로펌이므로 업계 최고의 보수를 청구할 수도 있으나, 강산은 **노력한 만큼의 보수를 정직하게 청구**합니다.

○ 변호사가 탈세의 온상이다? 아닙니다! 강산은 다릅니다. 강산은 100% 세금신고를 합니다. 강산은 직원들에게 회계를 공개하고 있습니다. 또한 당연한 이야기지만 100% 정품 소프트웨어를 사용합니다.

○ 강산은 고객을 현혹하지 않습니다. <u>일단 수임하고 보자는 행동은 절대로 하지 않습니다.</u> 승패에 대해 솔직하게 예측하여 드립니다. 그래야만 고객의 전략이 달라질 수 있습니다.

3 법무법인강산 언론보도

□ 한국경제신문 2004. 2. 23.

토지수용訴 전문 법무법인 첫 등장 ‥ '강산' 설립
공익사업을 위해 토지를 수용하는 과정에서 생기는 각종 소송업무를 전문적으로 다루는 법무법인과 부설 연구소가 국내에서 최초로 설립됐다.

김은유 대표변호사 등 5명은 23일 △서울 수원 김포에 '법무법인 강산' 사무실을 △김포에 부설 '한국손실보상연구소'를 각각 개설하고 본격적인 활동에 들어갔다. - 중략 -

□ 서울경제신문 2014. 06. 27, 2009. 11. 30.

[한국의 전문변호사]
〈7편〉 건설·부동산 (5) 김은유 법무법인 강산 변호사
15년간 토지 수용·보상분야 한우물, 주먹구구식 보상관행 벗어나, 합법절차 통해 '알박기' 등 제동, 사업시행사서 러브콜 잇달아, '그렇게 살지마' 항의 받은뒤, 지역주민편으로 180도 변신, 재개발·재건축으로 관심 넓혀

　법무법인 강산의 김은유(사시 31회·42) 변호사는 별명이 '보상박사'다. 그가 운영하는 온라인 상담사이트의 한글이름도 '보상박사(www.bsbs.kr)'다. 그를 잘 아는 고객들은 '김 변호사'보다는 '보상박사'로 주로 부른다.

　그는 토지보상 분야의 노하우를 남들과 공유하기 위해 자신만의 실무경험을 토대로 '실무토지수용', '토지보상 특별노하우'에 이어 최근에는 '재개발·재건축 법률실무'라는 책도 냈다. 국내에서 토지보상 관련 체계적으로 정리된 유일무이한 참고서적으로 평가받는 책들이다. 보상법 관련 강의도 여러군데 나가고 있다.
- 중략 - 〈2009. 11. 30.〉

법무법인 강산, '재개발·재건축' 분야 전문로펌으로 선정되어 한국전문기자협회 전문 인증 받아
　최근 (사단법인)한국전문기자협회는 법무법인 강산을 '재개발·재건축' 분야 전문로펌으로 선정하여 인증서를 수여했다.

□ 동아일보 2012. 7. 5.

[2012 법률기획인터뷰
- 토지보상전문 로펌 법무법인 강산 "김은유 변호사"]

 재개발 재건축 현장이면 늘 보이는 모습, 그것은 다름 아닌, 보상 문제로 다투는 사업시행자와 조합원들 간의 싸우는 모습일 것이다. 조금 더 보상 받고자 하는 재건축 주민들과 조금이라도 적게 주고자 하는 사업시행자와 토지등소유자의 다툼은 심할 때는 사람이 죽기까지 할 정도로 처절하다. 하지만 그 누구도 탓할 수가 없는 일이다. 누군가가 이러한 분쟁을 보다 손쉽고 현명하게 처리해준다면 얼마나 좋을까?
 여기, 재개발 재건축을 포함한 토지보상분야의 전문 로펌이 있다. 법무법인 강산이 바로 그곳이다. 부동산 관련 로펌에서는 타의 추종을 불허하는 법무법인 강산에는 옹골찬 변호사, 토지보상관련해서 혁혁한 승소사례를 자랑하는 보상박사 김은유 변호사가 있다.
 젊은 나이에 사법고시에 합격하고 이후 22년간을 변호사 생활을 하고 있는 김은유 변호사는 우리나라 최고의 부동산, 토지보상관련 전문 변호사라고 해도 과언이 아니다. - 중략 -

4 법무법인강산 수상실적

■ 표창장 - 국토해양부

■ 표창장 - 경기도지사

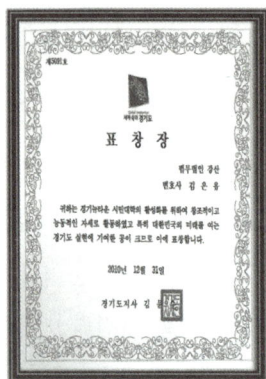

■ 사단법인 한국전문기자협회 인증서

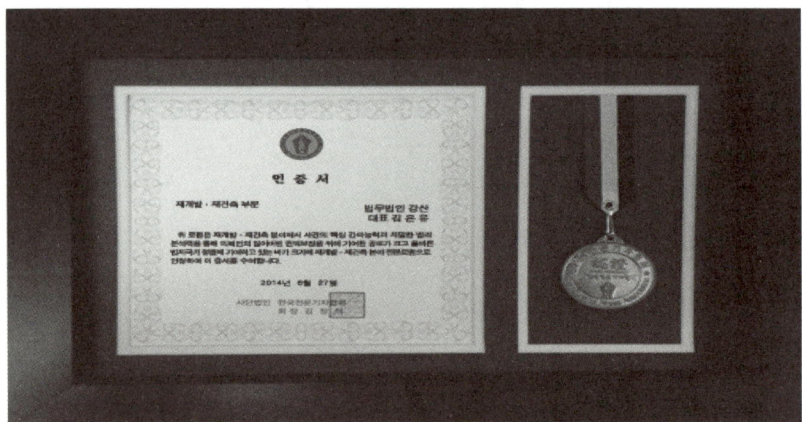

5. 법무법인강산 상담안내

문의전화 : 02-592-6390 / 팩스 : 02-592-6309
문의메일 : 114gs@naver.com

6. 법무법인강산을 선임하여야 하는 이유

**강산은 현금청산금을 증액시키기 위한 최고의 전략가이므로
동료변호사가 지인들에게 추천하는 곳입니다.**

★ 현금청산은 전략이다.
★ 강산은 차원이 다른 전략을 가지고 있습니다.

1. 국내 최초 손실보상 특화 취급
   - 1995년부터 손실보상 사건 주로 취급, 2004년 법무법인으로 조직 전환

2. 전문서적 출간
   - 실무 토지수용보상(법조인 필독서)
   - 재개발·재건축은 전략이다 등 기타 다수

3. 100억원을 179억원으로, 1억2천만원을 12억원으로, 20억원을 40억원으로 다수 승소
   - 재판 결과 수용재결금보다 100% 이상 증액 다수 승소

4. 제도개선 참여
   - 국토교통부, 서울시, 경기도 제도개선 T/F팀 위원
   - 국회 입법지원 위원, 국민권익위원회 자문위원

5. 동료변호사가 소개하는 곳
   - 강산은 현직 동료 변호사가 보상사건을 소개하는 곳임
   - 법조인, 공무원들을 대상으로 전문 과정 강의

6. 정직한 보수
   - 강산은 브로커가 없습니다. 따라서 정직한 보수를 청구합니다.

▶ 법무법인강산

○ 이력사항

- 수원시, 서울특별시동작구, 고양시도시관리공사 고문변호사
- 세종시, 탕정지방산업단지 주민대책위 등 다수 대책위 고문변호사
- 개포2지구재건축조합, 안양예술공원주택재개발조합 등 다수 조합 고문변호사
- 토지보상, 도시개발, 재개발·재건축 특화 로펌
- 소규모주택정비사업, 부동산계약 및 중개사고 특화 로펌

○ 법무법인강산 저서

- 가로주택 소규모재건축정비사업 실무(2022년 파워에셋)
- 실무 토지수용보상(2022년 파워에셋)
- 진짜경매 명도소송·법정지상권·유치권(2018년, 파워에셋)
- 공익사업 토지수용보상금 아는 만큼 더 받는다(2022년, 파워에셋)
- 재개발·재건축 총회진행, 임원선임·해임, 시공자선정 실무(2019년, 파워에셋)
- 부동산계약과 중개사고예방노하우(2022년, 파워에셋)
- 지역주택조합의 진실(2021년, 파워에셋)
- 집합건물 경매·재건축·관리 실무(2017년, 파워에셋)
- 도로공원 경매 및 골목길 진입도로 해결법(2017년, 파워에셋)
- 환지 수용보상 도시개발법(2021년, 파워에셋)
- 우리는 재건축대신 리모델링 한다(2019년, 파워에셋)
- 집 한 채 짓고 10년 늙지 않는 비법(2017, 파워에셋)
- 재개발·재건축은 전략이다(2012년 진원사)
- 재건축·재개발 조합 표준정관수정안 및 업무규정해설(2009년 단미르)
- 시공자 선정 및 계약노하우(2011년 단미르)
- 재난안전 방재법규(2014년 올에듀넷)

동료변호사가 추천하는 법무법인 강산 저서

법무법인 강산

- E-mail : 114gs@naver.com
- 주소 : 서울시 서초구 서초중앙로 119, 3층(서초동 1574-14 세연타워)
- TEL : 02) 592-6390 / FAX : 02) 592-6309 [㉾06644]

재건축재개발 현금청산금 아는 만큼 더 받는다

- **저　　자** : 법무법인 강산(임승택, 김태원, 김은유 변호사)
- **출 판 사** : 주식회사 파워에셋
- **전　　화** : 02-592-6390
- **이 메 일** : 114gs@naver.com
- **기획 및 마케팅** : 박종우
- **홈페이지** : www.114gs.kr
- **가　　격** : 3만5천원
- **출간일** : 2022. 12. 1.

※ 파본은 구입처나 출판사에서 교환 가능합니다.